에듀윌과 함께 시작하면,
당신도 합격할 수 있습니다!

KB170665

자소서와 면접, NCS와 직무적성검사의 차이점이 궁금한
취준을 처음 접하는 취린이

대학 졸업을 앞두고 취업을 위해 바쁜 시간을 쪼개며
채용시험을 준비하는 취준생

내가 하고 싶은 일을 다시 찾기 위해
회사생활과 병행하며 재취업을 준비하는 이직러

누구나 합격할 수 있습니다.
이루겠다는 '목표' 하나면 충분합니다.

마지막 페이지를 덮으면,

에듀윌과 함께
취업 합격이 시작됩니다.

eduwill

베스트셀러 1위 2,130회 달성!
에듀윌 취업 교재 시리즈

대기업 통합

20대기업 인적성
통합 기본서

삼성

GSAT 삼성직무적성검사
통합 기본서

GSAT 삼성직무적성검사
실전모의고사

GSAT 삼성직무적성검사
최최종 봉투모의고사

SK

온라인 SKCT SK그룹
종합역량검사 통합 기본서

오프라인 SKCT SK그룹
종합역량검사 통합 기본서

LG

LG그룹 온라인
인적성검사 통합 기본서

SSAFY

SSAFY 통합 기본서
SW적성진단+에세이+면접 4일끝장

POSCO

PAT 통합 기본서
[생산기술직]

금융권

농협은행 6급
기본서

지역농협 6급
기본서

IBK 기업은행
NCS+전공 봉투모의고사

공기업 NCS 통합

공기업 NCS
통합 기본서

영역별

이나우 기본서
NCS 의사소통

박준범 기본서
NCS 문제해결·자원관리

석치수 기본서
NCS 수리능력

공기업 통합 봉투모의고사

공기업 NCS 통합
봉투모의고사

매일 1회씩 꺼내 푸는
NCS/NCS Ver.2

유형별 봉투모의고사

피듈형
NCS 봉투모의고사

행과연형
NCS 봉투모의고사

휴노형·PSAT형
NCS 봉투모의고사

고난도 실전서

자료해석 실전서
수문끝

기출

공기업 NCS
기출 600제

6대 출제사 기출 문제집

한국철도공사

NCS+전공
기본서

NCS+전공
봉투모의고사

ALL NCS
최최종 봉투모의고사

한국전력공사

NCS+전공
기본서

NCS+전공
실전모의고사

8대 에너지공기업
NCS+전공 봉투모의고사

국민건강보험공단

NCS+법률
기본서

NCS+법률
실전모의고사

한국수력원자력

한수원+5대 발전회사
NCS+전공 실전모의고사

ALL NCS
최최종 봉투모의고사

교통공사

서울교통공사
NCS+전공 실전모의고사

부산교통공사+부산시 통합채용
NCS+전공 실전모의고사

인천국제공항공사

NCS
봉투모의고사

한국가스공사

NCS+전공
실전모의고사

한국도로공사

NCS+전공
실전모의고사

한국수자원공사

NCS+전공
실전모의고사

한국토지주택공사

NCS+전공
봉투모의고사

공기업 자소서&면접

공기업 NCS 합격하는
자소서&면접 27대 공기업
기출분석 템플릿

독해력

이해황 독해력
강화의 기술

전공별

공기업 사무직
통합전공 800제

전기끝장 시리즈
❶ 8대 전력·발전 공기업편
❷ 10대 철도·교통·에너지·환경
공기업편

취업상식

월간 취업에 강한
에듀윌 시사상식

공기업기출
일반상식

금융경제 상식

취업 교육 1위
에듀윌 취업 무료 혜택

218강 이상 취업강의
7일 무료&무제한 수강!

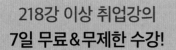

 공기업 NCS

 대기업 인적성

 상식

※ 취업강의는 수시로 추가 업데이트 됩니다.
※ 취업강의 이벤트는 예고 없이 변동되거나 종료될 수 있습니다.

취업강의 바로가기

1:1 학습관리
교재 연계 온라인스터디

참여 방법

STEP 1 신청서 작성	STEP 2 스터디 교재 구매 후 인증 (선택)	STEP 3 오픈채팅방 입장 및 스터디 학습 시작

네이버카페 '딱취업(https://cafe.naver.com/gamnyang)' 접속 → 온라인스터디 게시판 신청 후 참여

※ 온라인스터디 진행 및 혜택은 교재 및 시기에 따라 다를 수 있습니다.

온라인스터디 신청

온라인 모의고사
& 성적분석 무료

응시 방법

에듀윌 홈페이지(www.eduwill.net) 로그인
→ 공기업/대기업 취업 검색
→ 우측 [취업 온라인모의고사 무료] 배너 클릭
→ 해당 온라인모의고사 [신청하기] 클릭
→ 대상 교재 내 쿠폰번호 입력 후 [응시하기] 클릭

※ '온라인모의고사&성적분석' 서비스는 교재마다 제공 여부가 다를 수 있으니, 교재 뒷면 구매자 특별혜택을 확인해 주시기 바랍니다.

온라인 모의고사 신청

모바일 OMR
자동채점 & 성적분석 무료

실시간 성적분석 방법

STEP 1 QR코드 스캔	STEP 2 모바일 OMR 입력	STEP 3 자동채점& 성적분석표 확인

※ 응시내역 통합조회 에듀윌 문풀훈련소 또는 puri.eduwill.net [공기업·대기업 취업] 클릭 → 상단 '교재풀이' 클릭 → 메뉴에서 응시내역 확인

최신판

에듀윌 공기업
석치수 기본서
NCS 수리능력

PSAT 수강생 4만 8천 명이 선택한 자료해석 영역의 神!

석치수와 에듀윌이 만났다!

PSAT 자료해석 & NCS 수리능력의 대표 일타강사, 석치수 선생님과 에듀윌이 만났습니다.

수학을 포기하고 살아온 취준생,
이제 막 NCS를 시작하면서 수리능력의 점수를 올리고자 하는 수험생,
자신이 원하는 공기업에 가고자 고득점을 노리는 N수생까지!

[에듀윌×석치수]가 NCS 수리능력을 공부하는 모두를 위해 기초부터 고득점까지 올마스터가 가능하도록
『석치수 기본서 NCS 수리능력』 교재가 도와드리겠습니다.

이 책은
하나! 일타강사 석치수 쌤의 강의를 그대로 녹여서 만들었습니다.
둘! 석치수 쌤만의 문제 해결 노하우 및 빠른 풀이 방법을 전격 공개합니다.
셋! 여러 가지 TIP과 풍부한 해설, 그리고 다양한 실전 문제들을 통해 단기간에! 확실하게! 실력을 향상시
    켜 드립니다.

약력

· KAIST 졸업
· 2008~2009년 PSAT 합격
· 연세대, 성균관대, 한양대, 서강대, 이화여대, 중앙대, 홍익대, 숙명여대,
  인하대, 성신여대, 단국대, 서울여대, 전북대, 경북대, 충북대, 전남대,
  강원대, 금강대, 공주대, 한밭대, 제주대, 창원대, 영남대, 협성대 등
  주요 대학 특강 강사
· 現) 한국외국어대학교(LD학부) 출강
· 現) 윌비스 한림법학원 PSAT 자료해석 전임 강사

[석치수 기본서 NCS 수리능력]이 세상에 출간되었다.

이 교재의 장점은 콘텐츠입니다. 필자는 PSAT 자료해석 영역 강의를 꽤 오랜 기간 해왔고, NCS 수리능력 관련 콘텐츠를 4년째 만들고 있죠. PSAT 자료해석 영역과 NCS 수리능력 각각에서 평가하는 부분은 같은 듯 다릅니다. 그 둘은 기본적으로 추구하는 방향과 수리적 기본 능력에서 같다고 볼 수 있습니다.

[석치수 기본서 NCS 수리능력]은 산포자(산수 포기자)와 수포자(수학·수리능력 포기자), 그리고 자포자(자료해석 포기자)도 혼자서 학습할 수 있도록 집필하였습니다. 이 책은 필자의 강의를 그대로 녹여 내었다고 할 수 있을 만큼 학습자들이 NCS 수리능력에 발을 디딜 수 있도록 하였으니, 온라인 또는 오프라인 강의가 없더라도 너무 아쉬워하지 않았으면 합니다. 추후 기회가 된다면 강의를 통해 여러분 취업에 도움을 드릴 수 있도록 하겠습니다.

[석치수 기본서 NCS 수리능력]으로 학습할 때 가장 중요한 것은 내용의 정확한 이해입니다. 이해되지 않은 상태에서 문제를 풀기만 하는 것은 올바른 방향이 아닙니다. 이 교재의 특징은 일반적인 풀이와 제가 제시하는 올바른 NCS 풀이가 있다는 것입니다. 처음에는 일반적인 풀이로 해결하겠지만, 이를 꾸준히 개선하여 '석치수의 올바른 풀이'로 바꾸셔야 합니다. 어렵더라도 바꾸려고 노력하면 필자와 같은 사고방식으로 전환될 수 있습니다.

"산포자인데 합격할 수 있나요?"라는 질문을 하기보단, 필자를 믿고 [석치수 기본서 NCS 수리능력] 교재를 반복하여 자신의 것으로 만들도록 합시다. 최대한 이해하고 반복하면, 새로운 문제가 등장해도 해결하는 데 어렵지 않을 거예요. 저는, 결국 안정적인 합격을 강력하게 뒷받침하는 것은 수리능력 고득점이라고 생각합니다. 필자와 함께라면 여러분은 분명히 할 수 있습니다. 여러분의 도전을 항상 응원합니다.

석치수

학습 가이드

1 | NCS 수리능력의 개요

- **수리능력의 의미**

  직업기초능력(NCS)의 한 분야인 수리능력이란 '업무 상황에서 요구되는 사칙연산과 기초적인 통계를 이해하고, 도표 또는 자료(데이터)를 정리, 요약하여 의미를 파악하거나 도표를 이용해서 합리적인 의사결정을 위한 객관적인 판단근거로 제시하는 능력'을 의미한다.

- **수리능력의 하위능력**

  ### 1. 기초연산능력

  '업무 상황에서 필요한 기초적인 사칙연산과 계산방법을 이해하고 활용하는 능력'이다. 특히 기초연산능력은 업무 상황에서 다단계의 복잡한 사칙연산을 수행하고, 연산결과의 오류를 판단하고 수정하는 것이 요구된다는 측면에서 필수적으로 요구되는 능력이라 할 수 있다.

  ### 2. 기초통계능력

  기초통계능력이란 '업무 상황에서 평균, 합계, 빈도와 같은 기초적인 통계기법을 활용하여 자료를 정리하고 요약하는 능력'이다. 특히 기초통계능력은 업무 상황에서 다단계의 복잡한 통계기법을 활용하여 결과의 오류를 수정하는 것이 요구된다는 측면에서 필수적으로 요구되는 능력이라 할 수 있다.

  ### 3. 도표분석능력

  '업무 상황에서 도표(그림, 표, 그래프 등)의 의미를 파악하고, 필요한 정보를 해석하여 자료의 특성을 규명하는 능력'이다. 특히 도표분석능력은 업무 상황에서 접하는 다양한 도표를 분석하여 내용을 종합하는 것이 요구된다는 측면에서 필수적으로 요구되는 능력이라 할 수 있다.

  ### 4. 도표작성능력

  '업무 상황에서 자료(데이터)를 이용하여 도표를 효과적으로 제시하는 능력'이다. 특히 도표작성능력은 업무 상황에서 다양한 도표를 활용하여 내용을 강조하여 제시하는 것이 매우 중요하다는 측면에서 필수적으로 요구되는 능력이라 할 수 있다.

- 수리능력이 필요한 이유
  - 단순히 숫자를 계산하는 것만 배우는 것이 아니라 복잡하고 어려운 문제들을 계산하고 해결해 가는 과정을 통해 논리적으로 생각하는 방법과 문제해결력을 배울 수 있다.
  - 수리능력의 향상을 통해 수리력뿐만 아니라 추리력, 분석적인 사고능력, 엄격한 논리체계 및 사물을 인식하고 이해하는 방법을 배우게 되는데, 이러한 것들은 모든 과학의 언어로서 자연과학, 공학, 인문학, 사회과학에 이르기까지 광범위하게 응용된다.

- 일상생활 혹은 업무수행과정에서 수리능력이 중요한 이유
  1. 수학적 사고를 통한 문제해결
     - 수학적 사고를 적용하면 문제를 분류하고 해법을 찾는 일이 수월해진다.
     - 수학 원리를 활용하면 어려운 문제들에 대한 지구력과 내성이 생겨 문제 해결이 더욱 쉬워진다.
  2. 직업세계 변화에 적응
     - 수리능력은 논리적이고 단계적인 학습을 통해 향상되기 때문에 어느 과정의 앞 단계에서 제대로 학습을 하지 못했다면 다음 단계를 학습하는 것이 매우 어려울 수 있다.
  3. 실용적 가치의 구현
     - 수리능력의 향상을 통해 일상생활 혹은 업무 수행에 필요한 수학적 지식이나 기능을 습득할 수 있다.
     - 실용성은 개인이나 직업에 따라 다를 수 있으나 수리능력의 향상을 통해서 일상적으로 필요한 지식, 기능에 대한 수량적인 사고를 할 수 있는 아이디어나 개념을 도출할 수 있다.

3 ㅣ NCS 수리능력의 출제 경향 및 학습 포인트

수리능력은 NCS 직업기초능력평가를 시행하는 대부분의 공기업에서 출제되는 중요한 영역이다. 단순한 사칙연산부터 흔히 응용수리로 알고 있는 계산하는 유형, 표와 그래프를 해석하여 문제를 풀이하는 PSAT 자료해석 유형이 주로 출제된다. 최근에는 고등학교 교육과정의 통계적 지식을 이용해야 하는 문제가 출제되기도 했다.

표와 그래프 등 여러 자료를 복합적으로 이해해야 풀 수 있는 문제가 다수 출제되고 있으며, 최근에는 한 개의 자료에서도 단서 조항을 바탕으로 1~2단계를 더 거쳐야 풀이가 가능한 문제가 출제되어, 수험생들이 느끼는 체감 난도는 높은 편이다. 따라서 기본기를 튼튼히 해야 하며, 고난도 위주의 추가 학습이 필요하다.

4 ㅣ NCS 수리능력 출제 유형 및 비중

수 추리	▶	나열된 수 또는 문자의 규칙을 파악하여 빈칸에 들어갈 값을 고르는 유형	■ 5%
방정식의 활용	▶	주어진 조건을 바탕으로 식을 세워 미지수의 값을 구하는 유형	■ 20%
경우의 수/확률	▶	주어진 조건을 바탕으로 일어날 수 있는 경우의 가짓 수나 확률을 구하는 유형	■ 15%
자료 계산	▶	주어진 자료에서 요구하는 값을 사칙연산을 통해 구하는 유형	■ 25%
자료 이해	▶	주어진 자료를 바탕으로 제시된 내용의 일치 여부를 판단하거나 계산하는 유형	■ 25%
자료 변환	▶	주어진 자료의 내용이 표, 그래프 등으로 적절하게 변환되었는지 판단하는 유형	■ 10%

5 ㅣ NCS 수리능력 출제 기업

PSAT형	한국철도공사, 한국전력공사, 국민건강보험공단, 한국토지주택공사, 인천국제공항공사, 한국수자원공사, 한국수력원자력, 한국공항공사, IBK기업은행, 농협은행, 예금보험공사, 한국농어촌공사 등
피듈형	지역농협, 서울교통공사, 부산교통공사, 한국가스공사, 한국도로공사, 한국지역난방공사, 한국중부발전, 한국남부발전, 한국동서발전, 한국남동발전, 한국서부발전, 국민연금공단, 한국환경공단, KDB산업은행, 한국수출입은행, 한전KPS, 한전KDN, 한국산업인력공단, 신용보증기금, 근로복지공단 등

1. 계산능력 키우기

　[석치수 기본서 NCS 수리능력]의 계산 이론 부분을 학습하고, 연습문제를 반복하여 풀어본다. 만약 계산 연습이 부족하다면 계산을 연습할 수 있는 교재를 따로 구매하여 연습한다. 계산능력을 키우기 위해서는 매일 조금씩 연습하는 것보다, 하루에 8~10시간씩 몰아서 2~3일 정도 연습하면서 실력을 키우는 것을 권장한다.

2. 표 · 그래프 해석 능력 키우기

　[석치수 기본서 NCS 수리능력]을 학습하되, 부족하다면 5급 공채, 7급 공채, 민간경력 PSAT 문제를 추가로 풀어본다. 문제를 풀고 난 뒤 자신이 직접 선택지를 만들어 보는 것도 하나의 방법이다.

3. 수리적 이해

　[석치수 기본서 NCS 수리능력]의 문제를 풀 때, 조금 느리더라도 정확하게 푼다. 정확하게 풀 수 있다면, 더 효율적인 풀이가 있는지도 고민해 본다. 다만, 이와 같은 고민은 쉽지 않기에 필자의 풀이를 이해하는 것으로 충분하며, 이해되지 않는 경우 일단 풀이를 써본다. 여러 번 써보고 고민하였음에도 잘 이해되지 않는다면 그냥 암기한다.

4. 실제 적용

　[석치수 기본서 NCS 수리능력] 문제를 반복해서 푼다. 틀리는 것은 괜찮지만, 자신이 틀리는 것이 무서워서 배운 것을 적용해보지 않는 것은 잘못이다. 틀려도 좋으니 앞에서 이해하고 암기한 스킬을 적용해보고, 만약 틀렸다면 어떻게 잘못 적용하였는지를 확인한다. 응용수리 문제의 경우 중학교 1~2학년 과정에 나오는 방정식 문제를 푸는 것도 좋다. 다만, 중학생처럼 푸는 것이 아니라 필자가 알려준 사고방식으로 접근한다.

5. 반복

　[석치수 기본서 NCS 수리능력] 교재를 3회 이상 반복해서 푼다.

이 책의 특징

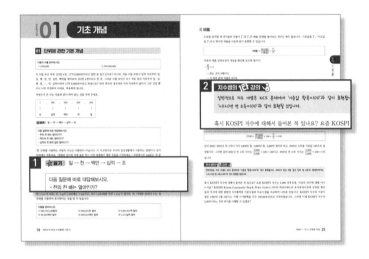

치수 쌤의 강의를 그대로 녹인 교재

1 영역 및 유형별로 암기 사항과 이론 등을 체계적으로 수록하였습니다.

2 강의를 직접 듣는 것과 같이 교재를 통해 치수 쌤의 수업 내용을 느낄 수 있으며, '치수 쌤의 1타 강의'를 통해 문제해결 실전 전략을 제시합니다.

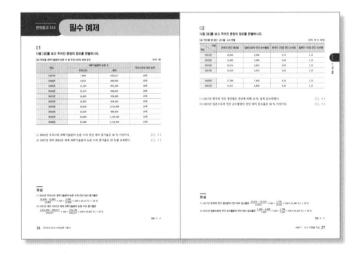

유형별 필수 예제를 통한 문항 접근법 제시

1 유형별로 문항을 분석하는 과정을 제시하고, 문제해결 속도와 판단력을 올릴 수 있도록 합니다.

2 필수 예제를 통해 학습자는 수리능력의 문제해결 전략의 실마리를 구성할 수 있습니다.

유형별 3단계 실전 문제풀이

1 '기본유형＋PSAT 기출＋NCS 기출 변형'의 3단계 연습문제로 구성하였습니다.

2 단계별로 풀어보는 과정을 통해 효율적인 풀이 전략을 나만의 것으로 체화할 수 있습니다.

NCS 실전 100제 & 치수 쌤의 시간 단축 해설

1 최신 출제 경향에 맞게 NCS 실전에서 통하는 100문항을 엄선하여 수록하였습니다.

2 대부분의 문항에는 치수 쌤만의 특별한 노하우가 담긴 해설이 포함되어 있습니다. 이를 통해 학습자는 문제를 풀 때 시간을 단축할 수 있습니다.

학습 플랜

2주 완성 학습 플랜

- 수리능력 기본기가 충분히 갖추어져 고득점을 노리는 학습자용 플랜
- 단기간에 확실하게 수리능력을 마스터하고 싶은 학습자용 플랜

DAY 1	DAY 2	DAY 3	DAY 4	DAY 5
PART 1 CHAPTER 01	PART 1 CHAPTER 02_01~04	PART 1 CHAPTER 02_05~07	PART 1 CHAPTER 03	PART 2 CHAPTER 01

DAY 6	DAY 7	DAY 8	DAY 9	DAY 10
PART 2 CHAPTER 02	PART 2 CHAPTER 03	PART 2 CHAPTER 04	PART 3 CHAPTER 01	PART 3 CHAPTER 02

4주 완성 학습 플랜

- 수리능력 2회독을 통해 완벽하게 실력을 쌓고자 하는 학습자용 플랜
- 이론과 문제를 기초부터 학습하여 안정적 · 단계적으로 실력을 향상시키고자 하는 학습자용 플랜

DAY 1	DAY 2	DAY 3	DAY 4	DAY 5
PART 1 CHAPTER 01_01~02	PART 1 CHAPTER 01_03~04	PART 1 CHAPTER 01_05~06	PART 1 CHAPTER 02_01~02	PART 1 CHAPTER 02_03~04

DAY 6	DAY 7	DAY 8	DAY 9	DAY 10
PART 1 CHAPTER 02_05~07	PART 1 CHAPTER 03	PART 2 CHAPTER 01	PART 2 CHAPTER 02	PART 2 CHAPTER 03

DAY 11	DAY 12	DAY 13	DAY 14	DAY 15
PART 2 CHAPTER 04	문제 풀이 관련 이론 복습	PART 3 CHAPTER 01	PART 3 CHAPTER 02	PART 1 CHAPTER 01 복습

DAY 16	DAY 17	DAY 18	DAY 19	DAY 20
PART 1 CHAPTER 02 복습	PART 1 CHAPTER 03 복습	PART 2 CHAPTER 01~02 복습	PART 2 CHAPTER 03~04 복습	PART 3 CHAPTER 01~02 복습

차례

PART 2 | NCS 유형별 학습

PART 3 | NCS 실전 100제

정답과 해설

인생은 흘러가고 사라지는 것이 아니다.
성실로써 이루고 쌓아가는 것이다.

– 존 러스킨(John Ruskin)

NCS 학습 접근법

PART

1

01 단위에 관한 기본 개념

> 다음의 수를 읽어 보시오.
> • 1,234,000   • 1,789,000,000

이 수를 보고 바로 123만 4천, 17억 8,900만이라고 말한 분 있으신가요? 아니면, 처음 수를 보면서 일의 자리부터 일, 십, 백, 천, 만, 십만, 백만을 세어 보며 123만 4천이라고 한 후, 그다음 수를 보면서 다시 처음 일의 자리부터 일, 십, 백, 천, …, 억, 십억이라며 17억 8,900만이라고 하셨나요? 만약 후자의 경우라면 아직 익숙하지 않아서 그런 것일 뿐이니 너무 걱정하지 마세요. 적응하면 됩니다.

자릿수가 큰 수는 다음과 같이 띄어 읽는 것을 익혀 두세요.

1	,	000	,	000	,	000	,	000
↑		↑		↑		↑		↑
조		십억		백만		천		일

★ 암기   일 → 천 → 백만 → 십억 → 조

> 다음 질문에 바로 대답해 보시오.
> • 천의 천 배는 얼마인가?
> • 백만의 천 배는 얼마인가?
> • 십억의 천 분의 일은 얼마인가?

'천' 단위를 사용하는 서양식 사고는 이뿐만이 아닙니다. 이 사고방식은 우리의 일상생활에서 사용하는 질량이나 길이 단위에도 적용되죠. (질량과 길이의 국제 표준 역시 서양 세계에서 정한 것임을 기억하세요.) 서양에서의 'milli'는 천 분의 일 배($\times\frac{1}{1,000}$)를 의미하고, 'kilo'는 천 배($\times1,000$)를 뜻합니다. 즉, $1\,mm=\frac{1}{1,000}\,m$이고, $1\,kg=1,000\,g$입니다. 이러한 단위 개념을 더 소개하자면 다음과 같습니다.

> • mega=10^6 • giga=10^9 • tera=10^{12}
> • nano=$\frac{1}{10^9}$ • pico=$\frac{1}{10^{12}}$

우리가 알고 있는 상식으로 위의 것들을 적용해 봅시다. 예를 들어, $1\,mm$의 $1,000$배는 $1\,m$이며, 다시 $1,000$배를 하면 $1\,km$가 되죠. 또, $1\,g$의 $1,000$배는 $1\,kg$이고, 다시 $1,000$배를 하면 $1\,ton$이 됩니다. 즉, 다양한 곳에서 수는 천 단위를 사용하여 표시한다는 것을 알 수 있습니다.

> 다음을 읽어 보시오.
> (1) 858,752,168달러   (2) 696,821천 달러   (3) 8,684,632천 달러
> (4) 96,542백만 달러   (5) 869,851백만 달러   (6) 4,213십억 달러

필수 예제

다음 [표]를 보고 주어진 문장의 정오를 판별하시오.

[표] 지역별 에너지 부문 투자 예상액   (단위: 10억 달러)

구분	석탄	석유	천연가스	전기	합계
OECD	156	1,149	1,745	4,241	7,291
북미	80	856	1,189	1,979	4,104
유럽	35	246	417	1,680	2,378
태평양지역	42	47	139	582	810
구소련지역	33	639	589	590	1,851
러시아	15	478	440	263	1,196
개발도상국	331	2,223	1,516	6,446	10,516
아시아	298	662	457	4,847	6,264
중국	238	351	124	3,007	3,720
인도	38	48	55	967	1,108
인도네시아	13	49	86	187	335
중동	1	698	381	396	1,476
아프리카	20	485	413	484	1,402
라틴아메리카	12	378	265	719	1,374
브라질	1	138	48	252	439
지역 간 이전	45	256	76	—	377
합계	565	4,267	3,926	11,277	20,035

(1) OECD의 석유 부문 투자 예상액은 1조 달러를 초과한다.   (○, ×)

(2) 구소련지역의 전기 부문 투자 예상액은 590십억 달러이다.   (○, ×)

(3) OECD의 석탄 부문 투자 예상액은 1,000억 달러 이상이다.   (○, ×)

해설

(1) OECD의 석유 부문 투자 예상액: 1,149십억 달러＝1.149조 달러≥1조 달러

(2) 구소련지역의 전기 부문 투자 예상액: 590십억 달러

(3) OECD의 석탄 부문 투자 예상액: 156십억 달러＝156×10억 달러＝1,560억 달러≥1,000억 달러

정답 ○, ○, ○

02 수치의 변화

'증가 폭', '감소 폭', '변화 폭'은 모두 실제로 증가·감소하거나 변화한 양을 뜻합니다. 그런데 세 단어의 미묘한 차이를 인지하였나요? 예를 들어, A의 재산이 120만 원에서 132만 원으로 변화하였을 때 표현은 다음과 같습니다.

• A 재산은 12만 원 증가하였다.
• A 재산의 증가 폭은 12만 원이다.
• A 재산의 변화 폭은 12만 원이다.

그리고 B의 재산이 130만 원에서 117만 원으로 변화하였을 때 표현은 다음과 같습니다.
• B 재산은 13만 원 감소하였다.
• B 재산의 감소 폭은 13만 원이다.
• B 재산의 변화 폭은 13만 원이다.

치수쌤의 1단 강의

이해되시나요? 증가하는 경우는 증가 폭 또는 증가량, 감소하는 경우는 감소 폭 또는 감소량이라 표현합니다. 그리고 변화 폭이나 증감량은 증가한 경우와 감소한 경우 모두에 쓰이며, 절댓값을 의미합니다. 말 그대로 이해하면 됩니다.

필수 예제

다음 [표]를 보고 주어진 문장의 정오를 판별하시오.

[표] 2021~2022년 도시별 가구 수 현황 및 변화

(단위: 가구)

도시	2021년 가구 수 (A)	2022년 가구 수 (B)	B−A
갑	367	235	−132
을	246	632	+386
병	179	245	+66
정	583	951	+368
무	629	123	−506

- 2021년 대비 2022년 가구 수의 증가 폭이 가장 큰 도시는 '을'이다.　　　　　(○, ×)
- 2021년 대비 2022년 가구 수의 감소 폭이 가장 작은 도시는 '병'이다.　　　　(○, ×)
- 2021년 대비 2022년 가구 수의 변화 폭이 가장 큰 도시는 '을'이다.　　　　　(○, ×)
- 2021년 대비 2022년 가구 수의 변화 폭이 가장 작은 도시는 '갑'이다.　　　　(○, ×)

해설

증가 폭이 가장 큰 도시는 '을'이고, 감소 폭이 가장 작은 도시는 '갑'이며, 변화 폭이 가장 큰 도시는 '무'이고, 가장 작은 도시는 '병'이다.

정답 ○, ×, ×, ×

1] 증가율/감소율/변화율

1. 증가율

증가율이란 비교하는 시점에서의 값이 기준이 되는 시점에서의 값에 비해 증가한 정도를 백분율로 표시한 것입니다. t_1기간의 값을 T_1, t_2기간의 값을 T_2라고 할 때, t_1기간 대비 t_2기간에 대한 증가율 공식은 다음과 같습니다.

$$(증가율)(\%) = \frac{T_2 - T_1}{T_1} \times 100$$

간단하게 예를 들어봅시다. 2022년 여러분의 재산이 200만 원이었는데 2023년에 230만 원이 되었다면, 여러분의 2022년 대비 2023년 재산의 증가율은 $\frac{230 - 200}{200} \times 100 = 15(\%)$로 구할 수 있습니다. 그런데 2022년 여러분의 재산이 200만 원이었는데 2023년에 15 % 증가하였다고 제시되었을 때도 2023년 여러분 재산이 230만 원인 것을 빠르게 도출해 낼 수 있나요? 위의 증가율 공식을 T_2에 대해서 정리해 보도록 하겠습니다.

$$(증가율)(\%) = \frac{T_2 - T_1}{T_1} \times 100$$

$$\rightarrow T_1 \times \frac{(증가율)}{100} = T_2 - T_1$$

$$\rightarrow T_2 = T_1 + T_1 \times \frac{(증가율)}{100} = T_1 \times \left(1 + \frac{(증가율)}{100}\right)$$

2022년 대비 2023년 재산 증가율이 15 %이고, 2023년 재산이 230만 원이라면 2022년 재산은 어떻게 구해야 할까요? 그렇습니다. 바로 위의 식을 이용하면 $\frac{230}{1 + 15/100} = 200$(만 원)임을 알 수 있습니다.

증가율의 표현 방법 및 대소비교에 대해서 알아보도록 합시다.

치수쌤의 1단 강의

증가율의 경우 양수인 경우와 음수인 경우 모두 사용할 수 있습니다. 즉, 증가율이 23 %라는 것은 23 % 증가한 것을 의미하고, 증가율이 -30 %라는 것은 30 % 감소한 것을 의미합니다.

양수와 음수가 혼재된 증가율 정보에서 증가율이 가장 큰 것을 찾으라고 하면 양(+)의 값 중에서 가장 큰 것을 찾으면 되고, 증가율이 가장 작은 것을 찾으라고 하면 음(-)의 값 중에서 절댓값이 가장 큰 경우를 찾으면 됩니다.

2. 감소율

t_1기간의 값이 T_1, t_2기간의 값이 T_2이고 $T_1 > T_2$일 때, 감소율을 구하는 공식은 다음과 같습니다.

$$(감소율)(\%) = \frac{T_1 - T_2}{T_1} \times 100$$

앞의 증가율 공식과 비교해보도록 합시다.

$$(증가율) = \frac{T_2 - T_1}{T_1} \times 100 = \frac{-(T_1 - T_2)}{T_1} \times 100 = -(감소율)$$

감소율의 경우 증가율 공식을 이용한 후, 값이 음수라면 '−' 부호를 떼고, 감소율이라고 표현하면 됩니다. 간단하게 예를 들어보면 다음과 같습니다.

- 2022년 재산이 200만 원이고, 2023년 재산이 150만 원이면 2022년 대비 2023년 재산의 증가율은
$\frac{150 - 200}{200} \times 100 = -25(\%)$이므로 감소율은 25 %이다.

- 2022년 재산이 200만 원이고, 2022년 대비 2023년 재산 감소율이 25 %라면 2023년 재산은
$200 \times \left(1 - \frac{25}{100}\right) = 150(만\ 원)$이다.

- 2023년 재산이 150만 원이고, 2022년 대비 2023년 재산 감소율이 25 %라면 2022년 재산은
$\frac{150}{1 - 25/100} = 200(만\ 원)$이다.

감소율의 표현 방법 및 대소비교에 대해서 알아보도록 합시다.

치수쌤의 1타 강의

감소율은 음수(−)를 사용하여 나타내지 않습니다. 즉, 감소율 30 %라는 말은 사용하지만, 감소율 −30 %라는 말은 사용하지 않습니다.

양수와 음수가 혼재된 증가율 정보에서 감소율이 가장 큰 것을 찾으라고 하면 증가율이 음(−)인 경우 중 절댓값이 가장 큰 것을 찾으면 되고, 감소율이 가장 작은 경우 역시 증가율이 음(−)인 경우 중 절댓값이 가장 작은 것을 찾으면 됩니다.

> 참고
>
> 증가율이 −7 %는 감소율 7 %와 같다. 실제로 보고서나 통계에서 이것을 △7 %로 종종 표현하니 알아두도록 하자.

3. 변화율

변화율은 증가율 또는 감소율과는 다르게 부호를 따지지 않습니다. 즉, 변화율은 증가했는지 감소했는지를 판단하는 것이 아니라, 원래 값에 비해 변화한 정도를 묻는 것입니다. 변화율 공식은 다음과 같습니다.

$$(변화율)(\%) = \left| \frac{T_2 - T_1}{T_1} \times 100 \right|$$

이해되시나요? 쉽게 생각하면 변화율에서는 부호가 중요하지 않고, $\frac{T_2 - T_1}{T_1}$의 절댓값이 중요합니다. 그러므로 증가율이 $+$인 경우와 $-$인 경우가 혼재되어 있을 때, 변화율이 가장 큰 경우는 부호와 상관없이 절댓값이 가장 큰 경우를 의미하고, 변화율이 가장 작은 경우는 부호와 상관없이 절댓값이 가장 작은 경우를 의미합니다.

★ 핵심 내용 정리

- $(증가율)(\%) = \dfrac{T_2 - T_1}{T_1} \times 100$

- $(감소율)(\%) = \dfrac{T_1 - T_2}{T_1} \times 100$ (단, $T_1 > T_2$)

- $(변화율)(\%) = \left| \dfrac{T_2 - T_1}{T_1} \times 100 \right|$

상황 \ 항목	증가율	감소율	변화율
가장 큰 것	양수 값 중 가장 큰 것	증가율이 음수인 값 중 절댓값이 가장 큰 것	부호에 상관없이 절댓값이 가장 큰 것
가장 작은 것	양수와 음수 값 중 가장 작은 것	증가율이 음수인 값 중 절댓값이 가장 작은 것	부호에 상관없이 절댓값이 가장 작은 것

2) 배율

도표를 분석할 때 증가율과 더불어 T_1과 T_2의 배율 관계를 물어보는 경우도 매우 많습니다. 기준값을 T_1, 비교값을 T_2라고 한다면 배율을 다음과 같이 표현할 수 있습니다.

$$(\text{배율})=\frac{(\text{비교값})}{(\text{기준값})}=\frac{T_2}{T_1}$$

다음의 예를 살펴보면서 개념을 확인해 보도록 합시다.

- $\dfrac{B}{A}=3$
  - → B는 A의 3배이다.
  - → A 대비 B의 비율은 3이다.
- 갑의 2022년 연 소득은 3,000만 원이고, 2023년 연 소득은 4,500만 원이다.
  - → 갑의 2023년 연 소득은 2022년의 1.5배이다.
  - → 갑의 2023년 연 소득은 2022년 대비 1.5배로 증가하였다.
  - → 갑의 2023년 연 소득은 2022년에 비해 50 % 증가하였다.

★암기 A 대비 B는 $\dfrac{B}{A}$를 의미합니다.

3) 지수

지수는 실생활에서도 매우 많이 쓰입니다. 지수는 어느 한 시점에서의 값을 100이라고 할 때, 다른 시점에서의 값을 나타낸 것입니다. 기준값을 T_1, 비교값을 T_2라고 할 때, 지수는 다음과 같이 표현합니다.

$$(\text{지수})=\frac{(\text{비교값})}{(\text{기준값})}\times100=\frac{T_2}{T_1}\times100$$

갑의 2020~2022년 연 소득이 각각 2,000만 원, 3,000만 원, 3,500만 원이라 하고, 2020년 소득을 기준값 100으로 설정합시다. 그러면 갑의 2021년 연 소득 지수는 $\dfrac{3,000}{2,000}\times100=150$이고, 2022년 연 소득 지수는 $\dfrac{3,500}{2,000}\times100=175$입니다.

치수쌤의 1타 강의

일반적으로 지수 개념은 NCS 문제에서 '기준값 항목=100'과 같이 표현됩니다. 따라서 방금 예로 들은 갑의 연 소득과 관련하여서는 '2020년 연 소득=100'과 같이 표현될 것입니다.

혹시 KOSPI 지수에 대해서 들어본 적 있나요? 요즘 KOSPI 지수는 2,000 전후인데, 이것의 의미에 대해 아시는지요? KOSPI(Korea Composite Stock Price Index)지수란 한국거래소의 유가증권시장에 상장된 회사들의 주식에 대한 총합인 시가총액의 기준시점과 비교시점을 비교하여 나타낸 것입니다. KOSPI 지수의 기준시점은 1980년 1월 4일이고, 이때 시가총액을 지수 100.00포인트로 시작하였습니다. 그러면 이제 KOSPI 지수가 2,000이라는 것의 의미를 이해할 수 있겠죠?

필수 예제

01

다음 [표]를 보고 주어진 문장의 정오를 판별하시오.

[표] 연도별 과학기술분야 논문 수 및 우리나라의 세계 순위 (단위: 편)

연도	과학기술분야 논문 수		우리나라의 세계 순위
	우리나라	세계	
1997년	7,866	820,517	18위
1998년	9,843	868,094	16위
1999년	11,326	891,559	16위
2000년	12,475	896,644	16위
2001년	14,893	928,085	15위
2002년	15,902	929,442	14위
2003년	18,830	1,014,656	14위
2004년	19,328	986,034	14위
2005년	23,089	1,139,383	14위
2006년	23,286	1,134,926	13위

(1) 2003년 우리나라 과학기술분야 논문 수의 전년 대비 증가율은 20 % 이상이다. (○, ×)

(2) 1997년 대비 2003년 세계 과학기술분야 논문 수의 증가율은 25 %를 초과한다. (○, ×)

해설

(1) 2003년 우리나라 과학기술분야 논문 수의 전년 대비 증가율은

$$\frac{18,830-15,902}{15,902} \times 100 = \frac{2,928}{15,902} \times 100 ≒ 18.41(\%) < 20\ \%$$

(2) 1997년 대비 2003년 세계 과학기술분야 논문 수의 증가율은

$$\frac{1,014,656-820,517}{820,517} \times 100 = \frac{194,139}{820,517} \times 100 ≒ 23.66(\%) < 25\ \%$$

정답 ×, ×

02

다음 [표]를 보고 주어진 문장의 정오를 판별하시오.

[표] 연도별 쌀 생산·순수출·소비 변화 (단위: 천 석, 석/인)

연도 \ 구분	한국의 연간 생산량	일본으로의 연간 순수출량	한국인 1인당 연간 소비량	일본인 1인당 연간 소비량
1914년	15,500	2,058	0.73	1.12
1915년	14,882	3,080	0.68	1.15
1916년	15,014	3,624	0.65	1.15
1917년	13,219	4,619	0.52	1.13
...				
1920년	17,298	7,405	0.54	1.13
1921년	13,511	5,609	0.45	1.11

(1) 1917년 한국의 연간 생산량은 전년에 비해 15 % 넘게 감소하였다. (○, ×)

(2) 1921년 일본으로의 연간 순수출량의 전년 대비 감소율은 30 % 이상이다. (○, ×)

해설

(1) 1917년 한국의 연간 생산량의 전년 대비 감소율은 $\dfrac{15{,}014-13{,}219}{15{,}014}\times100=\dfrac{1{,}795}{15{,}014}\times100≒11.96(\%)<15\,\%$

(2) 1921년 일본으로의 연간 순수출량의 전년 대비 감소율은 $\dfrac{7{,}405-5{,}609}{7{,}405}\times100=\dfrac{1{,}796}{7{,}405}\times100≒24.25(\%)<30\,\%$

정답 ×, ×

03

다음 [표]를 보고 주어진 문장의 정오를 판별하시오.

[표] 연도별 A회사 기초자기자본, 순이익 및 기말자기자본 현황 (단위: 백만 원)

연도	기초자기자본	순이익	기말자기자본
1995년	100	35	135
1996년	135	30	165
1997년	165	58	223
1998년	( )	( )	( )
1999년	273	29	302
2000년	302	67	369
2001년	369	39	408
2002년	408	43	451
2003년	( )	( )	( )
2004년	551	90	641
2005년	641	142	783

주1) 당해 연도 기초(期初)자기자본은 전년도 기말(期末)자기자본과 같음.
주2) (기말자기자본)＝(기초자기자본)＋(순이익)

(1) 2001년 기초자기자본의 전년 대비 변화율은 2000년 기초자기자본의 전년 대비 변화율의 3배 이상이다.

(○, ×)

(2) 2001년 순이익의 전년 대비 변화율은 50 %를 초과하며, 2002년 순이익의 전년 대비 변화율은 10 %를 초과한다. (○, ×)

(3) 순이익이 가장 큰 해에 기말자기자본은 1994년 기말자기자본의 7배를 초과한다. (○, ×)

해설

(1) 2001년 기초자기자본의 전년 대비 변화율은 $\left|\dfrac{369-302}{302} \times 100\right| = \left|\dfrac{67}{302} \times 100\right| ≒ 22.19(\%)$

2000년 기초자기자본의 전년 대비 변화율은 $\left|\dfrac{302-273}{273} \times 100\right| = \left|\dfrac{29}{273} \times 100\right| ≒ 10.62(\%)$

→ 22.19 % ＜ 10.62 % × 3

(2) 2001년 순이익의 전년 대비 변화율은 $\left|\dfrac{39-67}{67} \times 100\right| ≒ 41.79(\%) ＜ 50 \%$

2002년 순이익의 전년 대비 변화율은 $\left|\dfrac{43-39}{39} \times 100\right| ≒ 10.26(\%) ＞ 10 \%$

(3) (1998년 순이익)＝(1998년 기말자기자본)－(1998년 기초자기자본)
　　　　　＝(1999년 기초자기자본)－(1997년 기말자기자본)＝273－223＝50(백만 원)

(2003년 순이익)＝(2003년 기말자기자본)－(2003년 기초자기자본)
　　　　　＝(2004년 기초자기자본)－(2002년 기말자기자본)＝551－451＝100(백만 원)

(1994년 기말자기자본)＝(1995년 기초자기자본)＝100(백만 원)

순이익이 가장 큰 해: 2005년

2005년 기말자기자본은 783백만 원으로 1994년 기말자기자본인 100백만 원의 7배를 초과한다.

정답 ×, ×, ○

다음 [표]를 보고 주어진 문장의 정오를 판별하시오.

[표] 연도별 1인당 연간 양곡 소비량 (단위: kg)

곡물 \ 연도	1965년	1970년	1975년	1980년	1985년	1990년	1995년	2000년
쌀	121.8	136.4	123.6	132.4	128.1	119.6	106.5	93.6
보리	36.8	37.3	36.3	13.9	4.6	1.6	1.5	1.6
밀	13.8	26.1	29.5	29.4	32.1	29.8	33.9	35.9
옥수수	0.9	1.1	2.4	3.1	3.1	2.7	3.3	5.9
콩	4.4	5.3	6.4	8.0	9.3	8.3	9.0	8.5
조	7.3	10.2	7.1	6.3	3.1	3.3	3.0	4.3
기타	3.8	3.0	2.0	2.1	1.4	1.7	3.3	3.5
합계	188.8	219.4	207.3	195.2	181.7	167.0	160.5	153.3

(1) 2000년 1인당 연간 밀 소비량은 1965년에 비해 3배 이상이다. (○ , ×)

(2) 1995년 1인당 연간 옥수수 소비량은 1990년에 비해 1.2배 이상이다. (○ , ×)

(3) 2000년 1인당 연간 소비량이 1995년에 비해 1.1배 이상인 곡물은 옥수수뿐이다. (○ , ×)

해설

(1) $\dfrac{(2000년\ 1인당\ 연간\ 밀\ 소비량)}{(1965년\ 1인당\ 연간\ 밀\ 소비량)} = \dfrac{35.9}{13.8} \fallingdotseq 2.6 < 3$

(2) $\dfrac{(1995년\ 1인당\ 연간\ 옥수수\ 소비량)}{(1990년\ 1인당\ 연간\ 옥수수\ 소비량)} = \dfrac{3.3}{2.7} \fallingdotseq 1.22 \geq 1.2$

(3) 2000년 1인당 연간 소비량이 1995년에 비해 1.1배 이상인 곡물: 옥수수$\left(= \dfrac{5.9}{3.3} \geq 1.1 \right)$, 조$\left(= \dfrac{4.3}{3.0} \geq 1.1 \right)$

정답 ×, ○, ×

05

다음 [표]를 보고 주어진 문장의 정오를 판별하시오.

[표] 한·중·일 기술경쟁력 비교

대상국	구분	분류	종합	제품설계	소재관련	부품관련	조립가공	공정관리	개발속도
일본	전체	응답자 전체	125	126	126	123	122	124	121
	기업 규모별	대기업	125	128	128	124	119	122	121
		중소기업	124	124	122	120	125	126	121
	업종별	조선	120	110	115	120	110	110	110
		정보통신	117	121	112	119	121	117	120
		자동차/부품	126	123	125	123	123	125	118
중국	전체	응답자 전체	80	78	78	79	82	79	94
	기업 규모별	대기업	77	74	75	76	79	76	91
		중소기업	84	84	84	83	87	84	98
	업종별	조선	80	75	75	85	80	90	105
		정보통신	88	83	93	92	93	91	108
		자동차/부품	76	73	69	73	79	74	99

※ 수치는 한국 기업을 100으로 했을 때 일본과 중국 기업의 경쟁력 수준이며 수치가 높을수록 경쟁력이 높다는 뜻임.

(1) 일본 대기업의 공정관리 기술경쟁력은 중국 대기업의 공정관리 기술경쟁력의 1.5배 이상이다. (○, ×)

(2) 조선업의 개발속도 기술경쟁력은 한국이 가장 낮다. (○, ×)

(3) 중국의 기술경쟁력이 가장 높은 분야는 조립가공이다. (○, ×)

해설

(1) $\dfrac{\text{(일본 대기업의 공정관리 기술경쟁력)}}{\text{(중국 대기업의 공정관리 기술경쟁력)}} = \dfrac{122}{76} \fallingdotseq 1.61 \geq 1.5$

(2) 조선업의 개발속도 기술경쟁력은 일본 110, 중국 105, 한국 100으로 한국이 가장 낮다.

(3) 중국의 기술경쟁력이 가장 높은 분야는 '개발속도'이다.

정답 ○, ○, ×

04 비중

비중이란 전체에서 특정 항목이 차지하는 정도를 의미하며, 공식은 다음과 같습니다.

$$\text{(비중)}(\%) = \frac{\text{(해당 항목의 값)}}{\text{(전체 항목의 값)}} \times 100$$

다음의 표를 바탕으로 비중과 관련된 아래의 내용을 확인해 봅시다.

[표] 재원별 연구비 (단위: 억 원)

재원별 \ 연도	1995년	1996년	1997년	1998년	1999년	2000년
정부·공공부문	1,779	2,397	2,850	3,051	3,203	3,451
민간부문	7,661	8,466	9,323	8,276	8,711	10,387
외국부문	1,331	13,635	11,796	8,432	6,972	9,501
합계	10,771	24,498	23,969	19,759	18,886	23,339

- 1995년 총 재원에서 민간부문이 차지하는 비중은 $\frac{7,661}{10,771} \times 100 = 71.12(\%)$이다.
- 1998년 총 재원에서 외국부문이 차지하는 비중은 $\frac{8,432}{19,759} \times 100 = 42.67(\%)$이다.
- 2000년 총 재원에서 정부·공공부문이 차지하는 비중은 $\frac{3,451}{23,339} \times 100 = 14.7(\%)$이고, 총 재원에서 민간부문이 차지하는 비중은 $\frac{10,387}{23,339} \times 100 = 44.5(\%)$로, 2000년 총 재원에서 민간부문이 차지하는 비중은 총 재원에서 정부·공공부문이 차지하는 비중의 3배 이상이다.

위의 내용을 보고 자료해석 문항에 대한 공포가 갑자기 생길 수 있습니다. $\frac{7,661}{10,771} \times 100 = 71.12(\%)$, $\frac{8,432}{19,759} \times 100 = 42.67(\%)$와 같은 계산을 어떻게 해야 하는지 한숨을 쉬고 있다면, 그런 걱정은 접어두세요. 위의 내용이 실전에서 나오려면 다음과 같이 변형되기 때문입니다. 위와 아래의 내용에 대한 차이를 비교해보세요.

- 1995년 총 재원에서 민간부문이 차지하는 비중은 70% 이상이다.
- 1998년 총 재원에서 외국부문이 차지하는 비중은 50% 미만이다.
- 2000년 총 재원에서 민간부문이 차지하는 비중은 총 재원에서 정부·공공부문이 차지하는 비중의 3배 이상이다.

치수쌤의 1타 강의

훨씬 이해하기 쉬운가요? 겁먹지 마세요. 우리는 주어진 [표]에서 비중 공식 중 '해당 항목의 값'과 '전체 항목의 값'을 이용하여 비중을 구했습니다. 만약 [표]의 항목에 '비중'과 '전체 항목의 값'이 주어진다면 구할 수 있는 것은 무엇일까요? 또한 '비중'과 '해당 항목의 값'이 주어진다면 구할 수 있는 것은 무엇인지 생각해 보세요.

이해하시겠습니까? 공식 '$\text{(비중)}(\%) = \frac{\text{(해당 항목의 값)}}{\text{(전체 항목의 값)}} \times 100$'에서 2가지가 주어진다면 남은 1가지 항목을 구할 수 있습니다.

필수 예제

다음 [표]는 그룹별 인원 현황이다. 이를 바탕으로 문장의 정오를 판별하시오.

[표] 그룹별 인원 현황

그룹	전체(명)	남자(명)	남자의 비중(%)
1	4,562	3,562	( )
2	2,346	662	( )
3	5,462	2,342	( )
4	3,298	1,000	( )
5	9,855	524	( )
6	489	481	( )
7	2,698	2,342	( )

(1) 그룹 1에서 남자가 차지하는 비중은 75 % 이상이다.   (○, ×)

(2) 그룹 2에서 남자가 차지하는 비중은 30 %를 초과한다.   (○, ×)

(3) 그룹 4에서 여자가 차지하는 비중은 70 % 이상이다.   (○, ×)

(4) 그룹 6에서 여자가 차지하는 비중은 2 %를 넘지 않는다.   (○, ×)

해설

(1) 그룹 1의 남자 비중은 $\dfrac{3,562}{4,562} \times 100 ≒ 78.1(\%) \geq 75\,\%$

(2) 그룹 2의 남자 비중은 $\dfrac{662}{2,346} \times 100 ≒ 28.2(\%) < 30\,\%$

(3) 그룹 4의 여자 인원수가 3,298−1,000=2,298(명)이므로 그룹 4의 여자 비중은 $\dfrac{2,298}{3,298} \times 100 ≒ 69.7(\%) < 70\,\%$

(4) 그룹 6의 여자 인원수가 489−481=8(명)이므로 그룹 6의 여자 비중은 $\dfrac{8}{489} \times 100 ≒ 1.64(\%) \leq 2\,\%$

정답 ○, ×, ×, ○

05 A 대비 B

'A당 B' 또는 'A 대비 B'가 어떤 의미인지 알고 있나요? 이러한 표현을 처음 듣는 것은 아닐 것입니다. 'A 대비 B'의 의미는 다음과 같습니다.

$$A \text{ 대비 } B = A\text{당 } B = B \text{ per } A = \frac{B}{A}$$

참고 A per B ≠ B per A

우리말 표현의 경우 먼저 나오는 것이 분모로 들어가야 하며, 영어의 경우 먼저 나오는 것이 분자입니다. A 대비 B의 경우 우리는 실제로도 자주 사용하고 있는데, 이는 평균과 같다고 생각하면 됩니다. 다음을 살펴봅시다.

① 쿠키가 16개 있고, 학생이 4명이라면 학생 1명당 쿠키는 4개씩 돌아갈 수 있다. 이 상황은 쿠키와 학생 수가 주어졌을 때, 학생당 쿠키 수를 구하였다.

② 그렇다면 학생 1명당 쿠키를 6개 줄 수 있는 상황인데, 학생이 3명인 상황이라면 여러분은 어떤 것을 알 수 있는가? 그렇다. 학생 1명당 쿠키 6개인데, 학생이 3명이므로 쿠키는 18개라는 것이다.

③ 또 다른 상황을 생각해 보자. 학생 1명당 쿠키를 7개 줄 수 있는 상황인데, 쿠키가 21개라면 여러분은 어떤 것을 알 수 있는가? 그렇다. 학생은 3명이라는 것이다.

치수쌤의 1대1 강의

위의 세 가지 상황을 정리하면 다음과 같습니다.

$$(\text{학생 } 1\text{명당 쿠키의 수})(\text{개/명}) = \frac{(\text{쿠키의 수})(\text{개})}{(\text{학생 수})(\text{명})}$$

당연한 것이지만, 3가지 항목 간의 관계가 위와 같을 때, 3가지 중 2가지 항목이 주어진다면 나머지 한 가지 항목은 구할 수 있습니다.

다음의 표를 살펴봅시다.

항목	$\frac{A}{B}$	$\frac{B}{C}$	$\frac{C}{D}$	A	$\frac{가}{B}$	$\frac{나}{C}$	$\frac{다}{D}$
값	2	3	4	5	15	25	35

이 표에서 B의 값을 구할 수 있나요? $\frac{A}{B}$의 값이 있고, A의 값이 있으므로 $B = A \div \frac{A}{B}$라고 도출할 수 있습니다. 그렇다면 C값을 구할 수 있나요? 역시 구할 수 있습니다. $\frac{B}{C}$의 값이 주어져 있고, 앞에서 B를 도출하였기 때문이죠. 여러분들이 이미 눈치채셨겠지만, 이 표에서는 B, C, D, '가', '나', '다'에 해당하는 값을 모두 구할 수 있습니다. 구체적인 계산은 생략할게요.

다음의 표를 살펴봅시다.

항목	$\frac{A}{B}$	$\frac{B}{C}$	$\frac{C}{D}$	$\frac{D}{E}$	$\frac{E}{F}$	$\frac{F}{G}$	$\frac{G}{H}$
값	12	13	14	15	16	17	18

이 표에서도 A의 값을 구할 수 있나요? 앞에서 살펴본 표와 다른 점은, 이 표의 모든 항목이 'A당 B' 꼴이라는 것입니다. A의 값을 구하기 위해서 $\frac{A}{B}$와 $\frac{B}{C}$를 활용하여 $\frac{A}{C}$를 구할 수 있겠네요. C를 소거하기 위해서 $\frac{C}{D}$를 활용하니 $\frac{A}{D}$를 구할 수 있습니다. 그런데 이처럼 계속 다른 항목들을 활용하더라도 A의 값을 구할 수 없다는 것을 알 수 있습니

다. 사실은 A뿐 아니라 B, C, D, E, F, G, H에 해당하는 값 역시 모두 구할 수 없습니다. 우리가 구할 수 있는 것은 A~H 중 2가지 항목 간의 비율뿐이죠.

치수쌤의 1타 강의

자료해석 영역에서 중요한 것은 '주어진 정보로부터 알 수 있는 것이 어떤 것인가'입니다. 혹시 문제에서 주어진 표가 'A당 B' 꼴의 항목을 포함한다면 여러분이 도출할 수 있는 정보가 무엇인지 확인해봐야 합니다.

다음의 문제를 통해 'A당 B'에 대한 것을 연습해보세요.

필수 예제

다음 [표]를 보고 주어진 문장의 정오를 판별하시오.

[표] 연도별 체납정리

연도 \ 구분	담당 직원 수 (명)	직원당 체납건수 (건)	직원당 체납자 수 (명)	체납자당 체납액 (원)	총정리비율 (%)	현금정리비율 (%)
2020년	16	1,052	952	38,037	62	37.2
2021년	17	1,127	984	37,984	68	35.4
2022년	15	974	901	38,354	65	39.3

주1) 체납: 부과 또는 고지된 세금 중 납기를 넘긴 것
주2) 현금정리: 체납된 세금 중 현금으로 징수한 것
주3) 현금정리비율: 총정리액 대비 총현금정리액 비율
주4) 총정리비율: 총체납액 대비 총정리액 비율
주5) 체납발생비율: 총세액 대비 체납액 비율

(1) '총체납액'을 알 수 있다. (○, ×)

(2) '체납자 1인당 체납건수'를 알 수 있다. (○, ×)

(3) '체납 1건당 체납액'을 알 수 있다. (○, ×)

(4) '총현금정리액'을 알 수 있다. (○, ×)

(5) '체납발생비율'을 알 수 있다. (○, ×)

해설

문제를 해결하기 전에 [표]의 항목 중 구할 수 있는 항목을 정리하면 다음과 같다.

a. $(직원 수) \times \dfrac{(체납건수)}{(직원 수)} = (체납건수)$

b. $(직원 수) \times \dfrac{(체납자 수)}{(직원 수)} = (체납자 수)$

c. $(체납자 수) \times \dfrac{(총체납액)}{(체납자 수)} = (총체납액)$

d. $(총정리액) = (총체납액) \times (총정리비율)$

(1) c.에서 구하였다.

(2) $(체납자 1인당 체납건수) = \dfrac{(체납건수)}{(체납자 수)} = \dfrac{a}{b}$

(3) $(체납 1건당 체납액) = \dfrac{(총체납액)}{(체납건수)} = \dfrac{c}{a}$

(4) $(총현금정리액) = (총정리액) \times (현금정리비율) = d \times (현금정리비율)$

(5) $(체납발생비율) = \dfrac{(체납액)}{(총세액)} \times 100 \rightarrow$ 총세액에 대한 정보가 없다.

정답 ○, ○, ○, ○, ×

실수 VS 비율

NCS 자료해석 유형의 문제를 잘 해결하기 위해서는 실수(real number)와 비율(ratio)을 구분할 수 있어야 합니다. 다음 [표]를 봅시다.

[표 1] 난방방식 현황 (단위: %)

구분	서울	인천	경기남부	경기북부	전국평균
중앙난방	22.3	13.5	6.3	11.8	14.4
개별난방	64.3	78.7	26.2	60.8	58.2
지역난방	13.4	7.8	67.5	27.4	27.4

[표 2] 난방연료 사용 현황 (단위: %)

구분	서울	인천	경기남부	경기북부	전국평균
도시가스	84.5	91.8	33.5	66.1	69.5
LPG	0.1	0.1	0.4	3.2	1.4
등유	2.4	0.4	0.8	3.0	2.2
열병합	12.6	7.4	64.3	27.1	26.6
기타	0.4	0.3	1.0	0.6	0.3

위의 [표]는 열 방향으로 합이 100 %인 표입니다. 서울 가구 중 개별난방을 사용하는 가구 수가 차지하는 비중이 64.3 %이고, 인천의 개별난방을 사용하는 가구 수가 차지하는 비중이 78.7 %로, 인천이 더 크죠. [표]에 있는 모든 값의 단위가 '%'이므로 동일한 지역 내에서의 난방방식별 가구 수 비교와 난방연료별 가구 수 비교는 할 수 있지만, 지역 간의 가구 수 비교는 불가능합니다. 이는 지역별 가구 수(real number)에 대한 정보가 주어지지 않았기 때문입니다.

치수쌤의 1단 강의

[표]의 단위로 '%'가 제시되는 경우 항상 비율(ratio)을 의미하는 것인지, 실수(real number)를 의미하는 것인지 구분하여 접근해야 합니다.

주어진 [표]에 대한 다음 문제를 해결해 보시오.
(1) 경기북부지역의 경우, 도시가스를 사용하는 가구 수가 등유를 사용하는 가구 수의 20배 이상이다. (○, ×)
(2) 지역난방을 사용하는 가구 수는 서울이 인천의 2배 이하이다. (○, ×)

정답 ○, ×

필수 예제

다음 [그래프]를 보고 주어진 문장의 정오를 판별하시오.

[그래프] 3개 기관 유형의 분야별 연구개발비 비중 (단위: %)

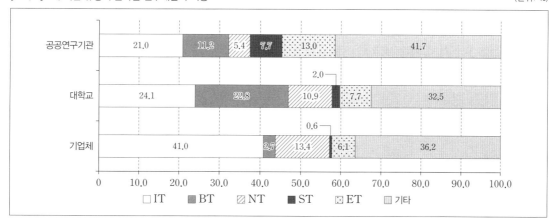

(1) 공공연구기관의 연구개발비는 BT분야가 NT분야의 2배 이상이다. (○, ×)

(2) 기업체의 IT, NT분야 연구개발비 합은 기업체 전체 연구개발의 50 % 이상이다. (○, ×)

(3) 3개 기관 유형 중 ET분야 연구개발비는 공공연구기관이 가장 많다. (○, ×)

(4) 공공연구기관의 ST분야 연구개발비는 기업체와 대학의 ST분야 연구개발비 합보다 크다. (○, ×)

(5) 기타를 제외하고 연구개발비 비중이 가장 작은 분야는 3개 기관 유형에서 모두 동일하다. (○, ×)

해설

(1) 공공연구기관 내에서의 BT분야 비중은 11.2 %로 NT분야 비중이 5.4 %의 2배 이상이다.

(2) 기업체의 IT, NT분야 연구개발비 비중의 합은 41.0＋13.4＝54.4(%)로 50 % 이상이다.

(3) 기관 간 연구개발비의 대소비교는 불가능하다.

(4) 기관 간 연구개발비의 대소비교는 불가능하다.

(5) 기타를 제외하고 연구개발비 비중이 작은 분야는 기업체는 ST분야, 대학교는 ST분야, 공공연구기관은 NT분야이다.

정답 ○, ○, ×, ×, ×

이번 Chapter의 내용은 여러분 실력 향상에 가장 기초가 된다고 생각합니다. 지금까지 수포자로 살아왔더라도 이번 Chapter에서 다루는 것은 NCS를 합격하기 위해 가장 중요한 기초 능력이므로, 어렵다고 생각하지 말고 반드시 반복해서 연습하시기 바랍니다. 시험장에 가면 믿을 수 있는 것은 자신의 빠른 손과 동체 시력뿐이기 때문입니다.

01 필수 암기 사항 (분수, 제곱수, 배수, 19단)

1) 필수 암기 분수

기본분수	소수	백분율	응용분수	소수	백분율
$\frac{1}{2}$	0.500	50.0 %			
$\frac{1}{3}$	0.333	33.3 %			
$\frac{1}{4}$	0.250	25.0 %			
$\frac{1}{5}$	0.200	20.0 %			
$\frac{1}{6}$	0.167	16.7 %	$\frac{1}{12}$	0.0833	8.33 %
$\frac{1}{7}$	0.143	14.3 %	$\frac{1}{14}$	0.0714	7.14 %
$\frac{1}{8}$	0.125	12.5 %	$\frac{1}{16}$	0.0625	6.25 %
$\frac{1}{9}$	0.111	11.1 %	$\frac{1}{18}$	0.0556	5.56 %
$\frac{1}{10}$	0.100	10.0 %	$\frac{1}{20}$	0.0500	5.00 %
$\frac{1}{25}$	0.040	4.0 %			
$\frac{1}{40}$	0.025	2.5 %			
$\frac{1}{50}$	0.020	2.0 %			
$\frac{3}{4}$	0.750	75.0 %			
$\frac{3}{8}$	0.375	37.5 %			
$\frac{5}{8}$	0.625	62.5 %			
$\frac{7}{8}$	0.875	87.5 %			
$\frac{4}{5}$	0.800	80.0 %			
$\frac{5}{6}$	0.833	83.3 %			
$\frac{6}{7}$	0.857	85.7 %			
$\frac{7}{8}$	0.875	87.5 %			
$\frac{8}{9}$	0.889	88.9 %			

다음의 질문에 답하시오.

(1) $\frac{1}{7}$ 을 백분율로 환산하면 약 14.3 %이다. (○ , ×)

(2) $\frac{1}{9}$ 을 백분율로 환산하면 약 11.1 %이다. (○ , ×)

(3) $\frac{3}{8}$ 을 백분율로 환산하면 37.5 %이다. (○ , ×)

(4) $\frac{5}{8}$ 를 백분율로 환산하면 62.5 %이다. (○ , ×)

(5) $\frac{2}{7}$ 를 백분율로 환산하면 약 28.6 %이다. (○ , ×)

(6) $\frac{5}{6}$ 를 백분율로 환산하면 약 83.3 %이다. (○ , ×)

(7) $\frac{2}{3}$ 를 백분율로 환산하면 약 66.7 %이다. (○ , ×)

(8) $\frac{5}{6}$ 와 $\frac{6}{7}$ 의 차이는 0.02 이상이다. (○ , ×)

(9) $\frac{6}{7}$ 과 $\frac{7}{8}$ 의 차이는 0.02 미만이다. (○ , ×)

(10) $\frac{7}{8}$ 과 $\frac{5}{6}$ 의 차이는 0.04 이상이다. (○ , ×)

해설

(1) $\frac{1}{7} \fallingdotseq 0.143 = 14.3\,\%$ (○)

(2) $\frac{1}{9} \fallingdotseq 0.111 = 11.1\,\%$ (○)

(3) $\frac{3}{8} = 0.375 = 37.5\,\%$ (○)

(4) $\frac{5}{8} = 0.625 = 62.5\,\%$ (○)

(5) $\frac{2}{7} \fallingdotseq 0.286 = 28.6\,\%$ (○)

(6) $\frac{5}{6} = 1 - \frac{1}{6} \fallingdotseq 1 - 0.167 = 0.833 = 83.3\,\%$ (○)

(7) $\frac{2}{3} \fallingdotseq 0.667 = 66.7\,\%$ (○)

(8) $\left| \frac{5}{6} - \frac{6}{7} \right| = \left| \left(1 - \frac{1}{6}\right) - \left(1 - \frac{1}{7}\right) \right|$

$\qquad = \left| \frac{1}{6} - \frac{1}{7} \right| \fallingdotseq |0.167 - 0.143|$

$\qquad = 0.024 > 0.02$ (○)

(9) $\left| \frac{6}{7} - \frac{7}{8} \right| = \left| \left(1 - \frac{1}{7}\right) - \left(1 - \frac{1}{8}\right) \right| = \left| \frac{1}{7} - \frac{1}{8} \right|$

$\qquad \fallingdotseq |0.143 - 0.125| = 0.018 < 0.02$ (○)

(10) $\left| \frac{7}{8} - \frac{5}{6} \right| = \left| \left(1 - \frac{1}{8}\right) - \left(1 - \frac{1}{6}\right) \right| = \left| \frac{1}{8} - \frac{1}{6} \right|$

$\qquad \fallingdotseq |0.125 - 0.167| = 0.042 > 0.04$ (○)

2) 필수 암기 제곱수

X	X^2	Y	Y^2
11	121	15	225
12	144	25	625
13	169	35	1,225
14	196	45	2,025
15	225	55	3,025
16	256	65	4,225
17	289	75	5,625
18	324	85	7,225
19	361	95	9,025
20	400		

11^2부터 17^2까지는 반드시 외우시기 바랍니다. 암기하는 것을 싫어하는 사람들이 있겠지만, 이 제곱수는 상식이라고 받아들이길 바랍니다.

치수쌤의 1타 강의

학생들이 다음과 같은 질문을 많이 합니다.

Q: 제곱수를 왜 외우나요? 제곱수가 그대로 나오는 것도 아니지 않나요?

이에 대한 필자의 답은 다음과 같습니다.

A: 아는 만큼 보입니다.

예를 들어 실전에서 여러분이 12×14를 정확하게 계산해야 하는 상황일 때, 여러분은 아래의 방식 1~3 중 어느 방식으로 접근할 건가요?

① 방식 1

```
        1   2
  ×)    1   4
        4   8
    1   2
    1   6   8
```

② 방식 2

$12 \times 14 = 12 \times (12+2) = 144+24 = 168$

③ 방식 3

$12 \times 14 = (13-1) \times (13+1) = 169-1 = 168$

어떻게 접근하든 상관없지만, 적어도 방식 1은 아니었으면 합니다. 다만 여러분의 계산 자체가 매우 빠르다면 방식 1도 괜찮긴 합니다.

이번에는 Y^2에 대해 알아봅시다. 그냥 외울 수도 있지만, 다음과 같이 생각하면 좋습니다.

$$15^2 = \quad 2 \qquad 25$$
$$1 \times 2 = \hookleftarrow \qquad \hookrightarrow 항상\ 25$$
$$25^2 = \quad 6 \qquad 25$$
$$2 \times 3 = \hookleftarrow \qquad \hookrightarrow 항상\ 25$$
$$35^2 = \quad 12 \qquad 25$$
$$3 \times 4 = \hookleftarrow \qquad \hookrightarrow 항상\ 25$$
$$45^2 = \quad 20 \qquad 25$$
$$4 \times 5 = \hookleftarrow \qquad \hookrightarrow 항상\ 25$$
$$55^2 = \quad 30 \qquad 25$$
$$5 \times 6 = \hookleftarrow \qquad \hookrightarrow 항상\ 25$$
$$65^2 = \quad 42 \qquad 25$$
$$6 \times 7 = \hookleftarrow \qquad \hookrightarrow 항상\ 25$$
$$75^2 = \quad 56 \qquad 25$$
$$7 \times 8 = \hookleftarrow \qquad \hookrightarrow 항상\ 25$$
$$85^2 = \quad 72 \qquad 25$$
$$8 \times 9 = \hookleftarrow \qquad \hookrightarrow 항상\ 25$$
$$95^2 = \quad 90 \qquad 25$$
$$9 \times 10 = \hookleftarrow \qquad \hookrightarrow 항상\ 25$$

십의 자리 숫자를 n이라고 하면 $n \times (n+1)$을 앞에 먼저 쓴 후에 뒤에 25를 붙이는 거죠. 45를 예로 들면 $4 \times 5 = 20$을 먼저 쓰고 뒤에 25를 붙여서 45^2을 2,025라고 쓰는 겁니다.

다음의 질문에 답하시오.

(1) 11^2은 121이다.   (○, ×)

(2) 13^2은 169이다.   (○, ×)

(3) 14^2은 196이다.   (○, ×)

(4) 65^2은 4,225이다.   (○, ×)

(5) 16^2은 11^2보다 100 이상 크다.   (○, ×)

(6) 17^2과 18^2의 합은 600 이상이다.   (○, ×)

(7) 65^2과 85^2의 합은 11,000 이상이다.   (○, ×)

(8) 85^2과 25^2의 차이는 6,000 이상이다.   (○, ×)

(9) 13^2과 17^2의 차이는 100 이상이다.   (○, ×)

(10) 65^2은 15^2의 16배 이상이다.   (○, ×)

해설

(1) 11^2은 121이다. (○)

(2) 13^2는 169이다. (○)

(3) 14^2은 196이다. (○)

(4) 65^2은 4,225이다. (○)

(5) $16^2 - 11^2 = (16+11) \times (16-11)$
$= 27 \times 5 = 20 \uparrow \times 5 > 100$ (○)

(6) $17^2 + 18^2 = 289 + 324 = 300 - 11 + 300 + 24 > 600$ (○)

(7) $65^2 + 85^2 = 4,225 + 7,225 > 11,000$ (○)

(8) $85^2 - 25^2 = (85+25) \times (85-25)$
$= 110 \times 60 > 6,000$ (○)

(9) $17^2 - 13^2 = (17+13) \times (17-13)$
$= 30 \times 4 = 120 > 100$ (○)

(10) 65^2 vs $15^2 \times 16$
$65^2 > 15^2 \times 4^2 = (15 \times 4)^2 = 60^2$ (○)

3) 특이한 배수

1. 1단계: 구구단＋확장

	구분	2단	3단	4단	5단	6단	7단	8단	9단
기본	×1	2	3	4	5	6	7	8	9
	×2	4	6	8	10	12	14	16	18
	×3	6	9	12	15	18	21	24	27
	×4	8	12	16	20	24	28	32	36
	×5	10	15	20	25	30	35	40	45
	×6	12	18	24	30	36	42	48	54
	×7	14	21	28	35	42	49	56	63
	×8	16	24	32	40	48	56	64	72
	×9	18	27	36	45	54	63	72	81
확장	×10	20	30	40	50	60	70	80	90
	×11	22	33	44	55	66	77	88	99
	×12	24	36	48	60	72	84	96	108
	×13	26	39	52	65	78	91	104	117
	×14	28	42	56	70	84	98	112	126
	×15	30	45	60	75	90	105	120	135
	×16	32	48	64	80	96	112	128	144
	×17	34	51	68	85	102	119	136	153
	×18	36	54	72	90	108	126	144	162
	×19	38	57	76	95	114	133	152	171
	×20	40	60	80	100	120	140	160	180
	×21	42	63	84	105	126	147	168	189
	×22	44	66	88	110	132	154	176	198
	×23	46	69	92	115	138	161	184	207
	×24	48	72	96	120	144	168	192	216
	×25	50	75	100	125	150	175	200	225
	×26	52	78	104	130	156	182	208	234
	×27	54	81	108	135	162	189	216	243
	×28	56	84	112	140	168	196	224	252
	×29	58	87	116	145	174	203	232	261
	×30	60	90	120	150	180	210	240	270

2. 2단계: 거듭제곱 → 기본＋확장

	X	X^2	X	X^2
기본	11	121	15	225
	12	144	25	625
	13	169	35	1,225
	14	196	45	2,025
	15	225	55	3,025
	16	256	65	4,225
	17	289	75	5,625
	18	324	85	7,225
	19	361	95	9,025
	20	400	105	11,025

	☆	☆^{2}	☆^{3}	☆^{4}	☆^{5}	☆^{6}	☆^{7}	☆^{8}	☆^{9}
확장	2	4	8	16	32	64	128	256	512
	3	9	27	81	243	729	2,187		
	5	25	125	625	3,125				
	6	36	216	1,296					
	7	49	343	2,401					
	9	81	729						

3. 3단계: 특이한 수의 배수

구분	11	13	17	19	23	28	37	41	43	47
×1	11	13	17	19	23	28	37	41	43	47
×2	22	26	34	38	46	56	74	82	86	94
×3	33	39	51	57	69	84	111	123	129	141
×4	44	52	68	76	92	112	148	164	172	188
×5	55	65	85	95	115	140	185	205	215	235
×6	66	78	102	114	138	168	222	246	258	282
×7	77	91	119	133	161	196	259	287	301	329
×8	88	104	136	152	184	224	296	328	344	376
×9	99	117	153	171	207	252	333	369	387	423
×10	110	130	170	190	230	280	370	410	430	470
×11	121	143	187	209	253	308	407	451	473	517
×12	132	156	204	228	276	336	444	492	516	564
×13	143	169	221	247	299	364	481	533	559	611
×14	154	182	238	266	322	392	518	574	602	658
×15	165	195	255	285	345	420	555	615	645	705

각 표에서 음영 부분을 채워 특이한 수의 배수를 써보세요.

구분	11	13	17	19	23	28	37	41	43	47
×1										
×2										
×3										
×4										
×5										
×6										
×7										
×8										
×9										
×10										
×11										
×12										
×13										
×14										
×15										

구분	11	13	17	19	23	28	37	41	43	47
×1										
×2										
×3										
×4										
×5										
×6										
×7										
×8										
×9										
×10										
×11										
×12										
×13										
×14										
×15										

1] 보수의 정의

보수(補數)는 보충을 해주는 수를 의미합니다. 예를 들어 10에 대한 1의 보수는 9이죠.
10 이하의 자연수에 대한 보수는 다음과 같습니다.

10 이하의 수	1	2	3	4	5	6	7	8	9
보수	9	8	7	6	5	4	3	2	1

우리가 일상생활에서 쓰는 수는 대부분이 십진수이므로 10의 보수는 매우 유용하게 활용됩니다. 보수의 정의를 잘 이해하였는지 확인해 보도록 합시다.

- 10에 대한 2의 보수는 8이다. → 2에 8을 채우면 10이 된다.
- 100에 대한 73의 보수는 27이다. → 73에 27을 채우면 100이 된다.
- 1,000에 대한 648의 보수는 352이다. → 648에 352를 채우면 1,000이 된다.

치수쌤의 1단 강의

보수를 빨리 구할 수 있나요? 10, 100, 1,000과 같이 간단한 수의 보수를 빨리 구하는 방법은 일의 자리의 수만 10을 만들고, 나머지 자리의 수는 9를 만드는 것입니다. 일의 자리의 수를 제외한 자릿수에서 9를 만드는 이유는 일의 자리의 수에서 10을 만들면 그 윗자리로 1이 올라가기 때문이죠.

위의 예시에서 73을 보면 십의 자리 숫자인 7은 9를 만들기 위해서 2가 필요하고, 일의 자리의 숫자 3은 10을 만들기 위해서 7이 필요하므로 73의 보수는 27임을 알 수 있습니다. 648에 대한 1,000의 보수 역시 간단하게 생각하면 다음과 같습니다.

$6 → 9 = 6 + 3$

$4 → 9 = 4 + 5$

$8 → 10 = 8 + 2$

$∴ 352$

그렇다면 10, 100, 1,000, 10,000과 같은 간단한 수가 아닌 경우에는 어떻게 접근해야 할까요? 다음을 생각해 봅시다.

- 400에 대한 333의 보수
  → 333에 67을 채워야 400이 된다.
  즉, 400에 대한 333의 보수는 $400 - 333 = 67$

바로 이해하였나요? 400에 대한 333의 보수인데, 333의 백의 자리 숫자는 3으로 백의 자리 숫자인 4와 1 차이가 나므로 그대로 둡니다. 그리고 십의 자리 숫자는 9를 만들어주고, 일의 자리 숫자는 10으로 만들어주는 것이죠.

$3 → 3 = 3 + 0$

$3 → 9 = 3 + 6$

$3 → 10 = 3 + 7$

$∴ 67$

다음을 연습해 보시오.

번호	☆	에 대한	△	의 보수는	◇
01	100	에 대한	18	의 보수는	
02	100	에 대한	75	의 보수는	
03	100	에 대한	69	의 보수는	
04	100	에 대한	48	의 보수는	
05	100	에 대한	59	의 보수는	
06	100	에 대한	84	의 보수는	
07	100	에 대한	14	의 보수는	
08	100	에 대한	55	의 보수는	
09	100	에 대한	75	의 보수는	
10	100	에 대한	84	의 보수는	
11	1,000	에 대한	625	의 보수는	
12	1,000	에 대한	932	의 보수는	
13	1,000	에 대한	425	의 보수는	
14	1,000	에 대한	555	의 보수는	
15	1,000	에 대한	746	의 보수는	
16	1,000	에 대한	568	의 보수는	
17	1,000	에 대한	783	의 보수는	
18	1,000	에 대한	375	의 보수는	
19	1,000	에 대한	532	의 보수는	
20	1,000	에 대한	154	의 보수는	
21	5,000	에 대한	4,569	의 보수는	
22	4,800	에 대한	4,245	의 보수는	
23	2,300	에 대한	2,128	의 보수는	
24	5,500	에 대한	4,518	의 보수는	
25	2,900	에 대한	2,357	의 보수는	
26	3,000	에 대한	1,658	의 보수는	
27	37,000	에 대한	32,358	의 보수는	
28	24,000	에 대한	18,236	의 보수는	
29	9,000	에 대한	6,587	의 보수는	
30	8,400	에 대한	7,853	의 보수는	

해설

번호	정답				
01~05	82	25	31	52	41
06~10	16	86	45	25	16
11~15	375	68	575	445	254
16~20	432	217	625	468	846
21~25	431	555	172	982	543
26~30	1,342	4,642	5,764	2,413	547

2) 보수를 이용한 덧셈

덧셈식 78+57을 계산할 때, 우리는 일반적으로 다음과 같이 필산으로 계산합니다.

```
    1   1
        7   8
+ )     5   7
    1   3   5
```

실전에서 이와 같이 계산하여도 되지만, 실전에서 우리는 계산할 시간이 많지 않죠. 다음과 같이 보수를 이용하면 훨씬 좋습니다.

$78+57=100-22+57$ (100에 대한 78의 보수가 활용되었다.)

$\qquad = 100+57-22$

$\qquad = 100+35$

$\qquad = 135$

한 번 더 연습해 보죠.

$65+68=70-5+68$

$\qquad = 70+63$

$\qquad = 133$

또는

$65+68=100-35+68$

$\qquad = 100+33$

$\qquad = 133$

다음의 연습문제를 통해 연습해 보세요. 이 부분을 연습할 때는 무조건 암산하지 말고, 풀이 과정을 계속 써보면서 연습하시기 바랍니다. 풀이 과정을 계속 쓰다보면 나중에는 암산도 쉽게 할 수 있습니다.

보수를 이용하여 다음을 계산하시오.

번호	3계산식	과정	결과
01	65＋67	＝	＝
02	99＋97	＝	＝
03	28＋64	＝	＝
04	37＋94	＝	＝
05	67＋36	＝	＝
06	87＋58	＝	＝
07	296＋319	＝	＝
08	693＋898	＝	＝
09	144＋79	＝	＝
10	3,894＋1,989	＝	＝
11	679＋974	＝	＝
12	593＋398	＝	＝
13	2,567＋3,878	＝	＝
14	9,879＋5,837	＝	＝
15	378＋826	＝	＝
16	59＋74	＝	＝
17	299＋1,423	＝	＝
18	788＋1,786	＝	＝
19	387＋224	＝	＝
20	234＋389	＝	＝
21	317＋897	＝	＝
22	88＋156	＝	＝
23	888＋170	＝	＝
24	273＋1,469	＝	＝
25	2,359＋4,899	＝	＝
26	3,854＋876	＝	＝
27	12,823＋489	＝	＝
28	76＋58	＝	＝
29	777＋555	＝	＝
30	8,179＋9,899	＝	＝

해설

번호	정답				
01～05	132	196	92	131	103
06～10	145	615	1,591	223	5,883
11～15	1,653	991	6,445	15,716	1,204
16～20	133	1,722	2,574	611	623
21～25	1,214	244	1,058	1,742	7,258
26～30	4,730	13,312	134	1,332	18,078

3] 보수를 이용한 뺄셈

뺄셈식 93−18을 계산할 때, 우리는 일반적으로 다음과 같이 필산으로 계산합니다.

$$
\begin{array}{r}
\overset{8}{\cancel{9}} \quad \overset{10}{3} \\
-\ )\ \underline{\quad 1 \quad 8} \\
\mathbf{7} \quad \mathbf{5}
\end{array}
$$

'보수를 이용한 덧셈'에서 덧셈 값이 자릿수를 넘어갈 때 활용하였는데, 뺄셈의 경우도 마찬가지입니다. 앞의 자리에서 수를 빌려와야 할 때, 실수가 자주 발생하므로 보수를 활용하면 좋습니다.

$93-18=93-20+2$ (20에 대한 18의 보수가 활용되었다.)

$\qquad =73+2$

$\qquad =75$

한 번 더 연습해 보죠.

$567-183=567-200+17$

$\qquad =367+17$

$\qquad =384$

이해하셨나요? 다음의 연습문제를 통해 '보수를 이용한 뺄셈'을 연습해 보시기 바랍니다.

보수를 이용하여 다음을 계산하시오.

번호	계산식	과정	결과
01	52 − 35	=	=
02	85 − 28	=	=
03	31 − 15	=	=
04	44 − 37	=	=
05	75 − 68	=	=
06	97 − 48	=	=
07	58 − 29	=	=
08	768 − 589	=	=
09	923 − 837	=	=
10	3,528 − 2,679	=	=
11	8,453 − 3,327	=	=
12	857 − 795	=	=
13	123 − 87	=	=
14	5,723 − 4,897	=	=
15	529 − 387	=	=
16	4,123 − 586	=	=
17	1,963 − 888	=	=
18	78 − 29	=	=
19	257 − 128	=	=
20	878 − 694	=	=
21	219 − 183	=	=
22	512 − 365	=	=
23	2,354 − 287	=	=
24	7,764 − 870	=	=
25	767 − 484	=	=
26	1,438 − 389	=	=
27	2,298 − 1,777	=	=
28	627 − 278	=	=
29	34,573 − 28,976	=	=
30	21,863 − 19,745	=	=

해설

번호	정답				
01~05	17	57	16	7	7
06~10	49	29	179	86	849
11~15	5,126	62	36	826	142
16~20	3,537	1,075	49	129	184
21~25	36	147	2,067	6,894	283
26~30	1,049	521	349	5,597	2,118

4) 보수를 이용한 곱셈

이번에는 보수를 이용한 곱셈입니다. 곱셈식 19×37을 계산할 때, 우리는 일반적으로 다음과 같이 필산으로 계산합니다.

```
          1  9                    3  7
  ×  )     3  7           ×  )     1  9
          6  3                    6  3
          7            또는     2  7
       2  7                    3  7
       3                       7  0  3
       7  0  3
```

우리는 이미 앞에서 덧셈과 뺄셈을 하는 데 있어 보수를 활용하였습니다. 곱셈의 경우에도 할 수 있을까요? 우리는 곱하는 수의 자릿수가 클 때 자주 실수하게 됩니다. 그러니 다음과 같이 생각해 봅시다.

$$19 \times 37 = 37 \times 19$$
$$= 37 \times (20 - 1)$$
$$= 740 - 37$$
$$= 703$$

한 번 더 연습해 보죠.

$$26 \times 29 = 26 \times (30 - 1)$$
$$= 780 - 26$$
$$= 780 - 30 + 4$$
$$= 754$$

이해하셨나요? 다음의 연습문제를 통해 '보수를 이용한 곱셈'을 연습해 보시기 바랍니다.

보수를 이용하여 다음을 계산하시오.

번호	계산식	과정	결과
01	27×48	=	=
02	14×19	=	=
03	36×22	=	=
04	123×18	=	=
05	147×9	=	=
06	43×27	=	=
07	18×19	=	=
08	23×97	=	=
09	31×87	=	=
10	19×32	=	=
11	58×52	=	=
12	93×18	=	=
13	36×40	=	=
14	57×38	=	=
15	69×43	=	=
16	78×32	=	=
17	68×41	=	=
18	22×25	=	=
19	198×40	=	=
20	36×19	=	=
21	18×42	=	=
22	23×97	=	=
23	41×598	=	=
24	87×40	=	=
25	38×39	=	=
26	103×98	=	=
27	121×78	=	=
28	37×90	=	=
29	48×84	=	=
30	49×74	=	=

해설

번호	정답				
01~0	1,296	266	792	2,214	1,323
06~10	1,161	342	2,231	2,697	608
11~15	3,016	1,674	1,440	2,166	2,967
16~20	2,496	2,788	550	7,920	684
21~25	756	2,231	24,518	3,480	1,482
26~30	10,094	9,438	3,330	4,032	3,626

1] 묶어보기

계산식 $4,000-460\times8$은 얼마일까요? 일반적으로 이 식을 계산할 때 여러분들은 다음과 같이 계산할 것입니다.

```
        4   6   0
  × )            8
  ─────────────────
                 0
            4   8
    3   2
  ─────────────────
    3   6   8   0
```

$\therefore\ 4,000-460\times8=4,000-3,680=320$

하지만 이러한 방법은 좋지 않습니다. 곱셈식 460×8을 계산하는 데 있어 시간이 촉박한 경우 틀릴 확률이 매우 높기 때문이죠. 그러니 다음과 같이 생각해 봅시다.

> 가격이 460원인 감자칩 1봉지를 사고 500원을 지불한다면 거스름돈으로 40원을 받을 것이다. 이 행위를 8번 반복하면 여러분이 받는 거스름돈은 $40\times8=320$원이 된다.

즉, 위의 식을 다음과 같이 생각하는 것입니다.

$$4,000-460\times8=500\times8-460\times8$$
$$=(500-460)\times8$$
$$=40\times8$$
$$=320$$

충분히 이해되었을 것입니다. 다음의 경우도 살펴보세요.

$$600-6\times88=6\times100-6\times88$$
$$=6\times(100-88)$$
$$=6\times12$$
$$=72$$

묶어보기를 이용하여 다음을 계산하시오.

번호	계산식	과정	결과
01	$900 - 94 \times 9$	=	=
02	$400 - 48 \times 8$	=	=
03	$1,200 - 289 \times 4$	=	=
04	$1,500 - 482 \times 3$	=	=
05	$4,000 - 760 \times 5$	=	=
06	$3,600 - 375 \times 9$	=	=
07	$4,900 - 680 \times 7$	=	=
08	$5,600 - 689 \times 8$	=	=
09	$1,000 - 237 \times 4$	=	=
10	$1,600 - 388 \times 4$	=	=
11	$4,900 - 323 \times 14$	=	=
12	$8,100 - 437 \times 18$	=	=
13	$3,600 - 268 \times 12$	=	=
14	$7,000 - 347 \times 20$	=	=
15	$6,500 - 1,268 \times 5$	=	=
16	$4,200 - 788 \times 5$	=	=
17	$5,300 - 239 \times 20$	=	=
18	$7,800 - 492 \times 15$	=	=
19	$8,500 - 888 \times 9$	=	=
20	$5,300 - 786 \times 6$	=	=
21	$3,700 - 589 \times 6$	=	=
22	$4,000 - 1,863 \times 2$	=	=
23	$2,900 - 679 \times 4$	=	=
24	$3,000 - 694 \times 4$	=	=
25	$6,500 - 788 \times 8$	=	=
26	$3 \times 17 + 6 \times 34$	=	=
27	$7 \times 23 + 6 \times 69$	=	=
28	$13 \times 9 - 23 \times 3$	=	=
29	$51 \times 19 - 23 \times 38$	=	=
30	$71 \times 37 - 34 \times 74$	=	=

해설

번호	정답				
01~05	54	16	44	54	200
06~10	225	140	88	52	48
11~15	378	234	384	60	160
16~20	260	520	420	508	584
21~25	166	274	184	224	196
26~30	255	575	48	95	111

2) 특정한 수의 곱셈

다음 질문에 답해 보세요.
- 3×5는 얼마인가? → _____   ・9×5는 얼마인가? → _____

위의 두 질문에 대한 정답은 각각 15, 45입니다. 너무 쉬운가요? 그렇다면 다음 질문에 대답해 보세요.

다음 질문에 답해 보세요.
- 36×5는 얼마인가? → _____   ・422×5는 얼마인가? → _____

이전 질문보다는 조금 더 대답하기 어려운가요? 우선, 두 질문에 대한 정답은 각각 180과 2,110입니다. 위 질문에 대답하기 어려운 이유는 다음과 같이 계산하였기 때문일 것입니다.

$$
\begin{array}{r}
3\ 6 \\
\times\ )\underline{\quad\quad 5} \\
3\ 0 \\
\underline{1\ 5\quad} \\
1\ 8\ 0
\end{array}
\qquad
\begin{array}{r}
4\ 2\ 2 \\
\times\ )\underline{\quad\quad\quad 5} \\
1\ 0 \\
1\ 0\quad \\
\underline{2\ 0\quad\quad} \\
2\ 1\ 1\ 0
\end{array}
$$

하지만 422×5를 다음과 같이 써보면 어떨까요?

$$422 \times 5 = 422 \times \frac{10}{2} = 4,220 \times \frac{1}{2} = 2,110$$

'×5'를 쉽게 하는 법에 대해서 이해하였나요? 5를 곱한다는 것은 10을 2로 나누는 것과 같습니다. 2로 나누는 것은 5를 곱하는 것보다 훨씬 쉽죠. 다음 내용을 익혀서 실전에 사용해 보세요.

⭐암기
$$\times\quad 5 = \times 10 \times \frac{1}{2}$$
$$\times\quad 25 = \times 100 \times \frac{1}{4}$$
$$\times\quad 50 = \times 100 \times \frac{1}{2}$$
$$\times 250 = \times 1,000 \times \frac{1}{4}$$
$$\times 500 = \times 1,000 \times \frac{1}{2}$$

특정 수의 곱셈을 활용하여 다음을 해결하시오.

번호	계산식	과정	결과
01	1,244×5	=	=
02	2,568×5	=	=
03	8,296×5	=	=
04	7,158×5	=	=
05	5,260×5	=	=
06	1,632×25	=	=
07	2,848×25	=	=
08	7,276×25	=	=
09	3,688×25	=	=
10	4,892×25	=	=
11	595×50	=	=
12	791×50	=	=
13	352×50	=	=
14	678×50	=	=
15	157×50	=	=
16	420×250	=	=
17	122×250	=	=
18	148×250	=	=
19	996×250	=	=
20	317×250	=	=
21	465×500	=	=
22	619×500	=	=
23	227×500	=	=
24	853×500	=	=
25	478×500	=	=
26	122×75	=	=
27	484×75	=	=
28	512×75	=	=
29	132×75	=	=
30	768×75	=	=

해설

번호	정답				
01~05	6,220	12,840	41,480	35,790	26,300
06~10	40,800	71,200	181,900	92,200	122,300
11~15	29,750	39,550	17,600	33,900	7,850
16~20	105,000	30,500	37,000	249,000	79,250
21~25	232,500	309,500	113,500	426,500	239,000
26~30	9,150	36,300	38,400	9,900	57,600

1) 백분율의 계산

치수쌤의 1타 강의

50 %, 10 %, 5 %, 1 %를 앞으로는 다음과 같이 표현하시기 바랍니다. 여기서 '땡긴다'는 것은 소수점을 하나 당긴다는 것을 의미합니다.

- 50 % → 반땡
- 5 % → 땡겨반땡
- 10 % → 땡겨
- 1 % → 땡겨땡겨

① 질문 1: 100개의 사과 중 15 %는? → 15개

② 질문 2: 180개의 사과 중 15 %는?

    → 이 질문의 경우 답변이 쉽지 않을 수 있다.

    → 만약 진짜로 계산한다면 180×0.15를 필산으로 접근하게 될 것이고, 그 결과는 27개이다.

    → 하지만 50 %, 10 %, 5 %, 1 %를 이용하면 다음과 같이 생각할 수 있다.

    → 15 %=10 %+5 %가 성립한다.

    → 그러므로 180개의 10 %는 하나 땡기면 18개, 5 %는 그 반땡이므로 9개이므로 그 합은

       18+9=27(개)이다.

③ 질문 3: 180개의 사과 중 45 %는?

    → 45 %=50 %-5 %가 성립한다.

    → 그러므로 180개의 45 %는 180개의 50 %인 90개에서 5 %인 9개를 뺀 81개이다.

④ 질문 4: 180개의 사과 중 85 %는?

    → 50 %, 10 %, 5 %, 1 %를 이용하면 85 %=50 %+10 %×3+5 %와 같이 생각할 수 있다.

    → 85 %=50 %+10 %×3+5 %

      즉, 90+18×3+9=153(개)

    → 하지만 위와 같은 계산은 너무 과하다.

    → 85 %를 100 %-15 %로 생각하면 180-27=153(개)를 보다 간단하게 구할 수 있다.

★암기

15 %	10 %+5 %	85 %	100 %-15 %
45 %	50 %-5 %	90 %	100 %-10 %
55 %	50 %+5 %	95 %	100 %- 5 %
60 %	50 %+10 %	99 %	100 %- 1 %

2) 백분율 계산 전략

1. A vs A^C

A	A^C	전략 (전체가 주어지지 않은 경우)
20 % ↑	80 % ↓	$A \times 4 > A^C$
25 % ↑	75 % ↓	$A \times 3 > A^C$
30 % ↑	70 % ↓	$A \times \dfrac{7}{3} > A^C$
40 % ↑	60 % ↓	$A \times 1.5 > A^C$
50 % ↑	50 % ↓	$A > A^C$

2. A vs U

A	U	전략 (전체가 주어진 경우)	암기분수
11.1 % ↑	100 %	$A \times 9 > U$	$\dfrac{1}{9}$
12.5 % ↑	100 %	$A \times 8 > U$	$\dfrac{1}{8}$
14.3 % ↑	100 %	$A \times 7 > U$	$\dfrac{1}{7}$
16.7 % ↑	100 %	$A \times 6 > U$	$\dfrac{1}{6}$
20.0 % ↑	100 %	$A \times 5 > U$	$\dfrac{1}{5}$
25.0 % ↑	100 %	$A \times 4 > U$	$\dfrac{1}{4}$
33.3 % ↑	100 %	$A \times 3 > U$	$\dfrac{1}{3}$
50.0 % ↑	100 %	$A \times 2 > U$	$\dfrac{1}{2}$

3) 특정한 백분율

1. 30 %에 대한 전략

① 그냥 0.3 곱하기

② $\frac{1}{3}$을 활용

2. 35 %에 대한 전략

① $35 \% = 10 \% + 10 \% + 10 \% + 5 \%$

② $35 \% = 33.3 \% + 1.7 \% = \frac{1}{3} + (1 \sim 2) \%$

③ $35 \% \times 3 = 105 \% = 100 \% + 5 \%$

④ 숫자 세팅 활용

3. 65 %에 대한 전략

① $65 \% = 50 \% + 10 \% + 5 \%$

② $65 \% = 66.7 \% - 1.7 \% = \frac{2}{3} - 1 \sim 2 \%$

③ A와 $A^C \rightarrow \frac{2}{3}$와 $\frac{1}{3}$을 충분히 활용한다.

④ 숫자 세팅 활용

4. 70 %에 대한 전략

① 그냥 0.7 곱하기

② 30 %를 더해서 100 %인지 확인

③ $70 \% = 66.7 \% + 3.3 \% = \frac{2}{3} + \frac{1}{30}$

5. 매우 특이한 경우

일반적으로 판단하기 쉬움, 유사 숫자 찾기 등

다음 문장의 정오를 판별하시오.

번호	문장	정오
01	120의 15 %는 18이다.	(○, ×)
02	330의 15 %는 50을 초과한다.	(○, ×)
03	5,789의 15 %는 800보다 작다.	(○, ×)
04	2,613의 15 %는 400보다 작다.	(○, ×)
05	4,568의 15 %는 700보다 크다.	(○, ×)
06	120의 45 %는 540이다.	(○, ×)
07	330의 45 %는 148.5다.	(○, ×)
08	5,789의 45 %는 2,900보다 작다.	(○, ×)
09	2,613의 45 %는 1,200보다 작다.	(○, ×)
10	4,568의 45 %는 2,000보다 크다.	(○, ×)
11	144의 55 %는 80보다 크다.	(○, ×)
12	330의 55 %는 170보다 작다.	(○, ×)
13	5,789의 55 %는 3,300보다 작다.	(○, ×)
14	2,613의 55 %는 1,400보다 크다.	(○, ×)
15	4,568의 55 %는 2,400보다 작다.	(○, ×)
16	120의 85 %는 102이다.	(○, ×)
17	330의 85 %는 250보다 크다.	(○, ×)
18	5,789의 85 %는 4,500보다 작다.	(○, ×)
19	2,613의 85 %는 2,500보다 작다.	(○, ×)
20	4,568의 85 %는 4,000보다 크다.	(○, ×)
21	290의 90 %는 271이다.	(○, ×)
22	220은 230의 90 %보다 크다.	(○, ×)
23	3,569은 3,850의 90 %보다 작다.	(○, ×)
24	8,500의 90 %는 7,700보다 크다.	(○, ×)
25	6,143의 90 %는 5,500보다 작다.	(○, ×)
26	2,484의 80 %는 2,000보다 크다.	(○, ×)
27	7,890의 45 %는 3,600보다 작다.	(○, ×)
28	8,620의 55 %는 4,700보다 크다.	(○, ×)
29	6,470의 30 %는 1,900보다 크다.	(○, ×)
30	3,300의 90 %는 3,000보다 작다.	(○, ×)

해설

번호	정답				
01~05	○	×	×	○	×
06~10	○	○	○	○	○
11~15	×	×	○	○	×
16~20	○	○	×	○	×
21~25	×	○	×	×	×
26~30	×	○	○	○	○

05 대소 비교

1) 덧셈식의 비교

덧셈으로만 구성된 식의 대소 비교에 대해 생각해 봅시다.

> 다음 두 덧셈식의 결과에 대한 크기를 비교하시오.
> $$45+62+53+34 \quad vs \quad 50+63+50+34$$

1. 일반적인 사고 과정

① 얼마인지 알아야 어떤 것이 더 큰지 판단할 수 있다.

② $45+62+53+34=194$

　$50+63+50+34=197$

③ 그러므로 오른쪽이 더 크다.

하지만 이와 같은 사고 과정은 지양합니다.

2. 올바른 사고 과정

① 누가 더 큰지 묻고 있군.

② 항목별 차이값으로 비교한다.

치수쌤의 1타 강의

덧셈으로 이루어진 각각의 항을 하나씩 짝지어 비교합니다.

$$45+62+53+34 \quad vs \quad 50+63+50+34$$
$$+3 \quad \quad vs \quad +5 \ +1 \quad +0$$

- 45 vs 50: 50이 45보다 5 더 크므로 두 수를 모두 지우고 50 대신 5를 씁니다.
- 62 vs 63: 63이 1 더 크므로 모든 수를 지우고 63 대신 1을 씁니다.

이와 같이 대칭적으로 차이만 나열하였을 때 남은 수가 더 큰 쪽을 고릅니다. 어느 쪽이 더 큰지 물어봤기 때문에 얼마인지는 중요하지 않죠. 더 나아가 어느 쪽이 '얼마나' 더 큰지 묻는 경우 역시 위와 같은 사고는 유효합니다. 오른쪽이 3만큼 더 크죠.

다음 표에서 A와 B의 대소를 비교하시오.

번호	A	부등호	B
01	36+54+30		37+60+20
02	123+289+888		250+269+900
03	7+8+5+6+7		6+6+7+7+8
04	18+13+15+14		17+12+19+16
05	83+51+69+78		78+70+49+83
06	359+499+613		1,500
07	419+380+213+713		1,700
08	103+107+97+102		103+106+98+107
09	543+628+748		537+650+720
10	93+2+7		48+50
11	78+63+56		58+60+83
12	2,351+3,600		2,578+3,600
13	1,221+2,893		3,208+521
14	357+613+563		400+600+500
15	53+45+81		50+50+40+48
16	789+517+413		853+673+458
17	527+398+449		630+417+500
18	137+916+138		1,300
19	926+478+413		926+450+450
20	228+416+578		230+400+560
21	413+799+418		1,600
22	753+848		755+846
23	374+576		600+350
24	664+733		694+688
25	283+318+478		279+325+477
26	1,423+1,578+189		3,200
27	523+460+813		1,700
28	837+760+698		2,300
29	316+439+513		1,300
30	233+333+433		1,000

해설

번호	정답				
01~05	>	<	<	<	>
06~10	<	>	<	>	>
11~15	<	<	>	>	<
16~20	<	<	<	<	>
21~25	>	=	=	>	<
26~30	<	>	<	<	<

2) 분수의 크기 비교

다음 두 분수의 크기를 비교하시오.

$$\frac{28}{190} \quad vs \quad \frac{33}{240}$$

1. 일반적인 사고 과정

① 직접 계산해보자.

- $\frac{28}{190} \fallingdotseq 0.1474$

- $\frac{33}{240} = 0.1375$

② 왼쪽이 더 크다.

2. 올바른 사고 과정(3가지)

① 분모 분자 증가율 비교법

$$\boxed{\frac{28}{190}} \rightarrow \begin{array}{c} \text{증가율 20 \% 미만} \\ \hline +5 \\ +50 \\ \hline \text{증가율 20\% 초과} \end{array} \rightarrow \boxed{\frac{33}{240}}$$

→ 분자가 28에서 5 증가하여 33이 되었습니다. 이는 28을 기준으로 할 때, 증가율이 20%보다 작습니다.

→ 분모는 190에서 50 증가하여 240이 되었습니다. 이는 190을 기준으로 할 때, 증가율이 20%보다 큽니다.

→ 분자 증가율이 분모 증가율보다 작으므로 오른쪽 분수가 더 작습니다. 부연 설명을 하면 다음과 같습니다.

오른쪽

$$\boxed{\frac{33}{240}} = \frac{28 \times 1.2 \downarrow}{190 \times 1.2 \downarrow} \rightarrow \boxed{\frac{28}{190}} \times \boxed{1 \downarrow}$$

왼쪽(기준)

분자 증가율이 분모 증가율보다 더 작다는 것은 1보다 작은 수를 곱하는 것과 같으므로 오른쪽 값이 더 작습니다.

⭐암기

기준값		비교값		
$\dfrac{A}{B}$	$\rightarrow$	$\dfrac{+\star}{+\triangle}$	$\rightarrow$	$\dfrac{C}{D}$

대소비교 결과

(1) 분모 증가율 < 분자 증가율 → <
(2) 분모 증가율 = 분자 증가율 → =
(3) 분모 증가율 > 분자 증가율 → >

※ 증가율 비교 시 항상 '작은 것 → 큰 것' 방향으로 비교한다.

② 분모 분자 차이법

$$\frac{28}{190} \rightarrow \frac{+5}{+50} \rightarrow \frac{33}{240}$$

→ 뽑기 당첨 확률로 생각해봅시다. 190번 시도를 하여 28번 당첨된 사람이 있는데 추가로 50번을 더 시도
  하였을 때 5번 당첨이 된 상황이죠.

→ 기존의 190번 시도 중 28번 당첨보다, 50번 시도 중 5번 당첨의 확률이 더 낮습니다.

→ 그러므로 최종 뽑기 당첨 확률에 해당하는 240번 시도 중 33번 당첨된 상황은 기존의 190번 시도 중 28
  번 당첨된 상황보다 확률이 더 낮아집니다.

→ 즉, $\frac{28}{190}$ vs $\frac{33}{240}$ 의 대소비교는 $\frac{28}{190}$ vs $\frac{5}{50}$ 의 대소비교와 동일합니다.

  $\frac{28}{190}$ 은 0.1보다 크고, $\frac{5}{50}$ 는 0.1이므로 왼쪽이 더 큽니다. 그러므로 $\frac{28}{190} > \frac{33}{240}$ 이 성립합니다.

★ 암기

기준값		비교값	
$\dfrac{A}{B}$	$\rightarrow$ $\dfrac{+C}{+D}$ $\rightarrow$	$\dfrac{A+C}{B+D}$	대소비교 결과
(1) $\dfrac{A}{B}$	$<$	$\dfrac{C}{D}$ $\rightarrow$	$<$
(2) $\dfrac{A}{B}$	$=$	$\dfrac{C}{D}$ $\rightarrow$	$=$
(3) $\dfrac{A}{B}$	$>$	$\dfrac{C}{D}$ $\rightarrow$	$>$

※ 항상 '작은 것 → 큰 것' 방향으로 비교한다.

③ 배율 비교법

$$\frac{28}{190} \text{ vs } \frac{33}{240}$$

→ 위 분수를 단순화하면 다음과 같습니다.

  $\frac{1}{7} \downarrow$ vs $\frac{1}{7} \uparrow$

→ 그러므로 당연히 왼쪽이 더 큽니다.

다음 표에서 A와 B의 대소를 비교하시오.

번호	A	부등호	B	번호	A	부등호	B
01	$\dfrac{485}{856}$		$\dfrac{356}{892}$	16	$\dfrac{23,521}{48,202}$		$\dfrac{26,041}{57,284}$
02	$\dfrac{83}{895}$		$\dfrac{79}{942}$	17	$\dfrac{503}{790}$		$\dfrac{525}{870}$
03	$\dfrac{863}{6,857}$		$\dfrac{693}{7,532}$	18	$\dfrac{6,930}{54,024}$		$\dfrac{13,250}{148,560}$
04	$\dfrac{184}{546}$		$\dfrac{178}{681}$	19	$\dfrac{3,851}{63,401}$		$\dfrac{5,841}{104,294}$
05	$\dfrac{4,203}{6,843}$		$\dfrac{3,807}{6,899}$	20	$\dfrac{835}{4,809}$		$\dfrac{1,258}{7,892}$
06	$\dfrac{3,679}{9,284}$		$\dfrac{4,213}{8,583}$	21	$\dfrac{5,154}{72,395}$		$\dfrac{4,105}{65,502}$
07	$\dfrac{974}{2,384}$		$\dfrac{1,023}{2,379}$	22	$\dfrac{110}{164}$		$\dfrac{54}{85}$
08	$\dfrac{59}{6,849}$		$\dfrac{67}{6,782}$	23	$\dfrac{743}{3,967}$		$\dfrac{616}{3,052}$
09	$\dfrac{3,140}{10,548}$		$\dfrac{3,245}{8,917}$	24	$\dfrac{7,920}{15,231}$		$\dfrac{7,154}{12,530}$
10	$\dfrac{621}{5,903}$		$\dfrac{930}{5,362}$	25	$\dfrac{200}{568}$		$\dfrac{184}{492}$
11	$\dfrac{24}{78}$		$\dfrac{30}{93}$	26	$\dfrac{54,204}{89,253}$		$\dfrac{50,295}{86,032}$
12	$\dfrac{2,054}{15,423}$		$\dfrac{2,795}{23,503}$	27	$\dfrac{3,683}{16,154}$		$\dfrac{2,944}{14,502}$
13	$\dfrac{194}{4,892}$		$\dfrac{220}{5,238}$	28	$\dfrac{6,133}{4,429}$		$\dfrac{5,548}{4,209}$
14	$\dfrac{79,549}{59,312}$		$\dfrac{96,356}{67,489}$	29	$\dfrac{496}{942}$		$\dfrac{239}{538}$
15	$\dfrac{83,245}{592,204}$		$\dfrac{101,593}{683,601}$	30	$\dfrac{3,123}{5,952}$		$\dfrac{2,863}{5,893}$

해설

번호	정답									
01~10	>	>	>	>	>	<	<	<	<	<
11~20	<	>	<	<	<	>	>	>	>	>
21~30	>	>	<	<	<	>	>	>	>	>

다음 표에서 A와 B의 대소를 비교하시오.

번호	A	부등호	B	번호	A	부등호	B
01	$\dfrac{542}{583}$		0.90	16	$\dfrac{4,391}{85,120}$		$\dfrac{53}{1,402}$
02	$\dfrac{432}{525}$		0.80	17	$\dfrac{38}{163}$		$\dfrac{82}{248}$
03	$\dfrac{8,970}{9,641}$		0.90	18	$\dfrac{892}{1,320}$		$\dfrac{423}{879}$
04	$\dfrac{62,723}{65,245}$		0.95	19	$\dfrac{301}{942}$		$\dfrac{582}{1,260}$
05	$\dfrac{5,512}{5,601}$		0.99	20	$\dfrac{3,985}{4,128}$		$\dfrac{3,458}{3,952}$
06	$\dfrac{3,934}{3,964}$		0.99	21	$\dfrac{57}{24}$		$\dfrac{78}{37}$
07	$\dfrac{4,725}{4,951}$		0.98	22	$\dfrac{67}{21}$		$\dfrac{54}{17}$
08	$\dfrac{8,124}{8,259}$		0.99	23	$\dfrac{348}{112}$		$\dfrac{753}{249}$
09	$\dfrac{6,832}{6,892}$		0.99	24	$\dfrac{632}{149}$		$\dfrac{50}{12}$
10	$\dfrac{4,817}{4,944}$		0.97	25	$\dfrac{417}{111}$		$\dfrac{43}{13}$
11	$\dfrac{16}{649}$		$\dfrac{49}{2,358}$	26	$\dfrac{98}{17}$		$\dfrac{423}{56}$
12	$\dfrac{598}{4,494}$		$\dfrac{385}{1,539}$	27	$\dfrac{492}{24}$		$\dfrac{624}{29}$
13	$\dfrac{68}{598}$		$\dfrac{43}{248}$	28	$\dfrac{57}{25}$		$\dfrac{34}{13}$
14	$\dfrac{364,603}{542,490}$		$\dfrac{68,902}{249,845}$	29	$\dfrac{412}{38}$		$\dfrac{538}{47}$
15	$\dfrac{542}{4,280}$		$\dfrac{132}{1,359}$	30	$\dfrac{795}{55}$		$\dfrac{431}{27}$

해설

번호	정답									
01~10	>	>	>	>	<	>	<	<	>	>
11~20	>	<	<	>	>	>	<	>	<	>
21~30	>	>	>	>	>	<	<	<	<	<

3] 곱셈식의 비교

다음 두 곱셈식의 크기를 비교하시오.

$$456 \times 234 \text{ vs } 478 \times 210$$

1. 일반적인 사고 과정

① 직접 계산해보자.

- $456 \times 234 = 106{,}704$
- $478 \times 210 = 100{,}380$
- 왼쪽이 더 크다.

② 또는 '그냥 포기하자.'

2. 올바른 사고 과정

① 증가율 비교법

+22 (=증가율 5 % ↓)

$\overline{456 \times 234}$ vs $\overline{478 \times 210}$

+24 (=증가율 10 % ↑)

왼쪽에서 오른쪽으로의 증가율보다 오른쪽에서 왼쪽으로 증가율이 더 높으므로 왼쪽이 더 크다는 것을 알 수 있습니다. 이를 단순화한다면 다음과 같이 표현할 수 있습니다.

$1 \times 1.10 ↑$ vs $1.05 ↓ \times 1$

정리하면 다음과 같습니다.

★암기

증가율 ☆ %

A — B vs C — D

증가율 △ %

대소비교 결과

(1)	☆	<	△	→	>
(2)	☆	=	△	→	=
(3)	☆	>	△	→	<

※ 증가율 비교 시 항상 '작은 것 → 큰 것' 방향으로 비교한다.

② 배율 비교법

$$\times 2 \uparrow \uparrow$$

$$\overline{456 \times 234} \quad \text{vs} \quad 478 \times 210$$

$$\times 2 \uparrow$$

456이 210의 2배보다 크다는 것을 확인하고, 478이 234의 2배보다 크다는 것을 확인합니다. 다만, $456 = 210 \times 2 + {}^\prime 36^\prime$과 $478 = 234 \times 2 + {}^\prime 10^\prime$의 관계를 확인하였다면 456과 210의 배율이 더 크다는 것을 알 수 있습니다.

③ 분수로 변형

456×234 vs 478×210

$\rightarrow \dfrac{234}{210}$ vs $\dfrac{478}{456}$

$\rightarrow 1 + \dfrac{24}{210}$ vs $1 + \dfrac{22}{456}$

분수로 변형하여 비교할 때, 주어진 상황에 따라 앞에서 배운 여러 방법 중 적절한 것을 선택하면 됩니다.

다음 표에서 A와 B의 대소를 비교하시오.

번호	A	부등호	B
01	210×369		231×330
02	78×58		94×53
03	139×73		146×70
04	88×43		80×51
05	71×73		72×72
06	139×95		154×90
07	228×80		250×70
08	777×490		$1,000 \times 400$
09	82×103		76×110
10	222×115		350×100
11	136×28		34×99
12	37×125		185×23
13	29×135		87×45
14	72×50		24×142
15	18×100		108×16
16	37×99		111×33
17	18×240		96×40
18	13×610		65×123
19	9×270		81×23
20	605×16		121×80
21	139×73		146×70
22	140×75		26×419
23	69×93		77×80
24	46×225		69×150
25	65×25		90×15
26	45×85		50×80
27	37×73		35×75
28	123×145		130×138
29	745×638		730×653
30	$1,345 \times 1,655$		$1,200 \times 1,800$

해설

번호	정답				
01~05	>	<	<	<	<
06~10	<	>	<	>	<
11~15	>	>	=	>	>
16~20	=	>	<	>	=
21~25	<	<	>	=	>
26~30	<	>	<	<	>

06 계산의 응용

1) 거리, 시간, 속력

'거리', '시간', '속력'이라는 단어를 보자마자 머리를 쥐어뜯고 있는 것은 아니시죠? 여러분이 거리, 시간, 속력과 관련하여 중학교 때부터 암기하던 것은 다음과 같습니다.

	거리(km)	
	시간 (h)	속력 (km/h)

- (거리)=(속력)×(시간)
- $(시간)=\dfrac{(거리)}{(속력)}$ 또는
- $(속력)=\dfrac{(거리)}{(시간)}$

그런데 조금만 생각해 보면 이 공식은 당연합니다. 속력은 시간당 이동 거리를 의미하는 것이므로 단위가 km/h 이죠. 즉, $(속력)=\dfrac{(거리)}{(시간)}$ 은 당연한 겁니다.

절대 착각하면 안 되는 것이 있다면 1시간은 60분이라는 것이죠.

★암기   1시간=60분

문제에서 시간 단위로 물을 때 실수하는 경우는 거의 없지만, 분 단위로 물을 때 많은 실수가 발생합니다.

> 다음 질문에 답해보시오.
> 질문: 24 km 거리를 60 km/h로 이동하는 경우 이동시간은 몇 분인가?

1-1. 일반적인 사고 과정

① $(시간)=\dfrac{(거리)}{(속력)}$

② $\dfrac{24\ km}{60\ k/h}=\dfrac{2}{5}\ h=\dfrac{2}{5}\ h\times\dfrac{60\ min}{1\ h}=24\ min$

1-2. 올바른 사고 과정

① 60 km/h를 다르게 표현하면 다음과 같습니다.
 → 60 km/h=60 km/60 min=1 km/min
 → 1분에 1 km씩 이동하는 속력입니다.
② 이동거리가 24 km이므로 이동시간은 24분입니다.
③ 속력의 기준은 60 km/h입니다.

그렇다면 질문을 다음과 같이 바꾸었을 때도 바로 답할 수 있나요?

> 질문: 24 km 거리를 80 km/h로 이동하는 경우 이동시간은 몇 분인가?

2-1. 일반적인 사고 과정

① 속력이 60 km/h가 아니므로 그냥 다시 시작한다.

② $\dfrac{24 \text{ km}}{60 \text{ k/h}} = \dfrac{3}{10} \text{ h} = \dfrac{3}{10} \text{ h} \times \dfrac{60 \text{ min}}{1 \text{ h}} = 18 \text{ min}$

2-2. 올바른 사고 과정

① 속력의 기준은 60 km/h인데 질문에 주어진 속력은 80 km/h입니다.

② 80 km/h는 60 km/h의 $\dfrac{4}{3}$배입니다.

③ (시간)$=\dfrac{\text{(거리)}}{\text{(속력)}}$에서 속력이 $\dfrac{4}{3}$배가 되었으므로 시간은 $\dfrac{3}{4}$배가 되어야 합니다.

$$(\text{시간}) = \dfrac{\text{(거리)}}{\text{(속력)}} = \dfrac{\text{(거리)}}{60 \times \dfrac{4}{3}} = \dfrac{\text{(거리)}}{60} \times \dfrac{3}{4}$$

④ 그러므로 60 km/h 기준일 때 24분인데, 속력이 80 km/h로 $\dfrac{4}{3}$배가 되었으므로 시간은 60 km/h인 경우의

$\dfrac{3}{4}$배가 되어 $24 \times \dfrac{3}{4} = 18$(분)입니다.

충분히 연습하여 거리, 속력, 시간에 대한 것이 실전에 등장했을 때 막힘없이 해결하도록 합시다.

다음 물음에 답하시오.

번호	문제
01	34 km는 속력 60 km/h로 몇 분이 소요되는가?
02	36 km는 속력 80 km/h로 몇 분이 소요되는가?
03	33 km는 속력 90 km/h로 몇 분이 소요되는가?
04	50 km는 속력 150 km/h로 몇 분이 소요되는가?
05	45 km는 속력 100 km/h로 몇 분이 소요되는가?
06	120 km는 속력 80 km/h로 몇 분이 소요되는가?
07	77 km는 속력 70 km/h로 몇 분이 소요되는가?
08	24 km는 속력 90 km/h로 몇 분이 소요되는가?
09	48 km는 속력 72 km/h로 몇 분이 소요되는가?
10	40 km는 속력 150 km/h로 몇 분이 소요되는가?
11	39 km는 속력 45 km/h로 몇 분이 소요되는가?
12	69 km는 속력 45 km/h로 몇 분이 소요되는가?
13	80 km는 속력 75 km/h로 몇 분이 소요되는가?
14	125 km는 속력 75 km/h로 몇 분이 소요되는가?
15	24 km는 속력 48 km/h로 몇 분이 소요되는가?
16	36 km는 속력 108 km/h로 몇 분이 소요되는가?
17	32 km는 속력 160 km/h로 몇 분이 소요되는가?
18	96 km는 속력 160 km/h로 몇 분이 소요되는가?
19	69 km는 속력 45 km/h로 몇 분이 소요되는가?
20	12 km는 속력 72 km/h로 몇 분이 소요되는가?

해설

번호	정답				
01~05	34분	27분	22분	20분	27분
06~10	90분	66분	16분	40분	16분
11~15	52분	92분	64분	100분	30분
16~20	20분	12분	36분	92분	10분

2) 거듭제곱의 계산

1. 21×21의 계산

① 21×21에서 하나는 1을 더하고, 다른 하나는 1을 뺍니다. 즉, 21×21을 22×20으로 바꿉니다.

② 22×20＝440에 더해준 수의 제곱 수를 더합니다.

③ 따라서 21×21＝22×20＋1×1＝441이 됩니다.

2. 88×88의 계산

① 88×88에서 하나는 12를 빼고, 다른 하나는 12를 더합니다.

② 76×100에 더해준 수의 제곱수를 더합니다.

③ 76×100＋12×12＝7,600＋144＝7,744

3. 93×93의 계산

93×93

$= 86 \times 100 + 7 \times 7$

$= 8,600 + 49$

$= 8,649$

위와 같은 거듭제곱의 계산은 여러분이 중학교 때 배운 합차 공식을 활용한 것입니다.

$$(a+b) \times (a-b) = a^2 - b^2$$
$$\rightarrow a^2 = (a+b) \times (a-b) + b^2$$

그렇다면 거듭제곱의 계산을 이용하여 64×62의 계산 과정을 확인해 보시기 바랍니다.

64×62

$= (63 + \underline{\quad}) \times (63 - \underline{\quad})$

$= 63^2 - 1^2$

$= 63^2 - 1$

$= (63 + \underline{\quad}) \times (63 - \underline{\quad}) + (\underline{\quad}) - 1$

$= 66 \times 60 + 3^2 - 1$

$= 3,600 + 360 + 9 - 1 = 3,968$

거듭제곱의 계산을 이용하여 다음을 계산하시오.

번호	계산식	과정	결과
01	23×23	=	=
02	38×38	=	=
03	46×46	=	=
04	57×57	=	=
05	19×19	=	=
06	27×27	=	=
07	88×88	=	=
08	93×93	=	=
09	34×34	=	=
10	77×77	=	=
11	82×82	=	=
12	96×96	=	=
13	17×17	=	=
14	24×24	=	=
15	35×35	=	=
16	39×39	=	=
17	58×58	=	=
18	79×79	=	=
19	94×94	=	=
20	23×25	=	=
21	53×56	=	=
22	67×66	=	=
23	24×28	=	=
24	16×18	=	=
25	34×36	=	=
26	91×93	=	=
27	64×62	=	=
28	26×28	=	=
29	37×42	=	=
30	53×63	=	=

해설

번호	정답				
01~05	529	1,444	2,116	3,249	361
06~10	729	7,744	8,649	1,156	5,929
11~15	6,724	9,216	289	576	1,225
16~20	1,521	3,364	6,241	8,836	575
21~25	2,968	4,422	672	288	1,224
26~30	8,463	3,968	728	1,554	3,339

3) 십합일등

'십합일등'이란 두 자리 수의 곱셈에서 십의 자리의 수의 합이 10이고, 일의 자리의 수가 같은 경우를 의미합니다.

십합일등 암산법은 다음과 같습니다.

첫째, 두 수의 십의 자리의 수끼리 곱하고 그 수에 일의 자리의 수를 더한다.

둘째, 일의 자리의 수를 제곱한다. 제곱한 값이 한 자리인 경우 앞에 0을 붙인다.

셋째, 처음 계산한 수를 쓰고, 그 뒤에 두 번째로 계산한 값을 붙여 쓴다.

1. 22 × 82의 계산

① 22 × 82는 십의 자리 수의 합이 2 + 8 = 10이고

② 일의 자리의 수가 같으므로 십합일등이다.

③ 2 × 8 + 2 = 18을 먼저 쓰고

④ 일의 자리 2의 제곱은 4이다.

⑤ 그러므로 그 결과는 1,804이다.

2. 46 × 66의 계산

① 46 × 66은 십의 자리 수의 합이 4 + 6 = 10이고

② 일의 자리의 수가 같으므로 십합일등이다.

③ 4 × 6 + 6 = 30을 먼저 쓰고

④ 일의 자리의 수 6의 제곱인 36을 붙여 쓴다.

⑤ 그러므로 그 결과는 3,036이다.

3. 22 × 85의 계산

① 22 × 85 = 22 × (82 + 3)

② 22 × 82 + 22 × 3 = 1,804 + 66 = 1,870

충분히 연습하면 위의 계산처럼 얼마든지 응용할 수 있습니다.

십합일등을 이용하여 다음을 계산하시오.

번호	계산식	과정	결과
01	23 × 83	=	=
02	34 × 74	=	=
03	56 × 56	=	=
04	76 × 36	=	=
05	85 × 15	=	=
06	73 × 33	=	=
07	18 × 98	=	=
08	27 × 87	=	=
09	31 × 71	=	=
10	41 × 61	=	=
11	33 × 75	=	=
12	87 × 28	=	=
13	34 × 78	=	=
14	75 × 33	=	=
15	17 × 99	=	=
16	39 × 61	=	=
17	83 × 25	=	=
18	66 × 44	=	=
19	78 × 39	=	=
20	12 × 95	=	=
21	34 × 64	=	=
22	27 × 92	=	=
23	74 × 44	=	=
24	15 × 86	=	=
25	27 × 87	=	=
26	48 × 58	=	=
27	71 × 41	=	=
28	69 × 39	=	=
29	57 × 59	=	=
30	64 × 49	=	=

해설

번호	정답				
01~05	1,909	2,516	3,136	2,736	1,275
06~10	2,409	1,764	2,349	2,201	2,501
11~15	2,475	2,436	2,652	2,475	1,683
16~20	2,379	2,075	2,904	3,042	1,140
21~25	2,176	2,484	3,256	1,290	2,349
26~30	2,784	2,911	2,691	3,363	3,136

4) 십등일합

'십등일합'이란 두 자리 수 곱셈에서 두 수의 십의 자리의 수가 같고, 일의 자리의 수의 합이 10인 경우를 의미합니다.

1. 67×63의 계산

① 67×63은 십의 자리의 수가 6으로 동일하고,

② 일의 자리의 수의 합이 $7+3=10$이므로 십등일합이다.

③ $6 \times (6+1) = 6 \times 7 = 42$이고,

④ $7 \times 3 = 21$이므로

⑤ 그 결과는 4,221이다.

2. 38×32의 계산

① 38×32는 십의 자리의 수가 3으로 동일하고,

② 일의 자리의 수의 합이 $8+2=10$이므로 십등일합이다.

③ $3 \times (3+1) = 3 \times 4 = 12$이고,

④ $8 \times 2 = 16$이므로

⑤ 그 결과는 1,216이다.

3. 156×154의 계산

① 백의 자리의 수와 십의 자리의 수를 한꺼번에 볼 때 15로 동일하고,

② 일의 자리의 수의 합이 $6+4=10$이므로 십등일합에 해당한다.

③ $15 \times (15+1) = 15 \times 16 = 240$이고,

④ $6 \times 4 = 24$이므로

⑤ 그 결과는 24,024이다.

기본 연습문제

십등일합을 이용하여 다음을 계산하시오.

번호	계산식	과정	결과
01	23×27	=	=
02	25×25	=	=
03	31×39	=	=
04	42×48	=	=
05	11×19	=	=
06	53×57	=	=
07	66×64	=	=
08	79×71	=	=
09	37×33	=	=
10	88×82	=	=
11	102×108	=	=
12	114×116	=	=
13	135×135	=	=
14	147×143	=	=
15	153×157	=	=
16	168×162	=	=
17	171×179	=	=
18	267×263	=	=
19	133×137	=	=
20	303×307	=	=
21	211×219	=	=
22	194×196	=	=
23	37×35	=	=
24	63×68	=	=
25	74×79	=	=
26	48×44	=	=
27	125×126	=	=
28	328×323	=	=
29	143×149	=	=
30	77×76	=	=

해설

번호	정답				
01~05	621	625	1,209	2,016	209
06~10	3,021	4,224	5,609	1,221	7,216
11~15	11,016	13,224	18,225	21,021	24,021
16~20	27,216	30,609	70,221	18,221	93,021
21~25	46,209	38,024	1,295	4,284	5,846
26~30	2,112	15,750	105,944	21,307	5,852

1] 증가율, 배율, 지수 간의 관계

증가율, 배율, 지수의 개념을 다시 떠올려 봅시다.

- (증가율)$(\%)=\dfrac{T_2-T_1}{T_1}\times100=\left(\dfrac{T_2}{T_1}-1\right)\times100$

- (배율)$=\dfrac{T_2}{T_1}$

- (지수)$=\dfrac{T_2}{T_1}\times100$

증가율, 배율, 지수 개념이 등장하는 경우 항상 배율을 기준으로 생각하세요. 이들 간의 관계는 다음과 같습니다.

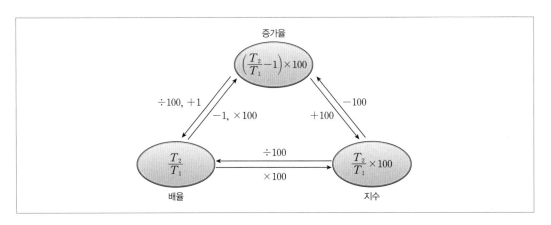

2] 증가율 어림산

① 공식 1: $(1+x)(1+y)≒1+x+y$

② 공식 2: $(1+x)^n≒1+nx$

③ 공식 3: $\dfrac{1}{1+x}≒1-x$

④ 공식 4: $\dfrac{1+x}{1+y}≒1+x-y$

　　→ (분자 증가율)−(분모 증가율)

$$\dfrac{17년}{14년}=\dfrac{\rule{1.2cm}{0.35cm}}{14년}\times\dfrac{\rule{1.2cm}{0.35cm}}{\rule{1.2cm}{0.35cm}}\times\dfrac{17년}{\rule{1.2cm}{0.35cm}}$$

$$=(1+☆)\times(1+□)\times(1+△)$$

$$≒1+☆+□+△$$

다음 빈칸을 완성하시오.

번호	지수	증가율	배율
01	100	( )	( )
02	( )	5	( )
03	( )	( )	3.4
04	157	( )	( )
05	( )	( )	0.65
06	( )	−27	( )
07	( )	( )	1.23
08	50	( )	( )
09	( )	( )	2.12
10	( )	135	( )
11	770	( )	( )
12	130	( )	( )
13	( )	( )	10
14	( )	200	( )
15	( )	( )	0.68

번호	지수	증가율	배율
01	( )	−68	( )
02	99	( )	( )
03	( )	( )	7.98
04	389	( )	( )
05	( )	450	( )
06	( )	( )	5.31
07	246	( )	( )
08	( )	598	( )
09	( )	( )	2.40
10	139	( )	( )
11	( )	241	( )
12	( )	( )	6.66
13	745	( )	( )
14	( )	329	( )
15	( )	( )	2.11

해설

번호	첫 번째	두 번째
1	0	1
2	105	1.05
3	340	240
4	57	1.57
5	65	−35
6	73	0.73
7	123	23
8	−50	0.50
9	212	112
10	235	2.35
11	670	7.70
12	30	1.30
13	1,000	900
14	300	3
15	68	−32

번호	첫 번째	두 번째
16	32	0.32
17	−1	0.99
18	798	698
19	289	3.89
20	550	5.50
21	531	431
22	146	2.46
23	698	6.98
24	240	140
25	39	1.39
26	341	3.41
27	666	566
28	645	7.45
29	429	4.29
30	211	111

다음 표의 빈칸에 대략적인 백분율을 채우시오.

번호	14년 대비 15년 경제성장률	15년 대비 16년 경제성장률	16년 대비 17년 경제성장률	14년 대비 17년 경제성장률
01	+3 %	+6 %	+2 %	
02	−4 %	+7 %	+9 %	
03	+3 %	−6 %	−5 %	
04	+1 %	+3 %	+1 %	
05	−7 %	−6 %	+5 %	
06	−4 %	−3 %		−2 %
07	+5 %	+9 %		+4 %
08	+7 %	−5 %		+3 %
09	+1 %	+8 %		−1 %
10	−5 %	−5 %		+2 %
11	−4 %		+7 %	+2 %
12	−4 %		+4 %	−3 %
13	+2 %		+1 %	+8 %
14	−1 %		−2 %	+7 %
15	+7 %		−2 %	+5 %
16		−3 %	−5 %	−7 %
17		−3 %	+9 %	+7 %
18		+5 %	+6 %	+7 %
19		−7 %	+7 %	−1 %
20		+5 %	−7 %	+3 %

해설

번호	정답				
01~05	+11 %	+12 %	−8 %	+5 %	−8 %
06~10	+5 %	−10 %	+1 %	−10 %	+12 %
11~15	−1 %	−3 %	+5 %	+10 %	0 %
16~20	+1 %	+1 %	−4 %	−1 %	+5 %

3] 비중, 증가율의 전략적 접근

1. 비중

① A가 U의 85 % 이상이다.
→ (×): $A \geq U \times 0.85$
→ (○): $A + (U \times 0.15) \geq U$

② A가 U의 85 % 이하이다.
→ (×): $A \leq U \times 0.85$
→ (○): $A + (U \times 0.15) \leq U$

③ 'A 대비 $B(=\dfrac{B}{A})$'에서 A의 증가율과 B의 증가율이 선택지에 조건으로 주어진 경우
→ (A의 증가율) > (B의 증가율): 감소
→ (A의 증가율) = (B의 증가율): 동일
→ (A의 증가율) < (B의 증가율): 증가

④ 비중 변화: 전체 증가율 vs 해당 항목의 증가율
→ (전체 증가율) > (해당 항목 증가율): 비중 감소
→ (전체 증가율) = (해당 항목 증가율): 비중 동일
→ (전체 증가율) < (해당 항목 증가율): 비중 증가

2. 증가율

① B는 A에 비해 20 % 이상 증가하였다.
→ (×): $\dfrac{B-A}{A} \times 100 \geq 20$
→ (○): $A + (A \times 0.2) \leq B$

② 'A의 증가율이 매년 증가/감소하였다.'에 대한 전략
→ 증가 폭을 기준으로 접근해야 한다.
→ 증가 폭이 일정해도 증가율은 감소한다.

③ A는 U의 $\dfrac{2}{3}$ 이상이다.
$= A^C$은 U의 $\dfrac{1}{3}$ 이하이다.
$= A$는 A^C의 2배 이상이다.
$= A^C$는 A의 50 % 이하이다.

④ A는 U의 $\dfrac{1}{3}$ 이상이다.
$= A^C$은 U의 $\dfrac{2}{3}$ 이하이다.
$= A$는 A^C의 50 % 이상이다.
$= A^C$는 A의 2배 이하이다.

3. 계산의 단순화

① A의 증가율이 ☆번째로 높다.

→ A의 증가율을 대략적으로 계산한 후에 해당 값을 기준으로 그 값보다 더 큰 항목이 (☆ − 1)개인지를 확인한다.

② 증가율 vs 배율

→ 구체적인 증가율보다는 배율로 생각한다.

③ 실수와 비중이 동시에 주어진 경우

→ 실수보다는 비중을 활용한다.

→ 비중을 활용할 때, 'A 대비 B'의 값을 묻는 경우, 이때 기준은 1이다.

④ 여러 개를 비교해서 가장 큰 것을 찾아야 할 때

→ 선택지에서 묻는 것을 기준으로 잡는다.

→ 일반적으로 분모가 작은 것이 가장 클 확률이 높다.

⑤ $\dfrac{A}{A+B}$ 꼴에서 가장 큰 것을 찾아야 할 때

$$\rightarrow \frac{A}{A+B} = \frac{1}{1+\dfrac{B}{A}}$$

★암기 $\dfrac{A}{A+B}$ max $= \dfrac{B}{A}$ min $= \dfrac{A}{B}$ max

3분 안에 다음 분수 비교 문제를 해결해 보시오.

번호	대소비교는? 가장 큰 것은? 증가하는가, 감소하는가?	정답
1	$\dfrac{183}{34}$ vs $\dfrac{118}{73}$ vs $\dfrac{74}{17}$ vs $\dfrac{93}{31}$ vs $\dfrac{567}{267}$	
2	$\dfrac{18}{35}$ vs $\dfrac{90}{115}$ vs $\dfrac{25}{60}$ vs $\dfrac{40}{50}$ vs $\dfrac{31}{60}$ vs $\dfrac{70}{105}$	
3	$\dfrac{115}{12}$ vs $\dfrac{60}{7}$	
4	$\dfrac{3,840}{9,565}$ vs $\dfrac{5,725}{9,565}$	
5	$\dfrac{8,487}{10,979} \times 100$ vs 75	
6	$\dfrac{10,979}{18,251}$ vs $\dfrac{53}{18,251}$ vs $\dfrac{6,515}{18,251}$ vs $\dfrac{704}{18,251}$	
7	$\dfrac{53}{18,251} \times 100$ vs 0.3	
8	$\dfrac{7,172}{18,251} \times 100$ vs 45	
9	$\dfrac{27+62+66+49}{4}$ vs $\dfrac{25+46+29+49+42+42+14+19+55}{9}$	
10	$\dfrac{27}{3}$ vs $\dfrac{62}{16}$ vs $\dfrac{66}{9}$ vs $\dfrac{40}{8}$ vs $\dfrac{25}{4}$ vs $\dfrac{46}{13}$ vs $\dfrac{29}{4}$ vs $\dfrac{49}{14}$ vs $\dfrac{42}{14}$ vs $\dfrac{42}{8}$ vs $\dfrac{14}{2}$ vs $\dfrac{19}{3}$ vs $\dfrac{55}{9}$	
11	$\dfrac{239}{729}$ vs $\dfrac{61}{729}$ vs $\dfrac{7}{729}$ vs $\dfrac{6}{729}$ vs $\dfrac{5}{729}$ vs $\dfrac{2}{729}$	
12	$\dfrac{58}{239}$ vs $\dfrac{18}{61}$ vs $\dfrac{2}{7}$ vs $\dfrac{123}{409}$	
13	$\dfrac{357}{2,558} \times 100$ vs 15	
14	$\dfrac{375}{225}$ vs $\dfrac{100}{55}$ vs $\dfrac{620}{405}$ vs $\dfrac{240}{135}$ vs $\dfrac{225}{130}$ vs $\dfrac{61}{26}$	
15	$\dfrac{104,712}{11,159}$ vs $\dfrac{88,794}{8,421}$ vs $\dfrac{229,100}{25,482}$ vs $\dfrac{253,211}{28,108}$	
16	$\dfrac{332}{2,435} \rightarrow \dfrac{253}{2,748} \rightarrow \dfrac{366}{6,494} \rightarrow \dfrac{375}{7,800}$	
17	$\dfrac{2,580}{4,370} \times 100$ vs 50	
18	$\dfrac{2,435,000}{313,989} \rightarrow \dfrac{2,748,000}{272,423} \rightarrow \dfrac{6,494,000}{775,986} \rightarrow \dfrac{7,800,000}{777,718}$	
19	$\dfrac{2,626}{2,071}$ vs $\dfrac{2,312}{1,295}$ vs $\dfrac{1,191}{960}$ vs $\dfrac{873}{624}$ vs $\dfrac{777}{389}$ vs $\dfrac{796}{530}$ vs $\dfrac{327}{162}$	
20	$\dfrac{1,024}{1,142} \times 100$ vs 80	

해설

번호	정답	번호	정답	번호	정답	번호	정답
1	$\frac{183}{34}$	2	$\frac{40}{50}$	3	$>$	4	$<$
5	$>$	6	$\frac{10{,}979}{18{,}251}$	7	$<$	8	$<$
9	$>$	10	$\frac{27}{3}$	11	$\frac{239}{729}$	12	$\frac{123}{409}$
13	$<$	14	$\frac{61}{26}$	15	$\frac{88{,}794}{8{,}421}$	16	$---$
17	$>$	18	$+-+$	19	$\frac{327}{162}$	20	$>$

3분 안에 다음 곱셈식 비교 문제를 해결해 보시오.

문제 번호	대소비교는? 가장 큰 것은? 증가하는가, 감소하는가?	정답
1	$(11,445+12,833) \times 3$ vs $59,694$	
2	$12,500 \times (1-0.25)$ vs $(12,500-1,000) \times (1-0.1)$ vs $12,500 \times (1-0.1) \times (1-0.15)$ vs $12,500 \times (1-0.3)+1,000$ vs $10,000$	
3	$12,002 \times 0.86$ vs $11,753 \times 0.79$ vs $7,537 \times 0.61$ vs $3,490 \times 0.54$ vs $2,560 \times 0.00$ vs $2,383 \times 0.57$ vs $1,740 \times 0.45$ vs $1,545 \times 0.44$ vs $1,448 \times 0.43$ vs $1,371 \times 0.56$	
4	$1,500$ vs $3,490 \times 0.46$	
5	72×0.444 vs 28×0.536 vs 223×0.314 vs 177×0.299	
6	72×0.194 vs 28×0.179 vs 223×0.197 vs 177×0.226	
7	72×0.084 vs 177×0.119	
8	110 vs 50×2	
9	44 vs 15×3	
10	$22,200 \times 0.955 \rightarrow 22,500 \times 0.960 \rightarrow 22,900 \times 0.961 \rightarrow 23,000 \times 0.961$ $\rightarrow 23,400 \times 0.966 \rightarrow 23,700 \times 0.958 \rightarrow 24,000 \times 0.967$	
11	$1,100$ vs $22,200 \times 0.045$	
12	180×0.40 vs 150×0.44	
13	180×0.50 vs 150×0.62	
14	180×0.25 vs 150×0.30	
15	180×0.30 vs 150×0.36	
16	180×0.15 vs 150×0.22	
17	180×0.05 vs 150×0.10	
18	$12,601 \times 3$ vs $27,922+8,321$	
19	$24,646 \times 3$ vs $61,033+10,693$	
20	$24,088 \times 1.5$ vs $46,753+7,341$	

해설

번호	정답	번호	정답	번호	정답	번호	정답
1	$>$	2	$(12,500-1,000)\times(1-0.1)$	3	$12,002\times0.86$	4	$<$
5	223×0.314	6	223×0.197	7	$<$	8	$>$
9	$<$	10	$+++++$	11	$>$	12	$>$
13	$<$	14	$=$	15	$=$	16	$<$
17	$<$	18	$>$	19	$>$	20	$<$

3분 안에 다음을 해결해 보시오.

번호	대소비교는? 가장 큰 것은? 증가하는가, 감소하는가? 결괏값은?	정답
1	1,144 vs 319＋639	
2	2＋4,000＋10 vs 5＋8,000＋90	
3	252.1＋37.1＋42.1 → 234.0＋42.2＋34.6 → 316.1＋55.5＋44.4 → 528.1＋90.5＋98.8 → 365.4＋109.8＋122.4	
4	7＋10＋11＋8＋25＋8＋4＝	
5	5×17－2×2＋0×1＝	
6	5×17－2×3＋0×0＝	
7	5×16－2×2＋0×2＝	
8	5×15－2×0＋0×5＝	
9	$\frac{89,000}{365}\times40+\frac{39,000}{365}\times80+\frac{1,400}{365}\times40+\frac{9,400}{365}\times60+\frac{18,200}{365}\times60$ vs $\frac{92,000}{365}\times40+\frac{34,000}{365}\times80+\frac{4,400}{365}\times40+\frac{8,400}{365}\times60+\frac{22,200}{365}\times60$	
10	255↓＋1,243＋20＋148↓ vs 826＋811＋142＋285	
11	($80/박×3박＋$90/일×4일)/인×2인＝	
12	($40/박×3박＋$70/일×4일)/인×3인＝	
13	4,000－(1,200＋1,200＋1,000)＝	
14	500×0.8＋1,600×0.2＝	
15	400×0.8＋1,400×0.2＝	
16	200×0.8＋900×0.2＝	

해설

번호	정답	번호	정답	번호	정답	번호	정답
1	＞	2	＜	3	－＋＋－	4	73
5	81	6	79	7	76	8	75
9	＜	10	＜	11	1,200	12	1,200
13	600	14	720	15	600	16	340

필수 예제

01

2015년 5급공채 PSAT 자료해석 인책형 10번

다음 [표]는 A국 기업의 회계기준 적용에 관한 자료이다. 이 자료를 바탕으로 주어진 문장의 정오를 판별하시오.

[표 1] A국 기업의 회계기준 적용 현황 (단위: 개, %)

연도 회계기준 구분		2021년		2022년	
		기업 수	비율	기업 수	비율
국제 회계 기준		2,851	15.1	3,097	15.9
	의무기업(상장기업)	1,709	9.1	1,694	8.7
	선택기업(비상장기업)	1,142	6.0	1,403	7.2
일반회계기준(비상장기업)		16,027	84.9	16,366	84.1
전체		18,878	100.0	19,463	100.0

※ 상장기업은 국제회계기준을 의무적용해야 하며, 비상장기업은 국제회계기준과 일반회계기준 중 하나를 적용해야 함.

[표 2] 2021년 A국 비상장기업의 자산규모별 회계기준 적용 현황 (단위: 개, %)

회계기준 자산규모 구분	국제회계기준		일반회계기준		합계	
	기업 수	비율	기업 수	비율	기업 수	비율
2조 원 이상	38	73.1	14	26.9	52	100.0
5천억 원 이상 2조 원 미만	80	36.9	137	63.1	217	100.0
1천억 원 이상 5천억 원 미만	285	18.8	1,231	81.2	1,516	100.0
1천억 원 미만	739	4.8	14,645	95.2	15,384	100.0
합계	1,142	–	16,027	–	17,169	–

※ 상장기업은 국제회계기준을 의무적용해야 하며, 비상장기업은 국제회계기준과 일반회계기준 중 하나를 적용해야 함.

(1) 2021년 국제회계기준을 적용한 비상장기업의 80 % 이상이 자산규모 5천억 원 미만이다.　　　(○, ×)

(2) 2022년 전체 기업 대비 국제회계기준을 적용한 기업의 비율은 2021년에 비해 증가하였다.　　(○, ×)

해설

(1) 2021년 국제회계기준을 적용한 비상장기업 중 자산규모 5천억 원 미만인 기업이 차지하는 비중은

$$\frac{285+739}{1,142} \times 100 = \frac{1,024}{1,142} \times 100 ≒ 89.67(\%) \geq 80 \%$$

(2) 2022년 전체 기업 대비 국제회계기준을 적용한 기업의 비율은 15.9 %로 2021년 15.1 %보다 증가하였다.

정답 ○, ○

02

다음 [그래프]는 '갑'제품의 제조사별 매출액에 대한 자료이다. '갑'제품의 제조사가 A, B, C만 존재할 때, 주어진 문장의 정오를 판별하시오.

[그래프] 제조사별 매출액 (단위: 억 원)

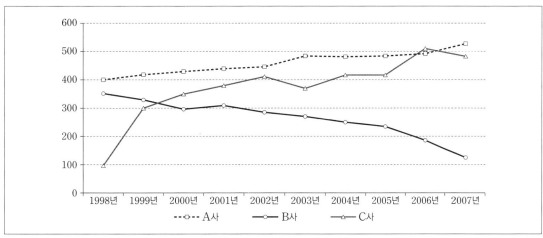

※ 시장규모와 시장점유율은 매출액 기준으로 산정함.

⑴ 2004~2007년 사이 B사의 시장점유율은 매년 하락하였다. (○, ×)

⑵ 2003년 A사의 시장점유율은 2002년에 비해 상승하였다. (○, ×)

⑶ C사의 시장점유율은 1999~2002년 사이 매년 상승하였으나 2003년에는 하락하였다. (○, ×)

해설

⑴ 2004~2007년 B사의 매출액은 매년 감소하고, A사와 C사 매출액의 합은 매년 증가하므로 2004~2007년 동안 B사의 시장점유율은 매년 하락한다.

⑵ 2003년 A사의 매출액은 2002년 대비 증가하고, 2003년 B사와 C사의 매출액의 합은 2002년 대비 감소하였으므로 2003년 A사의 시장점유율은 2002년에 비해 증가하였다.

⑶ 1999~2002년 동안 매출액의 전년 대비 증가율이 가장 큰 제조사는 C이므로 C사의 시장점유율은 매년 상승하였다. 2003년 매출액의 전년 대비 증가율이 가장 낮은 제조사는 C이므로 C사의 시장점유율은 하락한다.

정답 ○, ○, ○

다음 [그래프]는 '갑'회사의 대리점별 매출액 자료이다. 이 자료를 바탕으로 주어진 문장의 정오를 판별하시오.

[그래프] 분기별 대리점 매출액 (단위: 억 원)

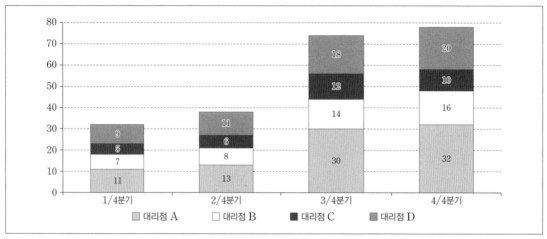

※ '갑'회사의 모든 매출은 4개의 대리점으로부터만 발생함.

⑴ '갑'회사의 3/4분기 매출액은 연간 매출액의 30 % 이상이다. (○ , ×)

⑵ 대리점 A의 4/4분기 매출액은 대리점 A 연간 매출액의 30 % 이상이다. (○ , ×)

해설

'갑'회사의 분기별 총 매출액을 계산하면 다음과 같다.

1/4분기 매출액은 $9+5+7+11=32$(억 원)

2/4분기 매출액은 $11+6+8+13=38$(억 원)

3/4분기 매출액은 $18+12+14+30=74$(억 원)

4/4분기 매출액은 $20+10+16+32=78$(억 원)

따라서 연간 매출액은 $32+38+74+78=222$(억 원)

⑴ '갑'회사의 3/4분기 매출액의 비중은 $\frac{74}{222} \times 100 ≒ 33.3(\%) ≥ 30\ \%$

⑵ 대리점 A의 연간 매출액 중 4/4분기 매출액의 비중은

$$\frac{32}{11+13+30+32} \times 100 = \frac{32}{86} \times 100 ≒ 37.21(\%) ≥ 30\ \%$$

정답 ○, ○

다음 [그래프]는 2005~2009년 A지역 도서관 현황에 관한 자료이다. 이 자료를 바탕으로 주어진 문장의 정오를 판별하시오.

[그래프 1] 도서관 수와 좌석 수 추이

[그래프 2] 장서 수와 연간이용자 수 추이

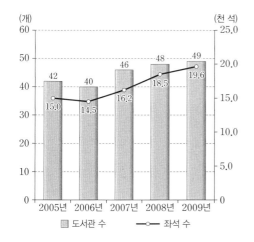

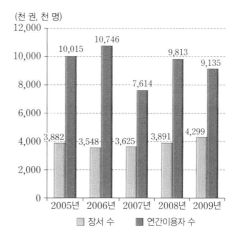

⑴ 2007년 도서관 수는 전년보다 증가하였지만 도서관당 좌석 수는 전년보다 감소하였다.　　　　　(○ , ×)

⑵ 연간이용자 수가 가장 적은 해와 도서관당 연간이용자 수가 가장 적은 해는 같다.　　　　　(○ , ×)

⑶ 2008년 도서관 수의 전년 대비 증가율은 장서 수의 전년 대비 증가율보다 높다.　　　　　(○ , ×)

⑷ 2009년 장서 수, 연간이용자 수, 도서관 수, 좌석 수 중 전년 대비 증가율이 가장 큰 항목은 장서 수이다.

(○ , ×)

⑴ 2007년 도서관 수는 46개로 2006년 40개에 비해 증가하였다. 따라서 도서관당 좌석 수는 다음과 같다.

- 2006년 도서관당 좌석 수: $\dfrac{14.5}{40}=0.3625$(천 석/개)

- 2007년 도서관당 좌석 수: $\dfrac{16.2}{46}≒0.3522$(천 석/개) (감소)

⑵ 연도별 도서관당 연간이용자 수를 계산하면 다음과 같다.

- 2005년: $\dfrac{10,015}{42}≒238.45$(천 명/개)   • 2006년: $\dfrac{10,746}{40}=268.65$(천 명/개)

- 2007년: $\dfrac{7,614}{46}≒165.52$(천 명/개)   • 2008년: $\dfrac{9,813}{48}≒204.44$(천 명/개)

- 2009년: $\dfrac{9,135}{49}≒186.43$(천 명/개)

따라서 연간이용자 수가 가장 적은 해는 2007년이다.

⑶ • 2008년 도서관 수의 전년 대비 증가율: $\dfrac{48-46}{46}×100≒4.3(\%)$

- 2008년 장서 수의 전년 대비 증가율: $\dfrac{3,891-3,625}{3,625}×100≒7.3(\%)$

따라서 2008년 도서관 수의 전년 대비 증가율은 장서 수의 전년 대비 증가율보다 낮다.

⑷ 2009년 장서 수, 연간이용자 수, 도서관 수, 좌석 수의 전년 대비 증가율을 계산하면 다음과 같다.

- 장서 수: $\dfrac{4,299-3,891}{3,891}×100≒10.5(\%)$

- 연간이용자 수: $\dfrac{9,135-9,813}{9,813}×100≒-6.9(\%)$

- 도서관 수: $\dfrac{49-48}{48}×100≒2.1(\%)$

- 좌석 수: $\dfrac{19.6-18.5}{18.5}×100≒5.9(\%)$

따라서 가장 큰 항목은 장서 수이다.

정답 ○, ○, ×, ○

다음 [표]는 2011~2015년 군 장병 1인당 1일 급식비와 조리원 충원인원에 관한 자료이다. 이 자료를 바탕으로 주어진 문장의 정오를 판별하시오.

[표] 군 장병 1인당 1일 급식비와 조리원 충원인원

(단위: 원, 명, %)

구분＼연도	2011년	2012년	2013년	2014년	2015년
1인당 1일 급식비	5,820	6,155	6,432	6,848	6,984
조리원 충원인원	1,767	1,924	2,024	2,123	2,195
전년 대비 물가상승률	5	5	5	5	5

※ 2011~2015년 동안 군 장병 수는 동일함.

(1) 2012년 이후 군 장병 1인당 1일 급식비의 전년 대비 증가율이 가장 큰 해는 2014년이다. (○, ×)

(2) 2012년 이후 조리원 충원인원의 전년 대비 증가율은 매년 감소한다. (○, ×)

(3) 2011년 대비 2015년의 군 장병 1인당 1일 급식비의 증가율은 2011년 대비 2015년의 물가상승률보다 낮다. (○, ×)

해설

(1) 2012년 이후 군 장병 1인당 1일 급식비의 전년 대비 증가율을 계산하면 다음과 같다.

- 2012년: $\frac{6,155-5,820}{5,820} \times 100 = \frac{335}{5,820} \times 100 ≒ 5.8(\%)$
- 2013년: $\frac{6,432-6,155}{6,155} \times 100 = \frac{277}{6,155} \times 100 ≒ 4.5(\%)$
- 2014년: $\frac{6,848-6,432}{6,432} \times 100 = \frac{416}{6,432} \times 100 ≒ 6.5(\%)$ (최대)
- 2015년: $\frac{6,984-6,848}{6,848} \times 100 = \frac{136}{6,848} \times 100 ≒ 2.0(\%)$

(2) 2012년 이후 조리원 충원인원의 전년 대비 증가율을 계산하면 다음과 같다.

- 2012년: $\frac{1,924-1,767}{1,767} \times 100 = \frac{157}{1,767} \times 100 ≒ 8.9(\%)$
- 2013년: $\frac{2,024-1,924}{1,924} \times 100 = \frac{100}{1,924} \times 100 ≒ 5.2(\%)$ (감소)
- 2014년: $\frac{2,123-2,024}{2,024} \times 100 = \frac{99}{2,024} \times 100 ≒ 4.9(\%)$ (감소)
- 2015년: $\frac{2,195-2,123}{2,123} \times 100 = \frac{72}{2,123} \times 100 ≒ 3.4(\%)$ (감소)

(3) 2011년 대비 2015년 군 장병 1인당 1일 급식비의 증가율: $\frac{6,984-5,820}{5,820} \times 100 = \frac{1,164}{5,820} \times 100 = 20(\%)$

2011년 대비 2015년의 물가상승률: $(1.05^4-1) \times 100 ≒ 21.55(\%)$

정답 ○, ○, ○

다음 [표]는 2006~2009년 사업자 유형별 등록 현황에 대한 자료이다. 이 자료를 바탕으로 주어진 문장의 정오를 판별하시오.

[표] 2006~2009년 사업자 유형별 등록 현황　　　　　　　　　　　　　　　　　　　　(단위: 천 명)

구분 \ 연도		2006년	2007년	2008년	2009년
법인사업자	등록사업자	420	450	475	( )
	신규등록자	65	( )	75	80
	폐업신고자	35	45	( )	55
일반사업자	등록사업자	2,200	( )	2,405	2,455
	신규등록자	450	515	( )	450
	폐업신고자	350	410	400	( )
간이사업자	등록사업자	1,720	1,810	( )	1,950
	신규등록자	380	440	400	( )
	폐업신고자	310	( )	315	305
면세사업자	등록사업자	500	515	540	565
	신규등록자	105	100	105	105
	폐업신고자	95	85	80	80
전체 등록사업자		4,840	5,080	5,315	5,470

1) 사업자 유형은 법인사업자, 일반사업자, 간이사업자, 면세사업자로만 구분됨.
2) 각 유형의 사업자 수는 해당 유형의 등록사업자 수를 의미함.
3) (당해연도 등록사업자 수)＝(직전년도 등록사업자 수)＋(당해연도 신규등록자 수)－(당해연도 폐업신고자 수)

⑴ 2007~2009년 동안 전체 등록사업자 수의 전년 대비 증가율은 매년 감소하였다.　　　　(○, ×)

⑵ 2006~2009년 동안 전체 등록사업자 수 중 간이사업자 수와 면세사업자 수가 차지하는 비중의 합은 매년 50 % 이상이다.　　　　(○, ×)

⑶ 2005~2009년 동안 전체 등록사업자 수 중 면세사업자 수가 차지하는 비중은 매년 10 % 이상이다.

　　　　　　　　　　　　　　　　　　　　　　　　　　　　　　　　　　　　　　　(○, ×)

해설

(1) 2007~2009년 동안 전체 등록사업자 수의 전년 대비 증가율을 계산하면 다음과 같다.

- 2007년: $\dfrac{5{,}080-4{,}840}{4{,}840}\times100=\dfrac{240}{4{,}840}\times100\fallingdotseq4.96(\%)$

- 2008년: $\dfrac{5{,}315-5{,}080}{5{,}080}\times100=\dfrac{235}{5{,}080}\times100\fallingdotseq4.63(\%)$

- 2009년: $\dfrac{5{,}470-5{,}315}{5{,}315}\times100=\dfrac{155}{5{,}315}\times100\fallingdotseq2.92(\%)$

(2) 2006~2009년 동안 간이사업자 수, 면세사업자 수, 전체 등록사업자 수를 계산하여 정리하면 다음과 같다.

구분	2006년	2007년	2008년	2009년
간이사업자(천 명)	1,720	1,810	1,895	1,950
면세사업자(천 명)	500	515	540	565
전체 등록사업자(천 명)	4,840	5,080	5,315	5,470

- 2008년 간이사업자 수: $1{,}810+(400-315)=1{,}895$(천 명)

- 2006년: $\dfrac{1{,}720+500}{4{,}840}\times100\fallingdotseq45.8(\%)<50\,\%$

(3) 2006~2009년 동안 전체 등록사업자 수 중 면세사업자 수가 차지하는 비중은 매년 10 % 이상이다. 2005년만 해결하면 된다. 2005년 법인사업자, 일반사업자, 간이사업자, 면세사업자, 전체 등록사업자 수를 계산하면 다음과 같다.

- 2005년 법인사업자 수: $420-(65-35)=390$(천 명)

- 2005년 일반사업자 수: $2{,}200-(450-350)=2{,}100$(천 명)

- 2005년 간이사업자 수: $1{,}720-(380-310)=1{,}650$(천 명)

- 2005년 면세사업자 수: $500-(105-95)=490$(천 명)

→ 2005년 전체 등록사업자 수는 $390+2{,}100+1{,}650+490=4{,}630$(천 명)

∴ 2005년 전체 등록사업자 중 면세사업자 비중은 $\dfrac{490}{4{,}630}\times100\fallingdotseq10.58(\%)\geq10\,\%$

정답 ○, ×, ○

다음 [표]는 임신과 출산 관련 항목별 진료건수 및 진료비에 관한 자료이다. 이 자료를 바탕으로 주어진 문장의 정오를 판별하시오.

[표 1] 연도별 임신과 출산 관련 진료건수 (단위: 천 건)

진료항목 \ 연도	2000년	2001년	2002년	2003년	2004년	2005년
분만	668	601	517	509	483	451
검사	556	2,490	3,308	3,715	3,754	3,991
임신장애	583	814	753	709	675	686
불임	113	254	297	374	422	466
기타	239	372	266	251	241	222
전체	2,159	4,531	5,141	5,558	5,575	5,816

[표 2] 연도별 임신과 출산 관련 진료비 (단위: 억 원)

진료항목 \ 연도	2000년	2001년	2002년	2003년	2004년	2005년
분만	3,295	3,008	2,716	2,862	2,723	2,909
검사	97	395	526	594	650	909
임신장애	607	639	590	597	606	619
불임	43	74	80	105	132	148
기타	45	71	53	52	54	49
전체	4,087	4,187	3,965	4,210	4,165	4,634

(1) 2000~2005년에 매년 '분만' 항목의 진료비는 다른 모든 항목들의 진료비를 합한 금액의 2배 이상이다.

(○, ×)

(2) 2000년 대비 2005년에 진료건수와 진료비 모두 가장 높은 증가율을 보인 항목은 '검사'이다. (○, ×)

(3) 2001~2005년에 임신과 출산 관련 항목 전체의 진료건당 진료비는 지속적으로 감소하였다. (○, ×)

해설

(1) '분만' 항목의 진료비는 다른 모든 항목들의 진료비를 합한 금액의 2배 이상이다.

= '분만' 항목의 진료비는 전체 진료비의 $\frac{2}{3}$ 이상이다.

2005년의 경우 $\frac{2}{3}$ 미만이다.

→ $\frac{2,909}{4,634} \times 100 ≒ 62.8(\%) < 66.7\ \%$

(2) 진료건수의 2000년 대비 2005년 배율은 $\frac{3,991}{556} ≒ 7.18$이다. 나머지 진료항목의 배율은 모두 이보다 작다.

진료비의 2000년 대비 2005년 배율은 $\frac{909}{97} ≒ 9.37$이다. 나머지 진료항목의 배율은 모두 이보다 작다.

(3) 2001~2005년 동안 임신과 출산 관련 항목 전체의 진료건당 진료비를 계산하여 정리하면 다음과 같다.

계산의 예시) 2001년: $\frac{4,187}{4,531} ≒ 0.924$

2001년	2002년	2003년	2004년	2005년
0.924	0.771	0.757	0.747	0.797
	감소	감소	감소	증가

정답 ×, ○, ×

08

다음 [그래프]는 2003년과 2013년의 대학 전체 학과수 대비 계열별 학과수 비율과 대학 전체 입학정원 대비 계열별 입학정원 비율을 나타낸 자료이다. 이 자료를 바탕으로 주어진 문장의 정오를 판별하시오.

[그래프 1] 대학 전체 학과수 대비 계열별 학과수 비율   (단위: %)

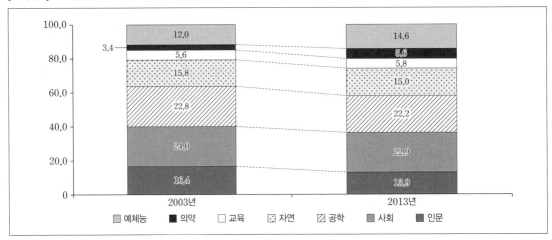

※ 대학 전체 학과수는 2003년 9,500개, 2013년 11,000개임.

[그래프 2] 대학 전체 입학정원 대비 계열별 입학정원 비율   (단위: %)

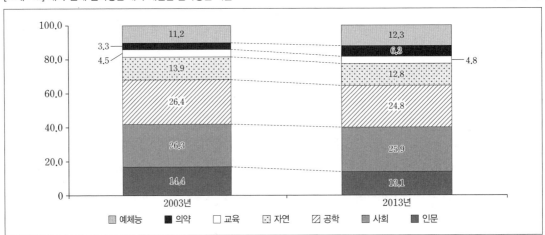

※ 대학 전체 입학정원은 2003년 327,000명, 2013년 341,000명임.

(1) 2013년 인문계열의 입학정원은 2003년 대비 5 % 이상 감소하였다.   (○, ×)

(2) 2003년 대비 2013년 학과수의 증가율이 가장 높은 계열은 예체능이다.   (○, ×)

(3) 2013년 예체능, 의약, 교육 계열 학과수는 2003년에 비해 각각 증가하였으나 나머지 계열의 학과수의 합계는 감소하였다.   (○, ×)

해설

(1) $\dfrac{(2013년\ 인문계열의\ 입학정원)}{(2003년\ 인문계열의\ 입학정원)} = \dfrac{341,000 \times 13.1\,\%}{327,000 \times 14.4\,\%}$

$= \dfrac{341 \times 131}{327 \times 144} = \dfrac{\frac{341}{327}}{\frac{144}{131}} \fallingdotseq \dfrac{1+0.05\downarrow}{1+0.10}$

$\fallingdotseq 1 + 0.05\downarrow -0.10 = 1-(0.10-0.05\downarrow) = 1-0.05\uparrow$

(2) (2003년 대비 2013년 학과수 증가율)$\propto$(2003년 대비 2013년 학과수 배율)이므로

$\dfrac{(2013년\ i계열\ 학과수)}{(2003년\ i계열\ 학과수)}$

$= \dfrac{(2013년\ 전체\ 학과수) \times (2013년\ i계열\ 학과수\ 비중)}{(2003년\ 전체\ 학과수) \times (2003년\ i계열\ 학과수\ 비중)}$

$= \dfrac{(2013년\ 전체\ 학과수)}{(2003년\ 전체\ 학과수)} \times \dfrac{(2013년\ i계열\ 학과수\ 비중)}{(2003년\ i계열\ 학과수\ 비중)}$

$= \underset{[일정]}{\dfrac{(2013년\ 전체\ 학과수)}{(2003년\ 전체\ 학과수)}} \times \dfrac{(2013년\ i계열\ 학과수\ 비중)}{(2003년\ i계열\ 학과수\ 비중)}$

$\rightarrow \dfrac{(2013년\ i계열\ 학과수)}{(2003년\ i계열\ 학과수)} \propto \dfrac{(2013년\ i계열\ 학과수\ 비중)}{(2003년\ i계열\ 학과수\ 비중)}$

$\dfrac{(2013년\ i계열\ 학과수\ 비중)}{(2003년\ i계열\ 학과수\ 비중)}$이 가장 큰 것이 '예체능'인지 확인한다. '예체능'은 $\dfrac{14.6}{12.0}=1.2\uparrow$ 이고, '의약'은 이보다 높다.

(3) 2013년 '예체능', '의약', '교육' 계열 학과수는 2003년에 비해 각각 증가하였다. 나머지 계열의 학과수의 합계 역시 증가하였다.

(2003년 나머지 계열의 학과수) vs (2013년 나머지 계열의 학과수)

$$\underset{\substack{\\ +5(+10\,\%\uparrow)}}{\overset{+1,500(+15\,\%\uparrow)}{\underline{9,500} \quad \times \quad \underline{(15.8+22.8+24.0+16.4)\%} \quad < \quad \underline{11,000} \quad \times \quad \underline{(15.0+22.2+22.9+13.9)\%}}}$$

정답 ○, ×, ×

01 반대해석

1) 반대해석의 기본

'반대해석'은 다른 말로 표현하면 이분법적인 사고를 의미합니다. 예를 들어, 전체(U)는 A인 것과 A가 아닌 것 (A^c: 집합 A의 여집합)밖에 없죠. 즉, 식으로 표현하면 다음과 같습니다.

$$A + A^c = U$$

A와 A^c의 합($=U$)이 '일정'한 경우, A가 더 크다면 A^c은 더 작다고 판단할 수 있습니다. 예를 들어 다음의 [표]를 살펴봅시다.

[표] 반별 학생 성별 구성 현황

구분	1반	2반	3반	4반	5반
남학생	28명	14명	22명	16명	23명
여학생	( )	( )	( )	( )	( )
합	40명	40명	40명	40명	40명

> 다음을 판단하시오.
> • 여학생 수가 가장 많은 반은 2반이다. (○, ×)
> • 여학생 수가 가장 적은 반은 1반이다. (○, ×)
>
> 정답 ○, ○

위의 내용을 판단하기 위해서 가장 좋지 않은 방법은 다음과 같이 [표]의 빈칸을 채우는 것입니다.

구분	1반	2반	3반	4반	5반
남학생	28명	14명	22명	16명	23명
여학생	(12명)	(26명)	(18명)	(24명)	(17명)
합	40명	40명	40명	40명	40명

그런데 위와 같이 빈칸을 채우지 않더라도 질문의 내용을 쉽게 판단할 수 있습니다. 모든 반에서 남학생과 여학생 수의 합이 40명으로 일정하므로 '여학생 수가 가장 많은=남학생 수가 가장 적은'으로 반대해석할 수 있는 거죠.

> • 여학생 수가 가장 많은 반은 2반이다. = 남학생 수가 가장 적은 반은 2반이다.
> • 여학생 수가 가장 적은 반은 1반이다. = 남학생 수가 가장 많은 반은 1반이다.

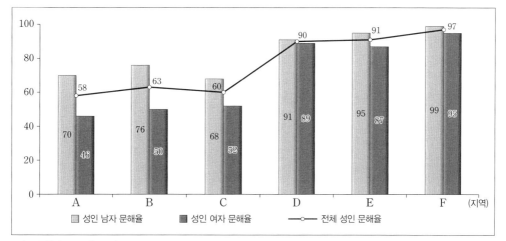

다음 [그래프]를 보고 주어진 문장의 정오를 판별하시오.

[그래프] 지역별 성인 문해율   (단위: %)

※ (문해율)(%)=100−(문맹률)

(1) 성인 남자 문맹률이 가장 낮은 지역은 F이다.   (○, ×)

(2) 성인 여자 문맹률이 두 번째로 높은 지역은 B이다.   (○, ×)

(3) 성인 남자 문맹률과 성인 여자 문맹률의 차이가 가장 큰 지역은 B이다.   (○, ×)

정답 ○, ○, ○

위의 문제를 해결하기 위해서 지역별 문맹률을 계산할 필요가 없습니다. 각주에 주어진 식을 다시 정리하면 (문해율)+(문맹률)=100(%)이므로 문맹률이 가장 높다면, 문해율이 가장 낮다는 뜻이죠. 그러므로 위의 문제 ⑴, ⑵를 반대해석하면 다음과 같습니다.

- 성인 남자 문맹률이 가장 낮은 지역은 F이다.
  =성인 남자 문해율이 가장 높은 지역은 F이다.
- 성인 여자 문맹률이 두 번째로 높은 지역은 B이다.
  =성인 여자 문해율이 두 번째로 낮은 지역은 B이다.

반대해석을 학습한 후 주의해야 하는 것은 세 번째 문제입니다. 많이 하는 실수는 다음과 같습니다.

- 성인 남자 문맹률과 성인 여자 문맹률의 차이가 가장 큰 지역은 B이다.
  =성인 남자 문해율과 성인 여자 문해율의 차이가 가장 작은 지역은 B이다.

위와 같이 반대해석하면 옳지 않습니다. 올바른 반대해석은 다음과 같습니다.

- 성인 남자 문맹률과 성인 여자 문맹률의 차이가 가장 큰 지역은 B이다.
  =성인 남자 문해율과 성인 여자 문해율의 차이가 가장 큰 지역은 B이다.

즉, 문맹률의 차이는 문해율의 차이와 동일합니다. 문해율과 문맹률의 합이 100 %로 일정하므로 그 차이는 동일할 수밖에 없는 거죠. 아래 그림을 통해 이해해보시기 바랍니다.

남자	문해율 60 %	문맹률 40 %
여자	문해율 40 %	문맹률 60 %

지금까지의 반대 해석을 이해하였다면 아래의 내용을 살펴보세요.

다음 [표]를 보고 주어진 문장의 정오를 판별하시오.

[표] 연령집단별 인구구성비 변화 (단위: %)

연령집단	연도							
	1960년	1970년	1980년	1985년	1990년	1995년	2000년	2005년
15세 미만	42.9	42.1	( )	( )	25.7	23.0	21.0	19.1
15세 이상 65세 미만	53.8	54.6	62.3	65.8	( )	( )	( )	( )
65세 이상	( )	( )	3.9	4.3	5.0	5.9	7.3	9.3
합계	100.0	100.0	100.0	100.0	100.0	100.0	100.0	100.0

(1) 1990년, 1995년, 2000년, 2005년 해당연도 전체 인구에서 15세 이상 65세 미만 인구 비율은 각각 70 % 이상이다. (○, ×)

(2) 1980년 이후 조사연도마다 전체 인구에서 15세 미만 인구의 비율은 감소하고 전체 인구에서 65세 이상 인구의 비율은 증가한다. (○, ×)

정답 ×, ○

첫 번째 문제를 무리 없이 반대해석 하였다면 다음과 같이 생각하였을 것입니다.

- 1990, 1995, 2000, 2005년 해당연도 전체 인구에서 15~65세 미만 인구 비율은 각각 70 % 이상이다.
  = 1990, 1995, 2000, 2005년 해당연도 전체 인구에서 15~65세 미만 인구 외의 비율은 각각 30 % 이하이다.

지금까지의 반대해석을 이해하였다면 아래의 내용을 살펴보세요.

첫 번째 문제를 무리 없이 반대해석 하였더라도 두 번째 문제를 해결하는 데는 조금 어려움이 있었을 것입니다. 15세 미만 인구 비율이 감소하였다는 것은 15세 이상 인구 비율이 증가한 것과 같습니다. 그러므로 1980년과 1985년에 대한 판단은 어렵지 않습니다. 하지만 1985년과 1990년에 대한 판단에서 막혀 $100-(65.8+4.3)=29.9(\%)$ 와 같이 계산할 수 있습니다.

치수쌤의 1타 강의

반대해석을 잘 이용하면 다음과 같이 생각할 수 있습니다.

만약 1985년 15세 미만 비율이 ☆라면 ☆+65.8+4.3=100.0을 만족한다. 만약 ☆보다 25.7이 더 작다면 ☆ 대신 25.7을 더하면 100보다 작아야 한다. 25.7+65.8+4.3을 계산하면 100보다 작다.

그러므로 ☆보다 25.7이 더 작다는 것을 쉽게 판단할 수 있다.

반대해석의 기본인 다음을 꼭 암기하시기 바랍니다.

★암기

$$A \quad + \quad A^c \quad = \quad 100\,\%$$

| max | min | 일정 |
| min | max | 일정 |

- A가 가장 크다.
  $= A^c$이 가장 작다.
  $= \dfrac{A}{A^c}$가 가장 크다.
  $= \dfrac{A^c}{A}$이 가장 작다.

- A와 A^c의 비중 관계

A	A^c	U
10 % ↑	90 % ↓	100 %
15 % ↑	85 % ↓	100 %
20 % ↑	80 % ↓	100 %
25 % ↑	75 % ↓	100 %
30 % ↑	70 % ↓	100 %
40 % ↑	60 % ↓	100 %
50 % ↑	50 % ↓	100 %

2) 반대해석의 응용

다음 [표]를 보고 주어진 문장의 정오를 판단하시오.

[표] 연도별 A, B, C, △, ★ 현황

구분	2014년	2015년	2016년	2017년	2018년
A	( )	( )	( )	( )	( )
B	124	180	358	114	108
C	250	400	500	200	300
△	49.6	45.0	71.6	57.0	36.0
★	( )	( )	( )	( )	( )

1) A+B=C

2) $★=\dfrac{A}{C}×100$

3) $△=\dfrac{B}{C}×100$

- ★이 가장 작은 연도는 2016년이다.　　　　　　　　(○ , ×)

정답 ○

만약 이와 같이 계산하지 않는다면 어떻게 접근해야 할까요?

주어진 [표]의 주석에서 첫 번째 식을 C로 나누고 100을 곱하여 정리하면 ★＋△＝100입니다.

즉, ★이 가장 작다는 것은 △가 가장 크다는 것을 의미하죠. 주어진 [표]의 빈칸을 모두 채우면 다음과 같습니다.

구분	2014년	2015년	2016년	2017년	2018년
A	126	220	142	86	192
B	124	180	358	114	108
C	250	400	500	200	300
△	49.6	45.0	71.6	57.0	36.0
★	50.4	55.0	28.4	43.0	64.0

다음 [표]를 보고 주어진 문장의 정오를 판별하시오.

[표 1] 도시근로자 가구의 월평균 소득 및 가계지출 추이 (단위: 천 원, %)

구분 연도	월평균 소득	가처분소득	소비지출	흑자율
1980년	234.1	224.5	174.0	22.5
1990년	943.3	870.2	650.0	25.3
1995년	1,911.1	1,732.5	1,230.6	29.0
1999년	2,224.7	1,967.7	1,473.5	25.1
2000년	2,386.9	2,113.5	1,614.8	23.6

[표 2] 농가 월평균소득 및 가계지출 추이 (단위: 천 원, %)

구분 연도	월평균 소득	가처분소득	소비지출	흑자율
1980년	224.4	214.9	178.2	17.1
1990년	918.8	913.8	658.69	25.0
1995년	1,816.9	1,802.4	1,231.8	31.7
1999년	1,860.2	1,842.0	1,426.9	22.5
2000년	1,922.7	1,903.2	1,500.3	21.2

1) $(평균소비성향)(\%) = \dfrac{(소비지출)}{(가처분소득)} \times 100$

2) $(흑자액) = (가처분소득) - (소비지출)$

3) $(흑자율)(\%) = \dfrac{(흑자액)}{(가처분소득)} \times 100$

(1) 평균소비성향이 가장 낮은 연도는 도시근로자 가구와 농가가 동일하지만, 가장 높은 연도는 다르다. (○, ×)

(2) 2000년 도시근로자 가구의 평균소비성향은 76.4 %로 1999년에 비해 1.5 %p 증가하였으며, 농가의 2000년도 평균소비성향은 1999년에 비해 1.3 %p 증가하였다. (○, ×)

정답 ×, ○

각주에 주어진 식을 정리하면 (평균소비성향)+(흑자율)=100(%)입니다. 즉, [표]에 흑자율이 주어져 있으므로 평균소비성향에 대해서 바로 판단할 수 있는거죠. 반대해석하면 다음과 같습니다.

치수쌤의 1타 강의

- 평균소비성향이 가장 낮은 연도는 도시근로자 가구와 농가가 동일하지만, 가장 높은 연도는 다르다.
  = 흑자율이 가장 높은 연도는 도시근로자 가구와 농가가 동일하지만, 가장 낮은 연도는 다르다.
- 2000년 도시근로자 가구의 평균소비성향은 76.4 %로 1999년에 비해 1.5 %p 증가하였으며, 농가의 2000년도 평균소비성향은 1999년에 비해 1.3 %p 증가하였다.
  = 2000년 도시근로자 가구의 흑자율은 23.6 %로 1999년에 비해 1.5 %p 감소하였으며, 농가의 2000년도 흑자율은 1999년에 비해 1.3 %p 감소하였다.

이를 조금 확장하면 다음과 같습니다. 아래의 내용을 살펴보세요.

[표] 연도별 ★, △, □ 현황 (단위: %)

구분	2014년	2015년	2016년	2017년	2018년
★					
△					
□					

1) $A+B+C=D$ 2) $★=\dfrac{A}{D}\times100$ 3) $△=\dfrac{B}{D}\times100$ 4) $□=\dfrac{C}{D}\times100$

- '★+△' 값이 가장 큰 연도는 2016년이다.
- '△+□' 값이 가장 작은 연도는 2017년이다.
- '$\dfrac{△+□}{★}$' 값이 가장 큰 연도는 2018년이다.

[표]에 수치가 주어진 것이 아니므로 위의 문제에 대한 정오를 판단할 수는 없습니다. 하지만 주어진 각주를 정리하면 ★+△+□=100(%)임을 알 수 있죠. 그러므로 위의 내용을 반대해석하면 다음과 같습니다.

- '★+△' 값이 가장 큰 연도는 2016년이다.
  ='□' 값이 가장 작은 연도는 2016년이다.
- '△+□' 값이 가장 작은 연도는 2017년이다.
  ='★' 값이 가장 큰 연도는 2017년이다.
- '$\dfrac{△+□}{★}$' 값이 가장 큰 연도는 2018년이다.
  ='★' 값이 가장 작은 연도는 2018년이다.
  ='△+□' 값이 가장 큰 연도는 2018년이다.

01

2015년 5급공채 PSAT 자료해석 인책형 31번

다음 [그래프]는 우리나라 광역지자체 간 산업연관성을 나타낸 자료이다. 이에 대한 [보기]의 설명 중 옳은 것만을 모두 고르면?

[그래프] 광역지자체의 타지역 전방연관성 및 타지역 후방연관성

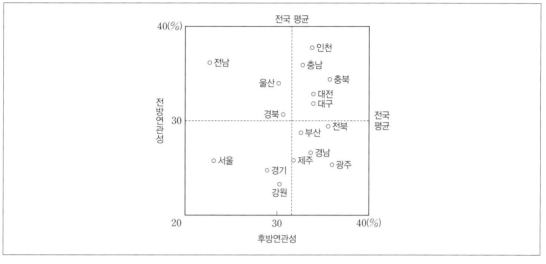

1) 타지역(자기지역) 전방연관성은 한 지역의 생산이 타지역(자기지역) 생산에 의해 어느 정도 유발되는지를, 타지역(자기지역) 후방연관성은 한 지역의 생산이 타지역(자기지역) 생산을 어느 정도 유발시키는지를 의미함.
2) (자기지역 전방연관성)+(타지역 전방연관성)=100 %
3) (자기지역 후방연관성)+(타지역 후방연관성)=100 %

┤ 보기 ├

ㄱ. 타지역 전방연관성이 가장 큰 지역은 인천이다.

ㄴ. 자기지역 전방연관성과 자기지역 후방연관성이 각각의 전국 평균보다 큰 지역은 인천, 충남, 충북, 대전, 대구이다.

ㄷ. 경남의 자기지역 전방연관성은 강원의 자기지역 후방연관성보다 작다.

ㄹ. 인천, 부산, 대구, 대전, 광주, 울산은 각각 자기지역 전방연관성이 타지역 전방연관성보다 크다.

① ㄱ, ㄴ　　　　　　② ㄱ, ㄷ　　　　　　③ ㄱ, ㄹ

④ ㄴ, ㄷ　　　　　　⑤ ㄷ, ㄹ

01

1) 주어진 식을 이해하지 못하거나,
2) 숫자에 집착하여 엄청난 계산을 한다.

NCS 실전 풀이

1) [그래프]에 주어진 것은 타지역의 '전방연관성'과 타지역의 '후방연관성'이다.

2) 각주 2), 3)을 다시 써보면
   ① (자기지역 전방연관성)+(타지역 전방연관성)=100 %
   ② (자기지역 후방연관성)+(타지역 후방연관성)=100 %

3) 자기지역 전방연관성 또는 자기지역 후방연관성에 대한 선택지가 등장할 것이라 예상한다.

   ㄱ. (○) 타지역 전방연관성이 가장 큰
   =[그래프]의 y가 가장 큰
   → 확인하면 y가 가장 큰 지역은 인천이다.

   ㄴ. (×) 자기지역 전방연관성과 자기지역 후방연관성이 각각의 전국 평균보다 큰
   =타지역 전방연관성과 타지역 후방연관성이 각각의 전국 평균보다 작은
   → 확인하면 서울, 경기, 강원이다. 옳지 않다.

   ㄷ. (×) 경남의 자기지역 전방연관성은 강원의 자기지역 후방연관성보다 작다.
   =경남의 타지역 전방연관성은 강원의 타지역 후방연관성보다 크다.
   → 확인하면 경남의 타지역 전방연관성은 25 %보다 약간 크고, 강원의 타지역 후방연관성은 30 %보다 크므로 옳지 않다.

   ㄹ. (○) 인천, 부산, 대구, 대전, 광주, 울산은 각각 자기지역 전방연관성이 타지역 전방연관성보다 크다.
   =인천, 부산, 대구, 대전, 광주, 울산은 각각 타지역 전방연관성이 50 %보다 작다.
   → 확인하면 옳다.

정답 ③

02

다음 [표]는 결함이 있는 베어링 610개의 추정 결함원인과 실제 결함원인에 관한 자료이다. 이에 대한 [보기]의 설명 중 옳은 것만을 모두 고르면?

[표] 베어링의 추정 결함원인과 실제 결함원인 (단위: 개)

추정 결함원인 실제 결함원인	불균형결함	내륜결함	외륜결함	정렬불량결함	볼결함	합계
불균형결함	87	9	14	6	14	130
내륜결함	12	90	11	6	15	134
외륜결함	6	8	92	14	4	124
정렬불량결함	5	2	5	75	16	103
볼결함	5	7	11	18	78	119
합계	115	116	133	119	127	610

주1) (전체 인식률)(%) = $\dfrac{\text{(추정 결함원인과 실제 결함원인이 동일한 베어링의 개수)}}{\text{(결함이 있는 베어링의 개수)}} \times 100$

2) (인식률)(%) = $\dfrac{\text{(추정 결함원인과 실제 결함원인이 동일한 베어링의 개수)}}{\text{(추정 결함원인에 해당되는 베어링의 개수)}} \times 100$

3) (오류율)(%) = 1 − (인식률)

┤ 보기 ├

ㄱ. 전체인식률은 0.8 이상이다.

ㄴ. '내륜결함' 오류율은 '외륜결함' 오류율보다 낮다.

ㄷ. '불균형결함' 인식률은 '외륜결함' 인식률보다 낮다.

ㄹ. 실제 결함원인이 '정렬불량결함'인 베어링 중에서, 추정 결함원인이 '불균형결함'인 베어링은 추정 결함원인이 '볼결함'인 베어링보다 적다.

① ㄱ, ㄴ ② ㄱ, ㄷ ③ ㄴ, ㄷ

④ ㄴ, ㄹ ⑤ ㄴ, ㄷ, ㄹ

02

일반 풀이

1) 아무런 기준 없이 접근하여

$\dfrac{87+90+92+75+78}{610} \fallingdotseq 0.692$와 같은 계산을 하거나,

2) 반대해석을 하지 못해서

- $\dfrac{9+8+2+7}{116} \fallingdotseq 0.224$

- $\dfrac{14+11+5+11}{133} \fallingdotseq 0.308$과 같은 계산을 하거나,

3) 분수 비교를 하지 않고

$\dfrac{92}{133} \fallingdotseq 0.692$, $\dfrac{87}{115} \fallingdotseq 0.757$과 같은 계산을 한다.

NCS 실전 풀이

1) (오류율)=1-(인식률) → (오류율)+(인식률)=1

2) 인식률의 계산이 간단하므로 오류율에 대한 선택지가 등장하면 인식률로 반대해석한다.

ㄱ. (×) 전체 인식률은 0.8 이상이다.

- 결합이 있는 베어링의 개수가 610개이므로 전체 인식률이 0.8 이상이 되려면 추정 결함원인과 실제 결함원인이 동일한 베어링의 개수가 610×0.8=488개 이상이어야 한다.

- 추정 결함원인과 실제 결함원인이 동일한 베어링의 개수는 87+90+92+75+78=422이므로 488에 한참 못 미친다.

ㄴ. (○) 읽지 않는다. 다만, 오류율에 대한 선택지이므로 반대해석한다.

- '내륜결함' 오류율은 '외륜결함' 오류율보다 낮다.
  ='내륜결함' 인식률은 '외륜결함' 인식률보다 높다.

- 분수비교는 다음과 같다. '외륜결함'이 더 낮다.

> [내륜결함]   [외륜결함]
> 증가율 10 % ↓
> $\dfrac{90}{116}$ $\xrightarrow[+17]{+2}$ $\dfrac{92}{133}$
> 증가율 10 % ↑

ㄷ. (×) 분수비교는 다음과 같다. '외륜결함'이 더 낮다.

> [불균형결함]   [외륜결함]
> 증가율 10 % ↓
> $\dfrac{87}{115}$ $\xrightarrow[+18]{+5}$ $\dfrac{92}{133}$
> 증가율 10 % ↑

ㄹ. (○) 읽지 않는다.

- 실제 결함원인이 '정렬불량결함'인 베어링 중 추정결함이 '불균형결함'인 베어링: 5개

- 실제 결함원인이 '정렬불량결함'인 베어링 중 추정결함이 '볼결함'인 베어링: 16개

- 전자가 후자보다 적다.

정답 ④

계산을 적게 하기 위해서는 사고 과정을 단순화할 수 있어야 합니다. 즉, 묻는 것만 답하는 연습을 해야 하죠.

> 다음 물음에 답해보시오.
> A+B=C이고 A=68, C=110일 때, B는 50보다 큰가?

이를 판단하기 위해서 여러분은 어떤 사고 과정을 거쳤나요? 일반적인 사고 과정은 다음과 같습니다.

1-1. 일반적인 사고 과정

① B의 값을 물었으니 주어진 식을 B에 대해서 정리하면 → B=C−A

② 조건에서 주어진 A, C의 값을 대입하여 계산하면 → B=110−68=42

③ 42는 50보다 작으므로 '그렇지 않다'라고 답한다.

하지만 위의 사고 과정에는 불필요한 계산이 포함되어 있습니다. 그러니 여러분은 다음과 같이 사고해야 합니다.

1-2. NCS에서 올바른 사고 과정

치수쌤의 1단 강의

① B가 50보다 큰지 묻고 있군.

② 주어진 식에 B=50을 대입해보자. → 68+50=118 > 110

③ 등식이 성립하려면 B는 50보다 작아야 하므로 '그렇지 않다'라고 답한다.

이와 같이 사고하면 어려운 뺄셈을 할 필요도 없고, 기준을 가지고 묻는 것에만 답하기 때문에 훨씬 간단합니다. 하나의 예를 더 들어사고 과정을 확인해 봅시다.

> 이차방정식 $x^2-5x+6=0$ 해는 1인가?

2-1. 일반적인 사고 과정

① 식을 정리하면 $x^2-5x+6=0 \rightarrow (x-2)(x-3)=0$

② 이를 풀면 $x=2$ 또는 3이므로 $x=1$은 옳지 않다.

2-2. NCS에서 올바른 사고 과정

① $x^2-5x+6=0$에서 $x=1$인지 묻고 있다.

② $x=1$을 대입하면 $1^2-5\times1+6=2\neq0$이므로 옳지 않다.

단순하게 생각하는 것은 어렵지 않습니다. 되도록 묻는 것에만 답하는 연습을 하시기 바랍니다.

2008년 5급공채 PSAT 자료해석 정책형 10번

다음 [표]는 조선시대 국책 사업의 1인당 노동임금에 대한 자료이다. 이에 대한 설명 중 옳지 <u>않은</u> 것은?

[표] 조선시대 국책 사업의 1인당 노동임금

연도	왕릉 축조	궁궐 수리
1600년	나무 8단	면포 2필, 쌀 12두
1650년	나무 2단, 쌀 8두	면포 4필, 쌀 10두
1700년	나무 4단, 엽전 6냥	엽전 12냥, 쌀 6두
1750년	나무 1단, 쌀 6두	나무 3단, 쌀 6두
1800년	나무 5단, 쌀 5두	엽전 8냥
1850년	쌀 20두	엽전 15냥

※ 궁궐 수리의 1인당 노동임금은 왕릉 축조의 1인당 노동임금의 1.5배로, 이 비율은 모든 시기에 걸쳐 동일하다고 가정하며, 1인당 노동임금은 제시된 물품들의 총합임.

① 1750년에 나무 1단은 쌀 2두의 가치에 해당한다.

② 1650년에 나무 1단이 면포 1필과 동일한 가치를 갖는다고 가정하면, 면포 1필은 쌀 2두의 가치에 해당한다.

③ 나무, 쌀, 엽전 간의 가치비율이 1700년과 1750년에 동일하다면, 엽전 1냥은 쌀 2두의 가치에 해당한다.

④ 1600년에 나무 1단이 면포 0.5필과 동일한 가치를 갖는다고 가정하면, 면포 1필은 쌀 4두의 가치에 해당한다.

⑤ 1850년에 쌀 1두는 엽전 0.5냥이다.

일반 풀이

1) 왕릉 축조×1.5＝궁궐 수리
2) ① (○) 1750년
    → (나무 1단＋쌀 6두)×1.5＝나무 3단＋쌀 6두
    → 나무 1.5단＋쌀 9두＝나무 3단＋쌀 6두
    → 쌀 9두－쌀 6두＝나무 3단－나무 1.5단
    → 쌀 3두＝나무 1.5단
    → ∴ 나무 1단＝쌀 2두
3) 위와 같은 풀이로 선택지 ②, ③, ④, ⑤를 해결하는 것.

NCS 실전 풀이

왕릉 축조×1.5＝궁궐 수리
① (○) 1750년에서 '나무 1단＝쌀 2두'인지 묻고 있다. 다음과
  같이 대입한다.
    왕릉 축조＝나무 1단＋쌀 6두
          ＝쌀 2두＋쌀 6두＝쌀 8두
    궁궐 수리＝나무 3단＋쌀 6두
          ＝쌀 6두＋쌀 6두＝쌀 12두
    왕릉 축조(＝쌀 8두)×1.5＝궁궐 수리(＝쌀 12두)
②, ③, ④, ⑤ 역시 위와 같이 해결한다.
② (○) 나무 1단＝면포 1필＝쌀 2두
③ (○) 엽전 1냥＝쌀 2두, 나무 1단＝쌀 2두
④ (×) 나무 1단＝쌀 2두, 면포 1필＝쌀 4두
⑤ (○) 쌀 1두＝엽전 0.5냥 or 엽전 1냥＝쌀 2두

CH 03

사고의 전환 및 전략적 접근

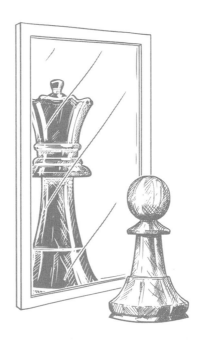

되고 싶은 사람의 모습에
자신의 현재의 모습을 투영하라.

− 에드가 제스트(Edgar Jest)

NCS
유형별 학습

PART

2

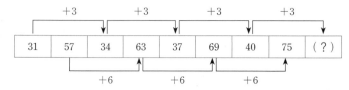

01 수의 배열

수의 배열에 관한 문제는 대부분 쉬운 편입니다. 하지만 해결 방법이 직관적으로 눈에 들어오지 않을 때는 일단 넘어가고, 나중에 다시 돌아와서 해결하는 것이 좋습니다.

다음 수열에서 괄호 안에 들어가야 하는 수는 얼마인가?

31	57	34	63	37	69	40	75	(?)

이 수열을 보고 괄호에 들어가야 하는 수가 얼마인지 다음 중 어떻게 생각하였나요?

첫 번째,

$$+26 \quad -23 \quad +29 \quad -26 \quad +32 \quad -29 \quad +35 \quad -32$$

31	57	34	63	37	69	40	75	(?)

→ 증가와 감소가 일정한 규칙으로 반복된다. 증가와 감소를 하나로 묶어서 생각하면 ($+26$, -23), ($+29$, -26), ($+32$, -29) … 와 같이 이어진다. 그런데 증가하는 수는 이전에 비해 3씩 커지고, 감소하는 수는 이전에 비해 절댓값이 3씩 커지고 있으므로 네 번째는 ($+35$, -32)가 된다.

→ ∴ $75-32=43$

두 번째,

$$+3 \qquad +3 \qquad +3 \qquad +3$$

31	57	34	63	37	69	40	75	(?)

$$+6 \qquad +6 \qquad +6$$

→ ∴ $40+3=43$

→ 짝수 번째 항과 홀수 번째 항으로 나누어 생각하면 두 개의 수열이 섞인 것임을 알 수 있다.

3씩 커지는 배열: 31, 34, 37, 40, …

6씩 커지는 배열: 57, 63, 69, 75, …

그런데 괄호의 경우 3씩 커지는 배열에 속하므로 $40+3=43$이다.

필자는 여러분이 두 번째와 같이 생각했으면 합니다. 한번에 보기 어렵다면 수열을 구조적으로 살펴볼 수 있는 여유가 있으면 좋겠다는 뜻입니다.

다음 수의 배열에서 괄호 안에 들어가야 하는 수는 얼마인가?			
7 1 1	5 2 4	3 3 7	1 4 ( )

괄호에 들어가야 하는 수가 얼마인지 알 수 있나요? 혹시 그렇지 않다면, 아래와 같이 선택지가 제시되었을 때 어떤 것을 고르실건가요?

① 9   ② 10   ③ 11   ④ 12   ⑤ 13

선택지에서 적절한 답은 '② 10'입니다. 선택지를 주지 않았을 때 답을 내지 못한 이유를 살펴봅시다.

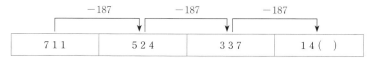

위와 같이 생각했다면 187씩 작아지고 있으므로 마지막의 수가 337−187＝150이 되어야 하겠죠. 그런데, 주어진 수가 '1 4 ( )'이므로 답을 내지 못했을 것입니다. 하지만 주어진 선택지의 값이 9, 10, 11, 12, 13과 같이 자릿수와 연결되지 않아 독립적이므로, 이를 별개로 생각할 수 있습니다. 이를 통해 다시 수를 배열하면 다음과 같습니다.

첫 번째 수: 2씩 감소 7 → 5 → 3 → 1
두 번째 수: 1씩 증가 1 → 2 → 3 → 4
세 번째 수: 3씩 증가 1 → 4 → 7 → 10

그러므로 정답은 '② 10'입니다.

치수쌤의 1타 강의

수의 배열 문제에서 답이 빨리 나오지 않는 경우 자신의 편견을 버리는 것이 중요합니다. 다양한 각도에서 생각해 볼 필요가 있죠. 물론, 그 이전에 여러분들이 가장 잘해야 하는 것은 당연하게도 기본적인 '사칙연산'입니다.

배열에서 문자가 섞여 있는 경우에는 어떻게 생각하면 좋을까요? 배열의 기본은 '사칙연산'이지만, 표현을 항상 수로 해야 하는 것은 아닙니다. 문자에 대해서 수를 나타내는 경우의 예를 정리하면 다음과 같습니다.

한글 기본				한글 전체				알파벳	
자음		모음		자음		모음			
ㄱ	1	ㅏ	1	ㄱ	1	ㅏ	1	a	1
ㄴ	2	ㅑ	2	ㄲ	2	ㅐ	2	b	2
ㄷ	3	ㅓ	3	ㄴ	3	ㅑ	3	c	3
ㄹ	4	ㅕ	4	ㄷ	4	ㅒ	4	d	4
ㅁ	5	ㅗ	5	ㄸ	5	ㅓ	5	e	5
ㅂ	6	ㅛ	6	ㄹ	6	ㅔ	6	f	6
ㅅ	7	ㅜ	7	ㅁ	7	ㅕ	7	g	7
ㅇ	8	ㅠ	8	ㅂ	8	ㅖ	8	h	8
ㅈ	9	ㅡ	9	ㅃ	9	ㅗ	9	i	9
ㅊ	10	ㅣ	10	ㅅ	10	ㅘ	10	j	10
ㅋ	11			ㅆ	11	ㅙ	11	k	11
ㅌ	12			ㅇ	12	ㅚ	12	l	12
ㅍ	13			ㅈ	13	ㅛ	13	m	13
ㅎ	14			ㅉ	14	ㅜ	14	n	14
				ㅊ	15	ㅝ	15	o	15
				ㅋ	16	ㅞ	16	p	16
				ㅌ	17	ㅟ	17	q	17
				ㅍ	18	ㅠ	18	r	18
				ㅎ	19	ㅡ	19	s	19
						ㅢ	20	t	20
						ㅣ	21	u	21
								v	22
								w	23
								x	24
								y	25
								z	26

종종 소인수분해 및 약수와 관련된 배열이 등장하기도 합니다. 그리고 자연수 N을 소인수분해하면 다음의 내용을 알수 있죠.

> $N=a^m \times b^n \times c^l$일 때, N의 약수의 개수는 $(m+1)(n+1)(l+1)$개이다.
> (단, a, b, c는 서로 다른 소수이고 m, n, l은 자연수)

예를 들어 자연수 24를 소인수분해하면 $24=3 \times 8=3^1 \times 2^3$이므로 약수의 개수는 $(1+1) \times (3+1)=8$(개)입니다. 아래의 표는 약수의 개수를 구하는 과정을 보여줍니다.

구분	2^0	2^1	2^2	2^3
3^0	1	2	4	8
3^1	3	6	12	24

필자는 등차수열, 등비수열 등의 용어를 굳이 알 필요가 없다고 생각합니다만, 이론만 간단하게 정리하면 다음과 같습니다. 이들을 활용한 여러 응용의 형태는 문제를 풀면서 접하고, 필요시 암기하도록 합시다.

- 등차수열: 인접한 항 사이의 차가 일정한 수열

1	→	5	→	9	→	13	→	17	→	21	→	2 5

$+4$ $+4$ $+4$ $+4$ $+4$ $+4$

- 등비수열: 인접한 항 사이의 비율이 일정한 수열

3	→	6	→	12	→	24	→	48	→	96	→	192

$\times 2$ $\times 2$ $\times 2$ $\times 2$ $\times 2$ $\times 2$

- 계차수열: 인접한 항 사이의 차이가 수열을 이루는 수열

2	→	4	→	8	→	14	→	22	→	32	→	44

$+2$ $+4$ $+6$ $+8$ $+10$ $+12$

- 피보나치수열: 처음 두 개의 항이 각각 1이고, 앞의 두 항을 합하여 뒤의 항을 만드는 수열

1	→	1	→	2	→	3	→	5	→	8	→	13

$=1+1$ $=1+2$ $=2+3$ $=3+5$ $=5+8$

기본유형 연습문제

01

다음 수의 배열 규칙을 찾아 '?'에 들어갈 알맞은 수를 고르시오.

22	35	49	64	?

① 77　　　② 78　　　③ 79　　　④ 80　　　⑤ 81

02

다음 수의 배열 규칙을 찾아 '?'에 들어갈 알맞은 수를 고르시오.

8	49	295	1,771	?

① 8,255　　　② 9,811　　　③ 10,327　　　④ 10,627　　　⑤ 12,627

03

다음 수의 배열 규칙을 찾아 '?'에 들어갈 알맞은 수를 고르시오.

33	22
50	49

→

83	?
134	131

① 40　　　② 50　　　③ 60　　　④ 65　　　⑤ 70

04

다음 수의 배열 규칙을 찾아 '?'에 들어갈 알맞은 수를 고르시오.

7	51
8	346

→

9	?
10	732

① 83　　　② 87　　　③ 726　　　④ 729　　　⑤ 731

01

해설

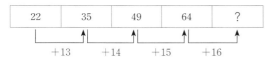

22	35	49	64	?

$+13$ $+14$ $+15$ $+16$

주어진 수들의 차를 계산한 결과가 각각 13, 14, 15이다. 그러므로 마지막은 16이 되어야 한다. 따라서 '?'에 들어갈 수는 $64+16=80$이다.

정답 ④

02

해설

8	49	295	1,771	?

$\times 6+1$ $\times 6+1$ $\times 6+1$ $\times 6+1$

뒤의 수는 앞의 수에 6을 곱하고 1을 더한 수와 같다. 따라서 '?'에 들어갈 수는 $1{,}771 \times 6+1=10{,}627$이다.

정답 ④

03

해설

33	$33-11$
$33+17$	$33+16$

$\rightarrow$

83	?
$83+51$	$83+48$

왼쪽에서 33을 중심으로 차를 계산한 결과가 -11, $+17$, $+16$이다. 오른쪽에서 '?'를 제외하고 이와 같이 생각하면 $+51$, $+48$이다. 이는 왼쪽에서 제시된 차의 3배이므로 '?'도 마찬가지이다. 즉, '?'에 들어갈 수는 $83-11 \times 3=83-33=50$이다.

정답 ②

04

해설

7	$7^2+2=51$
7^1+1	$7^3+3=346$

$\rightarrow$

9	?
9^1+1	$9^3+3=732$

정답 ①

01

다음 수의 배열 규칙을 찾아 '?'에 들어갈 알맞은 수를 고르시오.

6	24	19	76	71	284	279	?

① 1,003　　　② 1,006　　　③ 1,116　　　④ 1,524　　　⑤ 1,632

02

다음 수의 배열 규칙을 찾아 '?'에 들어갈 알맞은 수를 고르시오.

7	71	7111	7113	711231	?

① 71234321　　② 71142131　　③ 714862526　　④ 7115236484　　⑤ 7112213111

03

다음 수의 배열 규칙을 찾아 '?'에 들어갈 알맞은 수를 고르시오.

11	12	14	18	25	37	57	90	?

① 144　　　② 146　　　③ 148　　　④ 162　　　⑤ 178

04

다음의 배열 규칙을 찾아 '?'에 들어갈 알맞은 것을 고르시오.

1	ㄴ
3	ㄹ

→

?	6
ㅇ	10

※ 두 번째 사각형의 왼쪽 하단은 '이응'이다.

① 3　　　② 4　　　③ 8　　　④ ㄹ　　　⑤ ㅅ

05

다음 수의 배열 규칙을 찾아 '?'에 들어갈 알맞은 수를 고르시오.

4	13	17	30	47	77	124	?

① 201   ② 207   ③ 301   ④ 309   ⑤ 401

06

다음 수의 배열 규칙을 찾아 '?'에 들어갈 알맞은 수를 고르시오.

34	30	38	26	42	22	46	?

① 18   ② 28   ③ 32   ④ 36   ⑤ 52

07

다음 수의 배열 규칙을 찾아 '?'에 들어갈 알맞은 수를 고르시오.

6	2	36	8	3	?	6	3	216

① 256   ② 384   ③ 512   ④ 768   ⑤ 1,536

08

다음 수의 배열 규칙을 찾아 '?'에 들어갈 알맞은 수를 고르시오.

64	77	28	56	48	48	64	32	?

① 8   ② 32   ③ 48   ④ 82   ⑤ 96

01

해설

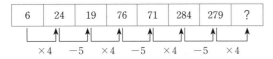

이 수열의 경우 '×4'와 '−5'가 반복되고 있다. 그러므로 '?'에
는 '×4'를 할 차례이다.

∴ 279×4=(280−1)×4=1,120−4=1,116

정답 ③

[질문] 정답을 도출하기 위해서 위와 같이 정확하게 계산할 필요
가 있는가? 4의 배수에 대해서 생각해 볼 수 있는가?

02

해설

다음과 같이 생각해 보자.

- 첫 번째: 7이 1개 → 두 번째 71
- 두 번째: 7이 1개, 1이 1개 → 세 번째 7111
- 세 번째: 7이 1개, 1이 3개 → 네 번째 7113
- 네 번째: 7이 1개, 1이 2개, 3이 1개 → 다섯 번째 711231
- 다섯 번째: 7이 1개, 1이 2개, 2가 1개, 3이 1개, 1이 1개
  → 7112213111

정답 ⑤

03

해설

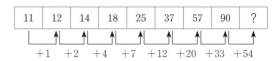

1, 2, 4, 7, 12, 20, 33, 54 …의 경우

$1+2+1=4$

$2+4+1=7$

$4+7+1=12$

$7+12+1=20$

$12+20+1=33$

$20+33+1=54$

∴ $90+54=144$

정답 ①

04

해설

자음의 순서를 수로 바꾸어 적으면 다음과 같다.

1	2
3	4

→

?	6
8	10

첫 번째 사각형을 기준으로 두 번째 사각형의 수는
'(첫 번째 사각형×2)+2'이다.
따라서 '?'에 들어갈 수는 $1×2+2=4$인데, 첫 번째 사각형에
서 수는 글자로, 글자는 수로 바뀌므로 '?'에 들어갈 문자는 네
번째 자음인 'ㄹ'이다.

정답 ④

05

해설

차이를 계산해 보면 다음과 같다.

세 번째 항부터는 이전의 두 개 항의 합과 같다. 그러므로 '?'에 들어갈 수는 $77+124=201$이다.

정답 ①

06

해설

인접한 항끼리의 차이를 계산하면 다음과 같다.

| 34 | 30 | 38 | 26 | 42 | 22 | 46 | ? |

-4 $+8$ -12 $+16$ -20 $+24$ -28

조금 다르게 생각하면 다음과 같다.

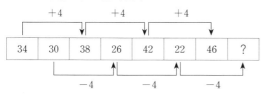

정답 ①

07

해설

6	2	36	8	3	?	6	3	216
6의 2제곱은 36			8의 3제곱은 512			6의 3제곱은 216		

3개씩 묶어서 보는 배열이다. (군수열)

정답 ③

08

해설

| 64 | 77 | 28 | 56 | 48 | 48 | 64 | 32 | ? |

세 번째 수부터는 앞의 두 수의 일의 자리 수끼리의 곱이다.

• 세 번째 항: $4 \times 7 = 28$
• 네 번째 항: $7 \times 8 = 56$
• 다섯 번째 항: $8 \times 6 = 48$

...

그러므로 '?' 안에 들어갈 수는 $4 \times 2 = 80$이다.

정답 ①

방정식 문제를 해결할 때 가장 기본적인 원칙은 다음과 같습니다.

- 미지수가 n개라면, 식도 n개여야 방정식이 풀린다.
- 미지수는 최소한으로 사용한다.

다음의 연립방정식을 해결해 보세요.

$$\begin{cases} 2x+y=11 & \cdots\cdots ① \\ x+3y=13 & \cdots\cdots ② \end{cases}$$

소거법으로 해결하면 다음과 같습니다.

- 미지수 y를 소거한다.
- [①×3−②]를 계산하면

$$\begin{array}{r} 6x+3y=33 \\ -)\ \ x+3y=13 \\ \hline 5x\ \ \ \ \ \ =20 \end{array}$$

$$\therefore x=4,\ y=3$$

대입법으로 해결하면 다음과 같습니다.

- ①식을 변형하면

$$y=-2x+11$$

- 이 값을 ②에 대입하면

$$x+3(-2x+11)=13$$
$$\rightarrow x-6x+33=13$$
$$\rightarrow -5x=13-33=-20$$
$$\rightarrow \therefore x=4,\ y=3$$

이와 같은 방식으로 해결하는 것은 가장 기본입니다. 하지만 NCS 시험에서는 단순히 주어진 식을 해결하는 문제는 나오지 않죠. 여러분이 특정 상황을 읽고 그에 맞는 식을 구성할 수 있어야 하고, 그 식을 해결할 수 있어야 합니다.

많은 수험생의 경우 방정식 문제를 해결할 때 미지수를 x로 놓고 식을 세운 다음 해결하는 것이 일반적인데, 되도록 단순하게 생각하는 연습을 해야 합니다. 그리고 제한된 시간 내에 해결해야 하므로 엄청 어려운 연립방정식은 나오지 않는다고 생각해도 됩니다.

다음 문제를 해결해 보세요.

- 오리와 멍멍이를 합하여 100마리인데, 오리와 멍멍이의 다리 수의 합이 236개인 경우 멍멍이는 몇 마리인가?

만약 멍멍이를 x마리라고 하여 일차방정식을 세운다면

$$2\times(100-x)+4\times x=236$$
$$\therefore x=18(마리)$$

만약 오리를 x마리, 멍멍이를 y마리라고 하여 연립일차방정식을 세운다면

$$\begin{cases} x+y=100 & \cdots \text{①} \\ 2x+4y=236 & \cdots \text{②} \end{cases}$$

→ ②−①×2

→ $2y=36$

∴ $y=18$(마리)

그런데 조금만 생각해보면 이런 유형의 문제들은 위와 같은 방식처럼 어렵게 풀 필요가 없습니다.

치수쌤의 1단 강의

만약 100마리가 모두 오리라면 다리가 100×2=200(개)여야 합니다. 그런데 다리의 수가 200+36=236(개)이므로 36개의 다리는 모두 멍멍이의 것이죠. 그런데 멍멍이는 오리에 비해 1마리당 다리가 2개씩 더 많으므로 $\frac{36}{2}$=18(마리)가 되는 것입니다.

다음 문제를 해결해 보세요.
- 장미가 1송이에 500원, 튤립이 700원이고, 장미와 튤립을 합하여 모두 7송이를 구매하여 4,100원을 지불하였다면, 튤립은 몇 송이를 구매하였는가?

문제해결 과정을 잘 이해하였다면 바로 3송이라고 답할 수 있습니다. 혹시, 또 아래와 같이 방정식을 세워서 해결한 건 아니겠죠?

$$500 \times (7-x) + 700 \times x = 4,100$$

∴ $x=3$

방정식 문제에서 자주 나오는 공식에 대해서 알아봅시다.

1. 속력, 거리, 시간

① (속력)$=\dfrac{(거리)}{(시간)}$

② (시간)$=\dfrac{(거리)}{(속력)}$

③ (거리)$=$(속력)$\times$(시간)

2. 소금물의 농도, 소금의 양, 소금물의 양

① (농도)(%)$=\dfrac{(소금의\ 양)}{(소금물의\ 양)}\times 100$

② (소금의 양)$=$(소금물의 양)$\times\dfrac{(농도)}{100}$

③ (소금물의 양)$=\dfrac{(소금의\ 양)}{(농도)}\times 100$

3. 1개당 가격, 총 매입가격, 총 매입개수

① (1개당 가격) $=\dfrac{(총\ 매입가격)}{(총\ 매입개수)}$

② (총 매입가격) $=$ (1개당 가격) $\times$ (총 매입개수)

③ (총 매입개수) $=\dfrac{(총\ 매입가격)}{(1개당\ 가격)}$

4. 시간당 작업량, 총 작업량, 총 작업시간

① (시간당 작업량) $=\dfrac{(총\ 작업량)}{(총\ 작업시간)}$

② (총 작업량) $=$ (시간당 작업량) $\times$ (총 작업시간)

③ (총 작업시간) $=\dfrac{(총\ 작업량)}{(시간당\ 작업량)}$

그런데, 공식에서 벗어나 생각을 단순화하는 연습을 해야 합니다. 다음 문제를 살펴보세요.

오후 1시에 기차역에 도착한 A는 오후 3시에 출발하는 기차에 탑승할 예정이다. A는 기차역 근처의 상점에서 선물을 사야 하는데 선물을 고르는 데 30분이 소요된다. A가 이동할 때의 속력이 4 km/h로 일정할 때, A가 기차를 놓치지 않고 타기 위해 상점은 기차역으로부터 몇 km 이내에 있어야 하는가?

여러분은 일반적으로 다음과 같이 생각할 것입니다.

① 일단 다음의 공식을 생각하고

거리	
시간	속력

② 남은 시간이 2시간 이하이므로

③ 기차역으로부터 상점까지의 거리를 x km라고 하면 $\dfrac{x}{4}\times 2+\dfrac{30}{60}\leq 2$와 같은 부등식을 세운 후 열심히 해결하겠죠.

④ 이를 정리하면 $x\leq 3$이므로 3 km 이내입니다.

하지만 다음과 같이 생각하면 어떨까요?

① 주어진 시간은 2시간이고

② 선물을 고르는 데 30분이 걸리므로 1시간 30분 이내에 이동해야 합니다.

③ 왕복 1시간 30분이므로 편도 45분이 걸리겠죠.

④ 속력이 4 km/h이므로 $\dfrac{3}{4}$시간($=45$분)을 곱하면 3 km가 되는 거죠.

다음 문제도 생각해 봅시다.

> 길이가 500 m인 열차가 120 km/h로 5 km인 터널에 진입하여 완벽히 통과하는 데 걸린 시간은 몇 초인가?

여러분은 일반적으로 다음과 같이 생각하겠죠.

① 일단 다음의 공식을 생각하고

거리	
시간	속력

② 총 이동거리는 터널 5 km에 열차 길이 500 m를 더하여 5.5 km이고

③ 속력이 120 km/h이므로

④ (걸리는 시간) $= \dfrac{5.5}{120} = \dfrac{1.1}{24}$ (시간)

⑤ 초 단위로 환산하면 $\dfrac{1.1}{24} \times 3{,}600 = 165$(초)

하지만 다음과 같이 생각해 보시기 바랍니다.

① 주어진 속력이 120 km/h인데 이를 단순화하면 120 km/h $=$ 120 km/60 min $=$ 2 km/min

② 터널 5 km를 이동하는 데 걸리는 시간은 $\dfrac{5}{2} = 2.5$(분)이고,

③ 열차 길이만큼 이동하는 데 걸리는 시간은 $\dfrac{500 \text{ m}}{2 \text{ km/min}} = \dfrac{1}{4}$ min $=15$(초)이므로

④ 이를 합하면 2.5분 $+$ 15초 $=$ 150초 $+$ 15초 $=$ 165초

어려운가요? 이런 유형의 문제는 습관의 문제이므로 문제를 통해서 단순화하는 여러 가지 경우에 대해서 생각해 보시기 바랍니다. 반복하여 반드시 체화해야 합니다. 이 정도의 문제는 NCS 실전에서 40초 정도 내에 해결할 수 있어야 합니다. 이제부터 다양한 난이도의 문제들을 연습해 보도록 합시다.

기본유형 연습문제

01

'갑'은 소금 80 g과 물 320 g을 가지고 있다. 이를 모두 이용하여 A 비커와 B 비커에 농도가 다른 소금물을 만들려고 한다. A 비커에 소금 20 g과 물 180 g을 사용하였을 때, B 비커의 소금물 농도는?

① 15 %   ② 20 %   ③ 25 %   ④ 30 %   ⑤ 40 %

02

A 프로젝트를 완성하는 데 '갑'이 혼자하면 12일이 걸리고, '을'이 혼자하면 5일이 걸린다. '갑'과 '을'이 동시에 완성한다면 며칠이 걸리는가?

① 3일   ② 4일   ③ 5일   ④ 6일   ⑤ 7일

03

햄버거는 1개에 3,300원, 치즈버거는 1개에 3,700원이다. 햄버거와 치즈버거를 합해서 14개를 구입하여 47,800원을 지불하였다. 구입한 치즈버거의 개수는?

① 2개   ② 3개   ③ 4개   ④ 5개   ⑤ 6개

04

A 자동차가 60 km/h 또는 70 km/h로만 7시간을 이동하였다. 총 이동거리가 445 km일 때, 60 km/h로 이동한 시간은?

① 2.5시간   ② 3시간   ③ 3.5시간   ④ 4시간   ⑤ 4.5시간

05

2021년 하반기 코레일 문제 복원

B 기업 직원들이 등산을 하려고 한다. 등산 코스에 대한 설명이 다음과 같을 때, '가' 코스의 길이는?

- 올라갈 때는 '가' 코스, 내려올 때는 '나' 코스를 이용하였다.
- 올라갈 때의 속도는 1.5 km/h, 내려올 때의 속도는 4 km/h이다.
- 등산을 하는 데 걸린 전체 시간은 6시간 30분이다.
- 정상에서 30분간 휴식을 취하였다.
- 전체 이동 거리는 14 km이다.

① 4 km   ② 6 km   ③ 7.2 km   ④ 8 km   ⑤ 11 km

01

일반 풀이

1) A 비커에 소금 20 g, 물 180 g을 사용하였으므로
2) B 비커에 사용할 양은 소금 $80-20=60(g)$,
   물 $320-180=140(g)$을 사용한다.
3) B 비커의 소금물 농도는 $\dfrac{60}{60+140}\times100=30(\%)$

NCS 기본 풀이

1) 소금 80 g, 물 320 g으로 소금물을 만들 때 농도는
   $\dfrac{80}{80+320}\times100=20(\%)$
   소금물의 양은 $80+320=400(g)$
2) 소금 20 g, 물 180 g으로 소금물을 만들 때 농도는
   $\dfrac{20}{20+180}\times100=10(\%)$
   소금물의 양은 $20+180=200(g)$
3) (A 비커 소금물의 양) : (B 비커 소금물의 양)
   $=200:200=1:1$
4) A 비커 10 %와 B 비커 ☆ %를 1 : 1로 섞으면 20 %가 되어야 하므로 ☆ %$=30$ %이다.

정답 ④

02

일반 풀이

1) A 프로젝트 일의 양: 1
   '갑'의 1일당 완성량: $\dfrac{1}{12}$
   '을'의 1일당 완성량: $\dfrac{1}{5}$
2) '갑'과 '을'이 동시에 완성시 1일당 완성량은
   $\dfrac{1}{12}+\dfrac{1}{5}=\dfrac{5}{60}+\dfrac{12}{60}=\dfrac{17}{60}$
3) A 프로젝트 완성을 위한 총 소요일수는 $\dfrac{1}{\frac{17}{60}}\fallingdotseq3.53(일)$
4) 그러므로 총 4일이 소요된다.

NCS 기본 풀이

1) 12와 5의 최소공배수는 60이다.
2) 다음과 같이 설정한다.
   전체 일의 양: 60
   '갑'의 1일당 완성량: 5
   '을'의 1일당 완성량: 12
   '갑'과 '을'이 동시에 완성시 1일당 완성량: $5+12=17$
3) 총 소요일수: $\dfrac{60}{17}=3.\times\times \rightarrow 4=4(일)$

정답 ②

03

일반 풀이

1) 구입한 햄버거, 치즈버거의 개수를 각각 x개, y개라고 하면, 다음과 같이 식을 세울 수 있다.
   $$\begin{cases} x+y=14 & \cdots\cdots ① \\ 3,300x+3,700y=47,800 & \cdots\cdots ② \end{cases}$$
2) $②\times\dfrac{1}{100}-①\times33$
   $\rightarrow [33x+37y=478]-[33x+33y=462]$
   $\rightarrow 4y=16 \qquad \therefore y=4$

NCS 기본 풀이

1) 치즈버거의 1개당 가격은 햄버거의 1개당 가격보다 400원 더 비싸다.
2) 14개를 전부 햄버거로 구입하였다면, 총 금액은
   $3,300\times14=46,200(원)$
3) 47,800원과 46,200원의 차이는 1,600원이다. 1,600원은 400원이 4번이다.
4) 그러므로 구입한 치즈버거는 4개이다.

NCS 실전 풀이

1) 햄버거와 치즈버거를 각각 7개씩 구입하였다고 가정한다.
2) 이때 총 구매액은 $(3,300+3,700)\times7=49,000(원)$이다.
3) $47,800=49,000-1,200$이 성립한다.
4) 그러므로 치즈버거 3개를 햄버거로 바꾼다. 7개의 치즈버거 중 3개를 햄버거로 바꾸었으므로 최종적으로 치즈버거는 $7-3=4(개)$이다.

정답 ③

04

일반 풀이

1) 60 km/h로 이동한 시간이 x시간이라면, 70 km/h로 이동한 시간은 $(7-x)$시간이다.

2) (거리)=(속력)×(시간)이므로 다음의 식이 성립한다.

$60x+70(7-x)=445$

$\rightarrow 60x+490-70x=445$

$\rightarrow \therefore x=4.5$

NCS 기본 풀이

1) 모두 60 km/h로 이동하면 총 이동거리는

$60\times7=420(\text{km})$

2) 60 km/h과 70 km/h의 차이는 10 km/h이다.

3) $445\,\text{km}=420\,\text{km}+25\,\text{km}$

$=420\,\text{km}+10\,\text{km/h}\times2.5\,\text{h}$

4) 그러므로 속력 70 km/h의 이동시간은 2.5시간이고, 속력 60 km/h의 이동시간은 $7-2.5=4.5$(시간)이다.

정답 ⑤

05

일반 풀이

1) 올라갈 때 이동시간, 내려올 때 이동시간을 각각 x시간, y시간이라고 하면 다음과 같이 식을 세울 수 있다.

$x+y+30분=6시간\ 30분$

$\begin{cases} x+y=6 & \cdots\cdots ① \\ 1.5x+4y=14 & \cdots\cdots ② \end{cases}$

2) ②×2－①×3

$[3x+8y=28]-[3x+3y=18]$

$\rightarrow 5y=10$

$\rightarrow \therefore y=2$

$\rightarrow \therefore x=4$

3) '가' 코스의 길이는 $1.5\,\text{km/h}\times4\,\text{h}=6(\text{km})$

NCS 기본 풀이

1) 총 이동시간은 6시간이다.

2) 6시간을 모두 속력 1.5 km/h로 이동하면 총 이동거리는

$1.5\times6=9(\text{km})$

3) $14\,\text{km}=9\,\text{km}+2.5\,\text{km/h}\times2\,\text{h}$이므로

4) '나' 코스의 길이는 $4\times2=8(\text{km})$

$\rightarrow \therefore$ '가' 코스의 길이: $14-8=6(\text{km})$

정답 ②

PSAT 기출 연습문제

01

2013년 외무고시 PSAT 자료해석 인책형 18번

다음 [표]는 투자결정기준으로 안정성과 수익성 중 한 가지를 선택한 투자자 수에 대한 자료이다. 2021년과 2022년 투자결정 기준이 동일한 투자자 수의 합이 750명일 때, B에 해당하는 값은?

[표] 투자결정기준 선택 결과

(단위: 명)

2021년 \ 2022년	안정성	수익성	합
안정성	(A)	(B)	500
수익성	(C)	(D)	500
합	450	550	1,000

① 100

② 150

③ 200

④ 350

⑤ 400

01

일반 풀이

1) 자신이 쓸 수 있는 방정식을 모두 쓴다.
   ① $A+B=500$ ② $C+D=500$
   ③ $A+C=450$ ④ $B+D=550$
   ⑤ $A+D=750$ ⑥ $B+C=250$
2) 묻는 것이 B이기 때문에 B가 포함된 식을 살펴보면 ①, ④, ⑥이다.
3) ①−③을 하면
   → $B-C=50$
4) 앞에서 도출한 식과 ⑥을 이용하면

$$\begin{array}{r} B-C=50 \\ +\ )\ \underline{B+C=250} \\ 2B\ \ \ \ \ =300 \end{array}$$

   → $\therefore B=150$

NCS 실전 풀이

1) $A+D=750$이므로 $B+C=250$이다.
2) B와 C의 합이 250인데 [표]에서 B와 C의 차이가 50임을 쉽게 확인할 수 있다.
3) 그러므로 다음의 식이 성립한다.
   $B=(250$의 절반인 $125)+(50$의 절반인 $25)=150$
   $C=(250$의 절반 $125)-(50$의 절반인 $25)=100$

해결 TIP

(1) 두 수의 합이 일정하고
(2) 두 수의 차이가 주어진다면
(3) 두 수의 합의 절반을 깔아 놓고, 차이의 절반을 더하거나 뺀다.

정답 ②

02

아래의 [표]는 화학경시대회 응시생 A~J의 성적 관련 자료이다. 이 자료를 바탕으로 할 때, 다음 [보기] 중 옳은 것만을 모두 고르면?

[표] 화학경시대회 성적 자료 (단위: 개, 점)

구분 응시생	정답 문항수	오답 문항수	풀지 않은 문항수	점수
A	19	1	0	93
B	18	2	0	86
C	17	1	2	83
D	( )	2	1	( )
E	( )	3	0	( )
F	16	1	3	78
G	16	( )	( )	76
H	( )	( )	( )	75
I	15	( )	( )	71
J	( )	( )	( )	64

1) 총 20문항으로 100점 만점임.
2) 정답인 문항에 대해서는 각 5점의 득점, 오답인 문항에 대해서는 각 2점의 감점이 있고, 풀지 않은 문항에 대해서는 득점과 감점이 없음.

┤보기├

ㄱ. 응시생 I의 '풀지 않은 문항수'는 3이다.

ㄴ. '풀지 않은 문항수'의 합은 20이다.

ㄷ. 80점 이상인 응시생은 5명이다.

ㄹ. 응시생 J의 '오답 문항수'와 '풀지 않은 문항수'는 동일하다.

① ㄱ, ㄴ   ② ㄱ, ㄷ   ③ ㄱ, ㄹ

④ ㄴ, ㄷ   ⑤ ㄴ, ㄹ

일반 풀이

1) 괄호를 열심히 채우면 다음과 같다.

(단위: 개, 점)

구분 \ 응시생	정답 문항수	오답 문항수	풀지 않은 문항수	점수
A	19	1	0	93
B	18	2	0	86
C	17	1	2	83
D	17	2	1	81
E	17	3	0	79
F	16	1	3	78
G	16	2	2	76
H	15	0	5	75
I	15	2	3	71
J	14	3	3	64
합계	164	17	19	

2) 따라서 옳은 선택지는 ㄱ, ㄹ이다.

NCS 실전 풀이

정답: 5점, 풀지 않은 문항: 0점, 오답 문항: 감점 2점

ㄱ. (○) 응시생 I의 '풀지 않은 문항수'가 3이라면 오답 문항수는 2이므로 점수는 다음과 같다.

→ 응시생 I 점수는 $5 \times 15 - 2 \times 2 = 71$(점)

→ ∴ 옳다.

ㄴ. (×) '풀지 않은 문항수'의 합을 구하기에는 해결해야 하는 것이 너무 많으므로 넘어간다. 반드시 해결할 필요는 없다.

ㄷ. (×) 80점 이상인 응시생이 5명이 되기 위해서는 D, E가 모두 80점 이상이 되어야 한다. 그런데 D는 C에 비해 오답 문항수가 1개 많고, 풀지 않은 문항수가 1개 적다. 그러므로 D는 C보다 2점 낮은 81점이다. 같은 원리로 E는 D에 비해 오답 문항수가 1개 많고, 풀지 않은 문항수가 1개 적으므로 D보다 2점 낮은 79점이다. 즉, 80점 미만이므로 옳지 않다.

ㄹ. (○) 응시생 J의 점수는 64점인데 이는 다음과 같이 생각해 볼 수 있다.

$64점 = 70점 - 6점 = 5점 \times 14 - 2점 \times 3$

그러므로 J는 정답 문항수가 14개, 오답 문항수 3개, 풀지 않은 문항수 3개이다. 아무런 모순이 없으므로 옳다.

해결 TIP

(1) 괄호가 너무 많은 경우 전부 채울 필요는 없다.

(2) 항목 간의 관계를 통해 계산을 단순화한다.

정답 ③

01

'갑' 체육관에 농구선수를 농구코트 1개당 6명씩 배치하면 5명이 남고, 7명씩 배치하면 마지막 코트에 배치된 농구선수는 4명을 넘지 않는다. '갑' 체육관의 농구코트는 적어도 몇 개인가?

① 6개   ② 7개   ③ 8개

④ 9개   ⑤ 10개

01

일반 풀이

1) '갑' 체육관의 농구코트 개수를 x개라 할 때,

2) 식을 세우면 다음과 같다.

→ $6x+5\le7(x-1)+4$

→ $6x+5\le7x-7+4$

→ $+5+7-4\le7x-6x$

→ $8\le x$

3) 그러므로 '갑' 체육관에 농구코트는 적어도 8개 이상이다.

NCS 기본 풀이

1) 농구코트 1개당 6명씩 배치하면 5명이 남는다.

→ 농구코트 1개당 6명씩 배치하되 마지막 코트에 배치하지 않으면 5+6=11(명)이 남는다.

2) 농구코트 1개당 7명씩 배치하는 것은 농구코트 1개당 6명씩 배치되어 있는 곳에 1명씩 추가하면 된다.

3) 즉, 11명 중 4명을 남기고 1명씩 추가하면 농구코트가 7개 있어야 하고, 4명이 있는 코트가 1개 있으니까 농구코트는 적어도 8개이다.

4) 그림으로 나타내면 다음과 같다.

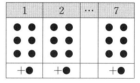

정답 ③

02

SCS 중학교 신입생은 공립초등학교 졸업생과 사립초등학교 졸업생으로만 이루어져 있다. SCS 중학교 신입생 남녀의 비가 5 : 3, 공립초등학교 졸업생 남녀의 비가 7 : 3, 사립초등학교 졸업생 남녀의 비가 1 : 1이다. 사립초등학교 졸업생이 90명일 때, SCS 중학교 신입생은 총 몇 명인가?

① 210명 ② 220명 ③ 240명
④ 270명 ⑤ 280명

02

일반 풀이

1) (신입생)=(공립초등학교 졸업생)+(사립초등학교 졸업생)
2) 사립초등학교 졸업생이 90명이고, 남녀의 비가 1 : 1이므로 사립초등학교 남학생, 여학생 각각 45명이다.
3) SCS 중학교 남자 신입생을 $5x$명, 여자 신입생을 $3x$명이라고 하자. 신입생에서 사립초등학교 졸업생을 빼면 공립초등학교 졸업생이 되므로 다음의 식이 성립한다.
   $$\rightarrow 7 : 3 = (5x-45) : (3x-45)$$
4) 이를 해결하면
   $$\rightarrow 7 \times (3x-45) = 3 \times (5x-45)$$
   $$\rightarrow 21x-315 = 15x-135$$
   $$\rightarrow 21x-15x = 315-135$$
   $$\rightarrow 6x = 180$$
   $$\rightarrow x = 30$$
   $$\therefore \text{SCS 중학교 신입생은 } 5x+3x = 8x = 240(\text{명})$$

NCS 기본 풀이

1) (신입생)=(공립초등학교 졸업생)+(사립초등학교 졸업생)
2) 다음과 같이 생각해 볼 수 있다.

	남 : 여		남 : 여	
신입생	5 : 3	×2	10 : 6	16 → 240명
			‖	
공립	7 : 3	×1	7 : 3	10 → 150명
			+	
사립	1 : 1	×3	3 : 3	6 → 90명

3) 그러므로 SCS 중학교 신입생은 총 240명이다.

NCS 응용 풀이

1) SCS 중학교 신입생의 남녀비가 5 : 3이므로 8의 배수에 대해서 생각한다.
2) 8의 배수를 만족하는 것은 ③, ⑤뿐이므로 ③을 대입한다.
3) SCS 중학교 신입생이 240명이라면 신입생 남녀의 비를 적용하고 설문에 주어진 사립초등학교 졸업생 수를 뺐을 때 나오는 공립초등학교 졸업생 수가 있다. 그 값이 설문에 주어진 남녀비 7 : 3을 만족하므로 240명이다.

구분	남	:	여		남	:	여	합
신입생	5	:	3	→	150명	:	90명	240명
					−			
사립	1	:	1	→	45명	:	45명	90명
					‖			
공립	7	:	3	→	105명	:	45명	150명

정답 ③

구슬이 담긴 주머니에서 '갑'이 전체 구슬의 $\frac{1}{2}$을 가지고 간 다음 '을'이 남은 구슬의 $\frac{1}{3}$을 가지고 갔다. 그 뒤 '병'이 남은 구슬의 $\frac{3}{4}$을 가지고 갔고, 마지막으로 '정'과 '무'가 남은 구슬을 절반씩 가지고 갔다. 만약 '무'가 가진 구슬의 개수가 6개라면, 처음 주머니에 있었던 구슬의 개수는 몇 개인가?

① 128개   ② 134개   ③ 144개

④ 161개   ⑤ 181개

03

일반 풀이

1) 처음 주머니에 있었던 구슬의 개수를 ☆개라 한다면,

2) '갑'이 가지고 난 후 남은 구슬의 개수는 $\frac{1}{2}$☆

3) '을'이 가지고 난 후 남은 구슬의 개수는

$$\frac{1}{2}☆ \times \frac{2}{3} = \frac{1}{3}☆$$

4) '병'이 가지고 난 후 남은 구슬의 개수는

$$\frac{1}{3}☆ \times \frac{1}{4} = \frac{1}{12}☆$$

5) '정', '무'가 각각 가진 구슬의 개수는

$$\frac{1}{12}☆ \times \frac{1}{2} = \frac{1}{24}☆ = 6$$

6) $\therefore$ ☆ $= 24 \times 6 = 144$

NCS 기본 풀이

1) 일단 8의 배수여야 하고, 3의 배수여야 한다.

2) 8의 배수는 4의 배수이기도 하다.

3) 4의 배수는 ①, ③번뿐이다.

4) 그런데 ①은 3의 배수가 아니므로 정답이 될 수 없다.

5) 그러므로 답은 ③번이다.

NCS 응용 풀이

1) 중간 정도에 있는 144를 대입한다.

2) 144개의 $\frac{1}{2}$은 72개

3) 72개의 $\frac{2}{3}$는 48개

4) 48개의 $\frac{1}{4}$은 12개

5) 12개의 $\frac{1}{2}$은 6개='무'의 구슬 개수

6) 그러므로 정답은 ③번이다.

정답 ③

연필꽂이 통이 몇 개 있다. 연필꽂이 통 1개에 연필을 5자루씩 넣으면 16자루가 남고, 연필꽂이 통 1개에 연필을 7자루씩 넣으면 하나의 연필꽂이는 연필 개수가 모자란다. 연필꽂이 통은 적어도 몇 개인가?

① 6개   ② 7개   ③ 8개
④ 9개   ⑤ 10개

04

일반 풀이

1) 연필꽂이 통의 개수를 x개라 하자.
2) 식을 세우면 다음과 같다.
    → $7(x-1) < 5x+16 < 7x$
- $7(x-1) < 5x+16$
    → $7x-7 < 5x+16$
    → $7x-5x < 16+7$
    → $2x < 23$
    → $x < 11.5$
- $5x+16 < 7x$
    → $16 < 7x-5x$
    → $16 < 2x$
    → $8 < x$
- $8 < x < 11.5$

3) 연필꽂이 통은 적어도 9개여야 한다.

NCS 기본 풀이

1) 연필꽂이 통 1개에 연필 5자루씩 넣고 16자루가 남는다.
2) 연필꽂이 통 1개에 연필 7자루씩 넣는다.
    = 연필꽂이 통 1개에 연필 5자루씩 넣은 것에 2자루씩 추가로 넣는다.
3) 아까 남은 16자루를 2자루씩 1묶음으로 구분하면 8묶음이 된다.
4) 그러므로 연필꽂이 통은 적어도 9개 이상이어야 한다.

[질문] 바로 앞의 문제와 동일한 점을 이해하였는가?

NCS 실전 풀이

1) 연필꽂이 통이 8개라고 가정한다.
2) 실제 연필은 $5 \times 8+16=56$(자루)
3) 이 연필을 7자루씩이라고 생각하면 $56=7 \times 8$이 성립하여 연필꽂이 통이 딱 떨어진다.
4) 하나의 연필꽂이에는 연필이 모자라야 하는데, 지금 딱 떨어지므로 연필꽂이는 이보다 많아야 한다.
5) 연필꽂이 통이 9개라고 생각하면 실제 연필은
    $5 \times 9+16=45+16=61$(자루)
6) $61=7 \times (9-1)+5$가 성립하므로 옳다.

정답 ④

05

라떼 1잔에 2,300원, 베이글 1개에 2,500원에 판매한다. 만약 라떼 1잔, 베이글 1개를 세트로 구매 시 500원을 할인해 준다고 한다. 라떼와 베이글을 합하여 10개 구매하는 데 22,400원을 지불하였다면, 구매한 베이글 개수는?

① 1개   ② 2개   ③ 3개

④ 4개   ⑤ 5개

05

일반 풀이

1) 구매한 베이글 개수: x개
2) 구매한 라떼 수: $(10-x)$개
3) 식을 세우려다가 세트의 수를 설정하기 어려워 포기

NCS 기본 풀이

1) 만약 라떼와 베이글을 각각 5개씩 구매하였을 경우, 세트를 총 5개로 계산하면 다음과 같다.
  → $(2,300+2,500-500)\times5=21,500$(원)
2) 실제 구매금액은 22,400원으로 21,500원에 비해 900원 더 비싸다.
3) 베이글을 1개 빼고, 라떼를 1개 추가하면 베이글 값 2,500원이 빠지고, 라떼 값 2,300원이 추가되며, 기존에 세트로 할인받은 500원이 취소되어 추가된다.
  그러므로 $-2,500+2,300+500=+300$(원)이 추가된다.
4) 900원은 300원이 3번 추가되는 것이므로 베이글이 3개가 빠지고, 라떼가 3개 추가된다.
5) 그러므로 베이글은 총 2개이다.

NCS 실전 풀이

1) 적당한 수를 대입한다.
2) 베이글이 3개라면 라떼가 7개이므로 계산하면
  → $(2,500+2,300-500)\times3+2,300\times4$
    $=22,100<22,400$
3) 베이글 1개를 빼고, 라떼 1잔을 추가하면
  → $-2,500+2,300+500=+300$(원)이 추가된다.
4) 그러므로 구매한 베이글 개수는 3개에서 1개만 더 뺀 2개이다.

정답 ②

다음 [표]는 물품 A~E의 가격에 대한 자료이다. [조건]에 부합하는 (가), (나), (다)로 가능한 것은?

[표] 물품 A~E의 가격 (단위: 원/개)

물품	가격
A	24,000
B	(가)
C	(나)
D	(다)
E	16,000

┤ 조건 ├

- '갑', '을', '병'의 배낭에 담긴 물품은 각각 다음과 같다.
  - 갑: B, C, D
  - 을: A, C
  - 병: B, D, E
- 배낭에는 해당 물품이 한 개씩만 담겨 있다.
- 배낭에 담긴 물품 가격의 합이 높은 사람부터 순서대로 나열하면 '갑', '을', '병' 순이다.
- '병'의 배낭에 담긴 물품 가격의 합은 44,000원이다.

	(가)	(나)	(다)
①	11,000	23,000	14,000
②	12,000	14,000	16,000
③	12,000	19,000	16,000
④	13,000	19,000	15,000
⑤	13,000	23,000	15,000

06

일반 풀이

1) 물품 금액을 바탕으로 식을 세우면 다음과 같다.
   ① 갑>을>병
   ② B+C+D>A+C > B+D+E
   ③ (가)+(나)+(다)>24,000+(나)>
      (가)+(다)+16,000=44,000
   ④ (가)+(다)+16,000=44,000
      → (가)+(다)=28,000

2) ③ 식을 정리하면 다음과 같다.
   · (가)+(나)+(다)>24,000+(나)
      → (가)+(다)>24,000
   · 24,000+(나)>44,000
      → (나)>20,000
   · (가)+(나)+(다)>(가)+(다)+16,000
      → (나)>16,000

3) (가), (나), (다)의 값을 확정 지으려다가 실패

NCS 기본 풀이

1) B+C+D>A+C>B+D+E
2) B+C+D>A+C
   → B+D>A=24,000
3) A+C>B+D+E=44,000
   → C>20,000
   → ②, ③, ④ 소거
4) B+D+E=44,000
   → B+D=28,000
   → ① 소거
5) 그러므로 정답은 ⑤이다.

발상 TIP
⑴ 설문에서 묻는 것은 '가능한 것은?'이다.
⑵ 즉, 확정 지을 수 없다는 전제로 한 것이라는 것을 눈치채야 한다.

전략 TIP
⑴ 항상 묻는 것만 대답한다.
⑵ (가), (나), (다)로 '가능'한 것에 대해 묻고 있다.

정답 ⑤

CH 01 / 02 방정식과 부등식

실전에서 계산형 문제를 만난다면 일단 해당 문제를 풀어야 할지 말아야 할지에 대해서 생각해야 합니다. 처음에는 자신이 없으니 그냥 넘겨도 되지만, 그렇다고 모든 문제를 넘길 수는 없겠죠.

계산형 문제를 잘 풀기 위해서는 당연히 계산을 잘해야 합니다. 다만, 필자는 문제의 계산 그 자체에 집중하기보다는 계산을 덜 하는 방법에 대해 이야기하고자 합니다. 하지만 오해하지 마세요. 계산을 덜 할 수 있는 사람은 분명히 계산을 잘할 줄 아는 사람이기도 합니다.

아무런 구조나 세팅이 없는 문제들도 많기에 그냥 계산하는 것이 나쁜 것만은 아닙니다. 실전에서 세팅이 되어 있어도 보이지 않는다면 그냥 계산할 수밖에 없겠지만, 앞으로 소개하는 문제들을 통해 필자가 제시하는 내용을 확실히 이해하고 반복 연습해서 체화했으면 합니다. 그렇지 않으면 결국 또 실전에서 멈출 수 없는 계산을 하게 될 것입니다.

문제를 풀기에 앞서 배운 계산 내용을 간단하게 정리하면 다음과 같습니다.

1. 암기분수 및 제곱수

기본 분수	소수점	백분율	기본 분수	소수점	백분율
$\frac{1}{2}$	0.500	50.0 %	$\frac{3}{4}$	0.750	75.0 %
$\frac{1}{3}$	0.333	33.3 %	$\frac{3}{8}$	0.375	37.5 %
$\frac{1}{4}$	0.250	25.0 %	$\frac{5}{8}$	0.625	62.5 %
$\frac{1}{5}$	0.200	20.0 %	$\frac{7}{8}$	0.875	87.5 %
$\frac{1}{6}$	0.167	16.7 %	$\frac{4}{5}$	0.800	80.0 %
$\frac{1}{7}$	0.143	14.3 %	$\frac{5}{6}$	0.833	83.3 %
$\frac{1}{8}$	0.125	12.5 %	$\frac{6}{7}$	0.857	85.7 %
$\frac{1}{9}$	0.111	11.1 %	$\frac{7}{8}$	0.875	87.5 %
$\frac{1}{10}$	0.100	10.0 %	$\frac{8}{9}$	0.889	88.9 %

X	X^2	X	X^2	Y	Y^2	Y	Y^2
11	121	16	256	15	225	65	4,225
12	144	17	289	25	625	75	5,625
13	169	18	324	35	1,225	85	7,225
14	196	19	361	45	2,025	95	9,025
15	225	20	400	55	3,025		

2. 보수를 이용한 덧셈, 뺄셈, 곱셈

① $256+97=256+100-3=356-3=353$

② $363-187=363-200+13=163+13=176$

③ $18\times47=18\times(50-3)=900-54=846$

3. 묶어보기

$4,000-470\times8=500\times8-470\times8=(500-470)\times8=30\times8=240$

4. 특이한 배수

① 13, 26, 39, 52, 65, 78 …

② 17, 34, 51 …

③ 23, 46, 69 …

④ 35, 70, 105 …

⑤ 37, 74, 111 …

5. 덧셈 비교 (＝차이값)

① $58+63+41+95$ vs $54+69+43+90$

② $467+516+531$ vs $1,500$

01

아래의 [표]는 두 제품 A, B에 대하여 1개당 판매가격 및 원가를 나타낸 자료이다. 현재 A 제품을 50개 판매하였을 때, 목표 이익금액 35,000원을 달성하기 위해 추가로 판매해야 하는 A 제품과 B 제품의 개수를 바르게 나타낸 것은?

[표] 두 제품 A, B의 1개당 판매가격 및 원가

구분	A 제품	B 제품
1개당 판매가격	1,700원	2,500원
1개당 원가	1,300원	1,900원

※ (1개당 이익금액)=(1개당 판매가격)−(1개당 원가)

① (A, B)=(12개, 17개)　　② (A, B)=(13개, 16개)　　③ (A, B)=(15개, 18개)
④ (A, B)=(18개, 12개)　　⑤ (A, B)=(21개, 19개)

02

아래의 표를 바탕으로 할 때, 건물 A~C 중 개발이익이 가장 큰 건물 및 개발이익을 바르게 나타낸 것은?

건물	대지면적(m^2)	건폐율(%)	용적률(%)	연면적 100 m^2당 개발이익 (백만 원)
A	1,500	50	500	44
B	1,800	60	400	40
C	1,200	40	650	36

※ 1) 건축면적: 1층의 바닥면적
　 2) 연면적: 건물 각층의 바닥면적의 합
　 3) (건폐율)(%)=$\frac{(건축면적)}{(대지면적)}\times100$
　 4) (용적률)(%)=$\frac{(연면적)}{(대지면적)}\times100$

① A, 28.8억 원　　② A, 33억 원　　③ B, 28.08억 원
④ B, 28.8억 원　　⑤ C, 33억 원

01

일반 풀이

1) A 제품의 1개당 이익금액: $1,700-1,300=400$(원/개)
   B 제품의 1개당 이익금액: $2,500-1,900=600$(원/개)

2) 현재 이익금액: $400 \times 50=20,000$(원)

3) 남은 목표 이익금액: $35,000-20,000=15,000$(원)

4) 선택지별 이익금액을 계산하면 다음과 같다.
   ① $400 \times 12+600 \times 17=15,000=15,000$(원)
   ② $400 \times 13+600 \times 16=14,800 \neq 15,000$(원)
   ③ $400 \times 15+600 \times 18=16,800 \neq 15,000$(원)
   ④ $400 \times 18+600 \times 12=14,400 \neq 15,000$(원)
   ⑤ $400 \times 21+600 \times 19=19,800 \neq 15,000$(원)

NCS 기본 풀이

1) A 제품의 1개당 이익금액: $1,700-1,300=400$(원/개)
   B 제품의 1개당 이익금액: $2,500-1,900=600$(원/개)

2) 현재 이익금액: $400 \times 50=20,000$(원)

3) 남은 목표 이익금액: $35,000-20,000=15,000$(원)

4) 선택지별 남은 목표 이익금액을 계산하면 다음과 같다.
   ① $(A, B)=(12, 17=12+5)$
   $\rightarrow 12 \times 1,000+5 \times 600=15,000$(원)
   ② $(A, B)=(13, 16=13+3)$
   $\rightarrow 13 \times 1,000+3 \times 600=14,800$(원)
   ③ $(A, B)=(15, 18=15+3)$
   $\rightarrow 15 \times 1,000+3 \times 600=16,800$(원)
   ④ $(A, B)=(18=12+6, 12)$
   $\rightarrow 12 \times 1,000+6 \times 400=14,400$(원)
   ⑤ $(A, B)=(21=19+2, 19)$
   $\rightarrow 19 \times 1,000+2 \times 400=19,800$(원)

NCS 실전 풀이

1) A 제품의 1개당 이익금액: $1,700-1,300=400$(원/개)
   B 제품의 1개당 이익금액: $2,500-1,900=600$(원/개)

2) 현재 이익금액: $400 \times 50=20,000$(원)

3) 남은 목표 이익금액: $35,000-20,000=15,000$(원)

4) $400+600=1,000$(원)이 성립한다.

5) $\dfrac{15,000(원)}{1,000(원)}=15$가 성립한다. $(A, B)=(15개, 15개)$를 기준으로 단순하게 생각할 수 있다. A 제품 3개와 B 제품 2개의 이익금액은 동일하다.
   그러므로 $(A, B)=(15-3, 15+2)=(12, 17)$을 가장 쉽게 찾을 수 있다.

정답 ①

02

일반 풀이

1) (개발이익)=(대지면적)$\times$(용적률)$\times \dfrac{1}{100} \times$
   (연면적 100 m²당 개발이익)$\times \dfrac{1}{100}$

2) 건물별 개발이익을 계산하여 정리하면
   A: $1,500 \times 500 \times \dfrac{1}{100} \times 44 \times \dfrac{1}{100}$
   $=3,300$(백만 원) $\cdots$ max
   B: $1,800 \times 400 \times \dfrac{1}{100} \times 40 \times \dfrac{1}{100}=2,880$(백만 원)
   C: $1,200 \times 650 \times \dfrac{1}{100} \times 36 \times \dfrac{1}{100}=2,808$(백만 원)

NCS 기본 풀이

1) (개발이익)=(대지면적)$\times$(용적률)$\times \dfrac{1}{100} \times$
   (연면적 100 m²당 개발이익)$\times \dfrac{1}{100}$

2) 단순화하여 접근하면 다음과 같다.

건물	대지면적	×	용적률	×	연면적 100 m²당 개발이익	=	개발이익
A	1	×	1	×	1+0.1	=	1.1
B	1+0.2	×	1−0.2	×	1	=	0.96
C	1−0.2	×	1+0.3	×	1−0.1	=	0.936

3) 가장 큰 것은 A이고, 11의 배수에 해당하는 33억 원이 정답이다.

정답 ②

PSAT 기출 연습문제

01

2008년 입법고시 PSAT 자료해석 가책형 25번

주어진 [정보]와 [표]를 바탕으로 할 때, A, B, C의 열차운임 총액을 구하면?

┤정보├

17일(월) 대구에서 열리는 환경 보존 세미나가 있어 국회 직원들이 기차를 타고 대구에 가게 되었다. A는 17일에 광명역에서 동대구역으로 가는 기차표를 9일 전에 예매하였다. B는 17일 당일에 광명역에서 동대구행 기차표를 구매하였다. C는 대구에 있는 친지 방문을 위해서 16일에 서울역에서 동대구역으로 가는 기차표를 전월 30일에 예매하였다. 단, 환경 보존 세미나는 공휴일에 열리지 않는다.

[표 1] 열차 운임표

구분	역간운임(원)						
역간 거리 (km)	서울	8,000	12,000	21,000	28,000	30,000	34,000
	22.0	광명	10,000	19,000	27,000	28,000	32,000
	96.0	74.0	천안 아산	8,000	16,000	18,000	23,000
	159.8	137.8	63.8	대전	8,000	10,000	15,000
	247.3	225.3	151.3	87.5	김천	8,000	8,000
	270.2	248.2	174.2	110.4	22.9	구미	8,000
	319.8	297.8	223.8	160	72.5	49.6	동대구

[표 2] 열차 할인율

구분		열차출발일	
		월~금요일	토·일·공휴일
승차권 구입 시기	열차출발 2개월 전부터 30일 전까지	20 % 할인	10 % 할인
	열차출발 29일 전부터 15일 전까지	15 % 할인	7 % 할인
	열차출발 14일 전부터 7일 전까지	10 % 할인	4 % 할인

① 89,700원　　　　② 90,560원　　　　③ 91,400원

④ 92,420원　　　　⑤ 93,970원

01

CH 01

03 계산형 문제

일반 풀이

1) A: 광명 → 동대구 17일 출발: 9일 전 예매는 10 % 할인
   → $32,000 \times 0.9 = 28,800$(원)

2) B: 광명 → 동대구 17일 출발: 당일 구매는 할인 ×
   → 32,000원

3) C: 서울 → 동대구
   → $34,000 \times 0.93 = 31,620$(원)

4) 열차운임 총액은 $28,800 + 32,000 + 31,620 = 92,420$(원)

NCS 실전 풀이

1) $32,000 + 32,000 + 34,000 - (32,000 \times 0.10 + 34,000 \times 0.07)$
   을 계산하면 된다.

2) 선택지별 수치가 많이 다르기 때문에 십의 자리의 숫자 위주
   로 생각한다.

3) $34,000 \times 0.07$의 십의 자리의 숫자는 8이다. 그러므로 총 금
   액에서 십의 자리의 숫자는 2이다.

4) 이를 만족하는 것은 ④번뿐이다.

해결 TIP

문제 상황에 따라서 특정 자릿수만 계산하면 해결할 수 있
다.

정답 ④

02

아래의 [표]는 SCS 회사 직원의 교육비 지원 기준 및 교육비 신청 현황에 대한 자료이다. 이 자료를 바탕으로 할 때, 다음 중 직원 A~D 4명의 교육비 지원금 총액은?

[표 1] SCS 회사 직원의 교육비 지원 기준 (단위: %)

구분		지원 요율
임직원 본인의 대학 및 대학원 학비		100%
임직원 가족의 대학 및 대학원 학비		
	임직원의 직계 존·비속	90%
	임직원의 형제·자매	80%

1) 임직원 가족의 대학 및 대학원 학비 지원 중 임직원의 형제·자매의 대학 및 대학원 학비 지원은 직계 존·비속에 대한 지원 신청이 없는 경우에만 지급함.
2) 교육비 지원 신청은 본인 포함 최대 3인에 한함.

[표 2] 직원 A~D 교육비 신청 현황

직원	교육비 신청내역	
	세부내역	합계
A	본인 대학원 학비 250만 원 동생 대학 학비 200만 원	450만 원
B	본인 대학원 학비 200만 원 딸 대학원 학비 350만 원 아들 대학원 학비 250만 원	800만 원
C	본인 대학원 학비 300만 원 동생 대학원 학비 200만 원 아들 대학 학비 250만 원 딸 대학 학비 300만 원	1,050만 원
D	누나 대학 학비 250만 원 아들 대학원 학비 400만 원	650만 원

① 11,000,000원
② 23,050,000원
③ 24,460,000원
④ 24,800,000원
⑤ 25,000,000원

02

일반 풀이

직원별로 계산하면 다음과 같다.

직원	교육비 신청내역	
	세부내역	지원 금액
A	본인 대학원 학비 250만 원	250만 원
A	동생 대학 학비 200만 원	160만 원
B	본인 대학원 학비 200만 원	200만 원
B	딸 대학원 학비 350만 원	315만 원
B	아들 대학원 학비 250만 원	225만 원
C	본인 대학원 학비 300만 원	300만 원
C	동생 대학원 학비 200만 원	0만 원
C	아들 대학 학비 250만 원	225만 원
C	딸 대학 학비 300만 원	270만 원
D	누나 대학 학비 250만 원	0만 원
D	아들 대학원 학비 400만 원	360만 원
합계		2,305만 원

따라서 2,305만 원이다.

NCS 기본 풀이

1) 교육비 신청내역 합계는 $450+800+1,050+650=2,950$ (만 원)이다.

2) C 직원 동생, D 직원 누나의 경우 지원금액이 0원이므로 이에 대한 금액 $200+250=450$(만 원)을 제외하면
   → $2,950-450=2,500$(만 원)

3) $90\,\%=100\,\%-10\,\%$이므로
   → 딸과 아들들의 학비 합의 10 %를 빼야 한다.
   → $(350+250+250+300+400)\times10\,\%=155$(만 원)

4) $80\,\%=100\,\%-20\,\%$이므로
   → 지원 금액이 0원이 아닌 형제·자매 학비 합의 20 %를 빼야 한다.
   → A 직원 동생 200만 원$\times20\,\%=40$(만 원)

5) ∴ $2,500-(155+40)=2,305$(만 원)

정답 ②

03

아래의 [표]는 '갑' 회사가 보유하고 있는 물품의 수량에 대한 자료이다. '갑' 회사는 체육대회에 참여한 직원에게 장우산 2개, 타월 3개, 면도기 1개, 샴푸 3통을 1세트로 사은품을 구성하여 주려고 한다. 직원 1명당 사은품을 1세트씩 주려고 할 때, 최대 몇 명에게 줄 수 있는가?

[표] '갑' 회사 보유 물품 수량 현황

물품	장우산	타월	면도기	샴푸
수량	512개	510개	233개	459통

① 153명   ② 170명   ③ 233명

④ 256명   ⑤ 340명

03

일반 풀이

1) 물품별 수량을 1세트에 필요한 개수로 나눈 결과를 계산하여 정리하면 다음과 같다.
   - 장우산: $512 \div 2 = 256$(세트)
   - 타월: $510 \div 3 = 170$(세트)
   - 면도기: $233 \div 1 = 233$(세트)
   - 샴푸: $459 \div 3 = 153$(세트)

2) 최대 153세트를 만들 수 있으므로 최대 153명이 받을 수 있다.

NCS 기본 풀이

1) 사은품 1세트당 필요한 수량을 기억한다.

장우산	타월	면도기	샴푸
2	3	1	3

동일

2) 그러므로 타월의 경우는 계산할 필요가 없다.

3) 장우산은 1세트당 필요한 수가 더 적은데 반해, 보유 수량이 더 많으므로 계산할 필요가 없다.

4) 면도기 보유 수량의 3배는 샴푸 보유 수량보다 많으므로 샴푸에 대해서만 계산하면 된다.

5) '$459 = 450 + 9$'가 성립하므로 기계적으로 153을 고른다.

발상 TIP

(1) 공통점과 차이점을 찾는다.
(2) 여러 개를 동시에 운영하면서 '최대'라는 것은 계산한 값 중에서 '최소'를 의미한다.

정답 ①

03 계산형 문제

01

주차 가능대수가 100대인 SCS 주차장에 오후 4시 6분 기준 67대가 주차되어 있다. SCS 주차장의 입차 및 출차에 대한 정보가 [조건]과 같을 때, 다음 중 SCS 주차장이 만차가 되는 시각은?

┤조건├

- 입차 정보: 오후 4시 6분 이후로 7분마다 8대씩 입차한다.
- 출차 정보: 오후 4시 6분 이후로 4분마다 3대씩 출차한다.

① 오후 4시 34분 ② 오후 5시 2분 ③ 오후 5시 30분
④ 오후 5시 58분 ⑤ 오후 6시 26분

01

일반 풀이

이상한 계산을 일일이 한다.

NCS 기본 풀이

1) 최소공배수를 이용하여 주어진 입차 및 출차 정보를 정리하면 다음과 같다.
   - 입차 정보: 28분에 32대 입차한다.
   - 출차 정보: 28분에 21대 출차한다.
   - 순 증가: 28분에 11대씩 증가한다.
2) $100-67=33$(대)$=11$대$\times 3$
3) 28분이 3번 적용되도록 시간을 계산하면
   → 4시 6분$+28$분$\times 3=5$시 30분

NCS 실전 풀이

1) 최소공배수를 이용하면 28분에 11대씩 증가한다는 것을 쉽게 확인할 수 있다.
2) $100-67=33$(대)$=11$대$\times 3$
3) 4시 6분$+28$분$\times 3$
   $=4$시 6분$+(30$분-2분$)\times 3$
   $=4$시 6분$+30$분$\times 3-6$분
   $=5$시 30분

정답 ③

다음 [표]와 [그래프]는 4대강 주변 자전거 종주길 개선안을 마련하기 위한 자료이다. [산식]을 바탕으로 할 때, 4대강 자전거 종주길의 최종 점수로 올바른 것은?

[표] 4대강 주변 자전거 종주길에 대한 관광객 평가결과 (단위: 점/100점 만점)

구분	한강	금강	낙동강	영산강
주변 편의시설	90	60	70	40
주변 자연경관	60	80	60	70
하천 수질	60	50	50	50
접근성	60	40	20	50
주변 물가	30	50	60	50

[그래프] 자전거 종주 여행 시 고려조건 (인터넷 설문조사) (단위: %)

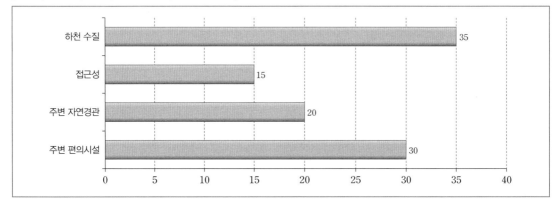

┤ 산식 ├

- 최종 점수는 {(항목별 관광객 평가결과)×(항목별 가중치)}의 합이다.
- 인터넷 설문조사에서 고려조건의 순위를 매길 때, 해당 순위별 항목 가중치는 다음과 같다.

순위	1위	2위	3위	4위	그 외
가중치	5	4	3	2	1

① 한강 1,000점   ② 금강 860점   ③ 낙동강 910점

④ 영산강 870점   ⑤ 낙동강 930점

02

일반 풀이

그냥 계산하면 다음과 같다.

구분		한강		금강		낙동강		영산강	
주변 편의시설	4×	90	360	60	240	70	280	40	160
주변 자연경관	3×	60	180	80	240	60	180	70	210
하천 수질	5×	60	300	50	250	50	250	50	250
접근성	2×	60	120	40	80	20	40	50	100
주변 물가	1×	30	30	50	50	60	60	50	50
합계(점)			990		860		810		770

따라서 옳은 것은 ②이다.

NCS 기본 풀이

1) 항목별 가중치를 빨리 표시한다.
2) 가중치의 합을 계산하면 $5+4+3+2+1=15$이다.
3) 만약 50점을 기준으로 계산하면 $15 \times 50 = 750$(점)이다.
4) 이를 기준으로 선택지는 다음과 같이 생각할 수 있다.
　　① 한강 1,000점$=750$점$+250$점
　　② 금강 860점$=750$점$+110$점
　　③ 낙동강 910점$=750$점$+160$점
　　④ 영산강 870점$=750$점$+120$점
　　⑤ 낙동강 930점$=750$점$+180$점
5) 50점을 기준으로 실제로 계산하면 다음과 같다.
　　• 한강
　　$(+40) \times 4 + (+10) \times 3 + (+10) \times 5 + (+10) \times 2 + (-20) \times 1 = +160 + 30 + 50 + 20 - 20 = +240$(점)
　　→ ∴ 990점
　　• 금강
　　$(+10) \times 4 + (+30) \times 3 + (0) \times 5 + (-10) \times 2 + (0) \times 1 = +40 + 90 + 0 - 20 + 0 = +110$(점)
　　→ ∴ 860점
　　• 낙동강
　　$(+20) \times 4 + (+10) \times 3 + (0) \times 5 + (-30) \times 2 + (+10) \times 1 = +80 + 30 + 0 - 60 + 10 = +60$(점)
　　→ ∴ 810점
　　• 영산강
　　$(-10) \times 4 + (+20) \times 3 + (0) \times 5 + (0) \times 2 + (0) \times 1 = -40 + 60 + 0 + 0 + 0 = +20$(점)
　　→ ∴ 770점
6) ∴ 정답 ②

NCS 실전 풀이

1) 한강의 경우 60점을 기준으로 생각하면 더 편하다.
　　→ 60점$\times 15 + (+30$점$) \times 4 + (-30$점$) \times 1$
　　$= 900 + 120 - 30 = 990$(점)
2) 그 외의 강들은 원래대로 50점을 기준으로 생각한다.
3) 금강
　　$= (+10) \times 4 + (+30) \times 3 + (0) \times 5 + (-10) \times 2 + (0) \times 1$
　　$= +40 + 90 - 20 = +110$(점)

정답 ②

03

다음 [표]는 A사의 주택용전력 요금제도에 관한 자료이다. 주택용 전력 사용량이 400 kWh일 때, 공동주택에 거주하는 기초생활수급자 가구의 전기요금은?

[표 1] 주택용전력 요금제도

구분	전력 사용량	기본요금 (원/가구)		사용량요금 (원/kWh)	
		단독주택	공동주택	단독주택	공동주택
1단계	150 kWh 이하	400	300	60	50
2단계	150 kWh 초과 300 kWh 이하	600	450	90	75
3단계	300 kWh 초과	1,200	900	180	150

[표 2] 전기요금 복지할인제도

구분	대상	할인율
장애인	장애인 복지법에 의한 1~3급 장애인	20 %
국가유공자	국가유공자 등 예우 및 지원에 관한 법률에 의한 1~3급 상이자	30 %
독립유공자	독립유공자 예우에 관한 법률에 의한 독립유공자 및 그 유족 또는 가족	40 %
기초생활수급자	국민기초생활보장법에 의한 수급자	20 %

1) 할인제도는 요건을 충족할 경우 자동 적용되며, 여러 할인제도의 요건에 해당할 경우 할인율이 가장 높은 하나만 적용됨.
2) 전기요금은 기본요금과 사용량요금의 합으로, 누진제가 적용됨. 예를 들어, 할인혜택을 받지 못하는 공동주택에 거주하는 가구가 250 kWh를 사용할 경우 기본요금은 1단계 및 2단계 기본요금의 합(300원+450원)이며, 사용량요금은 1단계 사용량요금(150 kWh×50원/kWh)과 2단계 사용량요금(100 kWh×75원/kWh)의 합임.
3) 할인율은 요금제도에 따라 계산한 전기요금에 적용함.

① 22,425원 ② 28,320원 ③ 30,090원
④ 31,860원 ⑤ 35,400원

03

일반 풀이

1) 전력 사용량이 400 kWh인 경우
   - 기본요금: $300+450+900=1,650$(원)
   - 사용량요금: $150×50+150×75+100×150$
     $$=7,500+11,250+15,000=33,750(원)$$
   - 기본요금＋사용량요금: $1,650+33,750=35,400$(원)
2) 기초생활수급자는 할인율이 20 %이므로
   $$35,400×(1-0.2)=28,320(원)$$

NCS 실전 풀이

1) 1단계, 2단계, 3단계의 요금 구조가 다음을 만족한다.
   → (1단계) : (2단계) : (3단계)＝1 : 1.5 : 3
2) 1단계 150 kWh 사용할 때 금액은 $300+150×50=7,800$(원)
   이므로 2단계 150 kWh는 $7,800×1.5$, 3단계 150 kWh
   는 $7,800×3$이다.
3) 적당히 계산하면
   - 400 kWh는 $150+150+(150-50)$ kWh이므로
     $7,800+7,800×1.5+7,800×(3-1)=35,100$(원)
   - 기초생활수급자 20 % 할인하면
     $35,100×0.8=28,080$(원)
4) 이와 비슷한 값은 ②번이다.

발상 TIP
⑴ 차이가 너무 작지 않다면 계산을 적당히 한다.
⑵ 요금 구조를 빠르게 파악할 수 있다면 좋다.

정답 ②

01 경우의 수와 확률

1. 경우의 수: 한 번 시행으로 어떤 사건이 일어나는 가짓수

2. 곱의 법칙과 합의 법칙

① 곱의 법칙: 사건이 동시에 일어날 때, 각 사건의 경우의 수를 곱한 값이 전체 경우의 수이다.

② 합의 법칙: 사건이 동시에 일어나지 않을 때, 각 사건의 경우의 수를 더한 값이 전체 경우의 수이다.

예 A 도시에서 C 도시로 이동하는 경우의 수

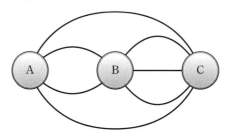

- [A → C]: 2
- [A → B → C]: $2 \times 3 = 6$ (∵ 곱의 법칙)
- 위 두 가지가 동시에 일어날 수 없으므로 합의 법칙에 따라 A 도시에서 C 도시로 이동하는 전체 경우의 수는 $2 + 6 = 8$(가지)이다.

3. 팩토리얼: 자연수 n부터 시작하여 1까지 모든 자연수를 곱하는 것

$$n!$$

예 $5! = 5 \times 4 \times 3 \times 2 \times 1 = 120$

4. 순열(Permutation): 서로 다른 n개의 수 중 r개를 선택하여 순서대로 나열한 경우의 수

$$_nP_r = \frac{n!}{(n-r)!}$$

예 8명 중 조장 1명과 부조장 1명을 뽑는 경우의 수: 조장을 뽑는 경우의 수가 8가지이고 부조장을 뽑는 경우의 수가 7가지이므로 구하는 경우의 수는 $8 \times 7 = 56$(가지)이다.

5. 조합(Combination): 서로 다른 n개 중 r개를 선택하여 순서와 상관없이 나열하는 경우의 수

$$_n\mathrm{C}_r = \frac{n!}{r!(n-r)!}$$

예 8명 중 대표 2명을 뽑는 경우의 수: $\dfrac{8 \times 7}{2} = 28$(가지)

6. 원순열: n명이 원탁에 둘러앉을 때 가능한 경우의 수

$$(n-1)!$$

예 5명이 원탁에 앉는 경우의 수: $(5-1)! = 24$(가지)

7. 중복순열: 서로 다른 n개 중 중복을 허용하여 r개를 선택한 뒤 순서대로 나열한 경우의 수

$$_n\Pi_r = n^r = \underbrace{n \times n \times n \times \cdots \times n}_{r\text{번}}$$

예 a, b, c 중 중복을 허용하여 4개를 선택하여 순서대로 나열하는 경우의 수: $3 \times 3 \times 3 \times 3 = 81$(가지)

8. 같은 것이 있는 순열: n개 중 같은 것이 r개, s개 있는 경우의 수

$$\frac{n!}{r!s!}$$

예 $aaabbc$를 순서대로 나열하는 경우의 수: $\dfrac{6!}{3!2!1!} = 60$(가지)

9. 확률: 전체의 경우의 수 중 특정 사건이 발생하는 비율

$$\mathrm{P}(A) = \frac{(\text{사건 } A\text{가 발생하는 경우의 수})}{(\text{전체 경우의 수})}$$

예 전체 경우의 수 10가지 중 사건 A의 경우의 수가 3일 때, 사건 A가 일어날 확률: $\dfrac{3}{10} = 0.3$

10. 조건부확률: 사건 A가 일어날 때 사건 B도 일어날 확률

$$\mathrm{P}(B|A) = \frac{(\text{사건 } A\text{와 사건 } B\text{가 동시에 일어나는 경우의 수})}{(\text{사건 } A\text{가 일어나는 경우의 수})}$$

예 A 사건의 경우의 수가 8인데, A 사건과 B 사건이 동시에 일어난 경우의 수가 3일 때, A 사건이 일어난 경우 B 사건도 일어날 확률: $\dfrac{3}{8} = 0.375$

기본유형 연습문제

01

2021년 하반기 코레일 기출 변형

'갑'이 다음 조건을 바탕으로 커피를 마신다고 할 때, 오늘 마실 수 있는 커피 조합에 대한 경우의 수는? (단, 인스턴트 커피 0잔, 핸드드립 커피 0잔의 경우도 포함한다.)

- '갑'은 현재 200 mg의 카페인을 섭취한 상태이다.
- '갑'은 하루에 400 mg 이하의 카페인을 섭취할 수 있다.
- 인스턴트 커피 1잔의 카페인은 50 mg이다.
- 핸드드립 커피 1잔의 카페인은 75 mg이다.

① 8가지　　　　② 9가지　　　　③ 10가지　　　　④ 11가지　　　　⑤ 12가지

02

A 기업 사원의 성비와 신입 사원에 대한 정보가 다음과 같다. 임의로 직원 한 명을 뽑았을 때, 그 직원이 신입 남성 사원일 확률은?

- 전체 사원 중 신입이 아닐 확률은 0.8이다.
- 기존 사원 중 여자일 확률은 0.6이다.
- 전체 사원 중 남자일 확률은 0.4이다.

① 0.08　　　　② 0.2　　　　③ 0.4　　　　④ 0.6　　　　⑤ 0.8

01

일반 풀이

경우의 수를 모두 찾으면 다음과 같다.

(인스턴트, 핸드드립)으로 표시한다.

$(0, 0)$ $(0, 1)$ $(0, 2)$

$(1, 0)$ $(1, 1)$ $(1, 2)$

$(2, 0)$ $(2, 1)$

$(3, 0)$

$(4, 0)$

따라서 총 10가지이다.

NCS 기본 풀이

경우의 수를 다음과 같이 생각한다.

- 핸드드립 커피 2잔, 인스턴트 커피 0~1잔: 2가지
- 핸드드립 커피 1잔, 인스턴트 커피 0~2잔: 3가지
- 핸드드립 커피 0잔, 인스턴트 커피 0~4잔: 5가지

→ 경우의 수: $2+3+5=10$(가지)

정답 ③

02

일반 풀이

1) 2가지 기준은 신입 여부와 성별이다.

2) 이를 이용하여 표를 그려서 완성하면 다음과 같다.

구분	남성(%)	여성(%)	계(%)
신입사원	$40-32=8$		$100 \times 0.2=20$
기존사원	$80 \times 0.4=32$	$80 \times 0.6=48$	$100 \times 0.8=80$
계	$100 \times 0.4=40$	$100 \times 0.6=60$	100

NCS 기본 풀이

1) 묻는 것은 직원이 신입 남성 사원일 확률이다.

2) 전체 남성 사원: $100 \times 0.4=40(\%)$

기존 남성 사원: $100 \times 0.8 \times 0.4=32(\%)$

신입 남성 사원: $40-32=8(\%)$

∴ 0.08

정답 ①

PSAT 기출 연습문제

01

2005년 견습직원 선발 PSAT 인책형 20번

다음 [그래프]와 [표]는 이동통신 사용자의 회사별 구성비와 향후 회사 이동 성향에 관한 자료이다. 이 자료에 대한 [보기]의 설명 중 옳은 것을 모두 고르면?

[그래프] 현재 이동통신 사용자의 회사별 구성비

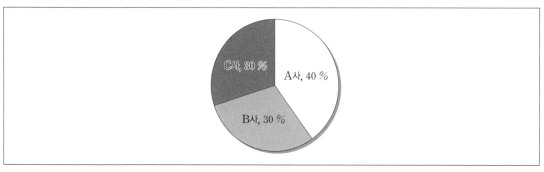

[표] 이동통신 사용자의 회사 이동 성향 (단위: %)

현재 \ 1년 뒤	A사	B사	C사	합계
A사	80	10	10	100
B사	10	70	20	100
C사	40	10	50	100

※ 시장에 새로 들어오거나 시장에서 나가는 사용자는 없는 것으로 가정함.

┤보기├

ㄱ. 1년 뒤 B사 사용자 구성비는 증가할 것으로 예측된다.

ㄴ. 1년 뒤 총 사용자 가운데 A사 사용자가 47 %일 것으로 예측된다.

ㄷ. 1년 뒤에는 전체 이동통신 사용자의 10 %가 A사, B사에서 C사로 이동할 것으로 예측된다.

ㄹ. 1년 뒤에는 전체 이동통신 사용자의 32 %가 다른 회사로 이동할 것으로 예측된다.

① ㄱ, ㄴ   ② ㄴ, ㄷ   ③ ㄷ, ㄹ

④ ㄱ, ㄴ, ㄹ   ⑤ ㄴ, ㄷ, ㄹ

01

일반 풀이

[그래프]와 [표]를 조합하여 다시 구성비를 나타내면 다음과 같다.

1년 뒤 현재	A사(%)	B사(%)	C사(%)	합계(%)
A사	32	4	4	40
B사	3	21	6	30
C사	12	3	15	30
합계	47	28	25	100

ㄱ. (×) B사의 사용자 구성비는 30 %에서 28 %로 2 %p 감소하였다.

ㄴ. (○) 1년 뒤 총 사용자 가운데 A사 사용자는 47 %이다.

ㄷ. (○) 1년 뒤 A사에서 C사로 이동하는 비율은 4 %, B사에서 C사로 이동하는 비율은 6 %로 그 합은 10 %이다.

ㄹ. (○) 1년 뒤에는 $4+4+3+6+12+3=32(\%)$가 다른 회사로 이동할 것으로 예측된다.

NCS 실전 풀이

ㄱ. (×) B사에서 다른 회사로 나간 비율은 현재 B사를 사용하는 사용자의 30 %이고, 타사에서 B사로 유입된 사용자는 타사 사용자의 10 %이다.

→ $30 \times 0.3 = 9$ out, $70 \times 0.1 = 7$ in

→ ∴ $-9+7=-2$이므로 구성비는 감소하였다.

ㄴ. (○) 계산하면 다음과 같다.

→ $40 \times 0.8 + 30 \times 0.1 + 30 \times 0.4 = 47(\%)$

ㄷ. (○) 읽지 않는다.

ㄹ. (○) 다음과 같이 생각한다.

1년 뒤에는 전체 이동통신 사용자의 32 %가 다른 회사로 이동할 것으로 예측된다.

＝1년 뒤에는 전체 이동통신 사용자의 68 %가 다른 회사로 이동하지 않고 그대로 유지할 것으로 예측된다.

→ 대각선 부분만 계산하여 더하면 $32+21+15=68(\%)$이다.

계산 TIP

1년 뒤 A사 사용자 구성비는 40 %를 기준으로 40 %의 20 %인 8 %가 out, 30 %의 10 %인 3 %와 30 %의 40 %인 12 %가 in이므로 순증가는 $-8+3+12=+7(\%)$로 47 %가 된다.

정답 ⑤

다음 [표]는 '갑' 은행의 고객 신용등급 변화 확률에 관한 자료이다. 이에 대한 [보기]의 설명 중 옳지 않은 것을 모두 고르면?

[표] 고객 신용등급 변화 확률

구분		(t+1)년			
		A등급	B등급	C등급	D등급
t년	A등급	0.70	0.20	0.08	0.02
	B등급	0.14	0.65	0.16	0.05
	C등급	0.05	0.15	0.55	0.25

1) 고객 신용등급은 매년 1월 1일 0시에 연 1회 산정되며, A등급이 가장 높고 B, C, D 순임.
2) 한번 D등급이 되면 고객 신용등급은 5년 동안 D등급을 유지함.
3) 고객 신용등급 변화 확률은 매년 동일함.

―| 보기 |―

ㄱ. 2020년에 B등급 고객이 2022년까지 D등급이 될 확률은 0.08 이상이다.

ㄴ. 2020년에 C등급 고객의 신용등급이 2023년까지 변화할 수 있는 경로는 모두 40가지이다.

ㄷ. B등급 고객의 신용등급이 1년 뒤에 하락할 확률은 C등급 고객의 신용등급이 1년 뒤에 상승할 확률보다 낮다.

① ㄱ
② ㄴ
③ ㄷ
④ ㄱ, ㄴ
⑤ ㄴ, ㄷ

일반 풀이

ㄱ. (○) 2020년 B등급 고객이 2022년 D등급이 될 경우의 수는 다음의 4가지다. 각 경우의 수는 동시에 일어나므로 확률을 곱해야 하고

'20년		'21년		'22년	확률
• B	→	A	→	D	
	0.14	×	0.02		= 0.0028
• B	→	B	→	D	
	0.65	×	0.05		= 0.0325
• B	→	C	→	D	
	0.16	×	0.25		= 0.04
• B	→	D	→	D	
	0.05	×	1.00		= 0.05

　　→ 그 합은 $0.0028+0.0325+0.04+0.05=0.1253$으로 0.08보다 크다.

ㄴ. (○) 다음과 같이 생각한다.
　　• 2020년 C등급, 2021년 A등급일 때의 경우의 수는 13가지인데
　　• 2021년 B 또는 C등급일 경우는 A등급일 때와 똑같으므로 $13 \times 3 = 39$(가지)이고
　　• 2021년 D등급을 받으면 2023년까지 계속 D등급인 1가지이므로
　　• 총합은 $39+1=40$(가지)이다.

ㄷ. (×) 선택지에서 요구하는 확률을 계산하면 다음과 같다.
　　① B등급 고객의 신용등급이 1년 뒤에 하락할 확률은 $0.16+0.05=0.21$
　　② C등급 고객의 신용등급이 1년 뒤에 상승할 확률은 $0.05+0.15=0.20$
　　→ ①이 ②보다 높다.

NCS 실전 풀이

[표]에서 경향을 확인하면 신용등급이 상승하는 것보다는 하락할 확률이 높다.

ㄱ. (○) 경향을 충분히 활용한다.
　　• 2020년 B등급 고객이 2022년 D등급이 될 확률을 계산할 때, 신용등급은 하락할 확률이 더 높으므로 하락한 확률을 우선 계산하여 합한다.
　　• 'B－D－D=0.05'와 'B－C－D=0.16×0.25=0.04'를 더하면 $0.05+0.04=0.09$로 이미 0.08 이상이다.

ㄴ. (○) 적당히 계산하면 $13 \times 3+1=40$(가지)이다.

ㄷ. (×) 읽지 않는다.

계산 TIP

'☆ 이상이다.' → 계산은 큰 것부터 한다.

정답 ③

다음 [그래프]는 2020~2021년 동안 변리사 A와 B의 특허출원 건수에 대한 자료이다. 2021년 변리사 B의 특허출원 건수는 2020년의 몇 배인가? (단, 특허출원은 변리사 A 또는 B 단독으로만 이루어진다.)

[그래프 1] 2020~2021년 동안 변리사별 전체 특허출원 건수

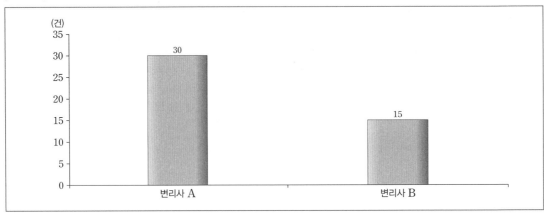

[그래프 2] 변리사 A와 B의 전체 특허출원 건수 및 연도별 구성비

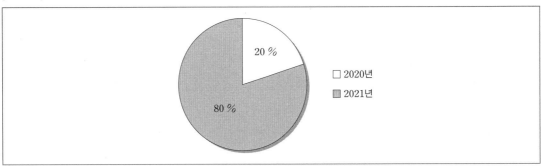

[그래프 3] 변리사 A의 전체 특허출원 건수 연도별 구성비

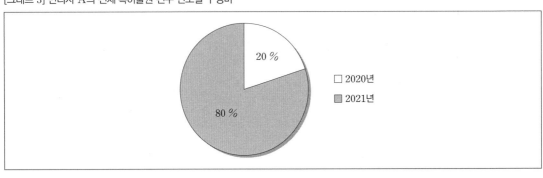

① 2배   ② 3배   ③ 4배   ④ 5배   ⑤ 6배

03

다음과 같이 표를 만들어 확인한다.

구분	2020년	2021년	계
변리사 A(건)	6	24	30
변리사 B(건)	3	12	15
계(건)	9	36	45

NCS 실전 풀이

1) 변리사 A, B의 연도별 구성비가 20 % : 80 %
2) 변리사 A의 연도별 구성비 역시 20 % : 80 %
3) 그러므로 변리사 B의 연도별 구성비도 20 % : 80 %가 되어야 한다. 그러므로 2021년 변리사 B의 특허출원 건수는 2020년의 4배이다.

정답 ③

NCS 기출 변형 연습문제

01

SCS 회사 직원은 남자 6명, 여자 5명으로 구성되어 있다. 이 중 남자 3명, 여자 2명을 대표로 뽑아 여자끼리 이웃하지 않도록 줄을 서는 경우의 수는?

① 72가지　　　　② 200가지　　　　③ 272가지　　　　④ 2,400가지　　　　⑤ 14,400가지

02

다음과 같이 직사각형 모양으로 연결된 도로가 있다. A 지점에서 출발하여 B 지점을 거치지 않고 C 지점으로 갈 때, 최단거리로 이동하는 경로의 경우의 수는?

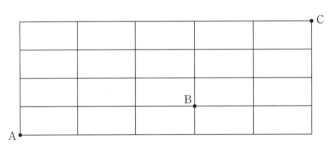

① 40가지　　　　② 86가지　　　　③ 126가지　　　　④ 256가지　　　　⑤ 314가지

01

일반 풀이

남자1, 남자2, 남자3, 여자1, 여자2를 조건에 맞춰 줄을 세우다가 포기한다.

1) 남자 순서가 '남자1 - 남자2 - 남자3'인 경우

　여자1 - 남자1 - 여자2 - 남자2 - 남자3
　여자1 - 남자1 - 남자2 - 여자2 - 남자3
　여자1 - 남자1 - 남자2 - 남자3 - 여자2

　남자1 - 여자1 - 남자2 - 여자2 - 남자3
　남자1 - 여자1 - 남자2 - 남자3 - 여자2
　남자1 - 남자2 - 여자1 - 남자3 - 여자2

　여자2 - 남자1 - 여자1 - 남자2 - 남자3
　여자2 - 남자1 - 남자2 - 여자1 - 남자3
　여자2 - 남자1 - 남자2 - 남자3 - 여자1

　남자1 - 여자2 - 남자2 - 여자1 - 남자3
　남자1 - 여자2 - 남자2 - 남자3 - 여자1
　남자1 - 남자2 - 여자2 - 남자3 - 여자1

2) … (생략) & 포기

NCS 기본 풀이

남자 6명 중 3명을 뽑는 경우의 수는

$_6C_3 = \dfrac{6 \times 5 \times 4}{3 \times 2 \times 1} = 20$(가지)

여자 5명 중 2명을 뽑는 경우의 수는

$_5C_2 = \dfrac{5 \times 4}{2} = 10$(가지)

∴ 남자 3명, 여자 2명을 대표로 뽑는 경우의 수는

　$20 \times 10 = 200$(가지)

남자 3명과 여자 2명이 여자끼리 이웃하지 않도록 줄을 서는 경우의 수는 먼저 남자 3명을 줄을 세운 뒤 남자들 사이에 여자가 들어가면 된다.

남자 3명이 줄을 서는 경우의 수는 $3 \times 2 \times 1 = 6$(가지)

남자들 사이에 여자 2명이 줄을 서는 경우의 수는

$_4C_2 \times (2 \times 1) = 12$(가지)

∴ 동시에 일어나므로 $6 \times 12 = 72$(가지)

이때, 대표를 뽑는 것과 줄을 서는 것이 동시에 일어나므로

$200 \times 72 = 14,400$(가지)

NCS 실전 풀이

남자 6명 중 3명을 뽑는 경우의 수는

$_6C_3 = \dfrac{6 \times 5 \times 4}{3 \times 2 \times 1} = 20$(가지)

여자 5명 중 2명을 뽑는 경우의 수는

$_5C_2 = \dfrac{5 \times 4}{2} = 10$(가지)

남자, 여자 섞어서 5명을 줄 세우는 경우의 수는 5!가지

여자 2명을 묶어서 줄 세우는 경우의 수는 $(4! \times 2!)$가지

여자가 이웃하지 않는 경우의 수는

(전체)－(여자가 이웃하는 경우)＝$5! - 4! \times 2! = 72$(가지)

∴ $20 \times 10 \times 72$를 만족할 만한 선택지는 ⑤뿐이다.

정답 ⑤

02

일반 풀이

경우의 수를 그림으로 표시해서 열심히 알아낸다.

NCS 기본 풀이

1) A → C 경로의 경우의 수

　$\dfrac{9!}{5! \times 4!} = \dfrac{9 \times 8 \times 7 \times 6}{4 \times 3 \times 2 \times 1} = 126$(가지)

2) A → B → C 경로의 경우의 수

　$\underset{(A \to B)}{\dfrac{4!}{3! \times 1!}} \times \underset{(B \to C)}{\dfrac{5!}{2! \times 3!}} = 4 \times 10 = 40$(가지)

3) ∴ $126 - 40 = 86$(가지)

NCS 실전 풀이

1) 일단 'A → C'의 경우의 수가

　$\dfrac{9!}{5! \times 4!} = 126$(가지)이므로 ③, ④, ⑤를 소거한다.

2) 'A → B → C'의 경우의 수가

　$\dfrac{4!}{3! \times 1!} \times \dfrac{5!}{2! \times 3!} = 40$(가지)이므로 ①을 소거한다.

정답 ②

다음은 자연수 3, 4, 5, 6을 한 번씩 사용하여 만든 네 자리 자연수를 크기순으로 나열한 것이다. 이때, 이 수들을 모두 더한 값은?

3456	3465	⋯	3645	3654
4356	4365	⋯	4635	4653
5346	5364	⋯	5634	5643
6345	6354	⋯	6534	6543

① 9,999 ② 59,994 ③ 99,990

④ 119,988 ⑤ 239,976

03

일반 풀이

진짜로 더하는 것. 있을 수 없는 일이다.

NCS 기본 풀이

1) $3+4+5+6=18$인데 네 자연수 3, 4, 5, 6을 나열하는 경우의 수가 24가지이므로 각각 6번씩 사용되었다. 즉, 각 자릿수의 합은 $18\times6=108$

2) 각 자릿수의 합이 108이므로 수 전체의 합은 다음과 같다.

```
              1   0   8
          1   0   8
      1   0   8
  +   1   0   8
  ────────────────────────
  1   1   9   9   8   8
```

NCS 실전 풀이

1) 전체 경우의 수는 24가지이고, 첫 번째 수인 3,456과 마지막 수인 6,543을 더하면 $3,456+6,543=9,999$이다.

2) 이러한 묶음이 $24\div2=12$(묶음)

3) 따라서 총합은 $9,999\times12=12\times(10,000-1)$
$$=120,000-12$$
$$=119,988$$

정답 ④

02 통계표

1. 도수분포표

계급	도수	비중
100~91점	1	2 %
90~81점	2	4 %
80~71점	3	6 %
70~61점	4	8 %
60~51점	5	10 %
50~41점	6	12 %
40점 이하	29	58 %
계	50	100 %

2. 누적도수분포표

계급	도수	누적도수
100~91점	1	1
90~81점	2	3
80~71점	3	6
70~61점	4	10
60~51점	5	15
50~41점	6	21
40점 이하	29	50
계	50	—

★ 암기 (마지막 계급의 누적도수)=(전체 도수)

※ 도수분포표와 누적도수분포표를 자유자재로 변형할 수 있어야 한다.

3. 줄기와 잎 그림

줄기는 십의 자리 숫자를 나타내고, 잎은 일의 자리 숫자를 나타냅니다.

줄기	잎
7	1　1　2　2　2　4　5　6

위의 줄기와 잎 그림에서는 71점이 2명, 72명이 3명 있고, 74/75/76점은 각각 1명씩 있음을 의미합니다. 줄기와 잎 그림의 장점은 분포를 시각적으로 확인할 수 있다는 것입니다. 아래의 그림에서는 20점대가 가장 많이 분포해 있음을 쉽게 확인할 수 있죠.

줄기	잎
4	2　8
3	3　6　6　7　8
2	2　2　2　3　3　5　5　6　7　8　9
1	1　3　8　9　9
0	8　9

기본유형 연습문제

다음 [표]는 1반 학생들의 줄넘기 성공횟수에 대한 자료이다. 이에 대한 설명 중 옳지 <u>않은</u> 것은?

[표] 1반 학생들의 줄넘기 성공횟수

(단위: 회)

잎 (여학생)					줄기	잎 (남학생)					
		4	3	3	1	9					
	7	6	4	4	2	2	3	7	9		
9	8	5	2	2	3	0	2	3	4	4	5
		6	2	1	4	0	2	3	5	7	
		5	3	1	5	5	6	8			
				2	6	2	5				

① 1반 학생은 모두 40명이다.

② 남학생 줄넘기 성공횟수의 최댓값과 여학생 줄넘기 성공횟수의 최솟값의 차이는 52회이다.

③ 줄넘기 성공횟수가 세 번째로 큰 남학생의 줄넘기 성공횟수는 줄넘기 성공횟수가 네 번째로 큰 여학생의 줄넘기 성공횟수와 같다.

④ 1반 학생 중 줄넘기 성공횟수 하위 10 % 학생의 평균 줄넘기 성공횟수는 15회 미만이다.

⑤ 1반 여학생 수와 남학생 수의 차이는 2명이다.

일반 풀이

① 1반 학생수는 여학생은 19명, 남학생은 21명으로 총 40명이 므로 옳다.

② 남학생 줄넘기 성공횟수의 최댓값은 65회이고, 여학생 줄넘 기 성공횟수의 최솟값은 13회로 그 차이는 $65-13=52$(회) 이다.

③ 줄넘기 성공횟수가 세 번째로 많은 남학생의 줄넘기 성공횟 수는 58회이고, 줄넘기 성공횟수가 네 번째로 많은 여학생의 줄넘기 성공횟수는 51회로 같지 않다.

④ 1반 학생 중 줄넘기 성공횟수 하위 10 % 학생은 총 4명으로 13회, 13회, 14회, 19회이고 이 값의 평균은 14.75회로 15회 미만이다.

⑤ 1반 여학생 수는 19명, 남학생 수는 21명으로 그 차이는 $21-19=2$(명)이다.

NCS 기본 풀이

① 빠르고 정확하게 센다. 여학생 19명, 남학생 21명으로 총 40 명이다.

② $65-13=52$(회)

③ 58회와 51회는 같지 않다.

④ 13, 13, 14, 19회를 15회를 기준으로 판단한다. 15 기준 합 계가 음수이므로 1반 학생 중 줄넘기 성공횟수 하위 10 % 학생의 평균 줄넘기 성공횟수는 15회 미만이다.

13회	13회	14회	19회	15 기준 합계
-2	-2	-1	$+4$	-1

⑤ 차이는 $21-19=2$(명)

정답 ③

01

다음 [표]는 10월 14일 SCS 서비스센터 방문고객들의 만족도 조사 결과이다. 이 결과를 바탕으로 할 때, 다음 중 잘못 설명한 사람은?

[표] 10월 14일 SCS 서비스센터 방문고객들의 만족도 조사 결과

만족도 점수 　　　　　　　 항목	응답자 수(명)	비중(%)
100점	(가)	(나)
80점 이상 100점 미만	6	15.0
60점 이상 80점 미만	14	35.0
40점 이상 60점 미만	(다)	37.5
20점 이상 40점 미만	1	(라)
20점 미만	1	2.5
합계	(마)	100.0

※ SCS 서비스센터 방문고객은 모두 만족도 조사에 참여하였다고 가정함.

① 갑: 10월 14일 SCS 서비스센터 방문고객은 총 40명입니다.
② 을: 만족도 점수가 20점 이상 60점 미만인 응답자가 전체 응답자의 40 %입니다.
③ 병: 만족도 점수가 80점 이상인 응답자가 전체 응답자의 20 %를 넘지 않습니다.
④ 정: 만족도 점수가 100점인 응답자는 3명입니다.
⑤ 무: 만족도 점수가 40점 이상 80점 미만인 응답자는 30명을 넘지 않습니다.

01

일반 풀이

주어진 [표]의 빈칸을 채워 정리하면 다음과 같다.

만족도 점수 \ 항목	응답자 수(명)	비중(%)
100점	3	7.5
80점 이상 100점 미만	6	15.0
60점 이상 80점 미만	14	35.0
40점 이상 60점 미만	15	37.5
20점 이상 40점 미만	1	2.5
20점 미만	1	2.5
합계	40	100.0

→ 만족도 점수 80점 이상 100점 미만 구간의 6명이 15.0 %에 해당하므로 $6 : 15 = x : 100$

이를 해결하면 $x = 40$(명)이다.

→ 40명의 37.5 %는 15명이다.

→ 40명의 2.5 %는 1명이다.

→ 100점 미만의 응답자 수를 모두 더하면
$6 + 14 + 15 + 1 + 1 = 37$(명)이므로 100점은 $40 - 37 = 3$(명)이다.

① (○) 10월 14일 SCS 서비스센터 방문고객은 총 40명이다.

② (○) 계산하면 다음과 같다.
(만족도 점수 20점 이상 60점 미만 비중)=(만족도 점수 20점 이상 40점 미만 비중)+(만족도 점수 40점 이상 60점 미만 비중)
$\rightarrow 37.5 + 2.5 = 40.0(\%)$

③ (×) (만족도 점수가 80점 이상인 응답자 비중)=(만족도 점수 80점 이상 100점 미만 비중)+(100점 비중)
$\rightarrow 7.5 + 15.0 = 22.5(\%) > 20\%$

④ (○) 만족도 점수가 100점인 응답자는 3명이다.

⑤ (○) (만족도 점수가 40점 이상 80점 미만인 응답자 수)=(만족도 점수 40점 이상 60점 미만)+(만족도 점수 60점 이상 80점 미만)
$\rightarrow 15 + 14 = 29$(명) < 30명

NCS 기본 풀이

1) [표]를 처음에 보고 분명히 (가)~(마)에 대한 것을 물어볼 것이라 생각한다.

2) 눈에 띄는 만족도 점수 구간은 '20점 미만'이다. 1명이 2.5 %이므로 기계적으로 전체는 40명임을 인지한다.

3) [표]에서 (다) 옆에 37.5 %를 읽고 기계적으로 $\frac{3}{8}$을 떠올린다. 그러므로 (다)$= 40 \times \frac{3}{8} = 15$이고, (라)는 당연히 2.5이다.

4) (가), (나)의 경우 가장 귀찮음을 바로 이해할 수 있다.

5) '병'의 설명을 바꿔 생각하면 다음과 같다.
→ 만족도 점수가 80점 미만인 응답자가 전체 응답자의 80 % 이상이다.
→ 만족도 점수가 80점 미만인 응답자는 $40 \times 0.8 = 32$(명) 이상이다.
→ 계산하면 $14 + 15 + 1 + 1 = 31$(명) < 32명

6) 더 이상 읽지 않는다.

NCS 실전 풀이

1) [표]를 보고 가장 처음 구해야 하는 것은 합계이다. 다음 중 자신에게 편한 것을 쓰면 된다.
- 1명$= 2.5\% \rightarrow$ 40명$= 100\%$
- $37.5\% = 35.0\% + 2.5\%$
  $\rightarrow 37.5\% = 14$명$+ 1$명$= 15$명$= \frac{3}{8}$
  $\rightarrow \therefore$ 전체는 $15 \times \frac{3}{8} = 40$(명)
- $100\% = 35\% \times 3 - 5\% \rightarrow 14 \times 3 - 2 = 40$(명)

2) 40점 이상 80점 미만인 응답자가 30명을 넘지 않는다는 것은 이 구간 비중의 합이 $\frac{30}{40} \times 100 = 75(\%)$를 넘지 않는다는 것이다. 이때, '$35.0 + 37.5 = 72.5 < 75.0$'이 성립한다.

정답 ③

다음 [표]와 [그림]은 K기업의 콜센터에 접수된 고객 불만 사항을 정리한 것이다. 이에 대한 [보기]의 설명 중 옳은 것을 모두 고르면?

[표] 고객 불만내역 정리

(단위: 건)

불만 사항	응답 수
설치 어려움	20
사용 어려움	( )
시끄러움	9
비 호환성	( )
스펙 불일치	3
합계	50

[그림] 불만 사항별 누적 비중

(단위: %)

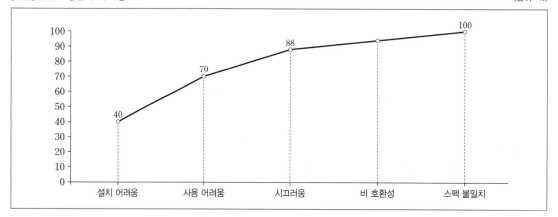

┤보기├

ㄱ. '사용 어려움'과 '비 호환성' 문제를 해결하면 전체 불만 사항의 36 %가 해결된다.

ㄴ. K기업은 임의의 두 불만 사항을 먼저 해결하였을 때, 두 항목이 어떤 것인지에 따라 해결된 비율은 전체 불만 사항의 70 % 이상일 수도 있고 10 % 미만일 수도 있다.

ㄷ. 불만 사항별 응답 수의 대소관계를 부등호로 표시하면 '설치 어려움'>'사용 어려움'>'시끄러움'> '비 호환성'>'스펙 불일치'이다.

ㄹ. '사용 어려움' 건수 중 6건을 '비 호환성'으로 옮겨서 기록하면 5가지 불만 사항 중 3가지 항목의 비율이 동일해진다.

① ㄱ, ㄴ   ② ㄱ, ㄹ   ③ ㄴ, ㄷ   ④ ㄱ, ㄴ, ㄹ   ⑤ ㄱ, ㄷ, ㄹ

02

일반 풀이

[그림]은 '누적' 비율이다. [표]와 [그림]의 관계를 이용하여 [표]의 빈칸을 채우면 다음과 같다.

불만 사항	응답 수(건)
설치 어려움	20
사용 어려움	15
시끄러움	9
비 호환성	3
스펙 불일치	3
합계	50

ㄱ. (○) '사용 어려움'과 '비 호환성' 응답 수가 각각 15건, 3건이므로 그 합은 $15+3=18$(건)이다. 따라서 전체 50건에서 차지하는 비중이 36 %이다.

ㄴ. (×) 응답 수가 가장 많은 '설치 어려움'과 '사용 어려움'으로 선택하면 그 비율은 70 %가 되지만, 응답 수가 가장 적은 '비 호환성'과 '스펙 불일치'를 선택하면 그 비율은 12 %가 된다. 따라서 10 % 미만으로는 떨어질 수 없다.

ㄷ. (×) 불만 사항별 응답 수의 대소관계를 부등호로 표시하면 '설치 어려움'<'사용 어려움'<'시끄러움'<'비 호환성'='스펙 불일치'이다.

ㄹ. (○) 조건을 적용한 것을 정리하면 다음과 같다.
- 설치 어려움: 20건
- 사용 어려움: $15-6=9$(건)
- 시끄러움: 9건
- 비 호환성: $3+6=9$(건)
- 스펙 불일치: 3건

NCS 실전 풀이

1) [표]의 빈칸을 물어볼 것이라 생각하고, [그림]은 누적 비율이라는 것을 인식한다.

2) 기계적으로 70과 40의 차이는 30이므로 [표]의 첫 빈칸은 15가 된다.

3) [그림]에서 시끄러움, 비 호환성, 스펙 불일치는 직선이므로 비 호환성 응답 수는 스펙 불일치와 같은 3인지에 대해서 확인한다. 아무런 모순이 없다.

　ㄱ. (○) 이미 $15+3=18$(건)이므로 36 %이다.

　ㄴ. (×) 가장 큰 것 2개와 가장 작은 것 2개인데, [그림]에서 가장 작은 것 2개를 골랐을 때의 비중이 $100-88=12$(%)인 것을 쉽게 확인할 수 있다. 옳지 않다.

　ㄷ. (×) 이미 '비 호환성'='스펙 불일치'임을 [그림]에서 확인하였으므로 옳지 않다.

4) 더 이상 읽지 않는다.

그림 TIP

⑴ 차트의 시각적 효과를 누려야 한다.
⑵ 누적 그래프에서 직선이라면 해당 도수가 동일한 것이다.

정답 ②

01

다음 [표]는 두 부서 A, B에 대한 지원자 집단의 면접 결과를 나타낸 자료의 일부이다. 이에 대한 [보기]의 설명 중 옳은 것만을 모두 고르면?

[표] A부서·B부서 지원자 집단의 면접 결과

점수	A부서 지원자 집단		B부서 지원자 집단	
	인원(명)	백분위수	인원(명)	백분위수
30점	( )	100.000	( )	100.000
29점	( )	( )	2	98.750
28점	( )	( )	( )	96.250
27점	4	100.000	3	91.250
26점	( )	97.500	( )	87.500
25점		90.625	0	83.750
〜	〜	〜	〜	〜
5점	4	( )	0	8.750
4점	( )	2.500	4	( )
3점	( )	( )	( )	3.750
2점	( )	( )	( )	1.250
1점	( )	( )	( )	1.250

1) 면접 점수가 27점 이상이면 합격함.
2) 지원자들 면접 점수의 최소단위는 1점임.
3) 백분위수는 해당 면접 점수 이하에 전체 면접 참가자들의 몇 %가 분포되어 있는가를 나타내는 수치임.

┤보기├

ㄱ. A부서 지원자 집단의 인원은 B부서 지원자 집단의 2배이다.

ㄴ. B부서 지원자 집단 중 합격한 지원자는 10명이다.

ㄷ. A부서 지원자 집단 중 면접 점수가 6점 이상 25점 이하인 지원자 수는 137명이다.

① ㄱ　　　　　　　② ㄴ　　　　　　　③ ㄱ, ㄷ

④ ㄴ, ㄷ　　　　　　⑤ ㄱ, ㄴ, ㄷ

01

일반 풀이

[표]의 빈칸을 모두 채워서 접근한다.

점수	A부서 지원자 집단		B부서 지원자 집단	
	인원(명)	백분위수	인원(명)	백분위수
30점	0	100.000	1	100.000
29점	0	100.000	2	98.750
28점	0	100.000	4	96.250
27점	4	100.000	3	91.250
26점	11	97.500	3	87.500
25점		90.625	0	83.750
〜	〜	〜	〜	〜
5점	4	5.000	0	8.750
4점		2.500	4	8.750
3점	( )	( )	2	3.750
2점	( )	( )	0	1.250
1점	( )	( )	1	1.250

NCS 실전 풀이

1) 처음 해야 하는 것은 각 부서별 지원자 인원을 파악하는 것이다.

2) A 부서에서 26점 4명이 27점과 26점 백분위수 차이와 동일하므로 4명=2.5 %가 성립한다. 그러므로 100 %=160명이다.

3) B 부서에서 29점 2명이 29점과 28점 백분위수 차이와 동일하므로 2명=2.5 %가 성립한다. 그러므로 100 %=80명이다.

ㄱ. (○) A 부서 지원자 집단은 160명으로 B 부서 지원자 집단 80명의 2배이다.

ㄴ. (○) 다음과 같이 접근한다.
- 26점의 백분위수가 87.5 %이므로
- B 부서 지원자 집단 중 면접 점수가 27점 이상인 지원자의 비중은 100−87.5=12.5(%)이다.
- 따라서 B 부서 지원자 집단 중 합격자는 80×12.5 %=10(명)이다.

ㄷ. (○) 백분위수를 충분히 활용한다.
- A 부서 지원자의 25점 백분위수는 90.625이다.
  $90+0.625=100-10+0.625$
  $\rightarrow 160-16+1=145$(명)인데
- 5점의 백분위수는 4점의 백분위수 2.5 %에 5점 4명에 대한 비중 2.5 %를 더한 5 %로 8명이다.
- 그러므로 6점 이상 25점 이하는 145−8=137(명)이다.

계산 TIP

(1) $\dfrac{1}{8}=0.125=12.5 \%$

(2) $\dfrac{1}{80}=0.0125=1.25 \%$

(3) $\dfrac{1}{160}=\dfrac{1}{80}$의 절반=0.625 %

정답 ⑤

02

다음 [표]와 [조건]은 '갑'시의 버스회사 보조금 지급에 관한 자료이다. 이에 대한 [보기]의 설명 중 옳은 것만을 모두 고르면?

[표] 대당 운송수입금별 버스회사 현황
(단위: 개)

대당 운송수입금	버스회사	
	수	누적 수
575천 원 이상	27	27
550천 원 이상 575천 원 미만	8	35
525천 원 이상 550천 원 미만	( )	47
500천 원 이상 525천 원 미만	7	54
475천 원 이상 500천 원 미만	10	64
450천 원 이상 475천 원 미만	9	73
425천 원 이상 450천 원 미만	2	75
400천 원 이상 425천 원 미만	8	83
375천 원 이상 400천 원 미만	( )	( )
350천 원 이상 375천 원 미만	11	112
325천 원 이상 350천 원 미만	28	140
300천 원 이상 325천 원 미만	( )	150
275천 원 이상 300천 원 미만	23	173
250천 원 이상 275천 원 미만	22	( )
250천 원 미만	5	( )

┤조건├
- 버스의 표준운송원가는 대당 500천 원이다.
- 대당 운송수입금이 표준운송원가의 75 % 미만인 버스회사를 보조금 지급대상으로 한다.
- 대당 운송수입금이 표준운송원가의 50 % 이상 75 % 미만인 버스회사에는 표준운송원가와 대당 운송수입금의 차액의 50 %를 대당 보조금으로 지급한다.
- 대당 운송수입금이 표준운송원가의 50 % 미만인 버스 회사에는 표준운송원가의 25 %를 대당 보조금으로 지급한다.

┤보기├
ㄱ. 보조금 지급대상 버스회사 수는 '갑'시 버스회사의 50 %를 초과한다.
ㄴ. 대당 운송수입금이 각각 200천 원인 버스회사와 340천 원인 버스회사가 받게 되는 대당 보조금의 차이는 70천 원이다.
ㄷ. 대당 운송수입금이 각각 260천 원인 버스회사와 330천 원인 버스회사가 받게 되는 대당 보조금의 차이는 35천 원이다.
ㄹ. '갑'시 버스회사 중 지급받는 보조금이 125천 원인 버스회사가 차지하는 비중은 최대 13.5 %이다.

① ㄱ, ㄴ   ② ㄱ, ㄹ   ③ ㄴ, ㄷ   ④ ㄴ, ㄹ   ⑤ ㄷ, ㄹ

02

일반 풀이

생각 없이 [표]의 빈칸을 채운다.

대당 운송수입금	버스회사(개)	
	수	누적 수
575천 원 이상	27	27
550천 원 이상 575천 원 미만	8	35
525천 원 이상 550천 원 미만	12	47
500천 원 이상 525천 원 미만	7	54
475천 원 이상 500천 원 미만	10	64
450천 원 이상 475천 원 미만	9	73
425천 원 이상 450천 원 미만	2	75
400천 원 이상 425천 원 미만	8	83
375천 원 이상 400천 원 미만	18	101
350천 원 이상 375천 원 미만	11	112
325천 원 이상 350천 원 미만	28	140
300천 원 이상 325천 원 미만	10	150
275천 원 이상 300천 원 미만	23	173
250천 원 이상 275천 원 미만	22	195
250천 원 미만	5	200

ㄱ. (×) 보조금 지급대상 버스회사 수는 99개로 50 % 미만이다.

ㄴ. (×) 계산한 결과는 다음과 같다.

200천 원 → 125천 원

340천 원 → $(500-340) \times 0.5 = 80$(천 원)

∴ $125 - 80 = 45$(천 원) ≠ 70천 원

ㄷ. (○) 계산한 결과는 다음과 같다.

260천 원 → $(500-260) \times 0.5 = 120$(천 원)

330천 원 → $(500-330) \times 0.5 = 85$(천 원)

∴ $120 - 85 = 35$(천 원)

ㄹ. (○) '갑'시 버스회사 중 지급받는 보조금이 125천 원인 버스회사는 최대 $5+22 = 27$(개)이므로 비중은 최대 13.5 %이다.

NCS 실전 풀이

1) 보조금 지급대상은 $500 \times 0.75 = 375$(천 원) 미만인 경우이다.

2) 250천 원 미만인 경우 125천 원 정액을 보조금으로 지급한다.

ㄱ. (×) 간단하게 처리한다.

- 마지막 계급의 누적도수는 $173 + 22 + 5 = 200$(개)
- 보조금 지급대상 버스회사 수가 '갑'시 버스회사의 50 %를 초과하면 보조금 미지급대상 버스회사 수가 '갑'시 버스회사의 50 % 미만이라는 것과 동일하다.
- 375천 원 이상 400천 원 미만의 누적 수가 $112 - 11 = 101$(개)로 50 % 미만에 해당하지 않는다.

ㄴ. (×) 다음과 같이 생각한다.

- 대당 운송수입금이 200천 원인 경우는 보조금을 정액으로 받는 경우이다.
- 대당 운송수입금이 340천 원인 경우는 보조금을 표준운송원가와 대당 운송수입금의 차액의 50 %를 받는 경우이다.
- 그렇기 때문에 이 2가지 경우의 보조금의 차이는 대당 운송수입금의 차이 $340 - 200 = 140$(천 원)의 50 %에 해당하는 70천 원이 될 수 없다.
- 더 이상 읽지 않는다.

ㄷ. (○) 다음과 같이 생각한다.

- 대당 운송수입금이 260천 원, 330천 원인 경우는 모두 보조금을 표준운송원가와 대당 운송수입금의 차액의 50 %를 받는 경우이므로 보조금의 차이가 대당 운송수입금의 차이의 50 %에 해당한다.
- 그러므로 그 값은 $330 - 260 = 70$(천 원)의 50 %에 해당하는 35천 원이다.

ㄹ. (○) 보조금이 125천 원이라면

- 대당 운송수입금이 표준운송원가의 50 %인 250천 원 미만인 경우와 대당 운송수입금이 250(천 원)인 경우까지 포함해야 한다.
- 가능한 최대 경우의 수는 $5 + 22 = 27$(개)가 된다.
- 200개 중 13.5 %는 27개이므로 옳다.

계산 TIP

200개 중 ☆ % = (☆×2)개

정답 ⑤

1. 평균

평균이란 '여러 사물의 질이나 양 따위를 통일적으로 고르게 한 것'이라는 의미로, 평균의 개념을 모르는 사람은 없을 것입니다. 우리는 초등학교 때부터 시험을 보고 전 과목 평균을 이용하여 서로를 평가하는 일이 잦았기 때문이죠. 평균의 종류에는 산술평균, 기하평균, 조화평균이 있고, 두 실수 a, b에 대하여 각각을 구하는 방법은 다음과 같습니다.

> • 산술평균: $\dfrac{a+b}{2}$ • 기하평균: $\sqrt{ab}$ • 조화평균: $\dfrac{ab}{a+b}$

① 산술평균은 a, b의 단순한 평균을 의미합니다.
② 기하평균은 a, b를 가로와 세로의 길이로 하는 직사각형과 넓이가 같은 정사각형의 한 변의 길이를 의미하는 것과 같습니다.
③ 조화평균은 a, b의 역수의 산술평균을 구한 뒤 다시 역수를 취한 값을 의미합니다.

일반적으로 우리가 사용하는 평균은 산술평균이며, n개의 자료에 대하여 평균을 구하는 식을 나타내면 다음과 같습니다.

> $$\text{(평균)} = \frac{f_1 + f_2 + \cdots + f_n}{n} = \frac{1}{n}\sum_{k=1}^{n} f_k = \frac{\text{(주어진 값들의 총합)}}{\text{(주어진 값들의 개수)}}$$

다음 광고를 살펴보세요.

지상의 낙원 치수마을!!
신혼여행은 치수마을로 놀러오세요!

지상낙원 조건 하나!
치수마을은 연평균 기온이 18℃로 **세계 최적의 날씨**

지상낙원 조건 둘!
주민들의 평균 연령은 29세,
젊은 부부들의 **편안한 여행**을 책임집니다.

지상낙원 조건 셋!
주민들의 연평균소득은 4,000만 원으로
인심이 후합니다.

여행 조건으로는
세계 최적의 온도와 **행복한 주민들**만 있는
치수마을로 놀러오세요!

이 광고를 보고 신혼부부가 여름에 치수마을로 신혼여행을 갔습니다. 그런데 그들은 경악을 금치 못했죠. 치수마을의 낮 최고 기온은 무려 43℃로 매우 더웠고, 마을에는 온통 구걸하는 10~15세 아이들뿐이었기 때문입니다. 이에 신혼부부는 치수마을 관리실에 가서 거짓 광고에 대하여 항의하였으나, 관리실의 답변은 '과장이 섞여있으나 사실'이라고 하였습니다.

가능한 일일까요? 관리실의 답변을 하나씩 살펴보면 다음과 같습니다.

치수마을의 기온이 여름에는 보통 38~43℃이고, 겨울에는 주로 −15~−2℃로 연평균 기온은 18℃라는 것입니다. 또한 평균 연령 역시 구걸하는 10~15살의 아이들이 절대다수를 차지하고 있고, 약 15 %의 인구가 70세 이상으로 평균 연령은 29세가 맞다는 거죠. 마지막으로 치수마을 대부분 사람의 소득이 5백만 원 이하지만, 80대 노인 2명이 1조 원 이상의 자산가라고 설명하였습니다.

이 이야기를 통해 평균의 함정을 느낄 수 있었나요? 평균만으로는 뭔가 질적인 내용을 표현하기는 어렵습니다. 즉, 질적인 내용을 보완하기 위해 다른 개념들이 필요하죠. 질적 분석의 가장 대표적인 예로 '중앙값'과 '최빈값'이 있습니다.

- 중앙값: 원자료를 크기 순서로 나열하였을 때 중앙에 위치하는 값
- 최빈값: 원자료 중 빈도가 가장 높은 값

만약 치수마을 주민들의 연소득에 대해서 중앙값 또는 최빈값이 주어졌다면 어땠을까요? 연평균소득이 4,000만 원이라는 것에 대하여 빈곤한 주민들이 매우 많으면서 특정 몇 명의 연소득만 매우 높다는 것을 알 수 있었겠죠. 평균, 중앙값, 최빈값이 모두 주어졌을 때, 주어진 자료에 대한 분포는 다음과 같습니다.

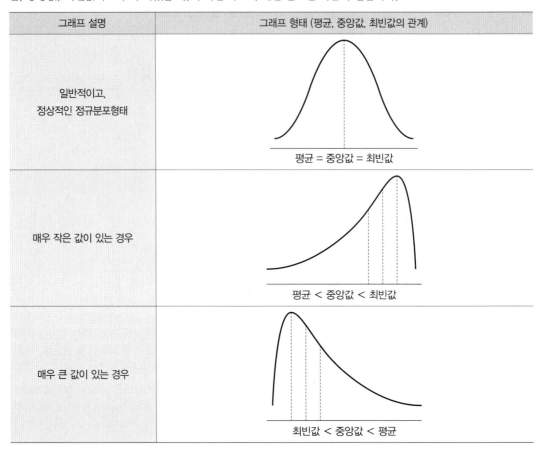

그래프 설명	그래프 형태 (평균, 중앙값, 최빈값의 관계)
일반적이고, 정상적인 정규분포형태	평균 = 중앙값 = 최빈값
매우 작은 값이 있는 경우	평균 < 중앙값 < 최빈값
매우 큰 값이 있는 경우	최빈값 < 중앙값 < 평균

2. 분산과 표준편차

① 분산: 통계 집단이 분포한 정도를 나타내는 수치를 분산이라고 한다. 평균과 각 자료의 값의 차를 제곱하여, 산술 평균한 값이다.

$$\mathrm{V}(X) = \frac{(X_1 - m)^2 + (X_2 - m)^2 + \cdots + (X_n - m)^2}{n} = \frac{1}{n} \sum_{k=1}^{n} (X_k - m)^2$$

② 표준편차: 분산의 음이 아닌 제곱근을 표준편차라고 한다.

$$\sigma(X) = \sqrt{\frac{(X_1 - m)^2 + (X_2 - m)^2 + \cdots + (X_n - m)^2}{n}} = \sqrt{\mathrm{V}(X)}$$

공식으로만 공부하면 지겨우니, 다음의 옛날이야기를 읽어보도록 합시다.

석수마을에는 A, B, C 3명의 주민이 있다. A의 총재산은 3억 원, C의 총재산은 3천만 원, B의 총재산은 3백만 원이다. 그런데 이 석수마을의 치신(治申)이 주민들의 총재산을 마음대로 바꾸거나 설정할 수 있다.

하루는 치신이 마을을 거닐다가 폐지를 모으기 위해 돌아다니는 B를 보았다. 치신은 마음이 너무 아파 B의 재산을 3배로 만들었다. 그런데 이 사실을 알게 된 A가 치신을 만나 다음과 같이 말하였다.

"치신께서 그렇게 B의 재산만 3배로 만들다니 너무합니다. C의 재산도 3배로 만들어 주십시오. 하지만 B와 C의 재산만 3배가 되면, 남들이 오해할 수 있으니 공평하게 우리 모두의 재산을 3배로 만들어 주십시오."

결국, 치신은 A의 설득에 넘어가 석수마을 주민 모두의 재산을 3배로 만들어 주었다. 그 후 치신은 마을을 거닐다 B와 마주치게 되었다. 치신은 자신의 행동이 B를 행복하게 했을 것이라 확신하고 물었다.

"자네의 삶은 좀 더 나아졌는가?"

그러자 B는 눈가가 촉촉이 젖으며 말을 잇지 못했다. 우연히 주변을 지나다니다 이 광경을 본 A는 치신에게 말했다.

"신이시여, 우리의 삶은 확실히 나아졌습니다."

뭔가 기분이 찜찜한 치신은 모든 이들의 재산을 3배로 했던 조치를 취소하고, B에게만 100만 원을 주었다. 하지만 이러한 치신의 조치 역시 A에게 발각되어 결국 지난번과 같이 모두에게 100만 원을 주게 되었다. 그후 치신은 다시 B에게 물어보았다.

"자네의 삶은 좀 나아졌는가?"

그러자 B는 대답하였다.

"주민 모두의 재산이 똑같이 100만 원씩 증가하였죠. 이에 저도 재산이 증가하여 기분은 좋으나, 실질적으로 삶이 나아진 것은 없습니다. 계속 따로 챙겨 주시려 하신 점, 정말 감사합니다."

위의 이야기를 평균, 표준편차, 분산과 관련하여 생각해봅시다. 치신이 모두의 재산을 3배로 하면 B의 재산은 3백만 원에서 9백만 원이 되었겠죠. 동시에 A의 재산은 3억 원에서 9억 원이 되었습니다. 이때, 처음에는 B가 A의 재산을 따라잡기 위해서 2억 9,700만 원만 더 모으면 되었습니다. 하지만 3배가 된 이후에는 8억 9,100만 원을 더 모아야 하는 상황으로 바뀌었죠. 그러니 B는 눈가가 촉촉하게 젖을 수밖에 없었던 것입니다.

다음 공식을 살펴보세요.

- 평균: $E(X) = \sum p_i X_i$
  $$E(aX+b) = aE(X)+b$$
- 분산: $V(X) = E(X^2) - \{E(X)\}^2$
  $$V(aX+b) = a^2 V(X)$$
- 표준편차: $\sigma(X) = \sqrt{V(X)}$
  $$\sigma(aX+b) = |a|\sigma(X)$$

치수쌤의 1타 강의

- 원자료를 a배 하면 ⟶ 평균 a배, 분산 a^2배, 표준편차 a배
- 원자료에 b를 더하면 ⟶ 평균은 b만큼 커지지만, 분산과 표준편차는 변하지 않습니다.

3. 다섯 숫자 요약(Five Number Summary)

평균, 분산, 표준편차, 중앙값, 최빈값만을 가지고 질적인 분석이 부족하다면, 다음의 개념들을 살펴봐야 합니다.

• 최솟값: 원자료 중 가장 작은 값
• 최댓값: 원자료 중 가장 큰 값
• 하위 25 %값, 상위 25 %값: 원자료를 크기순으로 배열하여 4등분한 값을 의미한다. 이를 '사분위수'라고도 한다.

4. 가평균

국어, 영어, 수학, 과학 시험을 본 석치수는 각 과목에 대해서 각각 85점, 80점, 90점, 85점을 받았습니다. 그런데 수학 과목에서 틀린 줄 알았던 4점짜리 문제가 정답 표기 오류로 정정되어 맞게 되었죠. 이때, 석치수의 평균은 어떻게 될까요? 이 질문에 답하기 위해 여러분들은 혹시 다음과 같이 계산하고 있나요?

• 기존 점수의 평균: $\dfrac{85+80+90+85}{4} = \dfrac{340}{4} = 85$(점)

• 새로운 평균: $\dfrac{85+80+94+85}{4} = \dfrac{344}{4} = 86$(점)

처음 평균을 구하기 위해 계산한 네 과목의 총점이 340점이었고, 수학 과목에서 4점이 추가된 상황이므로 총점 $340+4=344$(점)을 4로 나누어 새로운 평균 86점을 도출하는 거죠. 평균의 의미를 생각해 볼 때 이와 같이 계산하는 것이 잘못된 것은 아닙니다. 하지만 시간 제약이 있는 상황에서 빨리 계산해야 한다면 매우 비효율적이라고 할 수 있습니다.

치수쌤의 1타 강의

원래 네 과목 평균이 85점이었는데 4점이 추가되었다면, 4점에 대한 네 과목의 평균이 1점이므로 새로운 평균은 85+1=86(점)입니다.

이와 같이 생각하는 것이 '가평균(가상의 평균)'의 시작이라고 할 수 있습니다. 다음 [표]를 봅시다.

[표] 고시생 갑의 1차 시험과 2차 시험 점수

1차 시험	점수	2차 시험	점수
언어논리	70점	행정학	50점
자료해석	100점	정치학	70점
상황판단	70점	정책학	60점
–	–	행정법	70점
–	–	경제학	80점

- 1차 시험 평균: $\dfrac{70+100+70}{3}=\dfrac{340}{3}=80$(점)

- 2차 시험 평균: $\dfrac{50+70+60+70+80}{5}=\dfrac{330}{5}=66$(점)

이 고시생의 1차 시험 점수는 70점, 100점, 70점입니다. 가평균을 70점이라고 하면 과목별로 가평균과의 점수 차이가 각각 0점, 30점, 0점이므로 편차의 평균은 $\dfrac{0+30+0}{3}=10$(점)입니다. 이때, 1차 시험의 실제 평균은 가평균 70점에 10점을 더한 80점입니다. 이 과정을 수식으로 풀어서 표현하면 다음과 같습니다.

$$\frac{70+100+70}{3}=\frac{(70+0)+(70+30)+(70+0)}{3}$$
$$=\frac{70\times3+(0+30+0)}{3}=70+\frac{0+30+0}{3}$$
$$=70+10=80(\text{점})$$

이해되시나요? 일반적으로 가평균을 이용하여 평균을 도출하는 방법을 수식으로 표현하면 다음과 같습니다.

$$(\text{평균})=(\text{가평균})+\frac{1}{n}\sum_{k=1}^{n}\{f_k-(\text{가평균})\}$$

이제 여러분은 갑의 2차 시험 점수에서 가평균을 60점으로 놓고 실제 평균을 구해보세요.

$$(\text{갑의 2차 시험 평균})=60+\frac{\boxed{}}{5}$$
$$=60+\frac{\boxed{}}{5}$$
$$=60+\boxed{}=()\text{점}$$

$(\text{평균})=(\text{가평균})+\dfrac{1}{n}\sum\limits_{k=1}^{n}\{f_k-(\text{가평균})\}$에서 알 수 있다시피, 평균과 가평균이 동일하다면

$\dfrac{1}{n}\sum\limits_{k=1}^{n}\{f_k-(\text{가평균})\}=0$이 성립합니다.

☆암기 $(\text{가평균})=(\text{평균})\Leftrightarrow\dfrac{1}{n}\sum\limits_{k=1}^{n}\{f_k-(\text{가평균})\}=0$

필수 예제

다음 [그래프]를 바탕으로 주어진 문장의 정오를 판별하시오.

[그래프] 각 기업의 연도별 서비스품질지수(SQI)

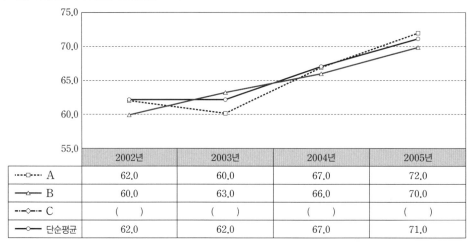

	2002년	2003년	2004년	2005년
···□··· A	62.0	60.0	67.0	72.0
—△— B	60.0	63.0	66.0	70.0
·◇· C	( )	( )	( )	( )
—○— 단순평균	62.0	62.0	67.0	71.0

(1) C기업의 SQI는 세 기업의 SQI의 단순평균보다 항상 높다. (○, ×)

(2) 2005년 A기업의 SQI가 75.0으로 상승한다면 단순평균은 74.0으로 상승한다. (○, ×)

(3) A기업의 2002~2005년간 SQI 평균은 65이다. (○, ×)

해설

(1) 연도별 C기업의 SQI를 구해야 한다. 우리가 가평균을 배우지 않았다면 연도별 C기업의 SQI를 구하기 위해서 복잡한 식을 풀고 있을 것이다. 예를 들면 2002년의 C기업의 SQI를 구하기 위해 $\frac{62+60+x}{3}=62 \rightarrow 62+60+x=186 \rightarrow x=64$와 같은 과정을 거쳐서 계산할 것이다. 하지만 실제 평균을 가평균으로 할 때 편차의 합이 언제나 0임을 알고 있다면, 실제 C기업의 연도별 SQI가 어떤 값인지 몰라도 괄호 안의 값들이 평균보다 큰지 작은지 또는 같은지에 대해서 판별할 수 있다. 연도별 가평균과의 차이를 구해보면 2002년은 +2, 2003년은 +1, 2004년은 +1, 2005년 0이므로 단순평균보다 항상 높다고 할 수 없다.

(2) A, B, C의 단순평균을 구하기 위해서 A, B, C 값의 합을 3으로 나눠야 하는데, 총점이 3점밖에 오르지 않았으므로 평균은 $\frac{3}{3}=1$(점) 상승한다.

(3) 가평균을 65점으로 설정한 후 차이의 합이 0인지 확인한다. 즉, 옳지 않다.

정답 ×, ×, ×

5. 가중평균

우선 가장 잘못 계산한 사람은 [질문 1]의 답을 60 %라고 하는 사람입니다. 두 질문에 대한 정답은 '30 %, 증가'이죠. 우리의 고등학교 시절을 생각해봅시다. 국어, 수학, 일본어 과목에 대한 단위 수(가중치)가 각각 3, 6, 1이고, 주어진 시간이 없다면 어떤 과목을 공부했었나요? 단위 수가 가장 높은 수학을 공부하는 것이 가장 좋은 선택이었겠죠(물론 공부해도 수학 점수가 오르지 않는 경우는 제외합시다). 이때 시험성적이 과목별로 70점, 100점, 40점이라면 평균은 다음과 같습니다.

$$(\text{평균}) = \frac{70 \times 3 + 100 \times 6 + 40 \times 1}{3 + 6 + 1} = \frac{210 + 600 + 40}{10} = 85(\text{점})$$

그런데 이는 다음과 같이 생각할 수도 있죠.

$$(\text{평균}) = \frac{70 \times 3 + 100 \times 6 + 40 \times 1}{3 + 6 + 1} = \frac{210 + 600 + 40}{10} = 70 \times \frac{3}{10} + 100 \times \frac{6}{10} + 40 \times \frac{1}{10}$$

국어, 수학, 일본어의 점수가 각각 70점, 100점, 40점인데, 전체 단위 수 3+6+1=10에서 국어, 수학, 일본어의 단위 수가 차지하는 비중이 각각 $\frac{3}{10}$, $\frac{6}{10}$, $\frac{1}{10}$이라는 것입니다.

치수쌤의 1타 강의

실제 평균이라는 것은 각 점수에 전체 단위에서 각 과목의 단위 수가 차지하는 비중을 곱한 값들의 합을 의미합니다. 이와 같은 계산 방법을 '가중평균'이라고 정의하며, 이를 식으로 정리하면 다음과 같습니다.

$$(\text{가중평균}) = \frac{\sum_{k=1}^{n}(w_k \times f_k)}{\sum_{k=1}^{n} w_k} \quad (\text{단, } w_k\text{는 가중치, } f_k\text{는 자료값})$$

이제는 가중평균을 쉽게 구하는 방법에 대해서 생각해봅시다. 농도가 10 %인 소금물과 30 %인 소금물을 섞어 새로운 소금물 100 g을 만들 때, 섞는 소금물의 양에 따른 최종 소금물의 농도를 표로 정리하면 다음과 같습니다.

[표] 고시생 갑의 1차 시험과 2차 시험 점수

10 % 소금물의 양(g)	30 % 소금물의 양(g)	최종 소금물의 농도(%)
10	90	28
20	80	26
30	70	24
40	60	22
50	50	20
60	40	18
70	30	16
80	20	14
90	10	12

농도가 10 %인 소금물과 30 %인 소금물을 모두 50 g씩 섞는 경우 최종 소금물의 농도는 10 %와 30 %의 딱 중간인 20 %입니다. 하지만 농도가 10 %인 소금물보다 30 %인 소금물을 더 많이 섞으면 최종 소금물의 농도는 상승하겠죠. 이때 무엇을 알 수 있나요? 농도가 30 %인 소금물을 더 많이 섞을수록 최종 소금물의 농도가 상승하는데, 그 농도는 10 % 소금물의 양과 30 % 소금물의 양의 비와 관련 있습니다. 예를 들어, 농도가 10 %인 소금물 10 g과 30 %인 소금물 90 g을 섞었을 때 농도를 구하기 위해서 여러분은 다음과 같은 방정식을 세워 풀었을 것입니다.

$$\frac{10}{100} \times 10 + \frac{30}{100} \times 90 = \frac{x}{100} \times (10+90) \qquad \therefore x = 28(\%)$$

그런데 간단하게 계산하는 방법은 다음과 같습니다.

치수쌤의 1타 강의

10 %와 30 %의 차이는 20 %입니다. 최종 소금물의 농도(가중평균)에 도달하기 위해서는 20 %p를 10 %와 30 %가 서로 나누어 먹어야 하죠. 그런데 나누어 가지는 비율은 각 농도의 소금물 양의 비의 역수 비와 같습니다. 현재 (10 % 소금물의 양) : (30 % 소금물의 양)=1 : 9이므로 20 %p는 10 %와 30 %가 9 : 1로 나누어 가져야 합니다. 즉, 최종 농도는 다음과 같습니다.

(최종농도)=10 %+(30 %-10 %)× $\frac{9}{10}$ =30 %-(30 %-10 %)× $\frac{1}{10}$ =28(%)

수식이 헷갈린다면 다음과 같이 도식화 해봅시다.

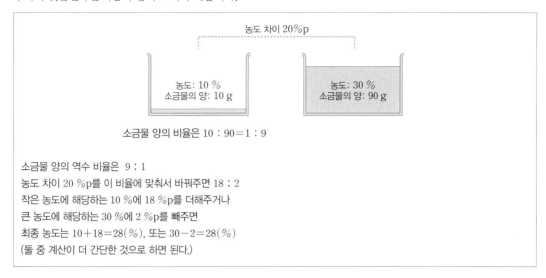

농도 차이 20%p

농도: 10 %
소금물의 양: 10 g

농도: 30 %
소금물의 양: 90 g

소금물 양의 비율은 10 : 90=1 : 9

소금물 양의 역수 비율은 9 : 1
농도 차이 20 %p를 이 비율에 맞춰서 바꿔주면 18 : 2
작은 농도에 해당하는 10 %에 18 %p를 더해주거나
큰 농도에 해당하는 30 %에 2 %p를 빼주면
최종 농도는 10+18=28(%), 또는 30−2=28(%)
(둘 중 계산이 더 간단한 것으로 하면 된다.)

우리는 원리를 이해하고, 실전에서는 바로바로 적용할 수만 있으면 됩니다. 가중평균을 빠르게 구하는 방법을 공식화하면 다음과 같습니다.

☆ 암기   가중평균 공식

X_1(작은 값), X_2(큰 값)가 있고, 이에 대한 가중치가 각각 w_1, w_2라 하자. (단, $w_1+w_2=1$)
• 작은 값을 이용한 가중평균: $X_1+(X_2-X_1)\times w_2$
• 큰 값을 이용한 가중평균: $X_2-(X_2-X_1)\times w_1$
(※ 어느 것을 사용하여도 가중평균은 같게 나온다.)

항목이 2개인 경우에는 위와 같이 간단하게 처리할 수 있습니다. 가중평균을 활용하는 것에 대해서는 많이 헷갈릴 수 있지만, 다음과 같이 생각하면 좋습니다.

$$(소금물의 농도)(\%)=\frac{(소금의 양)}{(소금물의 양)}\times 100$$
└→ 평균   └→ 가중치

즉, $A=\dfrac{C}{B}$ 꼴이 등장하는 경우 A가 소금물 농도로 평균을 의미하고, B가 소금물의 양으로 가중치에 해당합니다.

01

다음 [표]를 바탕으로 주어진 문장의 정오를 판별하시오.

[표] 고려시대 상류층의 혼인연령, 사망연령 및 자녀수

구분		평균 혼인연령(세)	평균 사망연령(세)	평균 자녀수(명)
승려 (80명)	남(50명)	—	69	—
	여(30명)	—	71	—
왕족 (40명)	남(30명)	19	42	10
	여(10명)	15	46	3
귀족 (200명)	남(80명)	15	45	5
	여(120명)	20	56	6

(1) 왕족의 평균 사망연령은 43세이다. (○ , ×)

(2) 귀족의 평균 혼인연령은 왕족보다 높다. (○ , ×)

(3) 귀족의 평균 자녀수는 5.5명이다. (○ , ×)

해설

(1) 원래 무식하게 계산하면 $\frac{42 \times 30 + 46 \times 10}{30 + 10} = \frac{1,260 + 460}{40} = \frac{1,720}{40} = 43$(세)와 같이 도출할 수 있다. 하지만 앞서 배운 가중평균을 이용하면 42와 46세의 차이가 4세인데, 이에 해당하는 인원 수의 비가 30 : 10이므로 그 역수의 비율은 1 : 3이 되어 42와 46의 차이를 1 : 3으로 나누어 더하거나 빼면 42＋1＝43 또는 46－3＝43이 된다.

(2), (3) 첫 번째 선택지를 자세하게 하였으므로 생략한다.

정답 ○, ×, ×

★ 암기 가중평균을 구할 때 항목 간 대칭 관계

소금물 농도 %	→	묻는 항목 값 ex. 왕족 사망연령
소금물의 양 g	→	항목의 도수 값 ex. 남자, 여자 수

02

다음 [표]를 바탕으로 주어진 문장의 정오를 판별하시오.

[표] 반별·과목별 시험성적

(단위: 점)

구분	평균				과목별 총점
	1반		2반		
	남학생 (20명)	여학생 (10명)	남학생 (15명)	여학생 (15명)	
국어	6.0	6.5	A	6.0	365
영어	B	5.5	5.0	6.0	320
수학	5.0	5.0	6.0	5.0	315

(1) A의 값은 B의 값보다 크다. (○ , ×)

(2) 전체 남학생의 수학 점수의 평균은 전체 여학생의 수학 점수의 평균보다 높다. (○ , ×)

(3) 1반 국어 점수의 평균은 6.25점이다. (○ , ×)

해설

(1) A, B를 계산하면 각각 6, 5이다. 매의 눈으로 표를 볼 수 있다면 $6.0 \times 20 + 6.5 \times 10 + 15 \times A + 6 \times 15 = 365$와 같이 식을 세운다 거나, $B \times 20 + 5.5 \times 10 + 5 \times 15 + 6 \times 15 = 320$과 같이 식을 세워서 구하지 않아도 된다는 것을 알 수 있다.

(2) 계산이 전혀 필요하지 않다. 여학생의 수학 점수의 평균은 1반, 2반 모두 5점이므로 여학생 전체의 수학 점수의 평균은 5점이고, 남학생은 1반이 5점, 2반은 6점이므로 확실히 5점보다 높다.

(3) 6.25는 6과 6.5의 산술평균인데 1반의 남학생과 여학생의 수가 다르므로 6.25점일 수 없다.

정답 ○, ○, ×

01

사원 A~E의 승진시험 점수 결과가 다음과 같을 때, 사원 D의 승진시험 점수로 올바른 것은?

A	B	C	D	E	산술평균
87점	78점	73점	( )점	88점	84점

① 81점 ② 89점 ③ 94점 ④ 97점 ⑤ 100점

02

2021년 코레일 기출 변형

다음은 '갑' 회사의 A, B, C 부서 직원들의 근무만족도에 대한 자료이다. 이에 대한 설명으로 옳지 <u>않은</u> 것은?

- A 부서의 평균 근무만족도는 80점이다.
- B 부서의 평균 근무만족도는 90점이다.
- C 부서의 평균 근무만족도는 40점이다.
- A, B 부서의 평균 근무만족도는 88점이다.
- B, C 부서의 평균 근무만족도는 70점이다.

① B 부서 직원 수는 A 부서 직원 수의 4배이다.
② B 부서 직원 수는 C 부서 직원 수의 1.5배이다.
③ B 부서 직원 수는 A, C 부서 직원 수의 합보다 크다.
④ A, B, C 부서의 평균 근무만족도는 73점 이상이다.
⑤ A 부서 직원이 9명이라면, A, B, C 부서 직원 수의 합은 70명 미만이다.

01

사원 D의 승진시험 점수가 x점이라면,

$$\frac{87+78+73+x+88}{5}=84 \rightarrow \therefore x=94(\text{점})$$

NCS 기본 풀이

80점을 기준으로 생각하면

A	B	C	D	E	산술평균
+7	-2	-7	+14	+8	$+4 \times 5 = +20$

$$\therefore 80+14=94(\text{점})$$

NCS 실전 풀이

84점을 기준으로 생각하면

A	B	C	D	E	산술평균
+3	-6	-11	+10	+4	0

$$\therefore 84+10=94(\text{점})$$

정답 ③

02

일반 풀이

1) A, B, C 부서 직원 수가 각각 x명, y명, z명이라면,
   - A 부서 직원들의 근무만족도 합: $80x$명
   - B 부서 직원들의 근무만족도 합: $90y$명
   - C 부서 직원들의 근무만족도 합: $40z$명

   A, B 부서의 평균 근무만족도: $88=\dfrac{80x+90y}{x+y}$

   $\rightarrow 88(x+y)=80x+90y$

   $\rightarrow 8x=2y \rightarrow x:y=2:8=1:4$

   B, C 부서의 평균 근무만족도: $70=\dfrac{90y+40z}{y+z}$

   $\rightarrow 70(y+z)=90y+40z$

   $\rightarrow 30z=20y \rightarrow y:z=3:2$

   $\therefore x:y:z=3:12:8$

2) 각 선택지를 해결하면 다음과 같다.
   ① $x:y=1:4$를 만족한다.
   ② $y:z=3:2$를 만족한다.
   ③ $x:y:z=3:12:8$를 만족한다. $12<3+8$이 성립한다.
   ④ A, B, C 부서의 평균 근무만족도는

   $$\frac{80x+90y+40z}{x+y+z}=\frac{80 \times 3+90 \times 12+40 \times 8}{3+12+8}$$

   $$≒71.3(\text{점})$$

⑤ $x:y:z=3:12:8=9:36:24$

$\rightarrow 9+36+24=69(\text{명})<70\text{명}$

NCS 기본 풀이

1) 평균 근무만족도의 경우 가중치가 직원 수이다.

   A, B 부서의 평균 근무만족도가 88점이므로 두 부서 평균 근무만족도와의 차이는 각각 8점, 2점이다. 따라서 가중비는 2:8, 즉 1:4이다.

   B, C 부서의 평균 근무만족도가 70점이므로 두 부서 평균 근무만족도와의 차이는 각각 20점, 30점이다. 따라서 가중비는 30:20, 즉 3:2이다.

2) 그러므로 직원 수의 비는 A:B:C=3:12:8이다.

3) 선택지 ①, ②, ③, ⑤는 쉽게 확인할 수 있다.

   ④ 70점을 가평균으로 생각하면 다음과 같이 식을 세울 수 있다.

   $$70+\frac{(+10) \times 3+(+20) \times 12+(-30) \times 8}{3+12+8}$$

   $$=70+\frac{30}{23}<73(\text{점})$$

정답 ④

01

2005년 5급공채 PSAT 자료해석 5책형 13번

한 공장에 생산 라인이 생기면서 1개월마다 한 명씩 새로운 사원이 배치되었다. 이 라인에 A사원이 첫 번째로 배치되었고, 이후 4개월 동안 B, C, D, E 4명의 사원이 차례로 충원되었다. 다음 [그래프]는 사원 수의 변화에 따른 이 라인의 1인당 월간 생산량을 표시한 것이다. 이 라인에서 월간 생산량이 가장 많은 사원과 가장 적은 사원은 각각 누구인가?

[그래프] 사원 수에 따른 1인당 월간 생산량

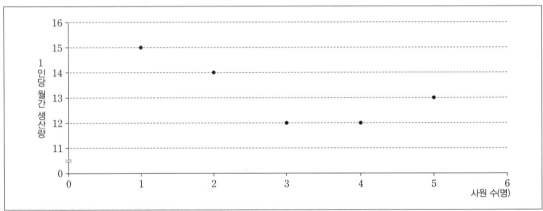

※ 다른 조건은 일정하며 사원별 월간 생산량은 측정 기간 동안 변하지 않았다고 가정함.

① A, C   ② A, E   ③ B, D

④ E, C   ⑤ E, D

01

일반 풀이

1) 다음과 같은 연립방정식을 해결한다.

$$A=15$$

$$\frac{A+B}{2}=14$$

$$\frac{A+B+C}{3}=12$$

$$\frac{A+B+C+D}{4}=12$$

$$\frac{A+B+C+D+E}{5}=13$$

2) 계산하여 정리하면 다음과 같다.

$$(A,\ B,\ C,\ D,\ E)=(15,\ 13,\ 8,\ 12,\ 17)$$

3) 그러므로 월간 생산량이 가장 많은 사원은 E이고, 가장 적은 사원은 C이다.

NCS 기본 풀이

1) 처음 $A=15$를 만족한다.

2) B가 들어오기 전에 평균은 15인데 B가 들어오면서 평균이 1 감소하였고, 이는 2명치 감소한 것이다.

   → $\therefore\ B=15-1\times2=13$

3) C가 들어오기 전에 평균은 14인데 C가 들어오면서 평균이 2 감소하였고, 이는 3명치 감소한 것이다.

   → $\therefore\ C=14-2\times3=8$

4) D가 들어오기 전에 평균은 12인데 D가 들어와도 평균이 바뀌지 않았으므로 $D=12$를 만족한다.

5) E가 들어오기 전에 평균은 12인데 E가 들어오면서 평균이 1 증가하였고, 이는 5명치 증가한 것이다.

   → $\therefore\ E=12+1\times5=17$

NCS 실전 풀이

1) 묻는 것만 답한다.

2) A를 기준으로 B가 들어오면서 평균이 감소하였으므로 $A>B$를 만족한다.

3) C가 들어오면서 평균이 더 많이 감소하였으므로 $B>C$를 만족한다.

4) D가 들어오면서 평균이 유지되었으므로 $D>C$를 만족한다.

5) E가 들어오면서 평균이 증가하였다. E만 구체적으로 계산하면 $E=12+1\times5=17$로 A보다 크다.

6) 그러므로 E가 가장 크고, C가 가장 작다.

정답 ④

02

다음 [표]는 팀별 선수들의 1분 동안 팔굽혀펴기 기록에 대한 자료이다. [표]와 [조건]을 근거로 할 때, A팀 3번 선수와 B팀 3번 선수 기록의 산술평균은?

[표] 팀별 선수들의 1분 동안 팔굽혀펴기 기록 현황 (단위: 회)

팀＼선수	1번 선수	2번 선수	3번 선수	4번 선수	5번 선수
A	33	42	( )	50	42
B	46	39	( )	47	60
C	44	52	54	48	52
D	36	30	45	56	43

┤조건├
- C팀의 팔굽혀펴기 평균은 A팀보다 7회 많다.
- D팀의 팔굽혀펴기 평균은 B팀보다 4회 적다.

① 41회　　　　　　② 43회　　　　　　③ 45회
④ 47회　　　　　　⑤ 49회

일반 풀이

1) [조건]을 바탕으로 빈칸을 채워 정리하면 다음과 같다.

팀 \ 선수	1번 선수	2번 선수	3번 선수	4번 선수	5번 선수
A	33	42	48	50	42
B	46	39	38	47	60
C	44	52	54	48	52
D	36	30	45	56	43

- (C 평균)=(A 평균)+7

$$\frac{44+52+54+48+52}{5}=\frac{33+42+x+50+42}{5}+7$$

→ ∴ $x=48$

- (D 평균)=(B 평균)-4

$$\frac{36+30+45+56+43}{5}=\frac{46+39+y+47+60}{5}-4$$

→ ∴ $y=38$

2) 그러므로 A팀 3번 선수와 B팀 3번 선수 기록의 산술평균은

$$\frac{48+38}{2}=43(회)이다.$$

NCS 기본 풀이

1) [조건]에 주어진 평균을 정리하면 다음과 같다.
   - $C=A+7$
   - $D=B-4$

2) 위 두 식을 더하면
   → $C+D=A+B+3$
   → 즉, 평균이 3만큼 차이 나므로 기록들의 합은 $3\times5=15$ 만큼 차이 난다.

3) 덧셈비교의 기본은 차이값이므로 $A+B$와 $C+D$를 차이값으로 지운다.

팀 \ 선수	1번 선수	2번 선수	3번 선수	4번 선수	5번 선수
A	~~33~~	~~42~~	( )	~~50~~ +2	~~42~~
B	~~46~~ +10	~~39~~ +9	( )	~~47~~	~~60~~ +17
C	~~44~~ +11	~~52~~ +10	54	~~48~~	~~52~~ +10
D	~~36~~	~~30~~	45	~~56~~ +9	~~43~~

4) 더 지우면 다음과 같다.

팀 \ 선수	1번 선수	2번 선수	3번 선수	4번 선수	5번 선수
A			( )	~~+2~~	
B	~~+10~~	~~+9~~	( )		~~+17~~ ~~+7~~
C	~~+11~~ +1	~~+10~~ +1	54		~~+10~~
D			45	~~+9~~ ~~+1~~	

5) $C+D=+1+1+54+45=101$이다.

6) 평균에서 $C+D-3=A+B$가 성립하였으므로 $C+D$에서 15만큼을 빼면 $101-15=86$이므로 구하는 평균은 43이다.

NCS 실전 풀이

1) 선택지에 주어진 것은 평균이고, 2배를 하였을 때 일의 자리 수가 각각 2, 6, 0, 4, 8로 모두 다르다.

2) 그러므로 'NCS 기본 풀이'처럼 차이값으로 접근하되 일의 자리 숫자만 비교해 본다.

3) 이 경우 $C+D$의 일의 자리는 1이고, 'NCS 기본 풀이' 2) 에서의 차이값 15를 빼면 일의 자리 숫자는 6이다.

4) 그러므로 정답은 ②이다.

정답 ②

03

SCS 회사는 신제품 A에 대해 집단 1, 2, 3에게 블라인드 테스트를 하였다. 블라인드 테스트 결과를 정리한 다음 [표]를 바탕으로 할 때, 응답자 전체의 평균 만족도 점수는 몇 점인가? (단, 소수점 둘째 자리에서 반올림한다.)

[표] 신제품 A에 대한 블라인드 테스트 결과

집단 \ 항목	인원수(명)	평균 만족도 점수(점)
집단 1	30	5.0
집단 2	34	5.6
집단 3	16	6.4

① 5.3점   ② 5.4점   ③ 5.5점

④ 5.6점   ⑤ 5.7점

03

일반 풀이

1) 집단별 만족도 점수의 합을 계산하면 다음과 같다.
   - 집단 1: $30 \times 5.0 = 150$(점)
   - 집단 2: $34 \times 5.6 = 190.4$(점)
   - 집단 3: $16 \times 6.4 = 102.4$(점)
2) 집단별 만족도 점수의 합은 $150 + 190.4 + 102.4 = 442.8$(점)
3) 집단별 인원수의 합은 $30 + 34 + 16 = 80$(명)
4) 전체 평균 만족도 점수는 $442.8 \div 80 = 5.535$(점)
5) 소수점 둘째 자리에서 반올림하면 5.5점이다.

NCS 기본 풀이

1) 평균이 등장하는 경우 항상 가평균을 생각한다.
2) [표]의 집단별 평균 만족도 점수가 각각 5.0점, 5.6점, 6.4점이므로 5.5점을 가평균으로 잡고, 그 차이를 계산한다.

항목 집단	인원수(명)	평균 만족도 점수(점)	(가평균과의 차이) ×(인원수)
집단 1	30	$5.5 - 0.5$	$-0.5 \times 30 = -15$
집단 2	34	$5.5 + 0.1$	$+0.1 \times 34 = +3.4$
집단 3	16	$5.5 + 0.9$	$+0.9 \times 16 = +14.4$

3) (가평균과의 차이)×(인원수)의 총합은
   $-15 + 3.4 + 14.4 = +2.8$(점)
4) 총인원수는 $30 + 34 + 16 = 80$(명)
5) 응답자 전체의 평균 만족도 점수는
   가평균 5.5점$+ (2.8$점$\div 80$명$) = 5.5 + 0.05 \downarrow ≒ 5.5$(점)

NCS 실전 풀이

1) 평균이 등장하는 경우 항상 가평균을 생각한다.
2) 선택지의 구성이 매우 조밀하므로 세밀하게 계산해야 한다. 다만, 적당한 수를 기준으로 삼아야 하는데 이 경우 5.5가 적당한 수이다.
3) $-30 \times 0.5 + 34 \times 0.1 + 16 \times 0.9$
   $= -15 + 3.4 + 16 - 1.6$
   $= +1 + 1.8 = +2.8$
4) $2.8 < 80 \times 0.05$
5) $\therefore 5.5$

정답 ③

다음 [표]는 '갑' 기관의 10개 정책(가~차)에 대한 평가결과이다. '갑' 기관은 정책별로 심사위원 A~D의 점수를 합산하여 총점이 낮은 정책부터 순서대로 4개 정책을 폐기할 계획이다. 폐기할 정책만을 모두 고르면?

[표] 정책에 대한 평가결과

정책＼심사위원	A	B	C	D
가	●	●	◐	○
나	●	●	◐	●
다	◐	○	●	◐
라	( )	●	◐	( )
마	●	( )	●	◐
바	◐	◐	◐	●
사	◐	◐	◐	●
아	◐	◐	●	( )
자	◐	◐	( )	●
차	( )	●	◐	○
평균(점)	0.55	0.70	0.70	0.50

※ 정책은 ○(0점), ◐(0.5점), ●(1.0점)으로만 평가됨.

① 가, 다, 바, 사
② 나, 마, 아, 자
③ 다, 라, 바, 사
④ 다, 라, 아, 차
⑤ 라, 아, 자, 차

04

일반 풀이

1) 빈칸을 채우고 정책별 총점을 계산하여 정리하면 다음과 같다.

정책＼심사위원	A	B	C	D	총점	순위
가	●	●	◑	○	2.5	4
나	●	●	◑	●	3.5	1
다	◑	○	●	◑	2.0	7
라	○	●	◑	○	1.5	9
마	●	●	●	◑	3.5	1
바	◑	◑	◑	●	2.5	4
사	◑	◑	◑	●	2.5	4
아	◑	◑	●	○	2.0	7
자	◑	◑	●	●	3.0	3
차	○	●	◑	○	1.5	9
평균(점)	0.55	0.70	0.70	0.50	―	―

2) 총점이 낮은 정책 4개는 다, 라, 아, 차이다.

NCS 실전 풀이

1) 빈칸을 채우는 것은 어렵지 않다.
2) 다만, 각 정책별 총점을 계산하는 것은 너무 시간이 많이 걸린다.
3) 즉, 총점이 낮은 정책을 골라내기 위해서는 엄청난 계산을 하는 것이 아니라, 일단 0점이 많은 정책을 골라낸다. 그러므로 '라'와 '차'를 가장 먼저 골라낸다.
4) '라'와 '차'가 동시에 있는 선택지는 ④, ⑤번이다. 이 두 선택지 중에서 차이는 '다'와 '자'인데 '다'는 2.0점이고, '자'는 3.0점이므로 정답은 '다'가 포함된 ④번이다.

계산 TIP

(1) 점수가 낮은 것들을 골라야 한다면, 확실하게 낮은 것을 위주로 골라낸다.
(2) 계산이 엄청 많은 문제는 나오지 않는다.

정답 ④

05

다음 [표]는 수면제 A~D를 사용한 불면증 환자 '갑'~'무'의 숙면시간을 측정한 결과이다. 이에 대한 [보기]의 설명 중 옳은 것만을 모두 고르면?

[표] 수면제별 숙면시간 (단위: 시간)

수면제＼환자	갑	을	병	정	무	평균
A	5.0	4.0	6.0	5.0	5.0	5.0
B	4.0	4.0	5.0	5.0	6.0	4.8
C	6.0	5.0	4.0	7.0	( )	5.6
D	6.0	4.0	5.0	5.0	6.0	( )

┤보기├

ㄱ. 평균 숙면시간이 긴 수면제부터 순서대로 나열하면 C, D, A, B 순이다.

ㄴ. 환자 '을'과 환자 '무'의 숙면시간 차이는 수면제 C가 수면제 B보다 크다.

ㄷ. 수면제 B와 수면제 D의 숙면시간 차이가 가장 큰 환자는 '갑'이다.

ㄹ. 수면제 C의 평균 숙면시간보다 수면제 C의 숙면시간이 긴 환자는 2명이다.

① ㄱ, ㄴ ② ㄱ, ㄷ ③ ㄴ, ㄹ

④ ㄱ, ㄴ, ㄷ ⑤ ㄴ, ㄷ, ㄹ

05

일반 풀이

[표]의 값을 채우면 다음과 같다.

- C 수면제 환자 '무'의 숙면시간을 x시간이라고 하면
  → $(6.0+5.0+4.0+7.0+x)÷5=5.6$
  → ∴ $x=6.0$
- D 수면제의 평균 숙면시간은
  $(6.0+4.0+5.0+5.0+6.0)÷5=5.2$(시간)

환자 수면제	갑	을	병	정	무	평균
A	5.0	4.0	6.0	5.0	5.0	5.0
B	4.0	4.0	5.0	5.0	6.0	4.8
C	6.0	5.0	4.0	7.0	6.0	5.6
D	6.0	4.0	5.0	5.0	6.0	5.2

ㄱ. (○) 평균 숙면시간이 긴 수면제부터 나열하면
  C−D−A−B 순이다.

ㄴ. (×) 환자 '을'과 환자 '무'의 숙면시간 차이는 수면제 C가
  $6-5=1$(시간), 수면제 B가 $6-4=2$(시간)이다.

ㄷ. (○) 수면제 B와 수면제 D의 숙면시간 차이를 계산하면 다음과 같다.
  - 갑: $6-4=2$(시간)
  - 을: $4-4=0$(시간)
  - 병: $5-5=0$(시간)
  - 정: $5-5=0$(시간)
  - 무: $6-6=0$(시간)

ㄹ. (×) 수면제 C의 평균 숙면시간보다 수면제 C의 숙면시간이 긴 환자는 '갑', '정', '무'의 3명이다.

NCS 실전 풀이

ㄱ. (○) 수면제 D의 평균 숙면시간을 구해야 한다.
  - 수면제 D의 숙면시간 5.0시간을 가평균으로 정리하면 다음과 같다.

갑	을	병	정	무	합
6.0	4.0	5.0	5.0	6.0	
+1.0	−1.0	0.0	0.0	+1.0	+1.0

  - 그러므로 수면제 D의 평균 숙면시간은
    $5+(+1.0)÷5=5.2$(시간)
  - 평균 숙면시간이 긴 수면제부터 순서대로 나열하면 C, D, A, B 순이다.

ㄴ. (×) 수면제 C의 환자 '무'의 숙면시간은 다음과 같다.
  - 수면제 C의 평균 숙면시간이 5.6시간이므로 5.0시간을 가평균으로 생각하면 0.6시간이 더 큰 것인데
  - 이는 5.0시간을 기준으로 할 때 총숙면시간의 합이 $+0.6×5=+3.0$(시간)이라는 것과 같다.
  - 그러므로 이를 단순하게 표현하면 다음과 같다.

갑	을	병	정	무	합
6.0	5.0	4.0	7.0		5.0 기준
+1.0	0.0	−1.0	+2.0		+3.0

  - '무' 숙면시간은 5.0시간을 기준으로 +1.0이 되어야 하므로 '무' 숙면시간은 $5.0+1.0=6.0$(시간)이다.

그 외 보기는 읽지 않는다.

정답 ②

01

2018년 민경채 PSAT 자료해석 가책형 24번

다음 [표 1]은 창의경진대회에 참가한 세 팀 A, B, C의 인원수 및 평균점수이며, [표 2]는 [표 1]에 기초하여 팀 연합 인원수 및 팀 연합 평균점수를 각각 산출한 자료이다. (가)와 (나)에 들어갈 값을 바르게 나타낸 것은?

[표 1] 팀 인원수 및 팀 평균점수 (단위: 명, 점)

팀	A	B	C
인원수	( )	( )	( )
평균점수	40.0	60.0	90.0

1) 각 참가자는 A, B, C팀 중 하나의 팀에만 속하고, 개인별로 점수를 획득함.

2) (평균점수)$=\dfrac{\text{(해당 팀 참가자 개인별 점수의 합)}}{\text{(해당 팀 참가자 인원수)}}$

[표 2] 팀 연합 인원수 및 팀 연합 평균점수 (단위: 명, 점)

팀 연합	A+B	B+C	C+A
인원수	80	120	(가)
평균점수	52.5	77.5	(나)

1) A+B는 A팀과 B팀, B+C는 B팀과 C팀, C+A는 C팀과 A팀의 인원을 합친 팀 연합임.

2) (팀 연합 평균점수)$=\dfrac{\text{(해당 팀 연합 참가자 개인별 점수의 합)}}{\text{(해당 팀 연합 참가자 인원수)}}$

	(가)	(나)
①	90	72.5
②	90	75.0
③	100	72.5
④	100	75.0
⑤	110	72.5

01

일반 풀이

1) A팀의 인원수를 x명이라 하고 'A+B' 팀 연합의 평균점수를 이용하여 식을 세우면 다음과 같다.

$$\frac{40 \times x + 60 \times (80-x)}{80} = 52.5(점)$$

→ ∴ $x = 30$(명) = (A팀 인원수)

→ ∴ (B팀 인원수) = 80 − 30 = 50(명)

→ ∴ (C팀 인원수) = 120 − 50 = 70(명)

2) 그러므로 (가) = 70 + 30 = 100

3) (나) = $\dfrac{90 \times 70 + 40 \times 30}{100} = 75.0$

NCS 실전 풀이

1) 팀 연합 'A+B'의 경우 가중평균 원리를 이용하면 다음과 같다.

A+B 팀 연합 평균점수가 52.5점이므로 각각의 팀 평균점수와의 차이는 12.5점, 7.5점이다.

따라서 가중비는 7.5 : 12.5, 즉 3 : 5이다.

2) 그러므로 A팀은 30명, B팀은 50명을 만족한다.

3) 그런데 B+C = 120(명)이므로 C = 120 − 50 = 70(명)

4) 그러므로 (가) = 30 + 70 = 100

5) (나) 역시 가중평균 원리를 이용하면 다음과 같다.

A팀과 C팀의 인원수의 비, 즉 가중비가 30 : 70이므로 A+C 팀 연합 평균점수와 A팀, C팀의 평균점수와의 차이는 각각 70 : 30, 즉 7 : 3이다. 두 팀의 평균점수가 각각 40.0점, 90.0점으로 50.0점 차이 나므로 A+C 팀 연합 평균점수는 $40.0 + 50.0 \times \dfrac{7}{7+3} = 75.0$(점)

계산 TIP

⑴ 가중평균 원리를 이해하고 바로 적용한다.

⑵ 가중평균의 가중비가 $a : b$라면 두 값의 차이를 $b : a$로 내분한다.

정답 ④

다음 [표]는 2016년 1~6월 월말종가기준 A, B사의 주가와 주가지수에 대한 자료이다. 이에 대한 [보기]의 설명 중 옳은 것만을 모두 고르면?

[표] A, B사의 주가와 주가지수

구분		1월	2월	3월	4월	5월	6월
주가(원)	A사	5,000	( )	5,700	4,500	3,900	( )
	B사	6,000	( )	6,300	5,900	6,200	5,400
주가지수		100.00	( )	109.09	( )	91.82	100.00

1) (주가지수)$= \dfrac{(\text{해당 월 A사의 주가}) + (\text{해당 월 B사의 주가})}{(\text{1월 A사의 주가}) + (\text{1월 B사의 주가})} \times 100$

2) (해당 월의 주가 수익률)(%)$= \dfrac{(\text{해당 월의 주가}) - (\text{전월의 주가})}{(\text{전월의 주가})} \times 100$

┤ 보기 ├

ㄱ. 3~6월 중 주가지수가 가장 낮은 달에 A사와 B사의 주가는 모두 전월 대비 하락하였다.

ㄴ. A사의 주가는 6월이 1월보다 높다.

ㄷ. 2월 A사의 주가가 전월 대비 20 % 하락하고 B사의 주가는 전월과 동일하면, 2월의 주가지수는 전월 대비 10 % 이상 하락한다.

ㄹ. 4~6월 중 A사의 주가 수익률이 가장 낮은 달에 B사의 주가는 전월 대비 하락하였다.

① ㄱ, ㄴ
② ㄱ, ㄷ
③ ㄴ, ㄷ
④ ㄴ, ㄹ
⑤ ㄷ, ㄹ

02

일반 풀이

ㄱ. (×) 3~6월 중 주가지수가 가장 낮은 달은 5월이다. 5월 A사의 주가는 전월 대비 하락하였으나, B사의 주가는 전월 대비 상승하였다.

ㄴ. (○) 6월의 주가지수는 1월과 동일하므로 1월의 A사와 B사 주가의 합은 6월의 A사와 B사 주가의 합과 동일하다.
- → 5,000＋6,000＝(6월 A사 주가)＋5,400
- → (6월 A사 주가)＝5,600원

ㄷ. (×) 조건을 그대로 적용하면 다음과 같다.
- 2월 A사 주가: 5,000×0.8＝4,000(원)
- 2월 B사 주가: 6,000원
- 2월 A사 주가＋B사 주가: 10,000원
- → 11,000원이 10,000원으로 되었으니 감소율은 10 % 미만이다.

ㄹ. (○) 4~6월 A사의 주가 수익률을 일일이 계산하면 다음과 같다.
- 4월: $\dfrac{4,500-5,700}{5,700}\times100≒-21.1(\%)$
- 5월: $\dfrac{3,900-4,500}{4,500}\times100≒-13.3(\%)$
- 6월: $\dfrac{5,600-3,900}{3,900}\times100≒+43.6(\%)$
- → 4월의 B사의 주가는 전월 대비 하락하였다.

NCS 실전 풀이

ㄱ. (×) [주가지수가 가장 낮다＝'A사 주가＋B사 주가'가 가장 작다]이다. 즉, 4, 5월을 비교하면 5월이 더 낮고, 5월의 B사 주가는 전월 대비 상승하였다.

ㄴ. (○) (1월 주가지수)＝(6월 주가지수)가 성립하므로 'A사의 주가는 6월이 1월보다 높다.'는 것은 'B사의 주가는 6월이 1월보다 낮다.'는 것과 같다.

ㄷ. (×) 가중평균 원리를 이용하면 다음과 같다.

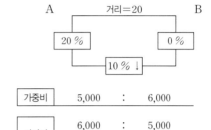

가중비	5,000	:	6,000

거리비	6,000	:	5,000
	6	:	5

ㄹ. (○) 읽지 않는다.

계산 TIP

(1) ㄹ의 경우 감소 폭을 기준으로 확인해도 충분하다.

3월	4월	5월	6월
5,700	4,500	3,900	( )

－1,200 ← → －600

(2) '2배는 따라올 수 없다!'를 기억하면 좋다.

정답 ④

다음 [표]는 A국의 2008년과 2012년 의원 유형별, 정당별 전체 의원 및 여성 의원에 관한 자료이다. 이에 대한 [보기]의 설명 중 옳은 것만을 모두 고르면?

[표 1] 2008년 의원 유형별, 정당별 전체 의원 및 여성 의원 (단위: 명)

의원 유형	정당 구분	가	나	다	라	기타	전체
비례대표 의원	전체 의원 수	44	38	16	20	70	188
	여성 의원 수	21	18	6	10	25	80
지역구 의원	전체 의원 수	230	209	50	51	362	902
	여성 의원 수	16	21	2	7	17	63

[표 2] 2012년 의원 유형별, 정당별 전체 의원 및 여성 의원 (단위: 명, %)

의원 유형	정당 구분	가	나	다	라	기타	전체
비례대표 의원	전체 의원 수	34	42	18	17	74	185
	여성 의원 비율	41.2	54.8	27.8	35.3	40.5	42.2
지역구 의원	전체 의원 수	222	242	60	58	344	926
	여성 의원 비율	7.2	12.4	10.0	13.8	4.1	8.0

1) 의원 유형은 비례대표 의원과 지역구 의원으로만 구성됨.
2) 비율은 소수점 둘째 자리에서 반올림한 값임.

┤보기├

ㄱ. 2012년 A국 전체 의원 중 여성 의원의 비율은 15 % 이하이다.
ㄴ. 2008년 정당별 지역구 의원 중 여성 의원 비율은 '기타'를 제외하고 '라' 정당이 가장 높다.
ㄷ. 2008년 대비 2012년의 '가' 정당 여성 의원 비율은 비례대표 의원 유형과 지역구 의원 유형에서 모두 감소하였다.
ㄹ. 2008년 대비 2012년에 여성 지역구 의원 수는 '가'~'라' 정당에서 모두 증가하였다.

① ㄱ, ㄴ   ② ㄱ, ㄷ   ③ ㄴ, ㄷ   ④ ㄴ, ㄹ   ⑤ ㄱ, ㄴ, ㄹ

03

일반 풀이

ㄱ. (○) 2012년 여성 의원 수를 구체적으로 계산한다.
- 여성 비례대표 의원 수: 185×0.422＝78(명)
- 여성 지역구 의원 수: 926×0.080＝74(명)
- 총 여성 의원 수: 78＋74＝152(명)
- 총 의원 수: 185＋926＝1,111(명)
- A국 전체 의원 중 여성 의원의 비율은

$$\frac{152}{1,111}\times100 ≒ 13.7(\%) < 15\%$$

ㄴ. (○) 정당별 지역구 의원 중 여성 의원 비율을 구체적으로 계산하여 정리하면 다음과 같다. '라' 정당이 가장 높다.

정당	가	나	다	라
여성 비율	7.0 %	10.0 %	4 %	13.7 %

ㄷ. (×) 2008년 비례대표 의원 유형과 지역구 의원 유형에서 '가' 정당의 여성 의원 비율을 계산하여 정리하면 다음과 같다. 지역구 의원의 비율이 증가하였으므로 옳지 않다.

비례대표 의원	지역구 의원
47.7 %	7.0 %

ㄹ. (×) 2012년 여성 지역구 의원 수를 계산하여 정리하면 다음과 같다. '가' 정당은 증가하지 않았으므로 옳지 않다.

정당	가	나	다	라
여성	16명	30명	6명	8명

NCS 실전 풀이

ㄱ. (○) 가중평균으로 접근하면 다음과 같다.

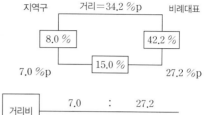

거리비	7.0	:	27.2
	1	:	4 ↓

가중비	4 ↓	:	1

실제 가중비	926	:	185
	4 ↑	:	1

→ 15 %를 기준으로 볼 때의 가중치보다 실제 가중비는 지역구 쪽에 더 쏠려 있으므로 8.0 %에 더 가깝게 되어 15.0 %보다 작아야 한다.

ㄴ. (○) 정당별 지역구 의원 중 여성 의원 비율이 가장 크다는 것은 그 역수인 여성 의원 수 대비 지역구 의원 전체 의원 수 비율이 가장 작다는 것이다. '라'는 51÷7＝7.××이므로 8배를 기준으로 확인하면 '라'가 가장 작다는 것을 확인할 수 있다.

ㄷ. (×) 읽지 않는다.

ㄹ. (×) '가' 정당의 여성 지역구 의원 수는 222×0.072≒16(명)으로 전과 동일하다.

정답 ①

01 일치부합

1) 도표의 해석

1. 표를 읽는 순서

① 주어진 표의 제목과 단위를 확인한다.

② 표의 구성을 확인한다.

- 시계열에 대한 자료인지
- 항목들이 서로 대등한 관계인지
- 항목들이 서로 상하 관계인지 확인한다.

③ 각주에 식이 주어져 있다면 최종 도출 가능 정보가 무엇인지 확인한다.

(※ 최종 도출 가능 정보를 확인한다는 것은 표의 주제를 찾는 것과 같습니다.)

④ 경향을 확인한다.

- 눈에 띄는 최댓값 또는 최솟값이 있는지
- 다른 경향의 값이 있는지 확인한다.

2. 그림을 읽는 순서

① 주어진 그림의 제목과 단위를 확인한다.

② 시각적 효과를 최대한 활용한다.

③ 특이하게 경향을 벗어나는 그림 또는 눈에 띄는 연도가 있는지 확인한다.

다음 [표]를 보고 문제를 해결해 보세요.

[표] 산업 신기술검증 연간건수 및 연간비용

(단위: 건, 천만 원)

구분	연도	2008년	2009년	2010년	2011년	2012년	2013년
서류 검증	건수	755	691	( )	767	725	812
	비용	54	( )	57	41	102	68
현장 검증	건수	576	650	630	691	( )	760
	비용	824	1,074	1,091	( )	2,546	1,609
전체	건수	1,331	1,341	1,395	1,458	1,577	1,572
	비용	878	1,134	1,148	1,745	2,648	( )

※ 신기술검증은 서류검증과 현장검증으로만 구분됨.

주어진 [표]는

① 제목이 산업 신기술검증 연간건수 및 연간비용이고

② [표]에 주어진 항목 중 건수와 비용은 서로 대등하므로 '건당 비용'과 같은 분수 문제를 예상할 수 있으며

③ 각주에 따라 '신기술검증＝서류검증＋현장검증'이 성립하므로 '△신기술검증＝△서류검증＋△현장검증'을 충분히 활용하여 필요에 따라 괄호를 채운다.

[문제] 서류검증 건당 비용은 2008년에 가장 크다.　(○, ×)

[해설] 서류검증 건당 비용이 2008년에 가장 크다면 서류검증 비용당 건수는 최소가 된다. 2008년을 기준으로 확인할 때, 2012년이 더 적으므로 2008년은 최소가 아니다. 즉, 옳지 않다.

정답 ×

[표] '갑'국 식품산업 매출액 및 생산액 추이

(단위: 십억 원, %)

연도 \ 구분	식품산업 매출액	식품산업 생산액	제조업 생산액 대비 식품산업 생산액 비중	GDP 대비 식품산업 생산액 비중
2011년	30,781	27,685	17.98	4.25
2012년	36,388	35,388	21.17	4.91
2013년	23,909	21,046	11.96	2.74
2014년	33,181	30,045	14.60	3.63
2015년	33,335	29,579	13.84	3.42
2016년	35,699	32,695	14.80	3.60
2017년	37,366	33,148	13.89	3.40
2018년	39,299	36,650	14.30	3.57
2019년	44,441	40,408	15.16	3.79
2020년	38,791	34,548	10.82	2.94
2021년	44,448	40,318	11.58	3.26
2022년	47,328	43,478	12.22	3.42

이 [표]는

① 제목이 '갑'국 식품산업 매출액 및 생산액 추이이고

② [표]에 식품산업 매출액과 생산액이 주어져 있으므로 2개를 구분해야 하며

③ 식품산업 생산액의 하위 항목으로 '제조업 생산액 대비 식품산업 생산액 비중'이 주어져 있으므로 당연히 제조업 생산액에 대한 것을 물어볼 것이며

④ 같은 맥락으로 GDP에 대한 것도 물어볼 것이다.

[문제 1] 2022년 제조업 생산액은 2011년 제조업 생산액의 4배 이상이다.　(○, ×)

[문제 2] 2018년 '갑'국 GDP는 1,000조 원 이상이다.　(○, ×)

정답 ×, ○

다음 [표]를 보고 문제를 해결해 보세요.

[표] 독립과 통일에 관한 견해

(단위: %)

구분		통일에 대한 견해			
		무조건 찬성	조건부 찬성	반대	계
독립에 대한 견해	무조건 찬성	2.7	9.0	15.7	27.4
	조건부 찬성	9.3	25.4	11.3	46.0
	반대	8.5	13.6	4.5	26.6
	계	20.5	48.0	31.5	100.0

※ 찬성은 무조건 찬성과 조건부 찬성을 모두 포함함.

이 [표]는

① 제목이 독립과 통일에 대한 견해이고

② 견해는 무조건 찬성, 조건부 찬성, 반대의 3가지로 나뉜다.

③ 다음과 같은 내용에 주의해야 한다.

- 오른쪽 끝에 있는 '계'는 통일에 대한 견해의 합이 아니라, 독립에 대한 견해의 합이다. 즉, 오른쪽 끝에 있는 27.4 %는 독립에 대해 무조건 찬성인 견해의 합을 의미한다.

- 같은 맥락으로 가장 아래에 있는 '계'는 독립에 대한 견해의 합이 아니라, 통일에 대한 견해의 합이다.

[문제 1] 독립에 무조건 찬성하는 사람의 비율이 통일에 무조건 찬성하는 사람의 비율보다 높다.   (○, ×)

[문제 2] 독립에 찬성하거나 통일에 찬성하는 사람의 비율은 46.4 %이다.   (○, ×)

정답 ○, ×

[그래프] 태양광 산업 분야 투자액 및 투자건수

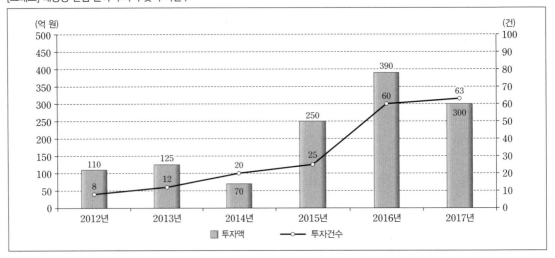

이 [그래프]는

① 제목이 태양광 산업 분야 투자액 및 투자건수로

② 두 개의 그래프로 주어져 있으며,

③ 투자액은 2014년과 2017년을 제외하고 상승세이며

④ 투자건수는 매년 증가하고 있으나, 2015년과 2017년에 증가폭이 둔화되었다.

⑤ 연도가 촘촘히 나왔기 때문에 전년 대비 증가율에 대한 것을 묻거나,

⑥ 항목의 특성상 당연히 '투자건수당 투자액'에 대해 물어볼 것이라 생각한다.

[문제 1] 2013~2017년 동안 투자액의 전년 대비 증가율은 2016년이 가장 높다.　　(○, ×)

[문제 2] 2013~2017년 동안 투자건수의 전년 대비 증가율은 2017년이 가장 낮다.　　(○, ×)

정답 ×, ○

2) 반대해석

1. 공식

A	+	A^C	=	100%
max		min		일정
min		max		일정

다음 문장은 모두 같은 의미입니다.

A가 가장 크다. $= A^C$이 가장 작다.

$$= \frac{A}{A^C}\text{가 가장 크다.}$$

$$= \frac{A^C}{A}\text{이 가장 작다.}$$

2. A와 A^C의 비중 관계

A	A^C	U
10% ↑	90% ↓	100%
15% ↑	85% ↓	100%
20% ↑	80% ↓	100%
25% ↑	75% ↓	100%
30% ↑	70% ↓	100%
40% ↑	60% ↓	100%
50% ↑	50% ↓	100%

3. A와 A^C의 관계 예시 문장

① A는 전체 U의 $\frac{2}{3}$ 이상이다.

$= A^C$는 전체 U의 $\frac{1}{3}$ 이하이다.

$= A$는 A^C의 2배 이상이다.

$= A^C$은 A의 50% 이하이다.

② A는 전체 U의 $\frac{1}{3}$ 이상이다.

$= A^C$는 전체 U의 $\frac{2}{3}$ 이하이다.

$= A$는 A^C의 50% 이상이다.

$= A^C$은 A의 2배 이하이다.

3) 비중

1. 공식

$$(비중)(\%) = \frac{(해당\ 항목의\ 양)}{(전체의\ 양)} \times 100$$

⭐암기

15 %	10 % + 5 %	85 %	100 % − 15 %
45 %	50 % − 5 %	90 %	100 % − 10 %
55 %	50 % + 5 %	95 %	100 % − 5 %
60 %	50 % + 10 %	99 %	100 % − 1 %

2. A vs A^C

$A \uparrow$	$A^C \downarrow$	전략 (전체 ×)
20 % ↑	80 % ↓	$A \times 4 > A^C$
25 % ↑	75 % ↓	$A \times 3 > A^C$
30 % ↑	70 % ↓	$A \times \frac{7}{3} > A^C$
40 % ↑	60 % ↓	$A \times 1.5 > A^C$
50 % ↑	50 % ↓	$A > A^C$

3. A vs A^C

$A \uparrow$	U	전략 (전체 ○)	암기분수
11.1 % ↑	100 %	$A \times 9 > U$	$\frac{1}{9}$
12.5 % ↑	100 %	$A \times 8 > U$	$\frac{1}{8}$
14.3 % ↑	100 %	$A \times 7 > U$	$\frac{1}{7}$
16.7 % ↑	100 %	$A \times 6 > U$	$\frac{1}{6}$
20.0 % ↑	100 %	$A \times 5 > U$	$\frac{1}{5}$
25.0 % ↑	100 %	$A \times 4 > U$	$\frac{1}{4}$
33.3 % ↑	100 %	$A \times 3 > U$	$\frac{1}{3}$
50.0 % ↑	100 %	$A \times 2 > U$	$\frac{1}{2}$

4. 비중의 차이를 나타내는 경우(단위 '%p')

선택지에서 묻는 값을 기준으로 확인한다.

5. 비중 변화(전체 증가율 vs 해당 항목의 증가율)

① (전체 증가율)>(해당 항목 증가율): 비중 감소
② (전체 증가율)=(해당 항목 증가율): 비중 동일
③ (전체 증가율)<(해당 항목 증가율): 비중 증가

4) 증가율/감소율/변화율(=증감률)

1. 공식

- (증가율)$(\%)=\dfrac{T_2-T_1}{T_1}\times100$

- (감소율)$(\%)=\dfrac{T_1-T_2}{T_1}\times100$ (단, $T_1>T_2$)

- (변화율)$(\%)=\left|\dfrac{T_2-T_1}{T_1}\right|\times100$

2. 증가율, 감소율, 변화율의 최댓값과 최솟값 판단기준

구분	증가율	감소율	변화율(증감률)
최댓값	부호 고려하여 가장 큰 것	감소한 것 중 절댓값이 가장 큰 것	부호 떼고 절댓값이 가장 큰 것
최솟값	부호 고려하여 가장 작은 것	감소한 것 중 절댓값이 가장 작은 것	부호 떼고 절댓값이 가장 작은 것

3. 증가율, 감소율, 변화율에 대한 문장 판단 전략

① A 대비 B의 증가율은 ☆ % 이상이다.
- A+A×☆ % ≤ B
② A 대비 B의 증가율은 ☆ % 이하이다.
- A+A×☆ % ≥ B
③ A 대비 B의 감소율은 ☆ % 이상이다.
- B+A×☆ % ≤ A
④ A 대비 B의 감소율은 ☆ % 이하이다.
- B+A×☆ % ≥ A
⑤ A 대비 B의 변화율(=증감률)은 ☆ % 이상이다.
- A+A×☆ % ≥ B 또는 B+A×☆ % ≤ A

⑥ 증가율이 매년 증가한다.
- 증가 폭만을 먼저 계산하여 반례일 것 같은 것을 찾는다.
- 증가 폭이 일정해도 증가율은 감소한다.
⑦ 증가율이 매년 감소한다.
- 증가 폭만을 먼저 계산하여 반례일 것 같은 것을 찾는다.
- 증가 폭이 더 커졌거나, 상대적으로 더 큰 연도가 반례에 해당한다.

5) 배율

1. 공식

$$\text{(배율)} = \frac{\text{(비교값)}}{\text{(기준값)}} = \frac{T_2}{T_1}$$

2. 배율 예시 문장

① B는 A의 1.4배 이상이다.
→ $A \times 1.4 \leq B$
→ $A \times 1.4 + A \times 0.1 \leq B + A \times 0.1$
→ $A \times 1.5 \leq B + A \times 0.1$
② B는 A의 1.7배 이상이다.
→ $A \times 1.7 \leq B$
→ $A \times 1.7 + A \times 0.3 \leq B + A \times 0.3$
→ $A \times 2.0 \leq B + A \times 0.3$

6) 지수

1. 공식

$$\text{(지수)} = \frac{\text{(비교값)}}{\text{(기준값)}} \times 100 = \frac{T_2}{T_1} \times 100$$

2. 지수에 대한 문장 판단 전략

① 비교할 수 있는 것과 없는 것을 구분한다.
② '특정 시점'이 기준인지, '특정 항목'이 기준인지 확인한다.
③ 특정 시점이 기준이라면 항목의 시점 간의 비교는 가능하나, 항목끼리의 비교는 불가능하다.
④ 특정 항목이 기준이라면 특정 시점 내에서의 항목 간의 비교는 가능하나, 시점끼리의 비교는 불가능하다.
⑤ 다만, 조건이 추가되면 서로 비교할 수 없었던 것들을 비교할 수 있게 바뀌는 경우가 종종 있다.

다음 [그래프]와 [표]를 보고 문제를 해결해 보세요.

2017년 민경채 PSAT 자료해석 나책형 9번

[그래프] 식량 가격지수

[표] 품목별 가격지수

시기	품목	육류	낙농품	곡물	유지류	설탕
2014년	3월	185.5	268.5	208.9	204.8	254.0
	4월	190.4	251.5	209.2	199.0	249.9
	5월	194.6	238.9	207.0	195.3	259.3
	6월	202.8	236.5	196.1	188.8	258.0
	7월	205.9	226.1	185.2	181.1	259.1
	8월	212.0	200.8	182.5	166.6	244.3
	9월	211.0	187.8	178.2	162.0	228.1
	10월	210.2	184.3	178.3	163.7	237.6
	11월	206.4	178.1	183.2	164.9	229.7
	12월	196.4	174.0	183.9	160.7	217.5
2015년	1월	183.5	173.8	177.4	156.0	217.7
	2월	178.8	181.8	171.7	156.6	207.1
	3월	177.0	184.9	169.8	151.7	187.9

※ 기준년도인 2002년의 가격지수는 100임.

이 [그래프]와 [표]의 경우
① 식량 가격지수의 시계열에 따른 흐름과
② 품목별 가격지수의 시계열에 따른 흐름은 알 수 있으나
③ 품목 간 가격의 대소비교를 할 수 없다.

[문제 1] 2015년 3월의 식량 가격지수는 2014년 3월에 비해 15 % 이상 하락했다.   (○, ×)

[문제 2] 2015년 3월 낙농품의 가격은 곡물가격의 1.1배 이상이다.   (○, ×)

정답 ○, ×

7) 어림산

1. 공식

① $(1+x)(1+y) \fallingdotseq 1+x+y$

② $(1+x)^n \fallingdotseq 1+nx$

③ $\dfrac{1}{1+x} \fallingdotseq 1-x$

④ $\dfrac{1+x}{1+y} \fallingdotseq 1+x-y$

→ (분자 증가율)−(분모 증가율)

$$\dfrac{17년}{14년} = \dfrac{\blacksquare}{14년} \times \dfrac{\blacksquare}{\blacksquare} \times \dfrac{17년}{\blacksquare}$$

$$= (1+\text{☆}) \times (1+\square) \times (1+\triangle)$$

$$\fallingdotseq 1+\text{☆}+\square+\triangle$$

2. 곱셈이 섞인 분수의 변환

$$\dfrac{A \times B}{C \times D} = \dfrac{\dfrac{A}{C}}{\dfrac{D}{B}} = \dfrac{1+\text{☆}}{1+\triangle} \fallingdotseq 1+\text{☆}-\triangle$$

8) 식의 변형

계산하는 데 있어 수를 분해할수록 계산을 훨씬 단순화할 수 있습니다. 주어진 식을 변형하는 것도 중요하고, 주어진 식을 계산할 때도 재치가 필요한 셈이죠.

다음 [표]를 보고 문제를 해결해 보세요.

[표] 가사노동 부담형태에 대한 설문조사 결과

(단위: %)

구분	부담형태	부인 전담	부부 공동분담	남편 전담	가사 도우미 활용
성별	남성	87.9	8.0	3.2	0.9
	여성	89.9	7.0	2.1	1.0
연령대	20대	75.6	19.4	4.1	0.9
	30대	86.4	10.4	2.5	0.7
	40대	90.7	6.4	1.9	1.0
	50대	91.1	5.9	2.6	0.4
	60대 이상	88.4	6.7	3.5	1.4
경제활동 상태	취업자	90.1	6.7	2.3	0.9
	미취업자	87.4	8.6	3.0	1.0

※ '갑'국 20세 이상 기혼자 100,000명(남성 45,000명, 여성 55,000명)을 대상으로 동일시점에 조사하였으며 무응답과 중복응답은 없음.

[문제] 가사노동을 부인이 전담한다고 응답한 남성과 여성의 응답자 수 차이는 8,500명 이상이다. (○, ×)

[해설] 많은 학생이 이 문제를 해결하기 위해 $|45,000명 \times 0.879\% - 55,000명 \times 0.899\%|$와 같은 계산을 정확하게 하다가 포기하곤 한다. 하지만 해당 문항을 조금만 다르게 생각해 보면 다음과 같이 해결할 수 있다.

$55,000명 \times 0.899 - 45,000명 \times 0.879$

$= (45,000 + 10,000) \times 0.899 - 45,000 \times 0.879$

$= 45,000 \times 0.899 + 10,000 \times 0.899 - 45,000 \times 0.879$

$= 45,000 \times (0.899 - 0.879) + 10,000 \times 0.899$

$= 45,000 \times 0.020 + 8,990 > 8,500$

정답 ○

9) 분수비교, 곱셈비교

1. 분수비교: 분모분자 증가율 비교법

⭐암기

기준값   비교값

$$\frac{A}{B} \rightarrow \frac{+\,\bigstar}{+\,\triangle} \rightarrow \frac{C}{D}$$

(1) (분모 증가율)<(분자 증가율) $\rightarrow \dfrac{A}{B} < \dfrac{C}{D}$

(2) (분모 증가율)=(분자 증가율) $\rightarrow \dfrac{A}{B} = \dfrac{C}{D}$

(3) (분모 증가율)>(분자 증가율) $\rightarrow \dfrac{A}{B} > \dfrac{C}{D}$

2. 분수비교: 분모분자 차이법

⭐암기

(1) $\dfrac{A}{B} < \dfrac{C}{D} \rightarrow \dfrac{A}{B} < \dfrac{A+C}{B+D}$

(2) $\dfrac{A}{B} = \dfrac{C}{D} \rightarrow \dfrac{A}{B} = \dfrac{A+C}{B+D}$

(3) $\dfrac{A}{B} > \dfrac{C}{D} \rightarrow \dfrac{A}{B} > \dfrac{A+C}{B+D}$

※ 항상 '작은 것 → 큰 것' 방향으로 비교한다.

3. 곱셈비교: 증가율 비교법

증가율 ☆ %

$$A \quad \times \quad B \quad vs \quad C \quad \times \quad D$$

증가율 △ %

대소비교 결과

(1) ☆ < △ →   >

(2) ☆ = △ →   =

(3) ☆ > △ →   <

※ 증가율 비교 시 항상 '작은 것 → 큰 것' 방향으로 비교한다.

다음 [표]를 보고 문제를 해결해 보세요.

[표] 2022년 시간대별 자전거 교통사고 현황 (단위: 건, %, 명)

시간대 \ 구분	발생건수	구성비	사망자 수	구성비	부상자 수	구성비
00시~02시	1,290	2.1	21	1.4	1,345	2.1
02시~04시	604	1.0	20	1.4	624	1.0
04시~06시	1,415	2.3	91	6.1	1,394	2.2
06시~08시	4,872	7.8	134	9.1	4,866	7.7
08시~10시	7,450	12.0	176	11.9	7,483	11.8
10시~12시	5,626	9.1	161	10.9	5,706	9.0
12시~14시	5,727	9.2	151	10.2	5,803	9.2
14시~16시	7,406	11.9	170	11.5	7,527	11.9
16시~18시	9,220	14.8	174	11.8	9,488	15.0
18시~20시	9,026	14.5	203	13.7	9,240	14.6
20시~22시	5,956	9.6	120	8.1	6,157	9.7
22시~24시	3,544	5.7	59	4.0	3,681	5.8
총계	62,136	100.0	1,480	100.0	63,314	100.0

1) $(치사율) = \dfrac{(사망자 수)}{(발생건수)}$

2) 각 구성비는 소수점 둘째 자리에서 반올림하였으므로 합이 100이 되지 않을 수 있음.

[문제] 시간대별 치사율이 가장 높은 시간대는 04시~06시이다. (○, ×)

정답 ○

이 문제를 해결하기 위해 엄청난 분수를 비교할 수도 있습니다. 하지만 발생건수와 사망자 수를 이용한 분수 비교보다는 구성비를 이용하는 것이 훨씬 간단하죠.

$$(해당 시간대의 치사율) = \frac{(전체 사망자 수) \times (해당 시간대의 사망자 비중)}{(전체 발생건수) \times (해당 시간대의 발생건수 비중)}$$

이때, $\dfrac{(전체 사망자 수)}{(전체 발생건수)}$ 는 정해진 값이기 때문에 대소관계에 영향을 미치지 않으므로 간단한 비중을 활용하는 것이 효율적입니다.

10] 평균

평균이 등장하는 경우 항상 가평균, 그리고 가중평균을 반드시 떠올리길 바랍니다.

1. 공식

$$(\text{평균})=(\text{가평균})+\frac{1}{n}\sum_{k=1}^{n}\{f_k-(\text{가평균})\}$$

⭐**암기** $(\text{가평균})=(\text{평균}) \Leftrightarrow \frac{1}{n}\sum_{k=1}^{n}\{f_k-(\text{가평균})\}=0$

2. 가중평균 공식

X_1(작은 값), X_2(큰 값)가 있고, 이에 대한 가중치를 각각 w_1, w_2라 하자. (단, $w_1+w_2=1$)
① 작은 값을 이용한 가중평균: $X_1+(X_2-X_1)\times w_2$
② 큰 값을 이용한 가중평균: $X_2-(X_2-X_1)\times w_1$

다음 [표]를 보고 문제를 해결해 보세요.

2012년 입법고시 PSAT 자료해석 가책형 26번

[표] 우리나라의 1인당 식품류별 섭취량 (단위: g)

구분 \ 연도	2015년	2016년	2017년	2015~2018년 평균
곡류	412	414	412	411.5
채소류	399	421	411	413
과실류	123	115	123	120.25
육류	100	105	112	107
낙농품	173	174	177	173.5
어패류	109	119	115	112.5
해조류	26	36	39	36
유지류	51	50	50	46.25

[문제] 2018년 1인당 곡류섭취량은 2017년보다 적다. (○, ×)

[해설] 많은 학생이 이 문제를 해결하기 위해서 2018년 1인당 곡류 섭취량을 정확하게 계산하려고 한다. 예를 들어 2015~2018년 동안 평균이 411.5 g이므로 이 값을 기준으로 ±들의 합이 0이 나와야 한다. 이를 계산하여 2018년의 값을 도출하면 408 g 이다. 하지만 이와 같은 계산은 전혀 할 필요가 없다. 왜냐하면 곡류의 경우 2015~2017년 동안 1인당 섭취량이 2015~2018년 평균보다 모두 많으므로 2018년 1인당 섭취량은 반드시 평균보다 작아야 하기 때문이다. 그러므로 2018년 은 전년보다 적다고 판단할 수 있다.

정답 ○

11) '적어도'

SCS 중학교 1반에 학생이 50명이 있는데, 이 중 안경을 쓴 학생이 30명, 남학생이 45명, 수학 점수가 80점 이상인 학생이 45명이라고 합시다. 이를 보기 좋게 정리하면 다음과 같습니다.

안경 ○ 30명	↔	안경 × 20명
남학생 45명	↔	여학생 5명
수학 80점↑ 45명	↔	수학 80점↓ 5명

이때, 안경을 쓰면서 남학생인 학생의 최솟값을 구해봅시다. 안경을 쓴 학생 30명에 남학생 45명을 더하면 75명인데, 1반 학생은 총 50명이므로 50명을 초과하는 부분은 반드시 안경을 쓰면서 남학생이어야 합니다. 즉, 구하는 최솟값은 $30+45-50=25$(명)입니다. 또는 안경을 쓴 학생에 여학생을 최대한 많이 포함시키면 $30-5=25$(명)이 남으므로 25명은 반드시 남학생이어야 합니다.

기준이 2가지일 때 '적어도'에 관한 공식은 다음과 같습니다.

⭐**암기**   '적어도'$=n(A)+n(B)-n(U)$
                   $=n(A)-n(B^c)$

그렇다면 안경을 쓴 남학생 수의 최댓값은 얼마일까요? 안경을 쓴 학생은 30명이고 남학생은 45명이므로, 이를 동시에 만족시킬 수 있는 최댓값은 더 작은 값인 30명이겠죠.

안경을 쓰면서 수학 점수가 80점 이상인 남학생의 최솟값을 구해봅시다. 일단 안경을 쓴 남학생의 최솟값을 앞에서 25명으로 구하였죠. 이 25명에 수학 점수가 80점 이상인 학생 수 45명을 더하면 $25+45=70$(명)이고, 전체 학생 수 50명을 빼면 최솟값은 20명입니다. 또는 안경을 쓴 남학생의 최솟값 25명에 수학 점수가 80점 미만인 학생을 최대한 포함시키면 $25-5=20$(명)이 남으므로 20명은 반드시 수학점수가 80점 이상이어야 합니다.

기준이 3가지일 때 '적어도' 공식은 다음과 같습니다.

⭐**암기**   '적어도'$=n(A)+n(B)+n(C)-2\times n(U)$
                   $=n(A)-n(B^c)-n(C^c)$

치수쌤의 1대1 강의

'적어도' 유형의 경우 문장의 표현에 주의해야 합니다. 만약 여러분이 구한 '적어도' 값이 ☆라면 다음의 3가지 종류의 문장이 가능해집니다.
① A and B인 수는 적어도 (☆보다 큰 값) 이상이다.
② A and B인 수는 적어도 (☆) 이상이다.
③ A and B인 수는 적어도 (☆보다 작은 값) 이상이다.
이때, 위의 문장은 ①만 옳지 않고, ②와 ③은 옳습니다.

다음 [표]를 보고 문제를 해결해 보세요.

[표 1] 함평 현감의 재임기간별 인원 (단위: 명)

재임기간	인원
1개월 미만	2
1개월 이상 3개월 미만	8
3개월 이상 6개월 미만	19
6개월 이상 1년 미만	50
1년 이상 1년 6개월 미만	30
1년 6개월 이상 2년 미만	21
2년 이상 3년 미만	22
3년 이상 4년 미만	14
4년 이상	5
계	171

[표 2] 함평 현감의 출신별 인원 (단위: 명)

구분	문과	무과	음사(陰仕)	합
인원	84	50	37	171

[문제 1] 재임기간이 1년 6개월 미만인 함평 현감 중 적어도 24명 이상이 문과 출신이다.   (○, ×)

[해설] 재임 기간 1년 6개월 미만 109명에 문과 출신 84명을 더하고 전체 171명을 빼면 109＋84－171＝22(명)이다. 24＞22이
므로 옳지 않다. 이를 다르게 풀면 문과 84명에 재임 기간이 1년 6개월 이상인 21＋22＋14＋5＝62(명)을 빼면 22명으로
같은 결과가 나온다.

정답 ×

[문제 2] 재임기간이 6개월 이상인 함평 현감 중에는 문과 출신자가 가장 많다.   (○, ×)

[해설] 문과 84명을 재임 기간 6개월 미만에 모두 넣는다면 최대 2＋8＋19＝29(명)까지 넣을 수 있다. 이때 남는 문과 출신 함평
현감은 84－29＝55(명)으로 여전히 무과 50명보다 크기 때문에 문과 출신자가 가장 많다.

정답 ○

12) 숨겨진 정보

숨겨진 정보는 말 그대로 도표에 해당 정보가 드러나지 않는 경우를 의미합니다. 특히, '순위'가 등장하는 경우 항상 '숨겨진 정보' 테마를 떠올리기 바랍니다.

다음 [표]를 보고 문제를 해결해 보세요.

2009년 5급공채 PSAT 자료해석 위책형 2번

[표] 2006년과 2056년 순위별 인구

(단위: 백만 명)

순위 \ 구분	2006년		2056년(예상)	
	국가	인구	국가	인구
1	중국	1,311	인도	1,628
2	인도	1,122	중국	1,437
3	미국	299	미국	420
4	인도네시아	225	나이지리아	299
5	브라질	187	파키스탄	295
6	파키스탄	166	인도네시아	285
7	방글라데시	147	브라질	260
8	러시아	146	방글라데시	231
9	나이지리아	135	콩고	196
10	일본	128	이디오피아	145

[문제 1] 2006년 대비 2056년 콩고의 인구는 50 % 이상 증가할 것으로 예상된다.   (○, ×)

[해설] 많은 학생이 2006년에 '콩고'가 없기에 판단할 수 없다고 생각한다. 하지만 그러한 생각은 옳지 않다. '콩고'는 2006년 인구가 10위권 밖이므로 인구가 128백만 명보다 작다. 128백만 명이 50 % 증가해도 $128+64=192$(백만 명)으로, 2056년 196백만 명에 미치지 못한다. 따라서 50 % 이상 증가해야 하므로 옳다는 것을 알 수 있다.

정답 ○

[문제 2] 2006년 대비 2056년 러시아의 인구는 감소할 것으로 예상된다.   (○, ×)

[해설] 이 또한 러시아가 없어서 판단할 수 없다고 하면 안 된다. 앞서 살펴본 콩고처럼 러시아는 2056년 인구 상위 10위권에 들지 못하였으므로 145백만 명보다 작다고 판단할 수 있다. 그러므로 2006년 146백만 명보다 인구가 감소하였으므로 옳다.

정답 ○

13] 알 수 없는 정보

선택지에서 '알 수 없는 정보' 유형이 등장하는 경우 자신만 알 수 없는 것인지, 실제로 알 수 없는 것인지 파악하기 어렵기 때문에 까다로운 유형이라고 생각할 수 있습니다. 하지만 이미 앞에서 연습한 것처럼 도표를 볼 때 알 수 있는 정보의 범위를 확실하게 한다면, 알 수 없는 정보가 등장해도 흔들리지 않을 것입니다. 자신에 대한 믿음을 가지시기 바랍니다.

'알 수 없는 정보'의 일반적인 패턴은 다음과 같습니다.
① 전혀 다른 단어가 등장하는 경우
② 범위가 확장되는 경우
③ 상하위 항목들의 관계를 잘못 합쳐서 생각하거나, 잘못 분리하는 경우

다음 [표]를 보고 문제를 해결해 보세요.

2012년 5급공채 PSAT 자료해석 재책형 15번

[표] 기업의 성별 임원 근무 현황

구분		평균	최솟값	최댓값
남성	연령(세)	51.07	26	91
	회사근속기간(년)	10.70	0	72
	현직위 근무기간(년)	3.45	0	53
	기업당 임원 수(명)	9.69	2	50
여성	연령(세)	46.70	29	78
	회사근속기간(년)	8.08	0	46
	현직위 근무기간(년)	2.62	0	17
	기업당 임원 수(명)	0.87	0	8

[문제] 조사대상 기업 중 임원 수가 가장 적은 기업은 임원이 2명이다.　　(○, ×)

[해설] 많은 학생들이 기업당 남성 임원 수의 최솟값이 2명, 기업당 여성 임원 수의 최솟값이 0명이므로 기업당 임원 수의 최솟값이 2＋0＝2(명)이라고 판단한다. 하지만 이와 같은 생각은 옳지 않다. 왜냐하면 기업당 임원 수가 가장 적다고 해서 해당 기업이 기업당 남성 임원 수와 기업당 여성 임원 수가 모두 최솟값이라는 보장은 없기 때문이다. 즉, 하위 항목을 합쳐서 상위 항목을 표현하는 데 있어 오류를 범한 것이다. 집중력이 약해지면 이와 같은 실수를 할 수 있다.

정답 ×

14] 시각적 함정

도표를 해석할 때 작성자의 의도와 달리 왜곡하여 해석하지 않도록 주의를 기울여야 합니다. 설령 작성자가 여러분을 일부러 속일 목적으로 작성하였다고 하더라도 속지 않아야 하죠.

다음 [표]를 보고 문제를 해결해 보세요.

2011년 입법고시 PSAT 자료해석 가책형 39번

[표 1] 1인 이상 전체 산업의 사업체 수 및 종사자 수 추이

전체 산업 기준(1인 이상)		2015년	2016년	2017년	2018년
사업체 수 (개)	전체	2,867,749	2,940,345	3,049,345	3,046,958
	중소기업 (비중, %)	2,863,583 (99.9)	2,936,114 (99.9)	3,046,839 (99.9)	3,044,169 (99.9)
	대기업 (비중, %)	4,166 (0.1)	4,231 (0.1)	2,506 (0.1)	2,789 (0.1)
종사자 수 (명)	전체	11,902,400	12,234,160	12,818,280	13,070,424
	중소기업 (비중, %)	10,449,182 (87.8)	10,677,789 (87.3)	11,343,707 (88.5)	11,467,713 (87.7)
	대기업 (비중, %)	1,453,218 (12.2)	1,556,371 (12.7)	1,474,573 (11.5)	1,602,711 (12.3)

[표 2] 5인 이상 제조업의 사업체 수 및 종사자 수 추이

전체 산업 기준(5인 이상)		2015년	2016년	2017년	2018년
사업체 수 (개)	전체	116,303	118,240	119,132	112,576
	중소기업 (비중, %)	115,650 (99.4)	117,569 (99.4)	118,506 (99.5)	111,957 (99.5)
	대기업 (비중, %)	653 (0.6)	671 (0.6)	626 (0.5)	619 (0.5)
종사자 수 (명)	전체	2,845,792	2,890,204	2,861,934	2,796,038
	중소기업 (비중, %)	2,169,072 (76.2)	2,192,395 (75.9)	2,199,802 (76.9)	2,134,699 (76.3)
	대기업 (비중, %)	676,720 (23.8)	697,809 (24.1)	662,132 (23.1)	661,339 (23.7)
생산액 (억 원)	전체	8,456,858	9,063,813	9,890,623	11,675,967
	중소기업 (비중, %)	4,187,524 (49.5)	4,474,499 (49.4)	4,816,054 (48.7)	5,420,197 (46.4)
	대기업 (비중, %)	4,269,334 (50.5)	4,589,314 (50.6)	5,074,569 (51.3)	6,255,770 (53.6)
부가가치 (억 원)	전체	3,109,572	3,249,103	3,449,639	3,848,731
	중소기업 (비중, %)	1,599,924 (51.5)	1,659,417 (51.1)	1,746,770 (50.6)	1,895,164 (49.2)
	대기업 (비중, %)	1,509,648 (48.5)	1,589,686 (48.9)	1,702,869 (49.4)	1,953,567 (50.8)

※ (노동생산성)=(부가가치)÷(종사자 수)

[문제] 2015년 전체 산업의 1인 이상 5인 미만 사업체 수는 2,751,446개이다. 　(○, ×)

[해설] 대부분의 학생은 이 문제를 해결할 때 2,867,749−116,303＝2,751,446(개)와 같이 계산한다. 위와 같은 계산을 하는 이유
는 '1인 이상 5인 미만'을 '1인 이상−5인 이상'과 같이 생각하기 때문이다. 하지만 그와 같이 생각하는 것은 옳지 않다. 여기
서 놓친 것은 [표 1]의 제목은 1인 이상 '전체 산업'의 사업체 수 및 종사자 수 추이이고, [표 2]의 제목은 5인 이상 '제조업'의
사업체 수 및 종사자 수 추이라는 것이다. 즉, 제조업은 전체 산업의 일부이므로 [표]에 주어진 수치로 구할 수 없는 값이다.

정답 ×

다음 [그래프]를 보고 문제를 해결해 보세요.

2005년 견습직원 선발 PSAT 자료해석 인책형 2번

[그래프 1] A 씨의 체중 변화

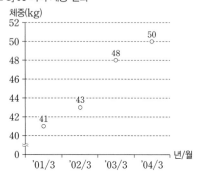

[그래프 2] B 씨의 체중 변화

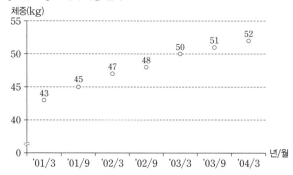

[문제] 3년 동안 체중 변화량은 A 씨가 B 씨보다 크다. 　(○, ×)

[해설] [그래프 1]과 [그래프 2]를 보고 이상함을 느끼지는 않았는가? 가장 눈에 띄는 것은 y축의 눈금의 크기가 다르다는 것이고,
A 씨보다 B 씨의 체중 변화 확인 시점이 더 짧다는 것이다. 실제로 두 사람의 3년 동안 체중 변화량은 각각 9 kg(＝50−
41＝52−43)으로 동일하나 [그래프]를 이상하게 표현하여 달라 보인다.
또 다른 점은 B 씨는 체중 확인 시점이 6개월로 A 씨의 1년에 비해 더 짧다는 것이다. 그러므로 B 씨의 체중 흐름을 좀 더
세밀하게 관찰할 수 있다. 정보를 어떻게 제시하느냐에 따라 판단할 수 있는 것들에 차이가 있다.

정답 ×

다음 [그림]을 보고 문제를 해결해 보세요.

2007년 5급공채 PSAT 자료해석 정책형 28번

[그림] J 씨의 시간−공간 활동 경로

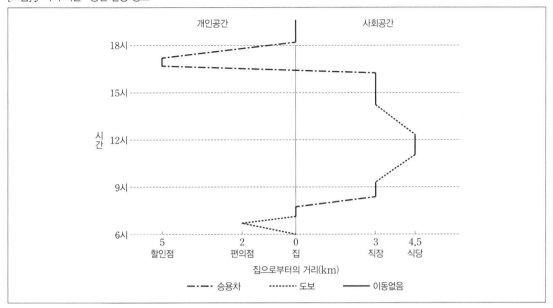

[문제] 할인점과 직장 사이의 거리가 할인점과 편의점 사이의 거리보다 더 멀다. (○, ×)

[해설] [그림]을 보고 이 할인점과 직장 사이의 거리는 8 km이고, 할인점과 편의점 사이의 거리를 3 km로 생각하여 옳다고 판단한 것은 아닌가? 이 선택지의 정답은 '옳지 않다.'이다. 왜냐하면 [그림]에서 집을 중심으로 왼쪽은 개인공간, 오른쪽은 사회공간일 뿐 방위에 대한 정보는 주어지지 않았기에 할인점과 직장의 거리, 할인점과 편의점의 거리를 확정 지을 수 없기 때문이다. 할인점과 직장의 거리는 최소 2 km, 최대 8 km이고, 할인점과 편의점은 최소 3 km, 최대 7 km로 어느 경우가 더 크다고 확정 지을 수 없다.

정답 ×

01

다음 [표]는 교통부문 사회적 비용에 대한 자료이다. 이에 대한 설명으로 옳지 <u>않은</u> 것은?

[표] 교통부문 사회적 비용 (단위: 십억 원, %)

교통부문＼연도	2017년	2018년	2019년	2020년
도로교통 혼잡비용	25,862	26,903	27,706	28,509
교통사고 비용	10,184	10,630	11,582	12,823
국가물류 비용	107,479	120,262	115,785	130,694
대기오염 비용	13,054	14,378	16,621	14,984
온실가스 비용	1,273	2,924	12,306	13,527
소음비용	3,775	2,946	3,048	3,160
계	161,627 (15.7)	178,043 (16.1)	187,048 (16.2)	203,697 (16.1)

※ 괄호 안은 GDP 대비 교통부문 사회적 비용의 비중을 의미함.

① 2017년 이후 교통부문 사회적 비용은 매년 증가한다.

② 2017년 대비 2020년 사회적 비용의 증가율이 가장 높은 교통부문은 '온실가스 비용' 부문이다.

③ 2020년 교통부문 사회적 비용에서 '도로교통 혼잡비용'이 차지하는 비중은 2017년에 비해 증가하였다.

④ 2017년 이후 사회적 비용이 매년 증가하는 교통부문은 3개이다.

⑤ 2020년 GDP는 2017년에 비해 증가하였다.

01

일반 풀이

① (○) 2017년 이후 교통부문 사회적 비용은

161,627 → 178,043 → 187,048 → 203,697로 증가한다.

② (○) 2020년 교통부문별 사회적 비용의 2017년 대비 증가율을 계산하여 정리하면 다음과 같다. 온실가스 비용 부문이 가장 크다.

예 도로교통 혼잡비용: $\dfrac{28,509-25,862}{25,862} \times 100 ≒ +10.2(\%)$

도로교통 혼잡비용	교통사고 비용	국가물류 비용	대기오염 비용	온실가스 비용	소음 비용
+10.2 %	+25.9 %	+21.6 %	+14.8 %	+962.6 %	-16.3 %

③ (×) 교통부문 사회적 비용에서 '도로교통 혼잡비용'이 차지하는 비중을 계산하면 다음과 같다.

- 2017년: $\dfrac{25,862}{161,627} \times 100 ≒ 16.0(\%)$

- 2020년: $\dfrac{28,509}{203,697} \times 100 ≒ 14.0(\%)$

④ (○) 2017년 이후 사회적 비용이 매년 증가하는 교통부문은 '도로교통 혼잡비용', '교통사고 비용', '온실가스 비용'으로 3개이다.

⑤ (○) 2017년, 2020년 GDP를 계산하면 다음과 같다.

- 2017년 GDP: $\dfrac{161,627}{0.157} ≒ 1,029,471$(십억 원)

- 2020년 GDP: $\dfrac{203,697}{0.161} ≒ 1,265,199$(십억 원) (증가)

NCS 기본 풀이

① (○) 쉽게 확인할 수 있다.

② (○) '온실가스 비용' 부문 사회적 비용의 2017년 대비 2020년 비율은 10배 이상이고, 10배를 기준으로 나머지 부문을 확인하면 모두 이보다 작다.

③ (×) 2017년 대비 2020년 증가율은 '도로교통 혼잡비용'은 10 % 정도이고, 교통부문 사회적 비용은 20 %를 초과한다. 분자의 증가율이 분모의 증가율보다 작으므로 교통부문 사회적 비용에서 '도로교통 혼잡비용'이 차지하는 비중은 2017년에 비해 감소한다.

④ (○) 쉽게 확인할 수 있다.

⑤ (○) GDP 대비 교통부문 사회적 비용은

$\dfrac{(\text{교통부문 사회적 비용})}{\text{GDP}}$으로 계산한다.

→ $\text{GDP} = \dfrac{(\text{교통부문 사회적 비용})}{(\text{GDP 대비 교통부문 사회적 비용})}$

교통부문 사회적 비용의 2017년 대비 2020년 증가율은 20 %를 초과하고, GDP 대비 교통부문 사회적 비용의 증가율의 2017년 대비 2020년 증가율은 10 % 미만이다. 분자의 증가율이 분모의 증가율보다 크므로 2020년 GDP는 2017년보다 증가한다.

정답 ③

다음 [표]는 성별·지지 정당별 담배값 인상에 대한 태도를 정리한 자료이다. 이에 대한 [보기]의 설명 중 옳은 것만을 모두 고르면?

[표] 성별·지지 정당별 담배값 인상에 대한 태도 (단위: 명)

지지 정당	A			B		
담배값 인상에 대한 태도	찬성	반대	모름	찬성	반대	모름
남성	15	65	20	20	50	30
	소계		100	소계		( )
	총계					200
여성	45	15	20	35	5	20
	소계		( )	소계		( )
	총계					140

┤ 보기 ├

ㄱ. 담배값 인상에 찬성하는 비율은 여성이 남성보다 높다.

ㄴ. A 정당을 지지하는 사람 중 담배값 인상에 찬성하는 비율은 B 정당을 지지하는 사람 중 담배값 인상에 찬성하는 비율보다 크다.

ㄷ. A 정당을 지지하는 남성 중 담배값 인상에 '모름'으로 응답한 비율은 B 정당을 지지하는 여성 중 담배값 인상에 '모름'으로 응답한 비율과 같다.

① ㄱ ② ㄴ ③ ㄱ, ㄴ

④ ㄱ, ㄷ ⑤ ㄴ, ㄷ

02

일반 풀이

괄호를 채우면 다음과 같다.

[표] 성별·지지 정당별 담배값 인상에 대한 태도 (단위: 명)

지지 정당	A			B		
담배값 인상에 대한 태도	찬성	반대	모름	찬성	반대	모름
남성	15	65	20	20	50	30
	소계		100	소계		<u>100</u>
				총계		<u>200</u>
여성	45	15	20	35	5	20
	소계		<u>80</u>	소계		<u>60</u>
				총계		<u>140</u>

ㄱ. (○) 담배값 인상에 찬성하는 비율을 계산하면 다음과 같다.

- 남성: $\frac{15+20}{200} \times 100 = \frac{35}{200} \times 100 = 17.5(\%)$
- 여성: $\frac{45+35}{140} \times 100 = \frac{80}{140} \times 100 ≒ 57.1(\%)$

ㄴ. (×) A 정당을 지지하는 사람 중 담배값 인상에 찬성하는

비율은 $\frac{15+45}{100+80} \times 100 = \frac{60}{180} \times 100 ≒ 33.3(\%)$

B 정당을 지지하는 사람 중 담배값 인상에 찬성하는 비율은

$\frac{20+35}{100+60} \times 100 = \frac{55}{160} \times 100 = 34.375(\%)$

전자가 후자보다 작다. 옳지 않다.

ㄷ. (×) A 정당을 지지하는 남성 중 담배값 인상에 '모름'으로

응답한 비율은 $\frac{20}{100} \times 100 = 20(\%)$

B 정당을 지지하는 여성 중 담배값 인상에 '모름'으로 응답

한 비율은 $\frac{20}{60} \times 100 ≒ 33.3(\%)$

전자가 후자와 같지 않으므로 옳지 않다.

NCS 기본 풀이

ㄱ. (○) 담배값 인상에 찬성하는 남성은 $15+20=35$(명), 여성은 $45+35=80$(명)이므로 여성이 더 많다. 괄호를 채우지 않더라도 여성은 140명으로 남성 200명보다 적다. 담배값 인상에 찬성하는 비율은 여성이 당연히 더 높다.

ㄴ. (×) A 정당을 지지하는 사람 중 담배값 인상에 찬성하는

비율은 $\frac{60}{180} = \frac{1}{3}$이다. B 정당을 지지하는 사람 중 담배값

인상에 찬성하는 사람의 비중은 $\frac{55}{160}$이므로 $\frac{1}{3} ↑$이다.

ㄷ. (×) A 정당을 지지하는 남성

→ (찬성+반대) : (모름) = $(15+65) : 20 = 80 : 20 = 4 : 1$

B 정당을 지지하는 여성

→ (찬성+반대) : (모름) = $(35+5) : 20 = 40 : 20 = 2 : 1$

그러므로 전자와 후자는 같지 않다.

정답 ①

01

2018년 5급공채 PSAT 자료해석 나책형 2번

다음 [표]는 2016년과 2017년 추석교통대책기간 중 고속도로 교통현황에 관한 자료이다. 이에 대한 [보고서]의 내용 중 옳은 것만을 모두 고르면?

[표 1] 일자별 고속도로 이동인원 및 교통량

(단위: 만 명, 만 대)

연도 구분 일자	2016년		2017년	
	이동인원	교통량	이동인원	교통량
D-5	-	-	525	470
D-4	-	-	520	439
D-3	-	-	465	367
D-2	590	459	531	425
D-1	618	422	608	447
추석 당일	775	535	809	588
D+1	629	433	742	548
D+2	483	346	560	433
D+3	445	311	557	440
D+4	-	-	442	388
D+5	-	-	401	369
계	3,540	2,506	6,160	4,914

※ 2016년, 2017년 추석교통대책기간은 각각 6일(D-2~D+3), 11일(D-5~D+5)임.

[표 2] 고속도로 구간별 최대 소요시간 현황

구분	서울-대전		서울-부산		서울-광주		서서울-목포		서울-강릉	
	귀성	귀경	귀성	귀경	귀성	귀경	귀성	귀경	귀성	귀경
2016년	4:15	3:30	7:15	7:20	7:30	5:30	8:50	6:10	5:00	3:40
2017년	4:00	4:20	7:50	9:40	7:00	7:50	7:00	9:50	4:50	5:10

※ 'A:B'에서 A는 시간, B는 분을 의미함. 예를 들어, 4:15는 4시간 15분을 의미함.

보고서

    ⊙ 2017년 추석교통대책기간 중 총 고속도로 이동인원은 6,160만 명으로 전년 대비 70 % 이상 증가하였으나, ⓛ 1일 평균 이동인원은 560만 명으로 전년 대비 10 % 이상 감소하였다. 2017년 추석 당일 고속도로 이동인원은 사상 최대인 809만 명으로 전년 대비 약 4.4 % 증가하였다. 2017년 추석연휴기간의 증가로 나들이 차량 등이 늘어 추석교통대책기간 중 1일 평균 고속도로 교통량은 약 447만 대로 전년 대비 6 % 이상 증가하였다. 특히 ⓒ 추석 당일 고속도로 교통량은 588만 대로 전년 대비 9 % 이상 증가하였다. ⓔ 2017년 고속도로 최대 소요시간은 귀성의 경우, 제시된 구간에서 전년보다 모두 감소하였으며, 특히 서서울−목포 7시간, 서울−광주 7시간이 걸려 전년 대비 각각 1시간 50분, 30분 감소하였다. 반면 귀경의 경우, 서서울−목포 9시간 50분, 서울−부산 9시간 40분으로 전년 대비 각각 3시간 40분, 2시간 20분 증가하였다.

① ⊙, ⓛ   ② ⊙, ⓒ   ③ ⓛ, ⓒ   ④ ⓛ, ⓔ   ⑤ ⓒ, ⓔ

01

일반 풀이

⊙ (○) 2017년 추석교통대책기간 중 총 고속도로 이동인원은 6,160만 명이다. 따라서 증가율은

$\left(\dfrac{6,160}{3,540}-1\right)\times100≒74.0(\%)$

ⓛ (×) 계산하면 다음과 같다.

- 2016년 1일 평균 이동인원: $\dfrac{3,540}{6}=590$(만 명)

- 2017년 1일 평균 이동인원: $\dfrac{6,160}{11}=560$(만 명)

- 증가율: $\left(\dfrac{560}{590}-1\right)\times100≒-5.1(\%)$

→ 감소율 10 % 이하

ⓒ (○) 추석당일 고속도로 교통량은 588만 대이고, 전년 대비 증가율은 $\left(\dfrac{588}{535}-1\right)\times100≒9.9(\%)>9\%$

ⓔ (×) 2017년 '서울−부산'의 고속도로의 경우 귀성 최대 소요시간은 7시간 50분으로 전년에 비해 증가하였다.

NCS 실전 풀이

⊙ (○) 이 선택지가 옳다면 '총 고속도로 이동인원'은
(1) (2016년)×1.7≤(2017년)
(2) 그렇다면 양변에 2016년의 30 %를 더하면 다음이 성립해야 한다.
     → (2016년)×2≤(2017년)+(2016년)×0.3
(3) 3,540×2<7,200<6,160+3,540×0.3

ⓛ (×) 간단하게 생각하면 다음과 같다.
(1) 560×11=5,600+560=6,160
(2) 10 % 이상 감소하여 5560이 되었다면 2016년은 분명히 600보다 커야 한다.
(3) 그런데 600×6=3,600>3,540이므로 옳지 않다.

ⓒ (○) 읽지 않는다. 다음과 같이 판단한다.
(1) '535 → 588'의 증가율이 9 % 이상이 옳다면,
(2) 588에 535의 1 %를 더해주면 증가율이 10 % 이상이 될 것이다.
(3) 그러므로 535+535×0.10≤588+535×0.01이 성립하는지 확인한다.
     → 535+53.5=588.5≤588+5.35

ⓔ (×) 읽지 않는다. 쉽게 확인할 수 있다.

계산 TIP

(1) 증가율이 9 % 이상이다.
     → (처음값)+(처음값)×0.10≤(나중값)+(처음값)×0.01
(2) 증가율이 8 % 이상이다.
     → (처음값)+(처음값)×0.10≤(나중값)+(처음값)×0.02
(3) 증가율이 45 % 이상이다.
     → (처음값)+(처음값)×0.5≤(나중값)+(처음값)×0.05
(4) 증가율이 70 % 이상이다.
     → (처음값)×2≤(나중값)+(처음값)×0.30
(5) 증가율이 85 % 이상이다.
     → (처음값)×2≤(나중값)+(처음값)×0.15
(6) 감소율이 30 % 이상이다.
     → (나중값)+(처음값)×0.30≤(처음값)

정답 ②

다음 [그래프]는 1998~2007년 동안 어느 시의 폐기물 처리 유형별 처리량 추이에 대한 자료이다. 이에 대한 [보기]의 설명 중 옳은 것을 모두 고르면?

[그래프 1] 생활폐기물 처리 유형별 처리량 추이

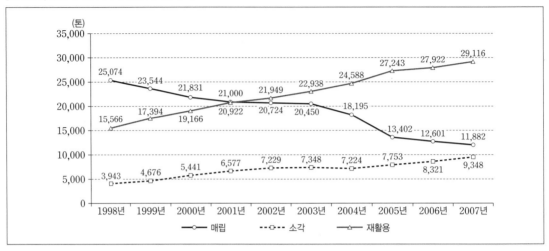

[그래프 2] 사업장폐기물 처리 유형별 처리량 추이

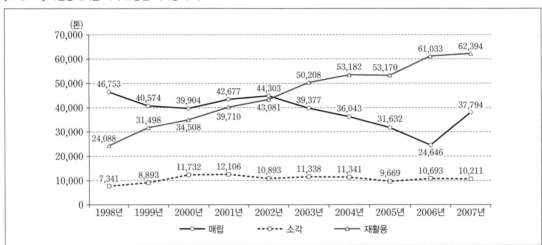

주 1) 폐기물 처리 유형은 매립, 소각, 재활용으로만 구분됨.

주 2) (매립률)(%) $= \dfrac{(\text{매립량})}{(\text{매립량})+(\text{소각량})+(\text{재활용량})} \times 100$

주 3) (재활용률)(%) $= \dfrac{(\text{재활용량})}{(\text{매립량})+(\text{소각량})+(\text{재활용량})} \times 100$

ㄱ. 생활폐기물과 사업장폐기물 각각의 재활용량은 매년 증가하고 매립량은 매년 감소하고 있다.

ㄴ. 생활폐기물 전체 처리량은 매년 증가하고 있다.

ㄷ. 2006년 생활폐기물과 사업장폐기물 매립률은 각각 25 % 이상이다.

ㄹ. 사업장폐기물의 재활용률은 1998년에 40 % 미만이고 2007년에는 60 % 이상이다.

ㅁ. 2007년 생활폐기물과 사업장폐기물의 전체 처리량은 각각 전년 대비 증가하였다.

① ㄱ, ㄷ   ② ㄴ, ㄹ   ③ ㄷ, ㅁ

④ ㄱ, ㄴ, ㄹ   ⑤ ㄷ, ㄹ, ㅁ

02

일반 풀이

ㄱ. (×) 바로 옳지 않다는 것을 판단하지 못하고, 일일이 확인하여 판단한다.

ㄴ. (×) 모든 연도를 처음부터 계산하여 확인하면 생활폐기물은 2004년과 2005년에 감소하였다.

ㄷ. (○) 계산하면 다음과 같다.

- 2006년 생활폐기물의 매립률:

$$\frac{12,601}{27,922+12,601+8,321}\times100 ≒ 25.8(\%)$$

- 2006년 사업장폐기물의 매립률:

$$\frac{24,646}{61,033+24,646+10,693}\times100 ≒ 25.8(\%)$$

ㄹ. (×) 계산하면 다음과 같다.

- 1998년: $\frac{24,088}{46,753+24,088+7,341}\times100 ≒ 30.8(\%)$

- 2007년: $\frac{62,394}{62,394+37,794+10,211}\times100 ≒ 56.5(\%)$

ㅁ. (○) 2007년 생활폐기물은 전년 48,844톤에서 50,346톤으로 증가하였고, 사업장폐기물은 전년 96,372톤에서 110,399톤으로 증가하였다.

NCS 실전 풀이

ㄱ. (×) 2007년 사업장폐기물의 매립은 전년에 비해 증가하였다.

ㄴ. (×) 2005년 생활폐기물 전체 처리량은 전년에 비해 감소하였다.

ㄷ. (○) 읽지 않는다. 만약 이 선택지를 판단한다면 다음과 같이 해결한다.

(1) 매립률이 25 % 이상이라면

(2) 재활용과 소각의 합이 75 % 이하이므로

(3) (매립)×3≥(재활용)+(소각)이 성립해야 한다.

→ 생활폐기물: 12,601×3≥27,922+8,321

→ 사업장폐기물: 24,646×3≥61,033+10,693

ㄹ. (×) 사업장폐기물의 경우

- 1998년 재활용률이 40 % 미만이면 매립과 소각의 합이 60 % 초과이므로

→ (재활용)×1.5<(매립)+(소각)

→ 24,088×1.5<46,753+7,341

- 2007년 재활용률이 60 % 이상이라면 매립과 소각의 합이 40 % 이하로

→ {(매립)+(소각)}×1.5<(재활용)

→ (37,794+10,211)×1.5>62,394

ㅁ. (○) 읽지 않는다. 구체적인 계산보다는 시각적 효과를 충분히 활용하자.

계산 TIP

2007년 재활용률의 경우 수의 구성상 60 % 미만임을 쉽게 판단할 수 있다.

정답 ③

다음 [표]는 문화체육관광부와 문화산업부문 예산 추이와 문화산업부문 세부 분야별 예산 추이에 대한 자료이다. 이에 대한 [보기]의 설명 중 옳지 <u>않은</u> 것을 모두 고르면?

[표 1] 문화체육관광부 문화산업부문 예산 추이   (단위: 억 원, %)

연도	문화체육관광부 예산	문화산업부문 담당국				
		산업국		미디어국		
		예산	문화체육관광부 예산 대비 비중	예산	문화체육관광부 예산 대비 비중	
1998년	7,574	168	2.2	—	—	
1999년	8,563	1,000	11.7	—	—	
2000년	11,707	1,787	15.3	—	—	
2001년	12,431	1,474	11.9	—	—	
2002년	13,985	1,958	14.0	—	—	
2003년	14,864	1,890	12.7	—	—	
2004년	15,675	1,725	11.0	—	—	
2005년	15,856	1,911	12.1	—	—	
2006년	17,385	1,363	7.8	890	5.1	
2007년	14,250	1,284	9.0	693	4.9	
2008년	15,136	1,508	9.9	558	3.7	

※ 문화산업부문 담당국은 산업국과 미디어국으로만 구분됨.

[표 2] 문화산업부문 세부 분야별 예산 추이   (단위: 억 원, %)

세부 분야	2005년		2006년		2007년		2008년	
	금액	비율	금액	비율	금액	비율	금액	비율
문화산업 기반육성	223	11.7	289	12.8	65	3.3	419	20.3
출판	340	17.8	798	35.4	498	25.2	174	8.4
미디어							283	13.7
영상	319	16.7	337	15.0	254	12.9	167	8.1
영상만화	45	2.3	61	2.7	70	3.5	53	2.5
게임	232	121	141	6.3	156	7.9	158	7.7
음악			30	1.3	27	1.4	27	1.3
방송광고	214	11.2	88	3.9	131	6.6	101	4.9
문화 콘텐츠	538	28.2	445	19.8	701	35.4	494	23.9
저작권	0	0.0	64	2.8	75	3.8	190	9.2
합계	1,911	100.0	2,253	100.0	1,977	100.0	2,066	100.0

※ '게임', '음악'은 2006년에, '출판', '미디어'는 2008년에 각각 세부 분야로 분리되었음.

─ 보기 ─

ㄱ. 2006~2008년 동안 문화체육관광부 예산에서 문화산업부문이 차지하는 비중은 매년 증가하였다.

ㄴ. 1999년 문화산업부문 예산이 문화체육관광부 예산에서 차지하는 비중은 전년 대비 9.5 % 증가하였다.

ㄷ. 2008년에는 산업국과 미디어국 전년 대비 예산 증가율은 각각 문화체육관광부의 전년 대비 예산 증가율보다 낮다.

ㄹ. 2008년 문화산업부문 세부 분야 중 문화콘텐츠 분야에 가장 많은 예산이 배정되었으며, 이어서 문화산업기반육성, 미디어, 저작권, 출판 분야 순으로 예산이 많이 배정되었다.

① ㄴ, ㄷ   ② ㄱ, ㄴ, ㄷ   ③ ㄱ, ㄴ, ㄹ

④ ㄱ, ㄷ, ㄹ   ⑤ ㄴ, ㄷ, ㄹ

03

일반 풀이

ㄱ. (×) 2006~2008년 동안 문화체육관광부 예산에서 문화산업부문이 차지하는 비중은 각각 12.9 %, 13.9 %, 13.6 %이므로 매년 증가한 것은 아니다.

ㄴ. (×) 1999년 문화산업부문 예산이 문화체육관광부 예산에서 차지하는 비중은 전년 대비 11.7 − 2.2 = 9.5 (%p) 증가하였다.

ㄷ. (×) 계산하면 다음과 같다.

- 문화체육관광부: $\frac{15,136 - 14,250}{14,250} \times 100 ≒ 6.21(\%)$

- 산업국: $\frac{1,508 - 1,284}{1,284} \times 100 ≒ 17.4(\%)$

- 미디어국: $\frac{558 - 693}{693} \times 100 ≒ -19.5(\%)$

ㄹ. (○) 쉽게 확인할 수 있다.

NCS 실전 풀이

ㄱ. (×) 2008년 문화체육관광부 예산대비 산업국의 비중은 0.9 %p 증가하였으나, 미디어국의 비중은 0.9 %p보다 더 많이 감소하였다.

ㄴ. (×) 비중의 차이를 표현할 때의 단위는 '%p'이다.

ㄷ. (×) 해당 선택지가 옳다면 2008년 문화체육관광부 예산 대비 산업국과 미디어국 각각의 비중이 전년에 비해 감소해야 한다. 그런데 산업국의 비중은 증가하였다.

ㄹ. (○) 읽지 않는다.

계산 TIP

(1) 분모 증가율보다 분자 증가율이 더 크면 비중은 전에 비해 증가한다.

(2) 분모 증가율보다 분자 증가율이 더 작으면 비중은 전에 비해 감소한다.

(3) '%'와 '%p'의 쓰임을 구분한다.

정답 ②

01

다음 [표]는 '가'국의 PC와 스마트폰 기반 웹 브라우저 이용에 대한 설문조사를 바탕으로, 2022년 10월부터 2023년 1월까지 매월 이용률 상위 5종 웹 브라우저의 이용률 현황을 정리한 자료이다. 이에 대한 설명으로 옳은 것은?

[표 1] PC 기반 웹 브라우저 (단위: %)

조사시기 웹 브라우저 종류	2022년			2023년
	10월	11월	12월	1월
인터넷 익스플로러	58.22	58.36	57.91	58.21
파이어폭스	17.70	17.54	17.22	17.35
크롬	16.42	16.44	17.35	17.02
사파리	5.84	5.90	5.82	5.78
오페라	1.42	1.39	1.33	1.28
상위 5종 전체	99.60	99.63	99.63	99.64

※ 무응답자는 없으며, 응답자는 1종의 웹 브라우저만을 이용한 것으로 응답함.

[표 2] 스마트폰 기반 웹 브라우저 (단위: %)

조사시기 웹 브라우저 종류	2022년			2023년
	10월	11월	12월	1월
사파리	55.88	55.61	54.82	54.97
안드로이드 기본 브라우저	23.45	25.22	25.43	23.49
크롬	6.85	8.33	9.70	10.87
오페라	6.91	4.81	4.15	4.51
인터넷 익스플로러	1.30	1.56	1.58	1.63
상위 5종 전체	94.39	95.53	95.68	95.47

※ 무응답자는 없으며, 응답자는 1종의 웹 브라우저만을 이용한 것으로 응답함.

① 2022년 10월 전체 설문조사 대상 스마트폰 기반 웹 브라우저는 10종 이상이다.

② 2023년 1월 이용률 상위 5종 웹 브라우저 중 PC 기반 이용률 순위와 스마트폰 기반 이용률 순위가 일치하는 웹 브라우저는 없다.

③ PC 기반 이용률 상위 5종 웹 브라우저의 이용률 순위는 매월 동일하다.

④ 스마트폰 기반 이용률 상위 5종 웹 브라우저 중 2022년 10월과 2023년 1월 이용률의 차이가 2 %p 이상인 것은 크롬뿐이다.

⑤ 스마트폰 기반 이용률 상위 3종 웹 브라우저 이용률의 합은 매월 90 % 이상이다.

01

일반 풀이

① 해결하지 못한다.

② (×) 2023년 1월 이용률 상위 5종 웹 브라우저 중 PC 기반 이용률 순위와 스마트폰 기반 이용률 순위는 다음과 같다.

- PC: 인터넷 익스플로러 – 파이어폭스 – 크롬 – 사파리 – 오페라
- 스마트폰: 사파리 – 안드로이드 기본 브라우저 – 크롬 – 오페라 – 인터넷 익스플로러
- → 크롬의 순위는 동일하다.

③ (×) PC 기반 이용률 상위 5종 웹 브라우저의 이용률 순위는 2022년 12월을 제외하고 동일하다.

④ (×) 스마트폰 기반 이용률 상위 5종 웹 브라우저 중 2022년 10월과 2023년 1월 이용률의 차이가 2 %p 이상인 것은 크롬과 오페라다.

⑤ (×) 2022년 10월 스마트폰 기반 이용률 상위 3종 웹 브라우저 이용률의 합을 계산해보면 다음과 같다.

- → $55.88 + 23.45 + 6.91 < 90$

NCS 실전 풀이

① (○) 다음과 같이 생각한다.

- 2022년 10월 상위 5종 전체 이용률: $94.39\,\%$
- 2022년 10월 상위 5종 외 전체 이용률: $100 - 94.39 = 5.61(\%)$
- 5위(=인터넷 익스플로러) 이용률: $1.30\,\%$
- $5.61\,\% = 1.30\,\% \times 4 + 0.41\,\%$가 성립하므로 상위 5종 외 웹브라우저에는 최소 5가지 종류가 있다.
- 그러므로 상위 5종+그 외 최소 5종=10종 이상이다.

그 외 선택지는 읽지 않는다.

계산 TIP

2022년 10월 전체 설문조사 대상 스마트폰 기반 웹 브라우저 10종 이상

=2022년 10월 전체 설문조사 대상 스마트폰 기반 5위 외 웹 브라우저 5종 이상

정답 ①

02

다음 [표]는 A지역에서 판매된 가정용 의료기기의 품목별 판매량에 관한 자료이다. 이에 대한 [보기]의 설명 중 옳은 것만을 모두 고르면?

[표] 가정용 의료기기 품목별 판매량 현황

(단위: 천 개)

판매량 순위	품목	판매량	국내산	국외산
1	체온계	271	228	43
2	부항기	128	118	10
3	혈압계	100	( )	( )
4	혈당계	84	61	23
5	개인용 전기자극기	59	55	4
6위 이하		261	220	41
전체		( )	( )	144

┤보기├

ㄱ. 전체 가정용 의료기기 판매량 중 국내산 혈압계가 차지하는 비중은 8 % 미만이다.

ㄴ. 전체 가정용 의료기기 판매량 중 국내산이 차지하는 비중은 80 % 이상이다.

ㄷ. 가정용 의료기기 판매량 상위 5개 품목 중 국외산 대비 국내산 비율이 가장 큰 품목은 개인용 전기자극기이다.

ㄹ. 국외산 가정용 의료기기 중 판매량이 네 번째로 많은 의료기기는 부항기이다.

① ㄱ, ㄴ   ② ㄱ, ㄷ   ③ ㄴ, ㄷ

④ ㄴ, ㄹ   ⑤ ㄷ, ㄹ

02

일반 풀이

[표]의 빈칸을 모두 채우면 다음과 같다.

판매량 순위	품목	판매량		
			국내산	국외산
1	체온계	271	228	43
2	부항기	128	118	10
3	혈압계	100	77	23
4	혈당계	84	61	23
5	개인용 전기자극기	59	55	4
6위 이하		261	220	41
전체		903	759	144

ㄱ. (×) 전체 가정용 의료기기 판매량 중 국내산 혈압계가 차지하는 비중은 $\frac{77}{903} \times 100 ≒ 8.53(\%)$으로 8 % 이상이다.

ㄴ. (○) 전체 가정용 의료기기 판매량 중 국내산이 차지하는 비중은 $\frac{759}{903} \times 100 ≒ 84.05(\%)$로 80 % 이상이다.

ㄷ. (○) 가정용 의료기기 판매량 상위 5개 품목의 국외산 대비 국내산 비율을 구하면 다음과 같다.

- 체온계: $\frac{228}{43} ≒ 5.30$
- 부항기: $\frac{118}{10} = 11.8$
- 혈압계: $\frac{77}{23} ≒ 3.35$
- 혈당계: $\frac{61}{23} ≒ 2.65$
- 개인용 전기자극기: $\frac{55}{4} = 13.75$

그러므로 국외산 대비 국내산 비율이 가장 큰 품목은 개인용 전기자극기이다.

ㄹ. (×) 국외산 가정용 의료기기 중 판매량이 네 번째로 많은 의료기기는 알 수 없다.

NCS 실전 풀이

ㄱ. (×) 만약 이 선택지를 해결하기로 마음을 먹었다면,
- 국외산 혈압계의 판매량을 먼저 계산한다.
  → $144 - (43 + 10 + 23 + 4 + 41) = 23$(천 개)
- 그러므로 국내산 혈압계는 $100 - 23 = 77$(천 개)이다.
- 전체 가정용 의료기기 판매량은
  $= 271 + 128 + 100 + 84 + 59 + 261 = 903$(천 개)이므로 이 값의 8 %는 72개 정도이다. 이때 $77 > 72$이므로 8 % 초과이다.
- 만약 이 보기를 해결하지 않기로 마음을 먹었다면 바로 넘어간다.

ㄴ. (○) 반대해석한다.
- 전체 가정용 의료기기 판매량 중 국내산이 차지하는 비중은 80 % 이상이다.
  = 전체 가정용 의료기기 판매량 중 국외산이 차지하는 비중은 20 % 이하이다.
- ㄱ을 해결하였다면 이미 전체 판매량을 계산하였으므로 쉽게 판단할 수 있지만, ㄱ을 해결하지 않아도 수치의 구조상 어렵지 않게 옳다는 것을 판단할 수 있다.

ㄷ. (○) 개인용 전기자극기의 국외산 대비 국내산 비율은 13~14이고, 13을 기준으로 나머지 가정용 의료기기 판매량 상위 5개 품목을 확인하면 이보다 모두 작다. 그러므로 정답은 ③이다.

ㄹ. (×) 읽지 않는다. 국외산 가정용 의료기기 중 판매량이 네 번째로 많은 의료기기는 알 수 없다.

계산 TIP

전체 가정용 의료기기 판매량
$= 271 + 128 + 100 + 84 + 59 + 261$
$= (271 + 128) + 100 + (84 + 59) + 261$
$= 400 ↓ + 100 + (143 + 261)$
$= 400 ↓ + 100 + 400 ↑$
$= 900$(천 개) 근처

정답 ③

다음 [그림]은 1982~2004년 동안 전년 대비 경제성장률과 소득분배 간의 관계를 나타낸 것이다. 이에 대한 [보기]의 설명 중 옳은 것을 모두 고르면?

[그림] 전년 대비 경제성장률과 소득분배 변화 추이

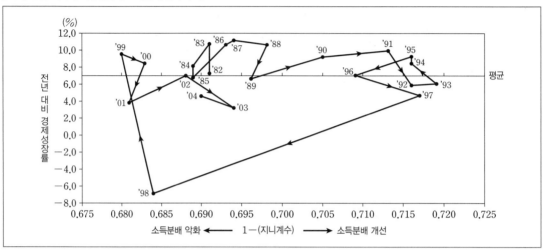

※ 평균:조사기간 중 전년 대비 경제성장률의 평균값

┤보기├

ㄱ. 1990~1997년의 지니계수 평균값은 0.3 이하이다.

ㄴ. 1988~1992년 동안 전년 대비 경제성장률이 전년에 비해 감소한 연도에는 소득분배도 전년에 비해 악화되었다.

ㄷ. 조사기간 동안 전년 대비 경제성장률이 가장 높은 연도는 1999년이다.

ㄹ. 1999년에는 1998년에 비해 전년 대비 경제성장률이 높아졌지만 소득분배는 악화되었다.

ㅁ. 1997년 외환위기 이전까지는 전년 대비 경제성장률이 평균보다 높게 유지되었고, 소득분배도 지속적으로 개선되었다.

① ㄱ, ㄹ   ② ㄴ, ㄷ   ③ ㄱ, ㄷ, ㄹ

④ ㄱ, ㄷ, ㅁ   ⑤ ㄴ, ㄹ, ㅁ

03

일반 풀이

ㄱ. (○) 구체적인 값을 읽어내려고 하거나 계산이 많다고 투덜 댄다.

ㄴ. (×) 1992년은 전년 대비 경제성장률이 감소하였을 때, 소득분배가 개선되었다.

ㄷ. (×) 전년 대비 경제성장률이 가장 높은 연도를 1999년으로 착각한다.

ㄹ. (○) 1999년은 1998년에 비해 전년 대비 경제성장률이 높아졌지만, 소득분배는 악화되었다.

ㅁ. (×) 1997년 외환위기 이전까지 전년 대비 경제성장률이 평균보다 매년 높게 유지되었던 것은 아니고, 소득분배도 지속적으로 개선되었던 것은 아니다.

NCS 실전 풀이

ㄱ. (○) 다음과 같이 반대해석한다.

- 1990~1997년의 '1−(지니계수)' 평균값은 0.7 이상이다.
- [그림]에서 1990~1997년의 '1−(지니계수)'는 모두 0.7보다 크다는 것을 확인할 수 있다.

ㄷ. (×) 조사기간 동안 전년 대비 경제성장률이 가장 높은 연도는 1987년이다. 시각적 함정에 속지 않도록 주의한다. 정답은 ①이다.

그 외의 선택지는 읽지 않는다.

차트 TIP

(1) 항목의 값이 '전년 대비 증가율'인 경우 시각적 함정에 주의한다.

(2) '전년 대비 증가율'이 전년에 비해 감소하였다고 하더라도 그 값이 '양수(＋)'라면 해당 항목은 전년에 비해 증가한다.

(3) 전년 대비 경제성장률이 전년에 비해 감소할 때 소득분배가 악화되었다면 아래로 이동할 때, 왼쪽으로 이동해야 한다.

정답 ①

'계산 확인형 문제'는 다른 유형에 비해 더 정확한 계산을 요구하는 유형을 의미합니다. 이 유형은 문제에 따라 재치 있게 접근해야 하죠. 우리는 가지고 있는 무기를 바탕으로 이를 어떻게 응용할 수 있는지에 대해서 학습할 것입니다. 계산 확인형 문제의 기본 내용은 아래와 같습니다.

1. 비중 또는 증가율에 대한 세밀한 계산을 요구하는 경우

① 50 %, 10 %, 5 %, 1 % 친구들을 충분히 활용

② 유효숫자는 3자리가 기본이지만, 소수점 둘째 자리까지 요구한다면 유효숫자는 4자리까지 확장해야 합니다.

③ 다만, 계산을 줄이기 위해서 적절한 기준을 세우고 그 값을 기준으로 생각합니다. 예를 들어 선택지가 다음과 같이 주어진다면, 묻는 값이 50 %를 기준으로 큰지 작은지를 먼저 판단하고, 작다면(또는 크다면) 어느 정도 작은지 계산하여 정답을 도출하는 거죠.

---

① 48.7 %   ② 49.5 %   ③ 50.7 %

④ 52.3 %   ⑤ 54.4 %

⑩ 48.7 %＝50 %－1.3 %, 49.5 %＝50 %－0.5 %

그러므로 50 %를 기준으로 1 % 넘게 작은지, 1 % 넘지 않게 작은지를 판단합니다.

2-1. '$T_1 \rightarrow T_2 \rightarrow T_3$' 흐름에서

① T_1, T_2, T_3는 증가하고

② T_1, T_2가 주어지고,

③ (T_1 대비 T_2 증가율)＝(T_2 대비 T_3 증가율)

　→ '$T_3＝T_2+(T_2-T_1)$↑'이 성립

2-2. '$T_1 \rightarrow T_2 \rightarrow T_3$' 흐름에서

① T_1, T_2, T_3는 감소하고

② T_1, T_2가 주어지고,

③ (T_1 대비 T_2 감소율)＝(T_2 대비 T_3 감소율)

　→ '$T_3＝T_2-(T_1-T_2)$↓'이 성립

3. 확인 vs 도출

① 어떤 값을 도출하기보다 확인하는 것입니다.

② 선택지에 주어진 값을 대입할 때, 등식이 성립하기 위해서는 대입한 값보다 커야 하는지 작아야 하는지에 대해 판단합니다.

이와 같은 내용을 토대로 문제를 풀면서 필자가 제시하는 재치들을 정확하게 이해하고 스스로 정리하도록 하세요. 이 해하지 못하면 정리할 수 없습니다. 여러분은 잘할 수 있습니다.

기본유형 연습문제

01

다음 [표]는 인터넷 전화 이용자 5명(갑, 을, 병, 정, 무)의 인터넷 전화 이용시간 현황 및 요금 총합에 관한 자료이다. [산식]에 따라 요금 총합이 결정될 때, 인터넷 전화의 '기본료'는 얼마인가?

[표] 갑~무의 인터넷 전화 이용시간 및 요금 총합 현황

이용자	통화 종류			요금 총합(원)
	시내(분)	시외(분)	이동전화(초)	
갑	15	40	2,800	10,020
을	90	60	6,000	16,040
병	45	45	9,000	19,760
정	30	80	5,600	15,040
무	15	10	3,000	9,840

┤산식├

(요금 총합)＝(기본료)
　　　　＋(분당시내통화료)×(시내통화이용시간(분))
　　　　＋(분당시외통화료)×(시외통화이용시간(분))
　　　　＋(초당이동전화통화료)×(이동전화이용시간(초))

① 3,500원　　　　　　② 4,000원　　　　　　③ 4,500원
④ 5,000원　　　　　　⑤ 6,000원

01

일반 풀이

엄청난 식을 세우다가 포기한다.

NCS 기본 풀이

'갑'×2ㅡ'정'이 성립함을 확인한다.

이용자	통화 종류			요금 총합
	시내 (분당)	시외 (분당)	이동전화 (초당)	
갑×2	30분	80분	5,600초	$10,020 \times 2$ $=20,040$(원) (기본료 2번 포함)
정	30분	80분	5,600초	15,040원
차이	0	0	0	(기본료) $=20,040-15,040$ $=5,000$(원)

정답 ④

02

다음 [표]는 A시 장래 인구 추계에 대한 자료이다. 주어진 [산식]을 바탕으로 할 때, 자료의 연도 중 총 부양비가 가장 큰 연도와 그때의 총 부양비로 올바른 것은? (단, 소수점 아래 둘째 자리에서 반올림한다.)

[표] A시 장래 인구 추계

연도	총인구(명)	구성비(%)		
		0~14세	15~64세	65세 이상
2015년	562,962	16.0	69.2	14.7
2020년	567,324	14.5	( )	17.2
2025년	569,433	13.8	64.8	21.3
2030년	570,446	13.4	60.0	26.0
2035년	( )	13.0	( )	30.6
2040년	( )	12.3	52.7	35.0

※ 2025년 이후는 예상치를 의미함

─────────────────── 산식 ───────────────────

- $(\text{총 부양비}) = \dfrac{(0{\sim}14\text{세 인구수}) + (65\text{세 이상 인구수})}{(15{\sim}64\text{세 인구수})} \times 100$

- $(\text{유년 부양비}) = \dfrac{(0{\sim}14\text{세 인구수})}{(15{\sim}64\text{세 인구수})} \times 100$

- $(\text{노년 부양비}) = \dfrac{(65\text{세 이상 인구수})}{(15{\sim}64\text{세 인구수})} \times 100$

① 2015년, 44.5
② 2035년, 77.3
③ 2035년, 129.4
④ 2040년, 89.8
⑤ 2040년, 96.7

02

일반 풀이

1) 인구수를 구할 수 없다고 생각해서 풀지 못한다.

2) 비율을 이용하여 총 부양비를 계산하여 정리하면 다음과 같다.

2015년	2020년	2025년	2030년	2035년	2040년
44.5	46.4	54.3	66.7	77.3	89.8

3) [표]에 주어진 연도 중 총 부양비가 가장 큰 연도는 2040년이고, 총 부양비는 89.8이다.

NCS 기본 풀이

1) (총 부양비 max)=(15~64세 비율 min) → 2040년

2) $\frac{47.3}{52.7}$ 은 0.9보다 작으므로 정답은 ④번이다.

정답 ④

PSAT 기출 연습문제

01

다음은 폐기물협회에서 제공하는 전국 폐기물 발생 현황 자료이다. 이 자료에서 (ㄱ), (ㄴ)에 해당하는 값을 바르게 나타낸 것은? (단, 소수점 둘째 자리에서 반올림하시오.)

[표] 전국 폐기물 발생 현황 (단위: 톤, %)

구분		'11	'12	'13	'14	'15	'16
총계	발생량	359,296	357,861	365,154	373,312	382,009	382,081
	증감률	6.6	−0.4	2.0	(ㄴ)	2.3	0.02
의료 폐기물	발생량	52,072	50,906	49,159	48,934	48,990	48,728
	증감률	3.4	−2.2	−3.4	−0.5	0.1	−0.5
사업장 배출 시설계 폐기물	발생량	130,777	123,604	137,875	137,961	146,390	149,815
	증감률	13.9	−5.5	11.5	0.1	6.1	2.3
건설 폐기물	발생량	176,447	183,351	178,120	186,417	186,629	183,538
	증감률	2.6	(ㄱ)	−2.9	4.7	0.1	−1.7

	(ㄱ)	(ㄴ)
①	3.8	2.2
②	3.8	2.3
③	3.9	2.2
④	3.9	2.3
⑤	4.0	2.2

01

일반 풀이

(ㄱ)과 (ㄴ)을 계산하면 다음과 같다.

- (ㄱ): $\left(\dfrac{183,351}{176,447}-1\right)\times100\fallingdotseq3.9(\%)$
- (ㄴ): $\left(\dfrac{373,312}{365,154}-1\right)\times100\fallingdotseq2.2(\%)$

그러므로 정답은 ③이다.

NCS 기본 풀이

1) 어림산으로 계산할 때 유효숫자는 3자리면 충분하지만, 이 경우 증감률을 소수점 둘째 자리에서 반올림해야 하므로 유효숫자를 4자리로 생각한다.

2) (ㄱ)을 다음과 같이 해결한다.
    - (증가폭)$=183,351-176,447$
        $\fallingdotseq1,833-1,764$
        $=1,800+33-1,800+36=69$
    - 1,764의 4 %는 $17.64(1\,\%)\times4=70.56$
    - $69=70.56-1.56 \rightarrow 4\,\%-0.1\,\%\downarrow\fallingdotseq3.9(\%)$

3) (ㄴ)도 같은 방식으로 해결한다.
    - (증가폭)$=373,312-365,154$
        $\fallingdotseq3,733-3,652$
        $=3,700+33-3,700+48=81$
    - 3,652의 2 %는 $36.52(1\,\%)\times2=73.04$
    - $81=73.04+8-0.04 \rightarrow 2\,\%+0.2\,\%\uparrow\fallingdotseq2.2(\%)$

계산 TIP

(1) 증가율, 비중 등의 계산이 세밀한 경우 항상 [50 %, 10 %, 5 %, 1 % 친구들]과 함께한다.

(2) 선택지를 충분히 활용한다. 3.8 %, 3.9 %, 4.0 %가 주어진다면 가장 간단한 기준은 4 %가 된다.

정답 ③

다음 [표]는 '갑'사 공채 지원자에 대한 평가 자료이다. 주어진 자료와 [평가점수와 평가등급의 결정방식]에 근거한 설명으로 옳지 <u>않은</u> 것은?

[표] '갑'사 공채 지원자 평가 자료

(단위: 점)

구분 지원자	창의성 점수	성실성 점수	체력 점수	최종 학위	평가점수
가	80	90	95	박사	( )
나	90	60	80	학사	310
다	70	60	75	석사	300
라	85	( )	50	학사	255
마	95	80	60	학사	295
바	55	95	65	학사	280
사	60	95	90	석사	355
아	80	( )	85	박사	375
자	75	90	95	석사	( )
차	60	70	( )	학사	290

[평가점수와 평가등급의 결정방식]

- 최종 학위 점수는 학사 0점, 석사 1점, 박사 2점임.
- (지원자 평가점수)=(창의성 점수)+(성실성 점수)+(체력 점수)×2+(최종 학위 점수)×20
- 평가등급 및 평가점수

평가등급	평가점수
S	350점 이상
A	300점 이상 350점 미만
B	300점 미만

① '가'의 평가점수는 400점으로 지원자 중 가장 높다.

② '라'의 성실성 점수는 '다'보다 높지만 '마'보다는 낮다.

③ '아'의 성실성 점수는 '라'와 같다.

④ S등급인 지원자는 4명이다.

⑤ '차'는 체력 점수를 원래 점수보다 5점 더 받으면 A등급이 된다.

02

일반 풀이

1) 선택지를 해결하는 데 미지수 x를 설정하고 방정식을 세워 해결한다.

2) 예를 들어 '라'의 성실성 점수를 계산하기 위해
$$85+x+50\times2+0\times20=255$$
와 같은 식을 세워 풀고

3) '아'의 성실성 점수 역시 비슷한 방식으로 푼다. 실수하지 않는다면 그나마 다행이지만, 이와 같은 접근은 계산이 많은 편이므로 지양한다.

NCS 실전 풀이

지원자의 평가점수에 대한 식이 체력점수의 가중치만 '2'라는 것을 인지하고, 지원자의 평가점수에 따라 평가등급이 결정된다는 것을 이해한다.

① (○) 묻는 것은 400점인지에 대한 것이다. 점수의 배치를 다음과 같이 바꿔 생각한다.

구분	창의성 점수	성실성 점수	체력 점수	최종 학위	평가 점수
가중치	×1	×1	×2	×20	
지원자 '가'	80	90	95	박사	( )
확인해야 하는 것은 평가점수가					400 ?
그렇다면 점수 분포는		360		40	400
그런데 원래 점수는	80	90	95	40	
조금 변형하면	80+10	90	95−5	40	
	90	90	90	40	
그러므로		90×4=360		40	=400

② (○) 다음과 같이 생각한다.

	창		성		체		최		평	
라	85		( )		50		학사		255	
		+10		( )		+10×2		+0		+40
마	95		80		60		학사		295	

- [평가점수=창+성+체×2+학위×20]이 성립하므로
- [△평가점수=△창+△성+△체×2+△학위×20]가 성립한다.
- 그런데 평가점수의 차이는 40점인데 창의성 점수 차이 10점, 체력점수 차이 20점으로는 40점 차이가 성립하지 않는다. 최종학위는 동일하므로 성실성 점수의 차이가 10점이어야 한다.
- 그러므로 '라'의 성실성 점수는 70점이다.

③ (×) '라'의 성실성 점수 70점을 대입한다.
$$\rightarrow 80+70+85\times2+40=360\neq375$$

④ (○) 현재까지 S등급인 지원자는 가, 사, 아로 3명인데 4명이 되기 위해 확인해야 하는 지원자는 '자'이다. '자'의 점수를 정확하게 계산하지 않아도 350점은 넘는다는 것을 쉽게 확인할 수 있다.

⑤ (○) '차'가 체력점수를 원래 점수보다 5점 더 받으면 평가점수는 원래보다 10점 상승한다. 그러므로 300점이 되어 A등급이 된다.

> **발상 TIP**
> (1) 덧셈 비교의 기본은 차이값을 생각하는 것이다.
> (2) 일반 풀이로 계산을 해도 괜찮으니 우선 시작한다.

정답 ③

다음 [그래프]와 [표]는 조사연도별 '갑'국 병사의 계급별 월급과 군내매점에서 판매하는 주요 품목 가격에 관한 자료이다. 이에 대한 설명으로 옳은 것은?

[그래프] 조사연도별 병사의 계급별 월급

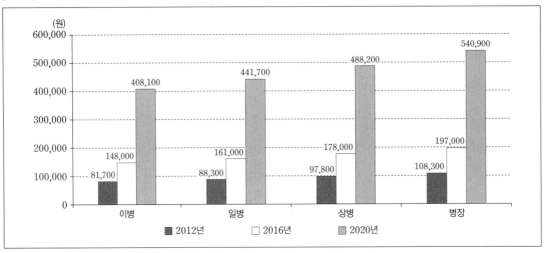

[표] 조사연도별 군내매점 주요 품목 가격   (단위: 원/개)

조사연도 \ 품목	캔커피	단팥빵	햄버거
2012년	250	600	2,400
2016년	300	1,000	2,800
2020년	500	1,400	3,500

① 2020년의 이병 월급은 2012년보다 500 % 이상 증액되었다.

② 2012년 대비 2016년 상병 월급 증가율은 2016년 대비 2020년 상병 월급 증가율보다 더 높다.

③ 군내매점 주요품목 각각의 2012년 대비 2016년 가격인상률은 2016년 대비 2020년 가격인상률보다 낮다.

④ 일병이 한 달 월급만을 사용하여 군내매점에서 해당 연도 가격으로 140개의 단팥빵을 구매하고 남은 금액은 2016년이 2012년보다 15,000원 이상 더 많다.

⑤ 병장이 한 달 월급만을 사용하여 군내매점에서 해당 연도 가격으로 구매할 수 있는 햄버거의 최대 개수는 2020년이 2012년의 3배 이하이다.

03

일반 풀이

① (×) 2012년 대비 2020년 이병 월급의 증가율을 계산하면 다음과 같다.

$$\rightarrow \left(\frac{408,100}{81,700} - 1 \right) \times 100 ≒ 399.5(\%)$$

즉, 이병 월급은 2020년이 2012년보다 500 % 미만 증액되었다.

② (×) 2012년 대비 2016년 상병 월급 증가율과 2016년 대비 2020년 상병 월급 증가율을 계산하면 다음과 같다.

- 2016년: $\left(\frac{178,000}{97,800} - 1 \right) \times 100 ≒ 82.0(\%)$

- 2020년: $\left(\frac{488,200}{178,000} - 1 \right) \times 100 ≒ 174.3(\%)$

2016년 대비 2020년 증가율이 더 높다.

③ (×) 군내매점 주요 품목 각각의 2012년 대비 2016년 가격인상률과 2016년 대비 2020년 가격인상률을 계산하여 정리하면 다음과 같다.

구분	캔커피	단팥빵	햄버거
2012년 대비 2016년	20.0 %	66.7 %	16.7 %
2016년 대비 2020년	66.7 %	40.0 %	25.0 %

단팥빵의 경우 2012년 대비 2016년 가격인상률이 더 높다.

④ (○) 2012년과 2016년 일병이 한 달 월급만을 사용하여 군내매점에서 해당 연도 가격으로 140개의 단팥빵을 구매하고 남은 금액을 계산하면 다음과 같다.

- 2012년: $88,300 - 140 \times 600 = 4,300(원)$
- 2016년: $161,000 - 140 \times 1,000 = 21,000(원)$
- 차이: $21,000 - 4,300 = 16,700(원) > 15,000원$

2016년이 2012년보다 15,000원 이상 더 많다.

⑤ (×) 2012년과 2020년 병장이 한 달 월급만을 사용하여 군내매점에서 해당 연도 가격으로 구매할 수 있는 햄버거의 최대 개수를 계산하면 다음과 같다.

- 2012년: $\frac{108,300}{2,400} = 45.125(개)$

- 2020년: $\frac{540,900}{3,500} ≒ 154.543(개)$

구매 가능 햄버거의 최대 개수는 2012년에 45개, 2020년에 154개이므로 2020년이 2012년의 3배를 초과한다.

NCS 기본 풀이

① (×) 2020년 이병 월급은 2012년의 6배 이상이 아니다.

② (×) 2016년 상병 월급은 2012년의 2배 미만이고, 2020년 상병 월급은 2016년의 2배를 초과한다.

③ (×) 단팥빵의 가격 증가폭을 계산하면 다음과 같다.

조사연도 \ 품목	단팥빵(원)	증가폭
2012년	600	+400
2016년	1,000	+400
2020년	1,400	

증가폭이 동일하므로 가격인상률은 2012년 대비 2016년이 2016년 대비 2020년보다 높다.

④ (○) (남은 금액)=(일병 월급)-(단팥빵 구매금액)이 성립하므로 (△ 남은 금액)=(△ 일병 월급)-(△ 단팥빵 구매금액)이 성립한다. 계산하면 다음과 같다.

(△ 남은 금액)

=(△ 일병 월급)-(△ 단팥빵 구매금액)

=$(161,000 - 88,300) - (+400 \times 140)$

=$72,700 - 56,000 = 16,700(원) > 15,000원$

⑤ (×) 읽지 않는다.

NCS 실전 풀이

①∼③ (×) [NCS 기본 풀이]와 동일

④ (○) (일병 월급)=(단팥빵 구매금액)+(남은 금액)이 성립하므로 (△ 일병 월급)=(△ 단팥빵 구매금액)+(△ 남은 금액)이 성립한다.

(△ 단팥빵 구매금액)=$+400 \times 140 = 56,000(원)$

만약 (△ 남은 금액)이 15,000원 이상이라면 (△ 일병 월급)=$56,000 + 15,000↑ = 71,000원↑$'이 성립한다. '88,300+71,000=159,300(원)<161,000원'이 성립하므로 옳다.

⑤ (×) 읽지 않는다.

계산 TIP

⑤ (×) (2012년)×3 vs (2020년)을 확인한다.

$$\frac{108,300 \times 3}{2,400} \quad \therefore \times 3↑ \quad \frac{540,900}{3,500}$$

×4.5↑

×1.5↓

정답 ④

NCS 기출 변형 연습문제

01

다음 [그래프]는 2017년 제도부문별 순자산 규모 및 순자산의 전년 대비 증가율에 관한 자료이다. 이 자료를 바탕으로 할 때, 2017년 제도부문 총 순자산 규모는 2016년 금융법인 순자산의 약 몇 배인가?

[그래프 1] 2017년 제도부문별 순자산 규모

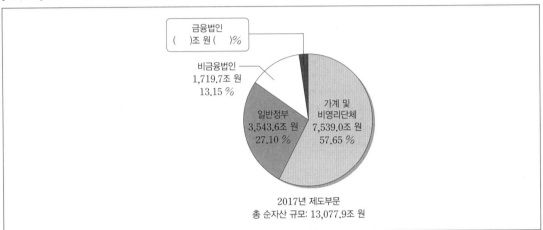

※ 비율은 소수 셋째 자리에서 반올림한 값으로, 그 합이 정확히 100 %가 되지 않을 수 있음.

[그래프 2] 2017년 제도부문별 순자산의 전년 대비 증가율

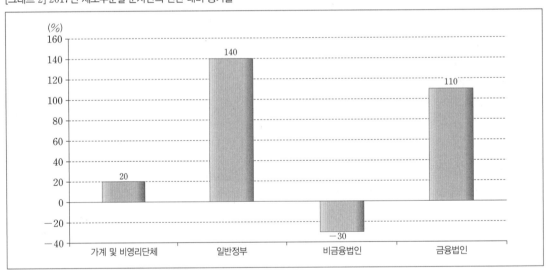

① 약 55배   ② 약 75배   ③ 약 85배

④ 약 100배   ⑤ 약 110배

01

일반 풀이

1) 2017년 제도부문 총 순자산 규모: 13,077.9조 원

2) 2017년 금융법인 순자산 규모:

$13{,}077.9 - (7{,}539.0 + 3{,}543.6 + 1{,}719.7) = 275.6$(조 원)

3) 2016년 금융법인 순자산 규모:

$\dfrac{275.6}{1 + 1.1} = \dfrac{275.6}{2.1} \fallingdotseq 131.2$(조 원)

4) 설문에서 묻는 배율을 계산한 결과는 다음과 같다.

$\dfrac{13{,}077.9}{131.2} \fallingdotseq 99.68$이므로 약 100배에 해당한다.

NCS 실전 풀이

1) 묻는 것은 '2017년 전체의 값이 2016년 금융법인의 몇 배에 해당하는지'이다.

2) 실수값과 비중값이 동시에 주어지는 경우 되도록 비중을 활용한다.

3) 2017년 금융법인의 비중은

$100 - (13.15 + 27.10 + 57.65) = 100 - 97.9 = 2.1(\%)$

4) 그런데 전년 대비 증가율이 110 %이므로 2.1배이다.

5) 그러므로 2017년 제도부문 총 순자산을 100으로 생각할 때, 2016년 금융법인은 1이므로 100배임을 쉽게 확인할 수 있다.

정답 ④

02

다음 [표]는 지역별 유량 관련 정보에 대한 자료이다. 이 자료와 [산식]에 근거할 때, 유량이 큰 지역부터 순서대로 나열한 것은?

[표] 지역별 유량 관련 정보

지역	유량계수 (cm³/s)	관 모양	한 변(지름)의 길이(cm)	수두 차(cm)	H2	H1
A	1.00	정사각형	10.0	360	410	50
B	1.50	정사각형	12.5	( )	150	60
C	1.00	원	10.0	( )	560	200
D	0.75	원	20.0	( )	100	10
E	2.00	원	5.0	( )	820	100

┤산식├

- (유량)＝(유량계수)×(관의 유수단면적)×(유속)
- 관 모양에 따른 유수단면적
  - 정사각형: (한 변의 길이)×(한 변의 길이)
  - 원: 3.14×(지름의 길이)×(지름의 길이)÷4
- (유속)＝$\sqrt{2 \times (중력가속도) \times (수두\ 차)}$
- (수두 차)＝H2－H1
- 중력가속도: 980 cm/s²
- 예 A 지역의 유량: $1 \times (10 \times 10) \times \sqrt{2 \times 980 \times 360} = 84{,}000(\text{cm}^3/\text{s})$
- 각 지역의 유량을 A, B, C, D, E로 나타낸다.

① $A > D > B > C > E$ ② $B > C > A > D > E$

③ $B > D > C > A > E$ ④ $C > A > D > B > E$

⑤ $D > B > A > C > E$

02

일반 풀이

[산식]에 따라 지역별 유량을 계산하면 다음과 같다.

$A = 1.00 \times (10.0 \times 10.0) \times \sqrt{2 \times 980 \times 360}$
$\quad = 84{,}000.00(\text{cm}^3/\text{s})$

$B = 1.50 \times (12.5 \times 12.5) \times \sqrt{2 \times 980 \times 90}$
$\quad = 98{,}437.50(\text{cm}^3/\text{s})$

$C = 1.00 \times (3.14 \times 10.0 \times 10.0) \div 4 \times \sqrt{2 \times 980 \times 360}$
$\quad = 65{,}940.00(\text{cm}^3/\text{s})$

$D = 0.75 \times (3.14 \times 20.0 \times 20.0) \div 4 \times \sqrt{2 \times 980 \times 90}$
$\quad = 98{,}910.00(\text{cm}^3/\text{s})$

$E = 2.00 \times (3.14 \times 5.0 \times 5.0) \div 4 \times \sqrt{2 \times 980 \times 720}$
$\quad = 46{,}626.62(\text{cm}^3/\text{s})$

유량을 큰 순서대로 나열하면 $D > B > A > C > E$ 순이다.

NCS 실전 풀이

1) 유량에 대한 식을 정리하면 다음과 같다.
   (유량) = (유량계수) × (관의 유수단면적) × (유속)
   = (유량계수) × (관의 유수단면적) ×
   $\sqrt{2 \times (\text{중력가속도}) \times (\text{수두 차})}$

2) 값이 중요한 것이 아니라 대소비교를 할 것이므로 대소관계에 영향을 주는 것만으로 정리한다.
   정사각형: (유량) ∝ (유량계수) × (한 변의 길이)^2 × $\sqrt{(\text{수두 차})}$
   원: (유량) ∝ (유량계수) × (지름의 길이)^2 × $\sqrt{(\text{수두 차})}$

3) 관 모양이 정사각형인 두 지역 A와 B를 단순화하여 비교하면 다음과 같다.

(유량) ∝ (유량계수) × (한 변의 길이)^2 × $\sqrt{(\text{수두 차})}$ →					배율
				2	2
A =	1.00 ×	10.0^2 ×	$\sqrt{360}$ =		vs
B =	1.50 ×	12.5^2 ×	$\sqrt{90}$ =		
	1.5	1.25 × 1.25	1		2.34375

$B > A$가 성립하므로 ①, ④를 소거한다.

4) 관 모양이 원인 경우는 다음과 같다.

(유량) ∝ (유량계수) × (지름의 길이)^2 × $\sqrt{(\text{수두 차})}$

C =	1.00 ×	10.0^2 ×	$\sqrt{360}$
D =	0.75 ×	20.0^2 ×	$\sqrt{90}$
E =	2.00 ×	5.0^2 ×	$\sqrt{720}$

단순화하면 다음과 같다.

(유량) ∝ (유량계수) × (지름의 길이)^2 × $\sqrt{(\text{수두 차})}$ → 배율

C =	1 ×	4 ×	2 =		8
D =	$\frac{3}{4}$ ×	16 ×	1 =		12
E =	2 ×	1 ×	$\sqrt{8}$ =		$4\sqrt{2}$

$D > C > E$를 만족하므로 ②를 소거한다.

5) A와 C 지역은 유량계수 및 수두 차가 동일하다. 관 모양이 정사각형일 때와 원일 때, 각각에 대하여 한 변의 길이와 지름의 길이가 같은 경우 유수단면적은 정사각형일 때가 더 크므로 $A > C$를 만족한다. 따라서 정답은 ⑤이다.

정답 ⑤

03

다음 [표]는 2020년 아이돌 10명의 신상 정보이고, [산식]은 남성과 여성의 기초대사량에 대한 정보이다. 남성 아이돌 기초대사량의 합 대비 여성 아이돌 기초대사량의 합 비율로 올바른 것은?

[표] 2020년 아이돌 신상 정보

이름	성별	체중(kg)	키(cm)	나이(세)
마크	남	59	175	23
잭슨	남	64	172	21
유겸	남	68	182	19
JB	남	66	180	22
영재	남	62	177	20
나연	여	50	165	21
쯔위	여	52	170	19
모모	여	53	168	20
채영	여	47	163	19
사나	여	48	165	20

─┤ 산식 ├─

- 기초대사량(kcal) 계산식
  - 남성: $664 + 13.75 \times (체중) + 5 \times (키) - 6.76 \times (나이)$
  - 여성: $655 + 9.5 \times (체중) + 2 \times (키) - 4.68 \times (나이)$
- 예 '마크'와 '나연'의 기초대사량
  - 마크: $664 + (13.75 \times 59) + (5 \times 175) - (6.76 \times 23) = 2,194.77(kcal)$
  - 나연: $655 + (9.5 \times 50) + (2 \times 165) - (4.68 \times 21) = 1,361.72(kcal)$

① 약 0.59937

② 약 0.68142

③ 약 0.73542

④ 약 0.82177

⑤ 약 0.91114

03

일반 풀이

[표]에 주어진 사람들의 기초 대사량을 계산하면 다음과 같다.

[남성]

- 마크: $664 + (13.75 \times 59) + (5 \times 175) - (6.76 \times 23)$
  $= 2,194.77(\text{kcal})$
- 잭슨: $664 + (13.75 \times 64) + (5 \times 172) - (6.76 \times 21)$
  $= 2,262.04(\text{kcal})$
- 유겸: $664 + (13.75 \times 68) + (5 \times 182) - (6.76 \times 19)$
  $= 2,380.56(\text{kcal})$
- JB: $664 + (13.75 \times 66) + (5 \times 180) - (6.76 \times 22)$
  $= 2,322.78(\text{kcal})$
- 영재: $664 + (13.75 \times 62) + (5 \times 177) - (6.76 \times 20)$
  $= 2,266.3(\text{kcal})$
→ 남성 합: $2,194.77 + 2,262.04 + 2,380.56 + 2,322.78$
  $+ 2,266.3 = 11,426.45(\text{kcal})$

[여성]

- 나연: $655 + (9.5 \times 50) + (2 \times 165) - (4.68 \times 21)$
  $= 1,361.72(\text{kcal})$
- 쯔위: $655 + (9.5 \times 52) + (2 \times 170) - (4.68 \times 19)$
  $= 1,400.08(\text{kcal})$
- 모모: $655 + (9.5 \times 53) + (2 \times 168) - (4.68 \times 20)$
  $= 1,400.9(\text{kcal})$
- 채영: $655 + (9.5 \times 47) + (2 \times 163) - (4.68 \times 19)$
  $= 1,338.58(\text{kcal})$
- 사나: $655 + (9.5 \times 48) + (2 \times 165) - (4.68 \times 20)$
  $= 1,347.4(\text{kcal})$
→ 여성 합: $1,361.72 + 1,400.08 + 1,400.9 + 1,338.58 + 1,347.4$
  $= 6,848.68(\text{kcal})$

→ ∴ $\dfrac{(\text{여성 합})}{(\text{남성 합})} = \dfrac{6,848.68}{11,426.45} ≒ 0.59937$

NCS 실전 풀이

1) 남성 아이돌의 경우 '마크'의 기초대사량이 2,194.77 kcal로 계산되어 있다. 그런데 남성 아이돌 중 '마크'의 기초대사량이 가장 작다는 것을 쉽게 확인할 수 있다.

2) 여성 아이돌의 경우 '나연'의 기초대사량이 1,361.72 kcal로 계산되어 있다. '쯔위'와 '모모'가 '나연'보다 기초대사량이 크다는 것을 쉽게 확인할 수 있고, 이들의 기초대사량은 1,400 kcal 정도라는 것을 쉽게 확인할 수 있다.

3) 남성 아이돌은 기초대사량이 가장 낮은 경우가 2,100 kcal 보다 크고, 여성 아이돌은 기초대사량이 가장 큰 경우 1,400 kcal 정도이므로, 남성 아이돌 기초대사량 합 대비 여성 아이돌 기초대사량 합 비율은 $\dfrac{2}{3}$ 를 넘지 않는다. 정답은 ①이다.

계산 TIP

항상 기준을 가지고 있어야 한다.

정답 ①

'매칭형 문제'란 주어진 표나 그림에 해당하는 항목을 비워둔 상태에서 설문에 주어진 조건을 만족하는 항목을 찾는 유형을 의미합니다. 이 유형의 문제가 등장했을 때 여러분의 일반적인 풀이는 다음과 같을 것입니다.

① 주어진 조건 중 확정적인 정보(가장 큰, 가장 작은 등)를 찾아 일부를 매칭한다.
② 매칭한 항목이 포함된 조건을 다시 찾아 연결하여 다른 항목을 매칭한다.

만약 문제가 매우 쉽거나 설문의 조건이 엉성한 경우라면 이와 같은 전략이 먹힐 수 있습니다. 하지만, 출제자가 조금 더 신경 쓰면 수험생은 제한된 시간에 모든 조건을 읽으며 정보의 옥석을 가리기 매우 어려울 것입니다. 따라서 이러한 풀이는 필자 생각에 별로 좋지 않습니다. 객관식의 장점을 살려 다음과 같이 생각해보는 것은 어떤가요?

치수쌤의 1타 강의

어떤 항목이 어디에 매칭되는지 찾으려고 하기보다 어떤 것이 될 수 없는지에 대해 생각하세요. 다음의 생각을 정확하게 이해하고 충분히 활용하세요.

1. 조건의 예시 1

A는 B보다 크다.
→ A > B
→ A는 가장 작은 것은 아니다.
→ B는 가장 큰 것은 아니다.
위와 같은 문장을 읽고 일반적으로 A > B를 만족하는 경우의 수를 나열하려고 하는 것이 일반적인데, 이러한 습관을 바꾸시기 바랍니다. 자료가 조건에 부합하는 것을 '찾는 것'이 중요합니다. 각 항목이 '어떤 것'인지가 중요한 것이 아니예요. A가 B보다 크기 때문에 A보다 작은 것이 있으므로 A는 가장 작은 것이 될 수 없고, 같은 원리로 B보다 큰 것이 있으므로 B는 가장 큰 것이 될 수 없습니다.

2. 조건의 예시 2

B는 A보다 크고, C보다 작다.
→ A < B < C
→ A는 가장 큰 것도, 두 번째로 큰 것도 아니다.
→ B는 가장 큰 것도, 가장 작은 것도 아니다.
→ C는 가장 작은 것도, 두 번째로 작은 것도 아니다.
A의 경우 A보다 큰 것이 B와 C로 2개가 있으므로 A는 가장 큰 것도, 두 번째로 큰 것도 아닙니다. B보다 큰 것과 작은 것이 모두 있기 때문에 B는 가장 큰 것도, 가장 작은 것도 될 수 없죠. C보다 작은 것이 A, B로 2개가 있으므로 C는 가장 작은 것도, 두 번째로 작은 것도 될 수 없습니다.

NCS뿐만 아니라, 평소 생활에서도 어떤 문장을 읽고 간결하게 생각하는 것은 매우 중요한 일입니다. 조금 어렵기는 하지만, 매우 유용한 PSAT 문제를 위주로 연습해 보세요.

기본유형 연습문제

01

다음 [표]는 2018년 근속기간별 퇴직연금 가입 근로자 수에 관한 자료이다. 이 자료와 [조건]을 이용하여 A~D에 해당하는 제도유형을 바르게 나열한 것은?

[표] 근속기간별 퇴직연금 가입 근로자 수

(단위: 명)

제도유형 / 근속기간	A	B	C	D
1년 미만	62,384	261,519	4,285	202
1~3년	480,738	714,668	15,232	3,152
3~5년	496,232	463,632	11,928	5,824
5~10년	1,092,604	550,377	20,017	21,116
10~20년	772,021	273,516	13,958	21,321
20년 이상	413,353	76,269	2,075	33,821

※ '1~3년'은 1년 이상 3년 미만을 의미함.

┤조건├

• '확정급여형'과 'IRP특례형'은 근속기간이 5년 이상 10년 미만인 퇴직연금 가입 근로자 수가 가장 많다.
• 근속기간이 1년 이상 3년 미만인 퇴직연금 가입 근로자 수는 'IRP특례형'이 '병행형'보다 많고 '확정기여형'보다 적다.
• 근속기간이 5년 이상 10년 미만인 퇴직연금 가입 근로자 수와 10년 이상 20년 미만인 퇴직연금 가입 근로자 수의 차이가 30만 명 이상인 제도유형은 '확정급여형'이다.

	A	B	C	D
①	확정급여형	확정기여형	IRP특례형	병행형
②	확정급여형	병행형	IRP특례형	확정기여형
③	IRP특례형	확정기여형	확정급여형	병행형
④	IRP특례형	병행형	확정급여형	확정기여형
⑤	IRP특례형	확정급여형	병행형	확정기여형

02

다음 [표]는 2022년 서울, 부산, 대구, 인천, 광주, 대전, 울산의 1인당 경제변수에 대한 자료이다. 이 자료와 주어진 [조건]을 근거로 하여 A~D에 해당하는 행정구역을 바르게 나열한 것은?

[표] 2022년 행정구역별 1인당 경제변수

(단위: 천 원)

행정구역	1인당 지역내 총생산	1인당 지역 총소득	1인당 개인소득	1인당 민간소비
서울	36,484	41,737	20,506	19,325
A	23,574	26,689	17,599	15,537
B	20,183	23,985	16,987	15,250
인천	27,817	28,194	16,974	13,988
C	22,561	25,028	16,575	15,371
D	23,417	26,254	17,680	15,635
울산	61,778	50,548	19,496	15,825

┤ 조건 ├

• 1인당 개인소득이 높은 상위 3개의 행정구역을 순서대로 나열하면 '서울－울산－대전'이다.
• 지역 총소득 대비 지역내 총생산 비율이 90 % 이상인 행정구역은 인천, 광주, 울산이다.
• 1인당 민간소비가 낮은 하위 4개의 행정구역은 대구, 부산, 인천, 광주이다.
• 민간소비 대비 개인소득은 부산이 대구보다 높다.

	A	B	C	D
①	부산	대구	광주	대전
②	대구	부산	광주	대전
③	부산	광주	대구	대전
④	광주	부산	대구	대전
⑤	대전	광주	대구	부산

01

일반 풀이

조건 1: [A 또는 C]=[확정급여형 또는 IRP특례형]

조건 2: 병행형<IRP특례형<확정기여형

→ D<C<A<B

→ B=확정기여형, D=병행형

조건 3: A=확정급여형, C=IRP특례형

→ ∴ (A, B, C, D)

=(확정급여형, 확정기여형, IRP특례형, 병행형)

NCS 기본 풀이

조건 1: C≠병행형 → ⑤번 소거

조건 2: IRP≠B, D

병행형≠A, B

확정기여형≠D, C

→ ②, ④번 소거

조건 3: A=확정급여형

정답 ①

02

일반 풀이

조건 1: 1인당 개인소득이 높은 상위 3개의 행정구역이

'서울－울산－대전'이다. ∴ D＝대전

조건 2: (지역 총소득 대비 지역내 총생산 비율)

$$= \frac{(1인당 \; 지역내 \; 총생산)}{(1인당 \; 지역 \; 총소득)}$$

지역	서울	A	B	인천	C	D	울산
비율	87 %	88 %	84 %	99 %	90 %	89 %	122 %

∴ C＝광주

조건 3: 1인당 민간소비 하위 4개 행정구역은 A, B, 인천, C

→ [A or B]=[부산 or 대구]

조건 4: 민간소비 대비 개인소득: A vs B

A: $\frac{17,599}{15,537} \times 100 ≒ 113$

B: $\frac{16,987}{15,250} \times 100 ≒ 111$

→ ∴ (A, B)＝(부산, 대구)

NCS 기본 풀이

조건 1: 대전≠A

조건 2: 광주≠A, 광주≠B

조건 3: 부산과 대구를 구분할 수 없다.

조건 4: 부산＞대구 → A＞B

$$\begin{array}{c}
\overset{+2\,\% \uparrow}{\overbrace{}} \\
\frac{17,599}{15,537} \; \overset{\leftarrow \; +612 \; \leftarrow}{\underset{\leftarrow \; +287 \; \leftarrow}{}} \; \frac{16,987}{15,250} \\
\underset{+2\,\% \downarrow}{\underbrace{}}
\end{array}$$

정답 ①

01

다음 [표]는 '갑'국의 10대 미래산업 현황에 대한 자료이다. [표]와 [조건]을 바탕으로 할 때, B, C, E 에 해당하는 산업을 바르게 나열한 것은?

[표] '갑'국의 10대 미래산업 현황

(단위: 개, 명, 억 원, %)

산업	업체 수	종사자 수	부가가치액	부가가치율
A	403	7,500	788	33.4
기계	345	3,600	2,487	48.3
B	302	22,500	8,949	41.4
조선	103	1,100	282	37.0
에너지	51	2,300	887	27.7
C	48	2,900	4,002	42.4
안전	15	2,100	1,801	35.2
D	4	2,800	4,268	40.5
E	2	300	113	36.3
F	2	100	61	39.1
전체	1,275	45,200	23,638	40.3

※ (부가가치율)(%)= $\dfrac{(부가가치액)}{(매출액)} \times 100$

┤ 조건 ├

- 의료 종사자 수는 IT 종사자 수의 3배이다.
- 의료와 석유화학의 부가가치액 합은 10대 미래산업 전체 부가가치액의 50 % 이상이다.
- 매출액이 가장 낮은 산업은 항공우주이다.
- 철강 업체 수는 지식서비스 업체 수의 2배이다.

	B	C	E
①	의료	철강	지식서비스
②	의료	석유화학	지식서비스
③	의료	철강	항공우주
④	지식서비스	석유화학	의료
⑤	지식서비스	철강	의료

01

일반 풀이

1) [표]의 정보를 이용하여 매출액을 계산하여 정리하면 다음과 같다.

산업	업체 수	종사자 수	부가 가치액	부가 가치율	매출액 (억 원)
A	403	7,500	788	33.4	2,359.3
기계	345	3,600	2,487	48.3	5,149.1
B	302	22,500	8,949	41.4	21,615.9
조선	103	1,100	282	37.0	762.2
에너지	51	2,300	887	27.7	3,202.2
C	48	2,900	4,002	42.4	9,438.7
안전	15	2,100	1,801	35.2	5,116.5
D	4	2,800	4,268	40.5	10,538.3
E	2	300	113	36.3	311.3
F	2	100	61	39.1	156.0
전체	1,275	45,200	23,638	40.3	58,655.1

2) 첫 번째 조건:
→ (의료, IT)＝(B, A) 또는 (E, F)

3) 두 번째 조건:
→ 의료≠E → ∴ B＝의료, A＝IT
→ C 또는 D＝석유화학

4) 세 번째 조건:
→ 매출액이 가장 낮은 산업은 F
→ ∴ F＝항공우주

5) 네 번째 조건:
→ 업체 수가 2배 관계인 것은 D, E뿐이다.
→ D＝철강, E＝지식서비스
→ ∴ C＝석유화학

6) ∴ (A, B, C, D, E, F)
＝(IT, 의료, 석유화학, 철강, 지식서비스, 항공우주)

NCS 실전 풀이

1) 첫 번째 조건: 의료와 IT에 대한 정보가 주어져 있다. 선택지에 의료는 B 또는 E이므로 선택지에 추가하여 아래와 같이 표시한다.
⑴ B＝의료라면, A＝IT
⑵ E＝의료라면, F＝IT

2) 두 번째 조건: 의료와 석유화학의 부가가치액 합이 50 % 이상이므로 부가가치액이 매우 커야 한다. 그러므로 E≠의료가 성립하므로 ④, ⑤를 소거한다.

3) 세 번째 조건: 항공우주에 대한 정보가 주어져 있는데 선택지에 항공우주가 E에 한 번 등장하므로 E를 기준으로 매출액이 더 낮은 것이 있는지 확인한다. F가 더 작기 때문에 E≠항공우주이므로 ③을 소거한다. 남은 선택지에서 E＝지식서비스가 확정되었다.

4) 네 번째 조건: 철강과 지식서비스인데 E＝지식서비스이므로 업체수가 2배인 것은 D이다. 그러므로 철강은 C가 될 수 없으므로 ①을 소거한다.

해결 TIP

⑴ 각주의 식을 보고 바로 매출액에 대한 정보를 예상한다.
⑵ 부가가치율이 비슷하다면 부가가치액이 작으면 매출액도 작을 것이라 생각한다.

정답 ②

다음 [표]는 '갑'국 6개 수종의 기건비중 및 강도에 대한 자료이다. 이 자료와 주어진 [조건]을 바탕으로 할 때, A와 C에 해당하는 수종을 바르게 나열한 것은?

[표] 6개 수종의 기건비중 및 강도

수종	기건비중 (ton/m³)	강도(N/mm²)			
		압축강도	인장강도	휨강도	전단강도
A	0.53	48	52	88	10
B	0.89	64	125	118	12
C	0.61	63	69	82	9
삼나무	0.37	41	45	72	7
D	0.31	24	21	39	6
E	0.43	51	59	80	7

┤ 조건 ├
- 전단강도 대비 압축강도 비가 큰 상위 2개 수종은 낙엽송과 전나무이다.
- 휨강도와 압축강도 차가 큰 상위 2개 수종은 소나무와 참나무이다.
- 참나무의 기건비중은 오동나무 기건비중의 2.5배 이상이다.
- 인장강도와 압축강도의 차가 두 번째로 큰 수종은 전나무이다.

	A	C
①	소나무	낙엽송
②	소나무	전나무
③	오동나무	낙엽송
④	참나무	소나무
⑤	참나무	전나무

02

일반 풀이

1) 선택지에서 요구하는 '전단강도 대비 압축강도 비', 휨강도와 압축강도 차, 인장강도와 압축강도의 차를 수종별로 계산하여 정리하면 다음과 같다.

수종	압축/전단	|휨－압축|	|인장－압축|
A	4.80	40	4
B	5.33	54	61
C	7.00	19	6
삼나무	5.86	31	4
D	4.00	15	3
E	7.29	29	8

2) 첫 번째 조건: [낙엽송 또는 전나무]＝[C 또는 E]

3) 두 번째 조건: [소나무 또는 참나무]＝[A 또는 B]
   → ∴ D＝오동나무

4) 세 번째 조건:
   → $0.31 \times 2.5 = 0.775 < 0.85$
   → ∴ B＝참나무
   → A＝소나무

5) 네 번째 조건:
   → E＝전나무

NCS 실전 풀이

1) 첫 번째 조건:
   - 전단강도 대비 압축강도 비가 큰 상위 2개 수종이 낙엽송과 전나무라고 하였는데, 선택지에서 낙엽송과 전나무가 C에 많이 배치되어 있으므로 C를 먼저 확인한다.
   - C의 전단강도 대비 압축강도 비가 $63 \div 9 = 7$이고, 이 값을 기준으로 더 큰 것은 E뿐이다.
     → [낙엽송 또는 전나무]＝[C 또는 E]
   - 그러므로 ④를 소거한다.

2) 두 번째 조건:
   - 소나무와 참나무에 대해 언급하고 있는데, A에 모두 있다.
   - A를 계산해 보면 $88 - 48 = 40$이고, 이를 기준으로 더 큰 수종은 바로 B임을 쉽게 확인할 수 있다.
     → [소나무 또는 참나무]＝[A 또는 B]
   - 그러므로 ③을 소거한다.

3) 세 번째 조건:
   - A와 B 중 기건비중이 더 큰 것이 참나무이다.
   - 즉 B가 참나무이므로 ⑤를 소거한다.

4) 네 번째 조건:
   - 전나무에 대해 언급하고 있는데, 선택지에 C가 전나무일 수 있으므로 C를 기준으로 생각한다.
   - C의 인장강도와 압축강도의 차이를 계산하면 $69 - 63 = 6$이고, 이를 기준으로 더 큰 수종이 1개뿐인지 확인한다.
   - 2개이므로 C는 전나무가 아니다. ②를 소거하면 정답은 ①이다.

해결 TIP

세 번째 조건에서 기건비중을 계산하지 않고, 바로 판단한 것에 대해 생각한다. 참나무는 이 조건에서 결론이 나야 하므로 A와 B 중 더 큰 것이 참나무이다.

정답 ①

다음 [표]는 '갑'국의 8개국 대상 해외직구 반입동향을 나타낸 자료이다. 이 자료와 주어진 [조건]을 바탕으로 할 때, (A)~(D)에 해당하는 국가를 바르게 나열한 것은?

[표] '갑'국의 8개국 대상 해외직구 반입동향

(단위: 건, 천 달러)

연도	반입 방법 / 국가	목록통관		EDI 수입		전체	
		건수	금액	건수	금액	건수	금액
2013년	미국	3,254,813	305,070	5,149,901	474,807	8,404,714	779,877
	중국	119,930	6,162	1,179,373	102,315	1,299,303	108,477
	독일	71,687	3,104	418,403	37,780	490,090	40,884
	영국	82,584	4,893	123,001	24,806	205,585	29,699
	프랑스	172,448	6,385	118,721	20,646	291,169	27,031
	일본	53,055	2,755	138,034	21,028	191,089	23,783
	뉴질랜드	161	4	90,330	4,082	90,491	4,086
	호주	215	14	28,176	2,521	28,391	2,535
2014년	미국	5,659,107	526,546	5,753,634	595,206	11,412,741	1,121,752
	(A)	170,683	7,798	1,526,315	156,352	1,696,998	164,150
	독일	170,475	7,662	668,993	72,509	839,468	80,171
	프랑스	231,857	8,483	336,371	47,456	568,228	55,939
	(B)	149,473	7,874	215,602	35,326	365,075	43,200
	(C)	87,396	5,429	131,993	36,963	219,389	42,392
	뉴질랜드	504	16	108,282	5,283	108,786	5,299
	(D)	2,089	92	46,330	3,772	48,419	3,864

┤조건├

- 2014년 중국 대상 해외직구 반입 전체 금액은 같은 해 독일 대상 해외직구 반입 전체 금액의 2배 이상이다.
- 2014년 영국과 호주 대상 EDI 수입 건수 합은 같은 해 뉴질랜드 대상 EDI 수입 건수의 2배보다 작다.
- 2014년 호주 대상 해외직구 반입 전체 금액은 2013년 호주 대상 해외직구 반입 전체 금액의 10배 미만이다.
- 2014년 일본 대상 목록통관 금액은 2013년 일본 대상 목록통관 금액의 2배 이상이다.

	(A)	(B)	(C)	(D)
①	중국	일본	영국	호주
②	중국	일본	호주	영국
③	중국	영국	일본	호주
④	일본	영국	중국	호주
⑤	일본	중국	호주	영국

03

일반 풀이

1) 첫 번째 조건: A＝중국
2) 두 번째 조건: [C 또는 D]＝[영국 또는 호주]
3) 세 번째 조건: D＝호주, C＝영국
4) B＝일본

NCS 실전 풀이

1) 첫 번째 조건: 2014년 독일 대상 해외직구 반입 전체 금액이 80,171천 달러이고, 선택지에 중국은 A, B, C에 포진되어 있는데 80,171천 달러의 2배 이상은 A뿐이다.
   → ④, ⑤ 소거
2) 두 번째 조건: 2014년 뉴질랜드 대상 EDI 수입 건수는 108,282건이고, 이 값의 2배는 20만 건 이상이다. 그러므로 B는 영국이나 호주가 될 수 없다.
   → ③ 소거
3) 세 번째 조건: 남은 선택지에서 호주는 C, D에 포진되어 있는데 2013년 호주 대상 해외직구 반입 전체 금액은 2,535천 달러이다. 그리고 2014년 C 대상 해외직구 반입 전체 금액은 42,392천 달러로 2,535천 달러의 10배 이상이다. 따라서 C는 호주가 될 수 없다.
   → ② 소거

실전 TIP

⑴ 국가가 여러 개 섞여 나오는 경우, [조건]에서 알 수 있는 국가를 미리 파악하고 기준으로 활용해야 한다.
⑵ 이 문제의 경우 독일이나 뉴질랜드가 그렇다.

정답 ①

01

다음 [표]는 2019년 9개 지방자치단체별 남성 가사노동 분담률에 관한 자료이다. 주어진 [표]와 [조건]에 근거하여 판단할 때, A~D에 해당하는 지방자치단체를 바르게 나타낸 것은?

[표] 2019년 9개 지방자치단체별 가사노동 분담률

(단위: %, %p)

지방자치단체	2019년 저자녀 가정 남성 가사노동 분담률			2019년 다자녀 가정 남성 가사노동 분담률과의 차이
		2009년 대비 상승폭	전년 대비 상승폭	
경기	89.6	52.5	24.3	−14.6
A	55.3	18.5	7.2	7.0
대구	43.7	−0.8	−6.6	−12.1
B	72.2	18.3	−0.5	−6.8
충북	51.5	21.0	−4.4	−15.7
C	44.2	8.7	−19.1	−10.7
인천	70.3	2.0	1.8	−22.5
D	33.5	−10.8	−22.1	−1.7
광주	79.6	13.8	1.3	−16.2

※ '다자녀 가정 남성 가사노동 분담률과의 차이'란 다자녀 가정 남성 가사노동 분담률에서 저자녀 가정 남성 가사노동 분담률을 뺀 값임

┤ 조건 ├

- 경북의 2019년 저자녀 가정 남성의 가사노동 분담률은 전북보다 높다.
- 2019년 다자녀 가정 남성 가사노동 분담률이 인천보다 큰 지방자치단체는 경기, 부산, 경북, 광주이다.
- 9개 지방자치단체 중 저자녀 가정 남성 가사노동 분담률의 순위가 2009년과 2019년에 동일한 지방자치단체는 경북, 광주이다.
- 2009년 경북과 강원의 저자녀 가정 남성의 가사 분담률 합은 90 %를 초과한다.

	A	B	C	D
①	부산	경북	전북	강원
②	부산	전북	경북	강원
③	부산	경북	강원	전북
④	강원	경북	전북	부산
⑤	강원	전북	경북	부산

01

일반 풀이

1) 계산하여 정리하면 다음과 같다.

(단위: %)

지방 자치 단체	저자녀 가정 남성 가사노동 분담률			2019년 다자녀 가정 남성 가사 노동 분담률
	2019년	2009년	2018년	
경기	89.6	37.1	65.3	75.0
A	55.3	36.8	48.1	62.3
대구	43.7	44.5	50.3	31.6
B	72.2	53.9	72.7	65.4
충북	51.5	30.5	55.9	35.8
C	44.2	35.5	63.3	33.5
인천	70.3	68.3	68.5	47.8
D	33.5	44.3	55.6	31.8
광주	79.6	65.8	78.3	63.4

2) 조건 1: 2019년 저자녀 가정 남성의 가사노동 분담률은 'B>A>C>D'를 만족한다. '경북>전북'이라고 하였으므로 ②, ⑤는 성립하지 않는다.

3) 조건 2: 2019년 다자녀 가정 남성 가사노동 분담률이 인천의 47.8보다 큰 지역은 경기, A, B, 광주이다.
   → [부산 or 경북]=[A or B] → B=경북, A=부산
   → ∴ ④ 소거

4) 조건 3: 저자녀 가정 남성 가사노동 분담률의 순위가 2009년과 2019년에 동일한 지방자치단체는 경북(3위), 광주(2위)이다.

5) 조건 4: 2009년 경북 저자녀 가정 남성의 가사 분담률 53.9 %와의 합이 90 %를 넘는 지역은 경기, A(=부산), 대구, B(=경북), 인천, D, 광주이다. 그러므로 D는 강원이다.

NCS 실전 풀이

1) 조건 1: 2019년 저자녀 가정 남성의 가사노동 분담률
   → '경북>전북'
   → B≠전북, D≠경북 ∴ ②, ⑤ 소거

2) 조건 2: 2019년 다자녀 가정 남성 가사노동 분담률
   → 인천: $70.3+(-22.5)=47.8(\%)$
   → 경기, 광주에 대해서는 생각할 필요가 없고, 부산, 경북에 대해서만 생각한다.
   → A: $55.3+(7.0)=62.3(\%)>47.8\%$
   → B: $72.2+(-6.8)=65.4(\%)>47.8\%$
   → ∴ ④ 소거

3) 조건 3: 남은 선택지에서 경북, 광주는 확정되어 있으므로 필요하지 않은 조건이다.

4) 조건 4: 경북은 B로 확정되어 있으므로 강원에 대해서만 생각한다. 만약 C가 강원이라면
   $(72.2-18.3)+(44.2-8.7)=89.4(\%)<90\%$이다.
   그러므로 ③을 소거한다.

정답 ①

02

다음 [표]는 2022년 A~F 대학을 둘씩 짝지어 나타낸 자료이다. 이 자료와 주어진 [조건]을 바탕으로 할 때, A-B, C-D, E-F 대학을 순서대로 바르게 짝지어 나타낸 것은?

[표] 둘씩 짝지은 대학 현황 (단위: %, 명)

구분	A-B		C-D		E-F	
	A	B	C	D	E	F
합격률	78.8	93.5	99.0	96.0	91.0	85.9
졸업률	82.5	77.5	82.5	83.3	84.2	82.5
학생 수	40	40	120	120	120	120
누적 합격률	75.7	87.2	92.4	90.4	94.0	77.3
누적 학생 수	259	266	802	794	786	796

※ (졸업률)(%)= $\dfrac{(졸업생 수)}{(학생 수)} \times 100$

┤조건├

- 짝지어진 두 대학끼리만 비교한다.
- 졸업률은 '고려'가 '성균관'보다 낮다.
- '강원'과 '서강'의 누적 학생 수 차이는 10명 미만이다.
- '연세'는 '부산'보다 합격률, 졸업률 및 누적 합격률 모두 높다.
- '고려'와 '성균관'의 졸업생 수의 차이는 1명이다.

	A-B	C-D	E-F
①	성균관-고려	연세-부산	서강-강원
②	서강-강원	성균관-고려	연세-부산
③	서강-강원	고려-성균관	연세-부산
④	연세-부산	성균관-고려	서강-강원
⑤	성균관-고려	서강-강원	연세-부산

02

일반 풀이

1) 조건 2: 졸업률은 'A>B', 'C<D', 'E>F'가 성립한다.
   → 고려: B or C or F
   → 성균관: A or D or E
   → ∴ ②, ④ 소거

2) 조건 3: 누적 학생 수의 차이를 계산하면 다음과 같다.
   → A−B: 7명, C−D: 8명, E−F: 10명
   → E−F≠서강−강원
   ∴ ① 소거

3) 조건 4: 합격률, 졸업률 및 누적 합격률은 E가 F보다 모두 크다.
   → E−F=연세−부산
   ∴ 추가 소거 없음

4) 조건 5: 졸업생 수를 계산하면 다음과 같다.

A	B	C	D	E	F
33명	31명	99명	100명	101명	99명

졸업생 수가 1명 차이나는 대학은 C−D이다.
   → C−D=고려−성균관
   ∴ ⑤ 소거

NCS 기본 풀이

1) 조건 2: 고려와 성균관은 선택지에서 'A−B', 'C−D'에만 있으므로 'A−B', 'C−D'의 졸업률만 확인한다. B나 C가 고려되어야 하므로 ②, ④를 소거한다.

2) 조건 3: 'A−B', 'C−D', 'E−F' 각각의 누적 학생 수 차이를 10명을 기준으로 확인하면
   A−B: 259+10=269>266
   C−D: 802<794+10=804
   E−F: 786+10=796
   그러므로 'E−F'는 '강원−서강', '서강−강원'이 될 수 없다. ①을 소거한다.

3) 조건 4: 남은 선택지가 '연세−부산'으로 동일하므로 이 조건은 판단할 필요가 없다.

4) 조건 5: 'A−B'의 졸업생 수 차이를 계산하면
   '$40 \times (0.825-0.775)=40 \times 0.05=2$(명)$\neq$1명'이므로 ⑤를 소거한다. 정답은 ③이다.

정답 ③

다음 [표]는 스마트폰 기종별 출고가 및 공시지원금에 대한 자료이다. 이 자료와 주어진 [조건] 및 [정보]를 근거로 판단할 때, A~D에 해당하는 스마트폰 기종 '갑'~'정'을 바르게 나열한 것은?

[표] 스마트폰 기종별 출고가 및 공시지원금

(단위: 원)

기종 \ 구분	출고가	공시지원금
A	858,000	210,000
B	900,000	230,000
C	780,000	150,000
D	990,000	190,000

┤ 조건 ├

- 모든 소비자는 스마트폰을 구입할 때 '요금할인' 또는 '공시지원금' 중 하나를 선택한다.
- 사용요금은 월정액 51,000원이다.
- '요금할인'을 선택하는 경우의 월 납부액은 사용요금의 80 %에 출고가를 24(개월)로 나눈 월 기기값을 합한 금액이다.
- '공시지원금'을 선택하는 경우의 월 납부액은 출고가에서 공시지원금과 대리점보조금(공시지원금의 10 %)을 뺀 금액을 24(개월)로 나눈 월 기기값에 사용요금을 합한 금액이다.
- 월 기기값, 사용요금 이외의 비용은 없고, 10원 단위 이하 금액은 절사한다.
- 구입한 스마트폰의 사용기간은 24개월이고, 사용기간 연장이나 중도해지는 없다.

┤ 정보 ├

- 출고가 대비 공시지원금의 비율이 20 % 이하인 스마트폰 기종은 '병'과 '정'이다.
- '공시지원금'을 선택하는 경우의 월 납부액보다 '요금할인'을 선택하는 경우의 월 납부액이 더 큰 스마트폰 기종은 '갑' 뿐이다.
- '공시지원금'을 선택하는 경우 월 기기값이 가장 작은 스마트폰 기종은 '정'이다.

	A	B	C	D
①	갑	을	정	병
②	을	갑	병	정
③	을	갑	정	병
④	병	을	정	갑
⑤	정	병	갑	을

03

일반 풀이

1) [조건]에 따라 월 납부액에 대하여 다음과 같이 계산한다.
   - '요금할인'을 선택하는 경우

   → (월 납부액) = (사용요금) × 0.8 + $\dfrac{(출고가)}{24}$

기종	'요금할인'을 선택하는 경우(단위: 원)		
	사용요금	월 기기값	사용요금 + 월 기기값	월 납부액 (10원 단위 이하 절사금액)
A	51,000 × 0.8 =40,800	35,750	76,550	76,500
B		37,500	78,300	78,300
C		32,500	73,300	73,300
D		41,250	82,050	82,000

   - '공시지원금'을 선택하는 경우

   → (월 납부액) = (사용요금) + $\dfrac{(출고가)-(공시지원금)\times1.1}{24}$

기종	'공시지원금'을 선택하는 경우(단위: 원)		
	사용요금	월 기기값	사용요금 + 월 기기값	월 납부액 (10원 단위 이하 절사금액)
A	51,000	26,125	77,125	77,100
B		26,958.33	77,958	77,900
C		25,625	76,625	76,600
D		32,541.67	83,542	83,500

2) 정보 1: 출고가 대비 공시지원금의 비율이 20 % 이하인 스마트폰 기종은 C와 D이다. [C or D]=[병 or 정]
   → ④, ⑤ 제거
3) 정보 2: '공시지원금'을 선택하는 경우의 월 납부액보다 '요금할인'을 선택하는 경우의 월 납부액이 더 큰 스마트폰 기종은 B뿐이다. ∴ B='갑'
   → ①, ④, ⑤ 제거
4) 정보 3: '공시지원금'을 선택하는 경우 월 기기값이 가장 작은 스마트폰 기종은 C이다. ∴ C='정'
   → ②, ⑤ 제거
   → ∴ 정답 ③

NCS 실전 풀이

1) '요금할인'과 '공시지원금' 두 가지 방식이 있다.
2) '요금할인'의 24개월 동안 총 할인금액은
   51,000원 × 0.20 × 24로 상수로 생각할 수 있다.
3) '공시지원금'의 24개월 총 할인금액은
   (기종별 공시지원금) × 1.1이다.
4) 정보 1: '병'과 '정'에 대한 내용인데, 선택지에 '병'과 '정'은 C와 D에 주로 배치되어 있다. [표]에서 C, D를 살펴볼 때, 이를 만족한다. 그러므로 ④, ⑤를 소거한다.
5) 정보 2: 이 정보를 문장을 달리 써보면 다음과 같다.
   → '공시지원금'이 가장 큰 것은 '갑'이다.
   → 그러므로 ①을 소거한다.
6) 정보 3: '월 기기값이 가장 작은'='(출고가)-(공시지원금)×1.1이 가장 작은'이 성립한다. C와 D를 비교할 때, C가 더 작다. 그러므로 정답은 ③이다.

계산 TIP

(1) C와 D의 '(출고가)-(공시지원금)×1.1'의 대소비교를 위해 어떻게 계산하였는가?
(2) 그냥 계산하면
   - C: 780,000-150,000×1.1=615,000(원)
   - D: 990,000-190,000×1.1=781,000(원)
(3) 조금 더 생각해보면 D가 C보다 출고가가 21만 원 더 큰데 공시지원금은 4만 원밖에 더 크지 않으므로 '(출고가)-(공시지원금)×1.1'은 D가 더 크고, C가 더 작다. 얼마인지보다 대소비교가 중요하다.

정답 ③

1. 도표의 작성절차

① 어떠한 도표로 작성할 것인지를 결정

② 가로축과 세로축에 나타낼 것을 결정

③ 가로축과 세로축 눈금의 크기를 결정

④ 자료를 가로축과 세로축이 만나는 곳에 표시

⑤ 표시된 점에 따라 도표 작성

⑥ 도표의 제목 및 단위 표시

2. 도수분포표

① 일반적인 지침

- 각 구간의 폭은 같은 것이 바람직하다.
- 계급의 수는 분포의 특성이 나타날 수 있게 6개 이상 15개 미만이 바람직하다.
- 계급에 속하는 도수가 없거나 너무 적지 않게 구간을 결정한다.
- 극한값을 반영하기 위하여 제일 아래 계급이나 위 계급을 개방할 수도 있다.

② 일반적인 작성절차

- 자료의 최댓값과 최솟값을 찾아 범위(=최댓값−최솟값)를 구한다.
- 자료의 수와 범위를 고려하여 계급의 수를 잠정적으로 결정한다.
- 잠정적으로 계급의 폭(=범위÷계급의 수)을 올림으로써 소수를 정리한 후 계급의 폭을 조정한다.
- 첫 계급의 하한과 마지막 계급의 상한을 조정한다. 계급의 시작은 0, 1, 5, 10으로 상한은 0, 5, 9, 10으로 정하는 것이 바람직하다.
- 각 계급에 속하는 도수 등을 계산한다.

3. 그래프 작성 시 유의점

① 선 그래프

일반적으로 세로축에 수량(금액, 매출액 등), 가로축에 명칭구분(연, 월, 장소 등)을 제시하며, 축의 모양은 L자형으로 하는 것이 일반적이다. 또한 선 그래프에서는 선의 높이에 따라 수치를 파악하는 경우가 많으므로 세로축의 눈금을 가로축의 눈금보다 크게 하는 것이 효과적이다. 특히 선이 두 종류 이상인 경우에는 반드시 무슨 선인지 그 명칭을 기입하여 주어야 할 것이며, 그래프를 보다 보기 쉽게 하기 위해서는 중요한 선을 다른 선보다 굵게 한다든지 그 선만 색을 다르게 하는 등의 노력을 기울일 필요가 있다.

② 막대 그래프

막대를 세로로 할 것인가 가로로 할 것인가의 선택은 개인의 취향에 따라 다르나, 세로로 하는 것이 일반적이다. 또한 축은 L자형이 일반적이나 가로 막대 그래프는 사방을 틀로 싸는 것이 좋다. 가로축은 명칭 구분(연, 월, 장소, 종류 등)으로 정하며, 막대의 수가 많은 경우에는 눈금선을 기입하는 것이 알아보기 쉽다. 또한 막대의 폭은 모두 같게 하여야 하는 것은 꼭 지켜야 할 사항이다.

③ 원 그래프

일반적으로 원 그래프를 작성할 때는 정각 12시의 선을 시작선으로 하며, 이를 기점으로 하여 오른쪽으로 그리는 것이 보통이다. 또한 분할선은 구성비율이 큰 순서로 그리되, '기타' 항목은 구성 비율의 크기에 관계없이 가장 뒤에 그리는 것이 좋다. 아울러 각 항목의 명칭은 같은 방향으로 기록하는 것이 일반적이지만, 만일 각도가 적어도 명칭을 기록하기 힘든 경우에는 지시선을 활용하여 기록한다.

④ 층별 그래프

층별을 세로로 할 것인가 가로로 할 것인가 하는 것은 작성자의 기호나 공간에 따라 판단한다. 그러나 구성비율 그래프는 가로로 작성하는 것이 좋다. 단, 눈금은 선 그래프나 막대 그래프보다 적게 하고 눈금선을 넣지 않아야 하며, 층별로 색이나 모양이 모두 완전히 다른 것이어야 한다. 또한 같은 항목은 옆에 있는 층과 선으로 연결하여 보기 쉽도록 하여야 하며, 가장 중요한 것은 세로 방향일 경우 위로부터 아래로, 가로 방향일 경우 왼쪽에서 오른쪽으로 나열하면 보기가 좋다.

01 동일한 차트

'동일한 차트' 유형의 경우 주어진 정보와 동일한 차트를 고르는 유형입니다. 주어진 보고서를 읽고 도표를 작성하는 능력을 평가하기 위한 유형이죠. 이 유형에 대한 전략은 다음과 같습니다.

① 보고서를 읽고 기준이 어떤 것인지에 파악하고

② 기준이 2가지인 경우 2×2 표를 그린다.

③ 일반적인 기준은 '시계열'이지만,

④ 항상 시계열이 나오는 것만은 아니다.

⑤ 만약 계산을 요구한다면 기준에 따라 빠르고 정확하게 계산하고, 판단 기준을 단순화하는 것이 가장 좋다.

기본유형 연습문제

다음 중 [보고서]의 내용과 일치하는 것은?

보고서

1. '갑' 도시의 2017년 1분기 강력범죄 발생건수가 가장 많은 구는 E구이고, 가장 적은 구는 B구이다.
2. 2017년 분기별 강력범죄 발생건수가 1분기 강력범죄 발생건수와 매분기 동일할 때, 2017년 B구의 강력범죄 발생건수는 전년에 비해 감소한다.
3. 2016년 강력범죄 발생건수의 전년 대비 증가율이 가장 높은 지역은 E구로 50 %를 넘지 않는다.
4. 2015년 강력범죄 발생건수의 전년 대비 감소폭이 가장 큰 지역은 G구이다.

---

① '갑' 도시의 연도별 강력범죄 발생건수 현황

(단위: 건)

연도 지역	2013년	2014년	2015년	2016년	2017년 (1분기)
A구	257	307	271	211	55
B구	392	284	214	285	59
C구	290	370	297	341	60
D구	231	101	88	103	37
E구	606	471	403	572	192
F구	289	247	204	176	88
G구	234	245	170	181	45
H구	503	469	412	569	92
I구	707	734	662	625	155
J구	92	127	136	188	59

② '갑' 도시의 연도별 강력범죄 발생건수 현황

(단위: 건)

연도 지역	2013년	2014년	2015년	2016년	2017년 (1분기)
A구	257	307	271	211	55
B구	392	284	214	285	37
C구	290	370	297	341	60
D구	231	101	88	103	59
E구	606	471	403	572	192
F구	289	247	204	176	88
G구	234	245	170	181	45
H구	503	469	412	569	92
I구	707	734	662	625	155
J구	92	127	136	188	59

③ '갑' 도시의 연도별 강력범죄 발생건수 현황

(단위: 건)

지역\연도	2013년	2014년	2015년	2016년	2017년 (1분기)
A구	257	307	271	211	55
B구	392	284	214	285	37
C구	290	370	297	341	60
D구	231	101	88	103	59
E구	606	471	403	572	192
F구	289	247	204	176	88
G구	234	245	170	181	45
H구	503	469	412	569	92
I구	707	734	662	625	155
J구	92	127	136	188	59

④ '갑' 도시의 연도별 강력범죄 발생건수 현황

(단위: 건)

지역\연도	2013년	2014년	2015년	2016년	2017년 (1분기)
A구	257	307	271	211	55
B구	392	284	214	285	73
C구	290	370	297	341	60
D구	231	101	88	103	59
E구	606	471	403	572	192
F구	289	247	204	176	88
G구	234	245	170	181	45
H구	503	469	412	569	92
I구	707	734	662	625	155
J구	92	127	136	188	59

⑤ '갑' 도시의 연도별 강력범죄 발생건수 현황

(단위: 건)

지역\연도	2013년	2014년	2015년	2016년	2017년 (1분기)
A구	257	307	271	211	55
B구	392	284	214	285	37
C구	290	370	297	341	60
D구	231	101	88	103	59
E구	606	471	403	572	192
F구	289	247	204	176	88
G구	234	245	233	181	45
H구	503	469	412	569	92
I구	707	734	662	625	155
J구	92	127	136	188	59

일반 풀이

① 보고서의 1을 만족하지 않는다.
② 보고서의 1~4 모두 만족한다.
③ 보고서의 3을 만족하지 않는다.
④ 보고서의 2를 만족하지 않는다.
⑤ 보고서의 4를 만족하지 않는다.

NCS 기본 풀이

1) 소거법으로 접근한다.
2) ①, ④, ③, ⑤를 순서대로 소거한다.
3) ①: 2017년 1분기 D구 만족 ×
   ④: 2017년 B구 만족 ×
   ③: 2015~2016년 E구 만족 ×
   ⑤: 2014~2015년 G구 만족 ×

정답 ②

01

2018년 민경채 PSAT 자료해석 다책형 23번

다음 [표]는 근무지 이동 전 '갑' 회사의 근무 현황에 대한 자료이다. [표]와 [근무지 이동 지침]에 따라 이동할 때, 근무지별 인원수로 가능한 것은?

[표] 근무지 이동 전 '갑' 회사의 근무 현황

(단위: 명)

근무지	팀명	인원수
본관 1층	인사팀	10
	지원팀	16
	기획1팀	16
본관 2층	기획2팀	21
	영업1팀	27
본관 3층	영업2팀	30
	영업3팀	23
별관	—	0
전체		143

1) '갑' 회사의 근무지는 본관 1, 2, 3층과 별관만 있음.
2) 팀별 인원수의 변동은 없음.

근무지 이동 지침

- 본관 내 이동은 없고, 인사팀은 이동하지 않음.
- 팀별로 전원 이동하며, 본관에서 별관으로 2개 팀만 이동함.
- 1개 층에서는 최대 1개 팀만 별관으로 이동할 수 있음.
- 이동한 후 별관 인원수는 40명을 넘지 않도록 함.

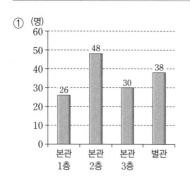
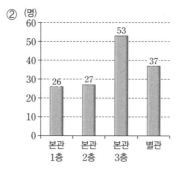
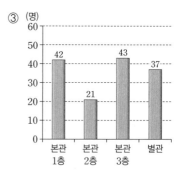

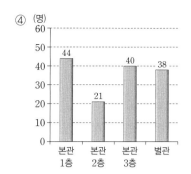

④

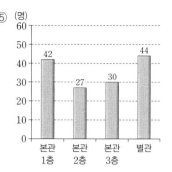

⑤

01

일반 풀이

매우 당황해서 허둥지둥한다.

NCS 실전 풀이

1) 첫 번째: 본관 내 이동은 없고, 인사팀은 이동하지 않는다고 하였으므로
   - 가장 먼저 현재 본관의 층별 인원수를 계산한다.

층수	1층	2층	3층
현재 인원수	42명	48명	53명

   - 이동 후 본관 1층은 42명 또는 26명이다.
     → ④ 소거

2) 두 번째: 팀별로 전원 이동하고, 본관에서 별관으로 2개팀만 이동한다고 하였으므로
   - 남은 선택지에서 2개가 이동한 것을 확인한다.
   - ①의 경우 본관 1층에서 16명, 본관 3층에서 23명이 이동 하였으므로 별관 인원은 16＋23＝39(명)이 되어야 한다. 그런데 38명이라고 하였으므로 ①을 소거한다.
   - ②의 경우 본관 1층에서 16명, 본관 2층에서 21명이 이동 하였으므로 별관 인원은 16＋21＝37(명)이 되어야 한다. 모순이 없어 일단 놔둔다.
   - ③의 경우 본관 2층에서 27명, 본관 3층에서 10명이 이동 하였는데, 팀별로 전원 이동한다고 하였으므로 이는 지침 을 만족하지 않는다. ③을 소거한다.
   - ⑤의 경우 본관 2층에서 21명, 본관 3층에서 23명이 이동 하였으므로 별관 인원은 21＋23＝44(명)이다. 모순이 없 어 일단 놔둔다.

3) 세 번째: 1개 층에서는 최대 1개 팀만 별관으로 이동할 수 있다고 하였으므로 남은 선택지 ②, ⑤에서는 모순은 없다.

4) 네 번째: 이동한 후 별관 인원수는 40명을 넘지 않아야 하므 로 ⑤를 소거하고, 정답은 ②번이 된다.

접근 TIP

근무지 이동 지침을 한 번에 이해하려고 하지 말고 각 조건 별 모순되는 것을 바로 소거한다.

정답 ②

다음 [보기]는 A국의 세율 체계에 관한 자료이다. 이를 바탕으로 가구주와 배우자가 모두 소득이 있을 때, 부부합산소득액에 따른 납세액의 변화를 소득액 120,000달러까지 바르게 나타낸 것은?

┤보기├

A국에서는 가구주만 소득이 있는 경우와 가구주와 배우자 모두 소득이 있는 경우 적용되는 세율 체계가 다르다. 부부 중 가구주만 소득이 있는 경우에는 [표 1]과 같이 소득수준이 증가함에 따라 더 높은 소득세율을 적용하는 단일누진세율방식을 택하고 있다. 한편 가구주와 배우자 모두 소득이 있는 경우에는 [표 2]와 같이 15,000달러와 60,000달러를 기준으로 그 범위 내에 속하는 소득에 대해 각각 다른 소득세율을 부과하는 한계소득세율방식을 적용한다.

[표 1] 단일누진세율 체계 (단위: 달러, %)

소득수준	소득세율	납세액
15,000 이하	10	소득액×0.1
15,000 초과 60,000 이하	15	소득액×0.15
60,000 초과	25	소득액×0.25

[표 2] 한계소득세율 체계 및 적용례(부부합산소득이 100,000달러인 경우) (단위: 달러, %)

소득수준	과세대상소득	소득세율	납세액
15,000 이하	15,000	10	1,500
15,000 초과~60,000 이하	45,000	15	6,750
60,000 초과	40,000	25	10,000
총 납세액			18,250

① 총 납세액(달러)

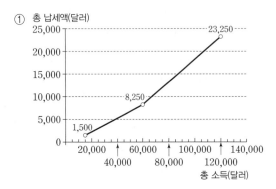

② 총 납세액(달러)

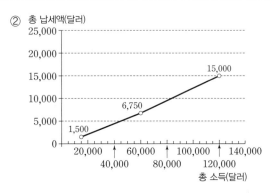

③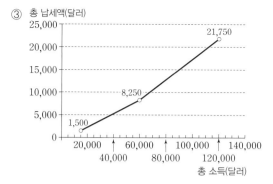

④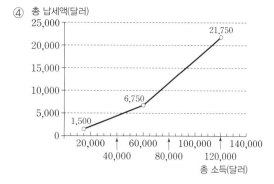

⑤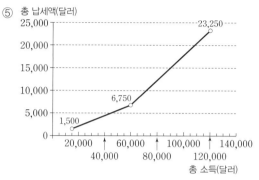

02

일반 풀이

1) 가구주와 배우자가 모두 소득이 있으므로 한계소득세율이 적용된다.

2) 120,000달러의 경우 다음과 같이 적용된다.
   - 0~15,000: $15,000 \times 10\ \% = 1,500$(달러)
   - 15,000~60,000: $45,000 \times 15\ \% = 6,750$(달러)
   - 60,000~120,000: $60,000 \times 25\ \% = 15,000$(달러)

3) 납세액의 합: $1,500 + 6,750 + 15,000 = 23,250$(달러)

NCS 기본 풀이

1) [표 2]에 주어진 적용례를 충분히 활용한다.

2) 첫 15,000달러는 1,500달러이고,

3) 60,000달러까지는 6,750달러가 추가되므로
   $1,500 + 6,750 = 8,250$(달러)가 되며,

4) 120,000달러는 100,000달러인 경우보다 20,000달러를 더 벌었으므로 20,000달러의 25 %인 5,000달러가 기존의 18,250달러에 추가되어야 하므로 $18,250 + 5,000 = 23,250$(달러)가 된다.

계산 TIP

예시는 우리의 이해를 돕거나, 계산을 줄이기 위해 제시되므로 예시를 충분히 활용한다.

정답 ①

다음 [그래프]는 SCS 고등학교 1반 학생들 20명의 과목별 점수분포에 대한 자료이다. 주어진 자료를 구간에 따라 올바르게 분류한 것은?

[그래프] SCS 고등학교 1반 학생들의 과목별 점수분포

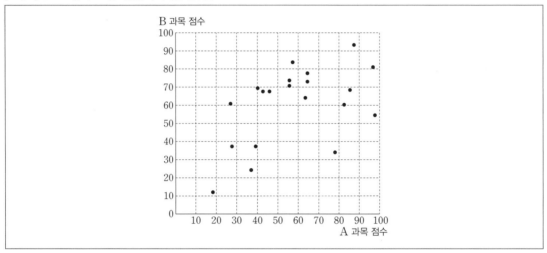

① SCS 고등학교 1반 학생들의 과목별 점수분포

A 과목 50점 이상인 학생 수	B 과목 50점 이하인 학생 수	A, B 과목 모두 50점 이상인 학생 수
12명	5명	11명

② SCS 고등학교 1반 학생들의 과목별 점수분포

A 과목 50점 이상인 학생 수	B 과목 50점 이하인 학생 수	A, B 과목 모두 50점 이상인 학생 수
12명	4명	4명

③ SCS 고등학교 1반 학생들의 과목별 점수분포

A 과목 50점 이상인 학생 수	B 과목 50점 이하인 학생 수	A, B 과목 모두 50점 이상인 학생 수
13명	5명	10명

④ SCS 고등학교 1반 학생들의 과목별 점수분포

A 과목 50점 이상인 학생 수	B 과목 50점 이하인 학생 수	A, B 과목 모두 50점 이상인 학생 수
13명	15명	11명

⑤ SCS 고등학교 1반 학생들의 과목별 점수분포

A 과목 50점 이상인 학생 수	B 과목 50점 이하인 학생 수	A, B 과목 모두 50점 이상인 학생 수
11명	5명	12명

일반 풀이

1) 무작정 개수를 세거나,

2) 개수를 세다가 까먹고 다시 센다.

NCS 기본 풀이

1) 선택지에 주어진 [표]를 훑어보면 A, B 과목 모두 50점을 기준으로 하고 있으며, 마지막 항목은 두 과목 모두 50점 이상인지에 대해서 묻고 있다.

2) 그러므로 [그래프]를 다음과 같이 나눈다.

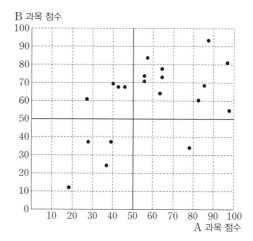

3) 구간을 잘 보고 개수를 센다. 어렵지 않다.

정답 ①

02 상이한 차트

'상이한 차트' 유형의 경우 보고서를 읽으면서 주어진 표나 그래프 중 옳지 않은 것을 고르거나, 주어진 표의 내용을 그래프로 표현할 때 옳지 않은 것을 고르는 유형입니다. 상이한 차트를 찾아야 하므로 시간이 꽤 소요될 수 있지만, 다음의 전략을 참고하여 해결해 보시기 바랍니다.

1. 보고서 부합 여부 유형의 전략

① 선택지를 먼저 읽고 어떤 내용이 있는지 순간 기억
② 보고서를 읽으면서 내용을 바로 찾아가서 접근한다.
③ 생각보다 시간이 꽤 걸리는 유형이다.

2. 표 – 차트 변환 유형의 전략

① 구할 수 있는 정보인지 확인
  → 구할 수 있는 정보가 아니라면 옳지 않다고 판단
② 항목간의 관계가 옳은지 확인
  → 항목 간의 관계가 올바르게 표현되어 있지 않다면 옳지 않다고 판단
③ 단순 확인 vs 계산
  → 단순 확인하는 것보다는 계산을 요구하는 것 위주로 확인(출제자 마음이므로 단순 확인형에서 옳지 않은 경우가 등장하는 경우도 종종 있다.)

기본유형 연습문제

01

다음 [표]는 국적별 외국인 입·출국자 수 상위 10개국에 대한 자료이다. [표]의 내용과 부합하지 <u>않는</u> 것만을 [보기]에서 모두 고르면?

[표 1] 국적별 외국인 입국자 수 상위 10개국
(단위: 만 명, 세, 여자 1백 명당)

2015년		2016년		2017년			
국가명	입국자 수	국가명	입국자 수	국가명	입국자 수	평균연령	성비
전체	820	전체	676	전체	759	31.4	117.7
중국	286	중국	177	중국	284	40.0	96.2
태국	196	베트남	81	베트남	150	30.3	93.7
베트남	102	미국	23	태국	45	31.0	75.8
미국	78	태국	21	미국	32	28.5	83.3
대만	15	대만	14	대만	28	31.7	159.1
필리핀	11	필리핀	10	러시아	22	33.0	130.6
라오스	11	캄보디아	10	캄보디아	21	25.3	206.8
캄보디아	9	라오스	9	필리핀	18	30.0	136.2
네팔	7	몽골	8	노르웨이	11	26.9	603.0
캐나다	5	러시아	7	네팔	9	26.6	915.6

※ 성비: 여자 100명당 남자의 수

[표 2] 국적별 외국인 출국자 수 상위 10개국
(단위: 만 명)

2015년		2016년		2017년	
국가명	출국자 수	국가명	출국자 수	국가명	출국자 수
전체	671	전체	501	전체	725
중국	136	중국	135	중국	198
미국	123	베트남	75	베트남	128
베트남	98	미국	44	태국	122
태국	73	태국	21	미국	98
캄보디아	60	대만	11	몽골	65
일본	47	필리핀	8	대만	22
필리핀	36	라오스	7	필리핀	18
몽골	25	일본	6	캄보디아	17
네팔	15	스리랑카	5	스리랑카	12
캐나다	8	캐나다	4	일본	8

─┤ 보기 ├─

ㄱ. 2017년 국적별 외국인 입국자 수 6~10위 국
가의 입국자 성별 구성

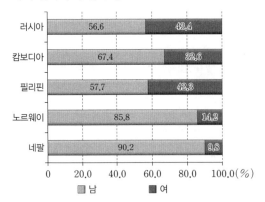

ㄴ. 2015~2017년 국적별 외국인 출국자 수 상위
10개 국가의 출국자 수

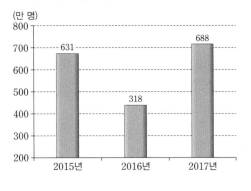

ㄷ. 2015~2017년 태국 국적 외국인의 입국자와
출국자 수 현황

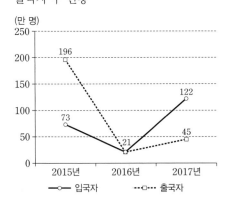

ㄹ. 2016년 외국인 출국자 수의 국적별 구성비

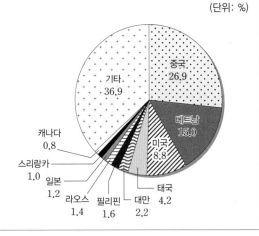

① ㄱ, ㄴ   ② ㄱ, ㄷ   ③ ㄴ, ㄷ   ④ ㄴ, ㄹ   ⑤ ㄷ, ㄹ

일반 풀이

1) 선택지 ㄱ의 경우 계산하여 정리하면 옳다.

   예) 러시아 여성: $\dfrac{100}{130.6+100} \times 100 ≒ 43.4(\%)$

2) 선택지 ㄴ의 경우 2015~2017년 국적별 외국인 출국자 수 상위 10개 국가의 출국자 수는 621, 316, 688만 명이므로 옳지 않다.

3) 선택지 ㄷ의 경우 출국자수와 입국자 수가 반대로 되어있으므로 옳지 않다.

4) 선택지 ㄹ의 경우 계산하여 정리하면 다음과 같으므로 옳다.

국가명	출국자 수(만 명)	구성비(%)
전체	501	100.0
중국	135	26.9
베트남	75	15.0
미국	44	8.8
태국	21	4.2
대만	11	2.2
필리핀	8	1.6
라오스	7	1.4
일본	6	1.2
스리랑카	5	1.0
캐나다	4	0.8
기타	185	36.9

NCS 기본 풀이

1) 선택지 ㄱ의 경우 넘어간다.

2) 선택지 ㄴ의 경우 2015년부터 틀렸다. 옳지 않다.

3) 선택지 ㄷ의 경우 2015년부터 틀렸다. 옳지 않다.

4) 선택지 ㄹ의 경우 읽지 않는다.

정답 ③

01

2020년 민경채 PSAT 자료해석 가책형 11번

다음은 세계 및 국내 드론 산업 현황에 관한 [보고서]이다. 이를 작성하기 위해 사용하지 <u>않은</u> 자료는?

> **보고서**
>
> 세계의 드론 산업 시장은 주로 미국과 유럽을 중심으로 형성되어 왔으나, 2013년과 비교했을 때 2018년에는 유럽 시장보다 오히려 아시아·태평양 시장의 점유율이 더 높아졌다.
>
> 2017년 국내 드론 활용 분야별 사업체 수를 살펴보면, 농업과 콘텐츠 제작 분야의 사업체 수가 전체의 80 % 이상을 차지하였고, 사업체 수의 전년 대비 증가율에 있어서는 교육 분야가 농업과 콘텐츠 제작 분야보다 각각 높았다. 2017년 국내 드론 활용 산업의 주요 관리 항목을 2013년 대비 증가율이 높은 항목부터 순서대로 나열하면, 조종자격 취득자 수, 장치신고 대수, 드론 활용 사업체 수 순이다.
>
> 우리나라는 성장 잠재력이 큰 드론 산업 육성을 위해 다양한 정책을 추진하고 있다. 특히 세계 최고 수준과의 기술 격차를 줄이기 위해 정부 R&D 예산 비중을 꾸준히 확대하고 있다. 2015~2017년 기술 분야별로 정부 R&D 예산 비중을 살펴보면, 기반기술과 응용서비스기술의 예산 비중의 합은 매년 65 % 이상이다.

① 2016~2017년 국내 드론 활용 분야별 사업체 수 현황

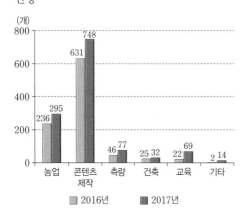

② 2013년과 2018년 세계 드론 시장 점유율 현황

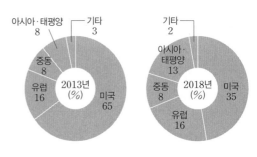

③ 2015~2017년 국내 드론 산업 관련 민간 R&D 기업규모별 투자 현황 (단위: 백만 원)

구분 \ 연도	2015년	2016년	2017년
대기업	2,138	10,583	11,060
중견기업	4,122	3,769	1,280
중소기업	11,500	29,477	43,312

④ 2015~2017년 국내 드론 산업 관련 기술 분야별 정부 R&D 예산 비중 현황

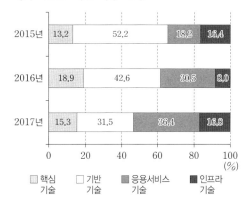

⑤ 2013~2017년 국내 드론 활용 산업의 주요 관리 항목별 현황

1) 설문에서 묻고 있는 것은 [보고서]를 작성하기 위해 사용하지 않은 자료이므로, [보고서] 내용의 부합 여부를 판단하여 시간을 낭비하지 않도록 한다. 분명히 시간을 아낄 수 있는 유형이다.

2) [보고서]에서 선택지 ①~⑤내용이 사용되었는지만 확인하면 된다. 선택지 ①~⑤의 제목을 먼저 읽고 기억하여, [보고서]에서 나온 내용을 바탕으로 동일한 단어가 등장할 때 바로 소거한다.

보고서

[세계의 드론 산업 시장은 주로 미국과 유럽을 중심으로 형성되어 왔으나, 2013년과 비교하여 2018년에는 유럽 시장보다 오히려 아시아·태평양 시장의 점유율이 더 높아졌다. → ② 2013년과 2018년 세계 드론 시장 점유율 현황]

[2017년 국내 드론 활용 분야별 사업체 수를 살펴보면, 농업과 콘텐츠 제작 분야의 사업체 수가 전체의 80 % 이상을 차지하였고, 사업체 수의 전년 대비 증가율에 있어서는 교육 분야가 농업과 콘텐츠 제작 분야보다 각각 높았다. → ① 2016~2017년 국내 드론 활용 분야별 사업체 수 현황]

[2017년 국내 드론 활용 산업의 주요 관리 항목을 2013년 대비 증가율이 높은 항목부터 순서대로 나열하면, 조종자 격 취득자 수, 장치신고 대수, 드론 활용 사업체 수 순이다. → ⑤ 2013~2017년 국내 드론 활용 산업의 주요 관리 항목별 현황]

우리나라는 성장 잠재력이 큰 드론 산업 육성을 위해 다양한 정책을 추진하고 있다. 특히 세계 최고 수준과의 기술 격차를 줄이기 위해 정부 R&D 예산 비중을 꾸준히 확대하고 있다. [2015~2017년 기술 분야별로 정부 R&D 예산 비중을 살펴보면, 기반기술과 응용서비스기술의 예산 비중의 합은 매년 65 % 이상이다. → ④ 2015~2017년 국내 드론 산업 관련 기술 분야별 정부 R&D 예산 비중 현황]

정답 ③

02

다음 [표]는 2007~2009년 방송사 A~D의 방송심의규정 위반에 따른 제재 현황을 나타낸 것이다. 이 [표]를 이용하여 작성한 그래프로 옳지 <u>않은</u> 것은?

[표] 방송사별 제재 건수 (단위: 건)

방송사 \ 연도 \ 제재	2007년		2008년		2009년	
	법정제재	권고	법정제재	권고	법정제재	권고
A	21	1	12	36	5	15
B	25	3	13	29	20	20
C	12	1	8	25	14	20
D	32	1	14	30	24	34
전체	90	6	47	120	63	89

※ 제재는 법정제재와 권고로 구분됨.

① 방송사별 법정제재 건수 변화

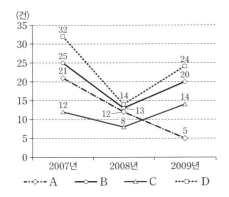

② 연도별 방송사 전체의 법정제재 및 권고 건수

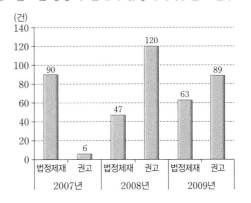

③ 2007년 법정제재 건수의 방송사별 구성비

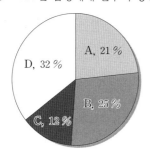

④ 2008년 방송사별 법정제재 및 권고 건수

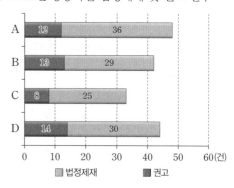

⑤ 2008년과 2009년 방송사별 권고 건수

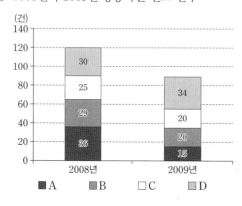

02

NCS 실전 풀이

1) [표]의 제목과 단위를 확인한다.
2) 각 연도별 법정제재의 방송사별 구성비나 권고의 방송사별 구성비가 가장 유력하다.
3) ①～⑤번의 제목을 읽어보면 ③번을 제외한 나머지 선택지는 모두 [표]에서 그대로 읽을 수 있는 단순확인형 선택지이므로 ③번을 우선적으로 확인한다.
4) 구성비에 대한 것인데 [표]의 제재 건수를 그대로 가져다 쓰고 단위만 %로 바꾸었으므로 옳지 않다.

정답 ③

다음 [표]는 7개 기업의 1997년도와 2008년도의 주요 재무지표를 나타낸 자료이다. 이에 대한 자료를 그래프로 나타낸 것 중 옳지 <u>않은</u> 것은?

[표] 7개 기업의 1997년도와 2008년도 주요 재무지표 (단위: %)

기업 \ 재무지표 \ 연도	부채비율		자기자본비율		영업이익률		순이익률	
	1997년	2008년	1997년	2008년	1997년	2008년	1997년	2008년
A	295.6	26.4	25.3	79.1	15.5	11.5	0.7	12.3
B	141.3	25.9	41.4	79.4	18.5	23.4	7.5	18.5
C	217.5	102.9	31.5	49.3	5.7	11.7	1.0	5.2
D	490.0	64.6	17.0	60.8	7.0	6.9	4.0	5.4
E	256.7	148.4	28.0	40.3	2.9	9.2	0.6	6.2
F	496.6	207.4	16.8	32.5	19.4	4.3	0.2	2.3
G	654.8	186.2	13.2	34.9	8.3	8.7	0.3	6.7
7개 기업의 산술평균	364.6	108.8	24.7	53.8	11.0	10.8	2.0	8.1

1) (총자산)=(부채)+(자기자본)

2) (부채구성비율)$(\%)=\dfrac{(부채)}{(총자산)}\times100$

3) (부채비율)$(\%)=\dfrac{(부채)}{(자기자본)}\times100$

4) (자기자본비율)$(\%)=\dfrac{(자기자본)}{(총자산)}\times100$

5) (영업이익률)$(\%)=\dfrac{(영업이익)}{(매출액)}\times100$

6) (순이익률)$(\%)=\dfrac{(순이익)}{(매출액)}\times100$

① 1997년도와 2008년도 B 기업의 주요 재무지표

(단위: %)

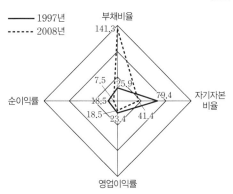

② 1997년도와 2008년도 7개 기업의 영업이익률

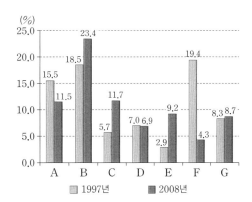

③ 1997년도 C 기업의 총자산 구성현황

④ 1997년도 영업이익률 상위 3개 기업의 영업이익률 변화

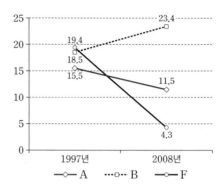

⑤ 1997년도 대비 2008년도 7개 기업의 순이익 변화율

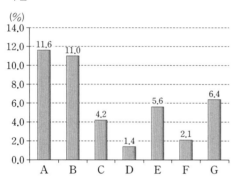

03

1) 수식이 매우 많다.
2) 주어진 수식의 공통점과 차이점에 주의해서 확인할 때, 각주
   1), 2), 4)를 이용하면
   → (부채구성비율)＋(자기자본비율)＝100 %가 성립한다.
3) 즉, [표]에 부채구성비율만 빼고 모두 주어져 있는데, 부채구
   성비율은 '100 %－(자기자본비율)'로 계산하면 되므로 [표]
   에 주어질 필요가 없다.
4) ①∼⑤의 제목을 읽는다.
   • ①은 [표]에서 읽어낼 수 있는 값이고,
   • ② 역시 그렇다.
   • ③의 경우 이미 '(자기자본)＋(부채)＝(총자산)' 및 '(자기자
     본비율)＋(부채구성비율)＝100 %'를 알고 있기 때문에
     [표]에서 1997년 자기자본비율이 31.5 %인지를 확인하면
     된다.
   • ④의 경우 역시 [표]에서 읽어낼 수 있는 값이지만,
   • ⑤의 경우 '순이익'을 알기 위해서는 '매출액'이 필요한데
     [표]에 매출액에 대한 정보는 주어지지 않았기 때문에 알
     수 없다.

정답 ⑤

NCS 기출 변형 연습문제

01

다음 [표]는 운수업 업종별 기업체수, 종사자수, 매출액, 영업비용에 대한 자료이다. 이에 대한 자료를 그래프로 나타낸 것 중 옳은 것을 [보기]에서 모두 고르면?

[표 1] 운수업 업종별 기업체 수 및 종사자 수 (단위: 개, 천 명)

구분	기업체 수		종사자 수	
	2014년	2015년	2014년	2015년
운수업	8,146	10,659	1,083	1,314
육상운송업	5,121	5,947	910	1,125
수상운송업	584	775	26	31
항공운송업	310	316	33	36
운송 관련 서비스업	2,131	3,621	114	122

※ 운수업은 육상운송업, 수상운송업, 항공운송업, 운송 관련 서비스업으로 분류됨.

[표 2] 운수업 업종별 매출액 및 영업비용 (단위: 십억 원)

구분	매출액		영업비용	
	2014년	2015년	2014년	2015년
운수업	142,855	151,607	127,335	125,919
육상운송업	59,300	62,125	53,480	53,108
수상운송업	38,451	39,219	37,393	36,160
항공운송업	24,175	27,825	20,508	19,163
운송 관련 서비스업	20,929	22,438	15,954	17,488

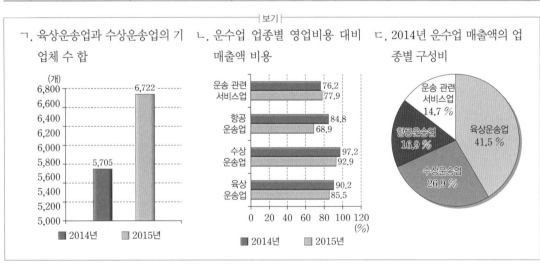

| 보기 |

ㄱ. 육상운송업과 수상운송업의 기업체 수 합

ㄴ. 운수업 업종별 영업비용 대비 매출액 비용

ㄷ. 2014년 운수업 매출액의 업종별 구성비

① ㄱ   ② ㄷ   ③ ㄱ, ㄴ   ④ ㄱ, ㄷ   ⑤ ㄱ, ㄴ, ㄷ

01

일반 풀이

ㄱ. (○) 계산하면 다음과 같다.

- 2014년: 5,121＋584＝5,705(개)
- 2015년: 5,947＋775＝6,722(개)

ㄴ. (×) 계산하면 다음과 같다.

구분	2014년	2015년
육상 운송업	$\frac{59,300}{53,480}\times100$ $≒110.9(\%)$	$\frac{62,125}{53,108}\times100$ $≒117.0(\%)$
수상 운송업	$\frac{38,451}{37,393}\times100$ $≒102.8(\%)$	$\frac{39,219}{36,160}\times100$ $≒108.4(\%)$
항공 운송업	$\frac{24,175}{20,508}\times100$ $≒117.9(\%)$	$\frac{27,825}{19,163}\times100$ $≒145.2(\%)$
운송 관련 서비스업	$\frac{20,929}{15,954}\times100$ $≒131.2(\%)$	$\frac{22,438}{17,488}\times100$ $≒128.3(\%)$

ㄷ. (○) 2014년 매출액의 업종별 구성비는 다음과 같다.

- 육상운송업: $\frac{59,300}{142,855}\times100≒41.5(\%)$

- 수상운송업: $\frac{38,451}{142,855}\times100≒26.9(\%)$

- 항공운송업: $\frac{24,175}{142,855}\times100≒16.9(\%)$

- 운송 관련 서비스업: $\frac{20,929}{142,855}\times100≒14.7(\%)$

NCS 기본 풀이

ㄱ. (○) 덧셈이기 때문에 계산이 복잡하지 않아 해본다.

ㄴ. (×) 영업비용 대비 매출액 비율인데 매출액이 더 크기 때문에 비율이 100 %를 초과해야 하지만 그렇지 않다.

ㄷ. (○) 대략적으로 맞는지 확인한다.

- (육상운송업)＝(수상운송업)＋(운송 관련 서비스업)
- (항공운송업)＋10 %＝(수상운송업)
- 육상운송업이 40 %를 약간 넘는 정도인지 확인한다.
- → 모두 만족하므로 옳다고 판단한다.

정답 ④

CH 04

02 상이한 차트

02

다음 [표]는 2014~2016년 분기별 국선 법률 구조 현황에 관한 자료이다. 이 자료를 이용하여 작성한 그래프로 옳지 않은 것은?

[표 1] 성별·연령별·분기별 국선 법률 구조 현황 (단위: 건)

구분		2014년 1/2	2014년 2/2	2015년 1/2	2015년 2/2	2016년 1/2	2016년 2/2
합계	소계	8,268	8,694	8,938	8,434	8,522	8,772
성별	남자	5,202	6,281	6,705	6,328	6,548	7,077
	여자	3,066	2,413	2,233	2,106	1,974	1,695
연령	20세 미만	828	721	875	924	1,068	980
	20~29세	1,787	1,448	1,514	1,446	1,226	1,236
	30~39세	1,096	1,060	1,019	920	780	847
	40~49세	1,191	1,241	1,186	1,064	905	1,063
	50~59세	1,323	1,469	1,402	1,162	958	1,042
	60~69세	575	611	571	519	489	446
	70세 이상	1,468	2,144	2,371	2,399	3,096	3,158

[표 2] 지역별·분기별 국선 법률 구조 현황 (단위: 명, 건)

지역	2015년 1/2		2015년 2/2		2016년 1/2		2016년 2/2	
	인원	건수	인원	건수	인원	건수	인원	건수
합계	8,938	2,924	8,434	4,595	8,522	3,668	8,772	3,877
서울	1,552	160	1,176	850	1,028	458	869	850
경기	1,784	281	1,378	654	1,465	125	1,851	700
강원	446	78	450	254	393	140	471	480
충북	553	510	774	450	764	125	896	268
충남	424	400	491	120	656	650	425	320
경북	1,098	269	1,191	700	1,265	580	1,403	215
경남	1,840	586	1,685	650	1,804	850	1,677	265
전북	925	400	919	700	698	540	637	425
전남	260	215	270	152	239	50	327	154
제주	56	25	100	65	210	150	216	200

① 분기별 남성의 국선 법률 구조 건수 비율

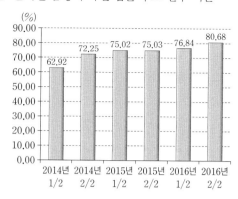

② 연령별 전년동월 대비 국선 법률구조 건수 증가율

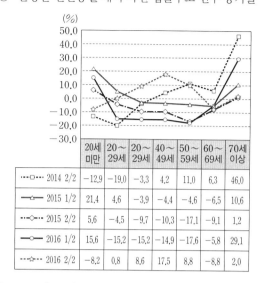

	20세 미만	20~29세	20~29세	40~49세	50~59세	60~69세	70세 이상
2014 2/2	-12.9	-19.0	-3.3	4.2	11.0	6.3	46.0
2015 1/2	21.4	4.6	-3.9	-4.4	-4.6	-6.5	10.6
2015 2/2	5.6	-4.5	-9.7	-10.3	-17.1	-9.1	1.2
2016 1/2	15.6	-15.2	-15.2	-14.9	-17.6	-5.8	29.1
2016 2/2	-8.2	0.8	8.6	17.5	8.8	-8.8	2.0

③ 2015년 1/2분기 국선 법률 구조 연령별 비중

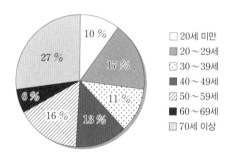

④ 2016년 분기별 국선 법률 구조 인원 상위 5개 도시의 순위 변화

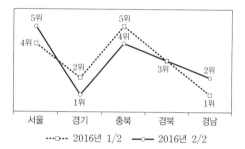

⑤ 2015년 지역별 국선 법률 구조 건당 인원수

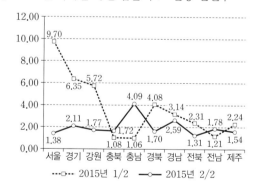

02

NCS 실전 풀이

1) [표 1]과 [표 2]를 보고 알 수 있는 정보를 확실하게 확인한다.

2) ①~⑤의 제목을 읽는다.

3) ②의 제목의 경우 '전년동월 대비'에 대한 것을 알 수 없는 정보이다.

정답 ②

장애나 고뇌는 나를 굴복시킬 수 없다.
이 모든 것은 분투와 노력에 의해 타파된다.

– 레오나르도 다빈치(Leonardo da Vinci)

NCS
실전 100제

PART

3

응용수리 30제

01

다음의 배열 규칙을 찾아 '?'에 들어갈 알맞은 것을 고르시오.

1	a	2	c	5	h	13	?	34

① u   ② k   ③ 21   ④ m   ⑤ 25

02

다음 숫자들의 배열 규칙을 찾아 '?'에 들어갈 알맞은 것을 고르시오.

7	25	61	121	?

① 208   ② 209   ③ 210   ④ 211   ⑤ 212

03

시험관에 미생물의 수가 2시간마다 4배씩 증가한다고 한다. 현재로부터 2시간 후의 미생물 수가 512,000마리라면, 현재로부터 6시간 전의 미생물 수는?

① 2,000마리   ② 4,000마리   ③ 8,000마리
④ 10,000마리   ⑤ 16,000마리

04

항공우주공학과 유체역학 시험에서 20개의 ○×퀴즈를 치른다. 정답을 맞히면 3점을 득점하고, 틀리면 2점을 감점한다. 풀지 않는 경우는 없다고 할 때, 총점 40점 이상을 얻기 위해서는 오답을 최대 몇 개까지 허용할 수 있는가?

① 2개   ② 3개   ③ 4개
④ 5개   ⑤ 6개

05

치수가 A 지점에서 B 지점을 거쳐 C 지점으로 이동하려고 한다. A 지점에서 B 지점으로 80 km/h 의 속도로 이동하였고, B 지점에서 휴식을 취하였다. 그리고 B 지점에서 C 지점으로 100 km/h의 속도로 1시간 동안 이동하였는데, A 지점에서 C 지점까지 이동 시 휴식시간을 포함하여 6시간 30분 동안 평균 40 km/h의 속력으로 이동한 것과 같았다. 이때, 치수가 B 지점에서 휴식을 취한 시간은?

① 2시간 30분   ② 3시간   ③ 3시간 30분
④ 4시간   ⑤ 4시간 10분

06

'갑' 제품을 생산하는 데 세 기계 'A', 'B', 'C'를 사용할 수 있다. '갑' 제품을 1개 만드는 데 'A'만을 사용하면 6일, 'B'만을 사용하면 14일, 'C'만을 사용하면 21일이 걸린다고 한다. 'A'와 'B'를 동시에 3일 동안 사용하고, 나머지는 'C'를 사용하여 '갑' 제품 1개를 생산하려고 하였으나, 'A'와 'B'를 동시에 사용하는 도중 'B'가 고장 나서 원래 계획과 달리 'B'는 1일 동안만 사용하였다. 그로 인해 달성하지 못한 일은 3일이 지난 후 모두 'C'로 대체하였다고 할 때, '갑' 제품 1개를 생산하는 데 걸린 기간은 처음 계획보다 며칠이나 더 걸렸는가? (단, A는 정상적으로 작동된다.)

① 1일   ② 1.5일   ③ 2일
④ 2.5일   ⑤ 3일

07

A, B, C, D가 사과를 나누어 가지기로 하였다. 제시된 [조건]에 따라 A, B, C, D 순서대로 나누어 가졌다고 할 때, 이들이 나누어 가진 사과의 총 개수는?

─────| 조건 |─────

- A는 전체 사과의 $\frac{1}{3}$보다 10개 적게 가져갔다.
- B는 A가 가져가고 남은 사과 중 $\frac{1}{4}$보다 10개 더 많이 가져갔다.
- C는 B가 가져가고 남은 사과 중 $\frac{1}{2}$보다 5개 더 많이 가져갔다.
- C가 가져간 사과 개수는 D가 가져간 사과 개수의 1.5배이고, 사과 개수의 차이는 10개다.

① 99개   ② 105개   ③ 120개
④ 124개   ⑤ 140개

SCS 회사는 열차 노선별로 10~60 % 할인한 특별 승차권을 판매하고 있다. 이 승차권은 예매 후 구매 당일 취소하는 경우에만 수수료가 없고, 예매 다음 날부터 열차 출발 1일 이전까지 10 %, 당일 출발시각 전까지 20 %, 열차 출발 이후 80 %의 취소·반환수수료가 발생한다. A 과장은 출장일에 출발하는 열차의 특별 승차권을 45 % 할인된 가격으로 예매하였으나, 출장 당일 일정 취소로 열차 출발 전에 예매를 취소하여 반환금 15,400원을 받았다. A 과장이 구매한 특별 승차권의 할인 이전 금액은?

① 13,600원   ② 25,000원   ③ 35,000원

④ 39,600원   ⑤ 42,000원

A, B, C 3명의 선수가 트랙을 돌고 있다. 코치진은 이들이 트랙의 시작점에서 모두 동시에 만날 때 도시락을 제공하려고 하는데, 도시락 제공을 위해 필요한 시간이 22분이다. 세 선수 모두 9시에 트랙의 시작점에서 동시에 출발하였으며, A, B, C가 트랙을 1바퀴 도는 데 필요한 시간이 각각 14분, 18분, 12분이다. 도시락을 제공하기 위해 트랙의 시작점에 늦어도 몇 시부터 준비하고 있어야 하는가?

① 오후 1시 20분 전   ② 오후 1시 10분 전   ③ 오후 1시

④ 오후 1시 10분   ⑤ 오후 1시 20분

10

다음 [표]는 SCS 회사의 층별 에어컨 및 직원 수, 에어컨 종류별 월 전기료에 대한 자료이다. 이 자료와 주어진 [조건]을 바탕으로 할 때, SCS 회사가 새로 구매해야 하는 4−way형 에어컨 대수는?

[표 1] SCS 회사의 층별 에어컨 수 및 직원 수

(단위: 대, 명)

층수	에어컨 종류			직원 수
	스탠드형	4−way형	소계	
5층	9	6	15	720
4층	5	4	9	300
3층	15	8	23	760
2층	12	4	16	600
1층	13	6	19	750

[표 2] 에어컨 종류별 월 전기료

에어컨 종류	스탠드형	4−way형
월 전기료	4만 원	2.5만 원

─── 조건 ───

- 다음 조건을 순서대로 적용한다.
- 조건 1: 층별 월 전기료는 50만 원 이하여야 하고, 이를 만족하지 못하는 경우 스탠드형 에어컨을 최소한으로 버려 조건을 만족하도록 한다.
- 조건 2: 에어컨 1대당 직원 수가 50명 이하가 되어야 하고, 이를 만족하지 못하는 경우 4−way형 에어컨을 최소한으로 구매하여 조건을 만족하도록 한다.

① 0대 　　② 1대 　　③ 2대 　　④ 3대 　　⑤ 4대

11

다음 [표 1]는 SCS 회사가 보유하고 있는 물품의 수량 현황이다. 회사는 이 물품의 조합으로 사은품 세트를 만들어 방문객에게 제공하려고 한다. [표 2]에 주어진 전략 A, B로 각각 제공할 수 있는 사은품 세트 수의 최댓값의 차이로 올바른 것은?

[표 1] SCS 회사의 물품 보유 현황   (단위: 개)

물품	볼펜	우산	모자	포인터
보유 수량	270	523	476	180

[표 2] 전략별 물품 구성 현황   (단위: 개)

전략 \ 물품	볼펜	우산	모자	포인터
A	3	4	5	0
B	0	6	4	2

① 0개   ② 3개   ③ 8개

④ 11개   ⑤ 40개

12

다음 [표]와 [조건]은 A어학원 강의의 수강료 및 수강 인원에 관한 자료이다. 할인 이벤트 시행 전인 10월과 시행 후인 11월을 비교할 때, 이윤이 가장 많이 증가한 강의(A)와 가장 적게 증가한 강의(B)를 순서대로 바르게 짝지은 것은?

[표] A어학원 강의별 수강료 및 수강생 정원과 현황 (단위: 원, 명)

강의명	수강료	정원	10월 수강생
OPIC 대비 주말반	120,000	50	36
TOEFL Writing	150,000	30	18
TOEIC L/C	300,000	100	48
TOEIC R/C	300,000	100	62
TEPS 600	240,000	20	12

※ 수강료는 할인 이벤트 이전의 수강료를 의미한다.

┤조건├
- 할인 이벤트는 11월 강의 등록 기간 내내 시행되었다.
- TOEIC 강의는 수강료의 20 %를, TOEIC 이외의 강의는 각각 수강료의 10 %씩 할인하는 이벤트를 진행하였다.
- 할인 이벤트의 영향으로, 11월에는 전 강의 모두 정원 모집을 달성하여 등록이 마감되었다.
- 학원의 이윤은 편의상 (수강료)×(수강생)으로 계산한다.

	A	B
①	TOEIC L/C	OPIC 대비 주말반
②	TOEIC L/C	TOEFL Writing
③	TOEIC L/C	TEPS 600
④	TOEIC R/C	OPIC 대비 주말반
⑤	TOEIC R/C	TOEFL Writing

13

A 지점에서 B 지점으로 최단거리로 이동하는 경우의 수는?

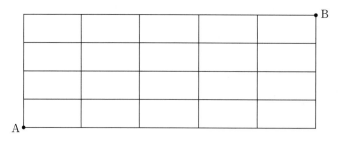

① 86가지   ② 120가지   ③ 126가지

④ 240가지   ⑤ 388가지

다음 [표]는 대학 평판도에 관한 자료이다. 이 자료를 바탕으로 할 때, [보기]의 설명 중 옳은 것을 모두 고르면?

[표 1] 대학 평판도 지표별 가중치

지표	지표 설명	가중치
가	향후 발전가능성이 높은 대학	10
나	학생 교육이 우수한 대학	5
다	입학을 추천하고 싶은 대학	10
라	기부하고 싶은 대학	5
마	기업의 채용선호도가 높은 대학	10
바	국가·사회 전반에 기여가 큰 대학	5
사	지역 사회에 기여가 큰 대학	5
가중치 합		50

[표 2] A~H 대학의 평판도 지표점수 및 대학 평판도 총점 (단위: 점)

지표＼대학	A	B	C	D	E	F	G	H
가	9	8	7	3	6	4	5	8
나	6	8	5	8	7	7	8	8
다	10	9	10	9	( )	9	10	9
라	4	6	6	6	( )	( )	( )	6
마	4	6	6	6	( )	( )	8	6
바	10	9	10	3	6	4	5	9
사	8	6	4	( )	7	8	9	5
대학 평판도 총점	( )	( )	( )	( )	410	365	375	( )

1) 지표점수는 여론조사 결과를 바탕으로 각 지표별로 0~10 사이의 점수를 1점 단위로 부여함.
2) (지표환산점수)(점)=(지표별 가중치)×(지표점수)
3) 대학 평판도 총점은 해당 대학 지표환산점수의 총합임.

─── 보기 ───

ㄱ. E 대학은 지표 '다', '라', '마'의 지표점수가 동일하다.
ㄴ. 지표 '라'의 지표점수는 F 대학이 G 대학보다 높다.
ㄷ. H 대학은 지표 '나'의 지표환산점수가 지표 '마'의 지표환산점수보다 대학 평판도 총점에서 더 큰 비중을 차지한다.

① ㄴ
② ㄱ, ㄴ
③ ㄱ, ㄷ
④ ㄴ, ㄷ
⑤ ㄱ, ㄴ, ㄷ

15

다음 [그래프]는 A도시 남성의 성인병과 비만에 대한 것이다. A도시 남성 가운데 20 %가 성인병이 있다고 하면, 이 도시에서 비만인 남성 가운데 성인병이 있는 남성의 비율은?

[그래프 1] 성인병이 있는 남성의 비만 여부

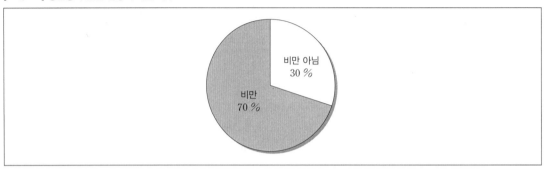

[그래프 2] 성인병이 없는 남성의 비만 여부

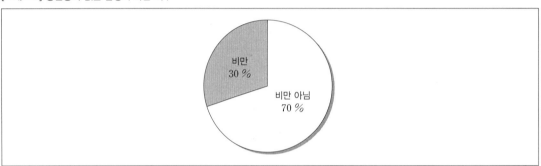

① 약 21 % ② 약 30 % ③ 약 37 %
④ 약 53 % ⑤ 약 70 %

16

다음 [표]와 [정보]는 어느 상담센터에서 2022년에 실시한 상담가 유형별 가족상담건수에 관한 자료이다. 이에 근거할 때, 2022년 하반기 전문상담가에 의한 가족상담건수는?

[표] 2022년 상담가 유형별 가족상담건수

(단위: 건)

상담가 유형	가족상담건수
일반상담가	120
전문상담가	60

※ 가족상담은 일반상담가에 의한 가족상담과 전문상담가에 의한 가족상담으로만 구분됨.

┤정보├

- 2022년 가족상담의 30 %는 상반기에, 70 %는 하반기에 실시되었다.
- 2022년 일반상담가에 의한 가족상담의 40 %는 상반기에, 60 %는 하반기에 실시되었다.

① 38건   ② 40건   ③ 48건

④ 54건   ⑤ 56건

17

다음 [표]는 SCS 회사 직원 1,000명의 혈액형에 대한 자료이다. 직원 1,000명 중 임의로 선택한 직원의 혈액형이 O형일 때, 이 직원이 Rh＋형의 여자일 확률은? (단, 소수점 둘째자리에서 반올림한다.)

[표] SCS 회사 직원의 성별 혈액형

(단위: 명)

구분		A형	B형	AB형	O형
남자	Rh＋	203	150	71	159
	Rh－	7	6	1	3
여자	Rh＋	150	80	40	115
	Rh－	6	4	0	5

① 약 0.33   ② 약 0.36   ③ 약 0.37

④ 약 0.41   ⑤ 약 0.55

다음 [표]는 H대학교의 행정학개론을 수강한 학생들의 성적 분포를 나타낸 자료이다. 이에 대한 [보기]의 설명 중 옳은 것만을 모두 고르면?

[표] H대학교 행정학개론 성적 분포

점수(점)	등급	인원(명)	상대백분율	누적백분율
95 이상	A+	5	12.5 %	( )
90 이상 95 미만	A	( )	( )	27.5 %
85 이상 90 미만	B+	( )	( )	55.0 %
80 이상 85 미만	B	5	12.5 %	( )
75 이상 80 미만	C+	( )	15.0 %	( )
70 이상 75 미만	C	4	( )	92.5 %
65 이상 70 미만	D+	( )	( )	97.5 %
60 이상 65 미만	D	( )	( )	( )
60 미만	F	( )	( )	100.0 %

※ H대학교는 강의별 수강생의 상위 30 % 이내의 범위에서 A 이상의 등급을 부여할 수 있고, 수강생의 상위 70 % 이내의 범위에서 B 이상의 등급을 부여할 수 있도록 하는 상대평가 제도를 운영하고 있음.

┤ 보기 ├

ㄱ. 행정학개론의 등급이 B+인 학생의 수는 10명이다.
ㄴ. 행정학개론의 등급이 D+ 이하인 학생의 수는 3명이다.
ㄷ. 행정학개론의 등급이 C 이상 B+ 이하인 학생의 수는 27명이다.
ㄹ. 행정학개론의 등급이 B+인 학생 1명의 등급을 A로 수정할 수 있다.

① ㄱ, ㄴ　　　　　② ㄱ, ㄷ　　　　　③ ㄴ, ㄷ
④ ㄴ, ㄹ　　　　　⑤ ㄷ, ㄹ

다음 [표]는 ○○시의 시장선거에서 응답자의 종교별 지지 후보자에 관한 설문조사 결과이다. [표]에 대한 [보기]의 설명 중 옳은 것을 모두 고르면?

[표] 응답자의 종교별 지지 후보자

(단위: 명)

후보 \ 응답자의 종교	불교	개신교	가톨릭	기타	합계
A	130	(가)	60	300	( )
B	260	( )	30	350	740
C	( )	(나)	45	300	( )
D	65	40	15	( )	( )
합계	650	400	150	1,000	2,200

1) (가)와 (나)의 응답자 수는 같음.
2) 후보는 4명이며, 복수응답 및 무응답은 없음.

┤보기├

ㄱ. A후보 지지율이 C후보 지지율보다 높다.

ㄴ. C후보 지지율과 D후보 지지율의 합은 B후보 지지율보다 높다.

ㄷ. A후보 지지자 중에는 개신교 신자가 불교 신자보다 많다.

ㄹ. 개신교 신자의 A후보 지지율은 가톨릭 신자의 C후보 지지율보다 높다.

① ㄱ, ㄴ
② ㄱ, ㄷ
③ ㄴ, ㄷ
④ ㄴ, ㄹ
⑤ ㄷ, ㄹ

20

다음 [표]는 A지역 전체 가구를 대상으로 원자력발전소 사고 전·후 식수 조달원 변경에 대해 사고 후 설문조사한 결과이다. 이에 대한 설명 중 옳은 것은?

[표] 원자력발전소 사고 전·후 A지역 조달원별 가구 수   (단위: 가구)

사고 후 조달원 사고 전 조달원	수돗물	정수	약수	생수
수돗물	40	30	20	30
정수	10	50	10	30
약수	20	10	10	40
생수	10	10	10	40

※ A지역 가구의 식수 조달원은 수돗물, 정수, 약수, 생수로 구성되며, 각 가구는 한 종류의 식수 조달원만 이용함.

① 사고 전에 식수 조달원으로 정수를 이용하는 가구 수가 가장 많다.

② 사고 전에 비해 사고 후에 이용 가구 수가 감소한 식수 조달원의 수는 3개이다.

③ 사고 전·후 식수 조달원을 변경한 가구 수는 전체 가구 수의 60 % 이하이다.

④ 사고 전에 식수 조달원으로 정수를 이용하던 가구는 사고 후에도 정수를 이용한다.

⑤ 식수 조달원 중에서 사고 전·후에 이용 가구 수의 차이가 가장 큰 것은 생수이다.

다음 [표]는 A지역 공무원 150명을 대상으로 설문조사를 실시한 뒤, 제출된 설문지의 문항별 응답 결과를 정리한 것이다. [표]와 [조건]을 바탕으로 할 때, [보기]의 설명 중 옳은 것만을 모두 고르면?

[표] 설문지 문항별 응답 결과

(단위: 명)

문항	응답 결과		문항	응답 결과	
	응답 속성	응답 수		응답 속성	응답 수
성	남자	63	소속 기관	고용센터	71
	여자	63		시청	3
연령	29세 이하	13		고용노동청	41
	30~39세	54	직급	5급 이상	4
	40~49세	43		6~7급	28
	50세 이상	15		8~9급	44
학력	고졸 이하	6	직무 유형	취업지원	34
	대졸	100		고용지원	28
	대학원 재학 이상	18		기업지원	27
근무 기간	2년 미만	19		실업급여 상담	14
	2년 이상 5년 미만	24		외국인 채용	8
	5년 이상 10년 미만	21		기획 총괄	5
	10년 이상	23		기타	8

┤조건├

- 설문조사는 동일 시점에 조사 대상자별로 독립적으로 이루어졌다.
- 설문조사 대상자 1인당 1부의 동일한 설문지를 배포하였다.
- 설문조사 문항별로 응답 거부는 허용된 반면 복수 응답은 허용되지 않았다.
- 배포된 150부의 설문지 중 제출된 130부로 문항별 응답 결과를 정리하였다.

┤보기├

ㄱ. 배포된 설문지 중 제출된 설문지 비율은 85 % 이상이다.

ㄴ. 전체 설문조사 대상자의 학력 분포에서 '고졸 이하'의 비율이 가장 낮다.

ㄷ. 제출된 설문지의 문항별 응답률은 '직무유형'이 '소속기관'보다 높다.

ㄹ. '직급' 문항 응답자 중 '8~9급' 비율은 '근무기간' 문항 응답자 중 5년 이상이라고 응답한 비율보다 높다.

① ㄱ, ㄴ　　　　　② ㄱ, ㄹ　　　　　③ ㄴ, ㄷ

④ ㄱ, ㄷ, ㄹ　　　　⑤ ㄴ, ㄷ, ㄹ

22

농도가 5 %인 소금물 500 g이 있다. 이 소금물의 일부를 덜어낸 후, 농도가 12 %인 소금물을 넣었더니 농도가 8 %인 소금물 700 g이 되었다. 이때, 덜어낸 소금물의 양을 구하시오.

23

농도가 6 %인 소금물과 15 %인 소금물을 섞은 후 물을 더 넣어서 농도가 8 %인 소금물 600 g을 만들었다. 농도가 6 % 소금물과 더 넣은 물의 양의 비가 3 : 1일 때, 농도가 15 %인 소금물의 양을 구하시오.

24

어느 동호회의 지난달 전체 회원 수는 5,000명이었다. 이번 달에는 지난달보다 남자 회원 수가 3 % 증가하였고, 여자 회원 수가 2 % 감소하여 5,050명이 되었다. 이때, 이번 달 남자 회원 수를 구하시오.

다음 [표]는 어느 해 주식 거래 8일 동안 A사의 일별 주가와 [산식]을 활용한 '5일 이동 평균'을 나타낸 것이다. 이에 대한 [보기]의 설명 중 옳은 것을 모두 고르면?

[표] 주식 거래 8일 동안 A사의 일별 주가 추이

(단위: 원)

거래일	일별 주가	5일 이동 평균
1	7,550	—
2	7,590	—
3	7,620	—
4	7,720	—
5	7,780	7,652
6	7,820	7,706
7	7,830	( )
8	( )	7,790

| 산식 |

$$\text{(5일 이동 평균)} = \frac{\text{(해당 거래일 포함 최근 거래일 5일 동안의 일별 주가의 합)}}{5}$$

예 $\text{(거래 6일차의 5일 이동 평균)} = \frac{7,590 + 7,620 + 7,720 + 7,780 + 7,820}{5} = 7,706\text{(원)}$

| 보기 |

ㄱ. 일별 주가는 거래일마다 상승하였다.
ㄴ. 거래 5일차 이후 5일 이동 평균은 거래일마다 상승하였다.
ㄷ. 거래 2일차 이후 일별 주가가 직전 거래일 대비 가장 많이 상승한 날은 4거래일이다.
ㄹ. 거래 5일차 이후 해당 거래일의 일별 주가와 5일 이동 평균 간의 차이는 거래일마다 감소하였다.

① ㄱ, ㄴ
② ㄴ, ㄷ
③ ㄷ, ㄹ
④ ㄱ, ㄴ, ㄷ
⑤ ㄴ, ㄷ, ㄹ

26

다음 [표]는 학생 A~F의 시험점수에 관한 자료이다. 이 자료와 주어진 [조건]을 바탕으로 학생 A, B, C의 시험점수를 바르게 나열한 것은?

[표] 학생 A~F의 시험점수

학생	A	B	C	D	E	F
점수(점)	( )	( )	( )	( )	9	9

┤조건├

- 시험점수는 자연수이고, 10점 만점이다.
- 시험점수가 같은 학생은 A, E, F뿐이다.
- 산술평균은 8.5점이다.
- 학생 D의 시험점수는 학생 C보다 4점 높다.

	A	B	C
①	8점	9점	5점
②	8점	10점	4점
③	9점	8점	6점
④	9점	10점	5점
⑤	9점	10점	6점

27

다음 [표]는 A 영업사원의 2019년 상반기 영업 매출액에 대한 자료이다. 이 자료를 바탕으로 2019년 상반기 A 영업사원의 월별 영업 매출액의 분산을 구하면?

[표] A 영업사원의 2019년 상반기 영업 매출액

구분	2019년 상반기					
	1월	2월	3월	4월	5월	6월
영업 매출액 (억 원)	6	3	7	10	4	6

① 5.0   ② 5.5   ③ 6.0

④ 6.5   ⑤ 7.0

28

세 제빵사 A, B, C는 각각 하루에 정해진 양의 빵을 만든다. 이들이 하루에 만드는 빵 생산량 및 불량률이 아래와 같을 때, 이 3명 제빵사가 하루에 만드는 빵 전체 생산량의 불량률은 얼마인가? (단, 불량률(%)은 소수점 아래 셋째 자리에서 반올림한다.)

- 제빵사 A가 하루에 만드는 빵 생산량은 5,000개이다.
- 하루의 빵 생산량은 제빵사 B가 제빵사 A보다 10 % 더 많다.
- 하루의 빵 생산량은 제빵사 C가 제빵사 B보다 1,500개 더 많다.
- 하루의 빵 생산량에 대한 제빵사 A, B, C 각각의 불량률은 0.8 %, 1.0 %, 0.5 %이다.

① 0.72 %   ② 0.74 %   ③ 0.76 %

④ 0.78 %   ⑤ 0.80 %

29

다음 [표]는 A~E 면접관이 '갑'~'정' 응시자에게 부여한 면접 점수이다. 이에 대한 [보기]의 설명 중 옳은 것만을 모두 고르면?

[표] '갑'~'정' 응시자의 면접 점수

(단위: 점)

응시자 면접관	갑	을	병	정	범위
A	7	8	8	6	2
B	4	6	8	10	( )
C	5	9	8	8	( )
D	6	10	9	7	4
E	9	7	6	5	4
중앙값	( )	( )	8	( )	–
교정점수	( )	8	( )	7	–

1) 범위: 당 면접관이 각 응시자에게 부여한 면접 점수 중 최댓값에서 최솟값을 뺀 값
2) 중앙값: 해당 응시자가 A~E 면접관에게 받은 모든 면접 점수를 크기순으로 나열할 때 한가운데 값
3) 교정점수: 해당 응시자가 A~E 면접관에게 받은 모든 면접 점수 중 최댓값과 최솟값을 제외한 면접 점수의 산술평균값

┤ 보기 ├

ㄱ. 면접관 중 범위가 가장 큰 면접관은 B이다.

ㄴ. 응시자 중 중앙값이 가장 작은 응시자는 '정'이다.

ㄷ. 교정점수는 '병'이 '갑'보다 크다.

① ㄱ

② ㄴ

③ ㄱ, ㄷ

④ ㄴ, ㄷ

⑤ ㄱ, ㄴ, ㄷ

30

다음 [표]와 [그래프]는 가게 A~E의 메뉴별 가격 및 판매 현황에 대한 자료이다. 가게 A~E의 전체 평균 판매가격을 높은 순서대로 바르게 나열한 것은?

[표 1] 가게 A~E의 메뉴별 가격

가게 메뉴	A	B	C	D	E
돌솥비빔밥	5,000원	5,000원	5,000원	5,000원	5,000원
참치볶음밥	5,000원	5,000원	5,000원	5,000원	5,000원
돈까스	5,000원	5,000원	5,000원	5,000원	5,000원
갈비탕	5,000원	6,000원	6,000원	6,000원	5,000원
치즈돈까스	6,000원	6,000원	6,000원	6,000원	5,000원
뚝배기불고기	6,000원	6,000원	6,000원	6,000원	5,000원
제육덮밥	6,000원	6,000원	6,000원	6,000원	6,000원

[표 2] 가게별 한 달 판매량 (단위: 개)

가게	A	B	C	D	E
한 달 판매량	12,000	15,600	10,800	6,000	24,000

[그래프] 가게 A~E의 메뉴별 판매비중 (단위: %)

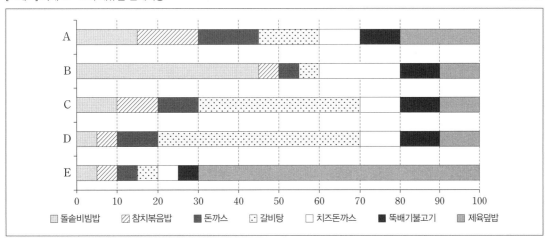

┤ 정보 ├
- (달 총 판매액)$=\sum$(메뉴 i 가격)$\times$(메뉴 i의 한 달 판매량)
- (한 달 총 판매량)$=\sum$(메뉴 i의 한 달 판매량)
- (전체 평균 판매가격)$=\dfrac{(한 달 총 판매액)}{(한 달 총 판매량)}$

① A>B>D>C>E   ② C>D>E>B>A   ③ C=E>D>A>B
④ D>E=C>B>A   ⑤ D>A>B>E>C

01

다음 [표]는 최근 5년간 국내 실험의 동물 사용 현황이다. 이에 대한 설명으로 옳지 <u>않은</u> 것은?

[표] 국내 실험의 동물 사용 현황

(단위: 천 마리)

연도 종류	2013년	2014년	2015년	2016년	2017년	합계
생쥐	1,334.6	1,623.8	1,630.0	1,933.1	1,604.5	8,126.0
쥐	281.5	274.4	260.3	278.1	221.8	1,316.1
기니피그	53.6	62.0	46.2	53.3	53.5	268.6
햄스터	3.3	1.2	2.8	1.8	1.3	10.4
저빌	0.8	0.7	0.8	0.5	0.1	2.9
토끼	36.6	35.0	33.2	30.5	26.2	161.5
개	3.0	3.9	3.9	4.0	2.9	17.7
돼지	1.8	2.1	2.0	2.8	1.8	10.5
원숭이	1.4	1.3	1.2	1.7	0.9	6.5
기타	32.6	58.8	24.1	1.0	11.4	127.9

※ 단, 생쥐, 쥐, 저빌은 서로 다른 종임.

① 2013~2017년 동안 '생쥐' 사용량의 연평균 증가율은 5 %를 넘지 않는다.

② 2015년 국내 실험의 동물 사용량은 195만 마리를 넘지 않는다.

③ '기타'를 제외할 때, 국내 실험의 동물 사용량이 매년 가장 적은 종류는 '저빌'이다.

④ 2013년 국내 실험의 전체 동물 사용량 중 '기니피그'의 비중은 4 % 미만이다.

⑤ 국내 실험의 전체 동물 사용량 중 '개'의 비중은 매년 '원숭이'의 2배 이상이다.

02

다음은 생활시간조사에 관한 자료이다. 이 자료에 대한 설명으로 옳지 않은 것은?

[표 1] 10세 이상 전체 인구의 행동별 평균 시간

(단위: (시간):(분))

행동분류별		1999년	2004년	2009년	2014년
필수시간	수면	7 : 47	7 : 49	7 : 50	7 : 59
	식사	1 : 33	1 : 37	1 : 45	1 : 57
	건강관리	0 : 07	0 : 06	0 : 06	0 : 05
	개인유지	0 : 51	1 : 02	1 : 12	1 : 13
의무시간	근로	3 : 43	3 : 26	3 : 15	3 : 16
	가정관리	1 : 33	1 : 28	1 : 29	1 : 32
	학습	1 : 36	1 : 22	1 : 24	1 : 07
여가시간	게임	0 : 08	0 : 12	0 : 17	0 : 18
	여가활동	4 : 39	4 : 48	4 : 31	4 : 28

[표 2] 10세 이상 행위자의 행동별 평균 시간

(단위: (시간):(분))

행동분류별		1999년	2004년	2009년	2014년
필수시간	수면	7 : 47	7 : 49	7 : 50	7 : 59
	식사	1 : 33	1 : 37	1 : 45	1 : 57
	건강관리	1 : 53	1 : 21	1 : 07	1 : 01
	개인유지	0 : 52	1 : 02	1 : 13	1 : 14
의무시간	근로	7 : 09	6 : 37	6 : 35	6 : 40
	가정관리	2 : 30	2 : 21	2 : 15	2 : 16
	학습	6 : 42	6 : 22	6 : 34	6 : 09
여가시간	게임	2 : 26	2 : 24	1 : 58	2 : 13
	여가활동	4 : 43	4 : 50	4 : 33	4 : 31

※ 행위자의 행동별 평균 시간은 각 행동을 하루 24시간 동안 10분 이상 한 사람들의 행동별 평균시간이다.

① 10세 이상 전체 인구의 평균 필수시간은 매 조사 기간마다 증가한다.

② 2004년 10세 이상 행위자의 게임 평균 시간은 10세 이상 전체 인구의 게임 평균 시간의 12배이다.

③ 2014년 10세 이상 전체 인구와 행위자의 평균 시간 차이가 가장 많이 나는 행동은 학습이다.

④ 2009년 10세 이상 전체 인구 중 근로를 10분 이상 한 사람의 수는 근로를 10분 미만으로 한 사람보다 많다.

⑤ 매 조사 기간마다 10세 이상 전체 인구의 여가활동 평균 시간의 증감 방향은 10세 이상 행위자의 여가활동 평균 시간의 증감 방향과 동일하다.

03

다음은 자동차의 생산과 수출입에 관한 자료이다. 이 자료를 바탕으로 할 때, [보기]에서 대한 설명으로 옳은 것을 모두 고르면?

[그래프 1] 한국 자동차 생산량   (단위: 천 대)

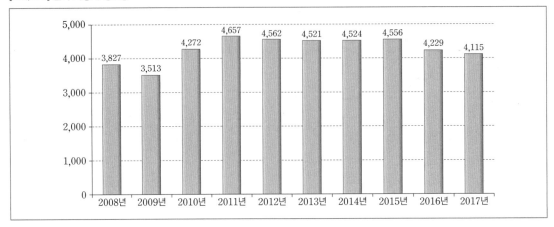

[그래프 2] 한국 자동차 수출입액   (단위: 억 달러)

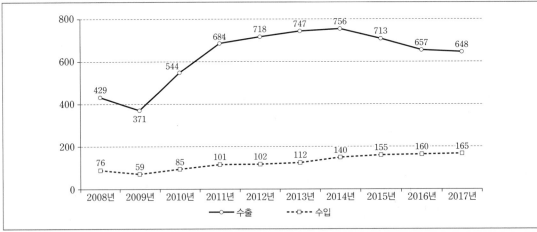

※ (무역수지)=(수출)−(수입)

[표] 2017년 주요국의 자동차 생산량   (단위: 천 대)

구분	중국	미국	일본	독일	인도	멕시코	세계
생산량	29,015	11,182	9,684	6,051	4,780	4,068	98,909

┤보기├

ㄱ. 2008~2017년 동안 한국 자동차 생산량의 평균은 4,190천 대 이상이다.

ㄴ. 2009년 한국 자동차 산업의 무역수지는 전년 대비 41억 달러 감소하였다.

ㄷ. 2017년 세계 자동차 총 생산량에서 독일이 차지하는 비중은 6.1 % 이상이다.

① ㄱ   ② ㄱ, ㄴ   ③ ㄱ, ㄷ

④ ㄴ, ㄷ   ⑤ ㄱ, ㄴ, ㄷ

04

다음 결혼이민자에 관한 아래의 자료를 통해 알 수 있는 것은? (단, 모든 계산은 소수점 아래 첫째 자리에서 반올림한다.)

[그래프] 연도별 결혼이민자 수 (단위: 명)

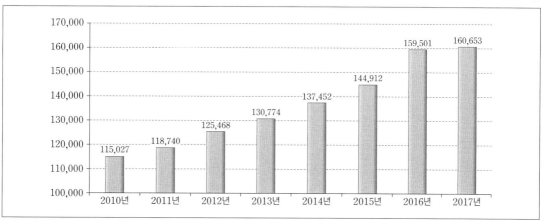

※ 결혼이민자: 체류외국인 중 국민의 배우자 체류자격을 가진 외국인

[표] 2017년 국적별 결혼이민자 수 (단위: 명)

국적	베트남	중국(한국계)	중국	일본
결혼이민자 수	39,600	34,316	32,236	11,478
국적	필리핀	캄보디아	태국	기타
결혼이민자 수	10,714	4,253	3,056	25,000

※ 기타: 2,000명 미만인 16개 국적 결혼이민자 수의 합계

① 2014년 결혼이민자 수의 전년 대비 증가율은 5 % 미만이다.

② 기타 국적 중 결혼이민자 수가 1,500명 이상인 국적이 1개 이상 존재한다.

③ 2012년 결혼이민자 수의 전년 대비 증가폭은 2011년 결혼이민자 수의 전년 대비 증가폭의 2배 이상이다.

④ 2017년 베트남 국적의 결혼이민자 수가 전체 결혼이민자 수에서 차지하는 비중은 25 % 이상이다.

⑤ 2011~2016년 동안 결혼이민자 수의 전년 대비 증가폭은 매년 증가한다.

05

다음 [표]는 두 도시 A, B의 연도별 예산 현황에 대한 자료이다. 이에 대한 설명 중 옳지 않은 것은?

[표 1] A시 연도별 예산 현황 (단위: 백만 원)

구분	합계	일반회계	특별회계
2012년	1,951,003	1,523,038	427,965
2013년	2,174,723	1,688,922	485,801
2014년	2,259,412	1,772,835	486,577
2015년	2,355,574	1,874,484	481,090
2016년	2,486,125	2,187,790	( )

[표 2] B시 연도별 예산 현황 (단위: 백만 원)

구분	합계	일반회계	특별회계
2012년	1,249,666	984,446	265,220
2013년	1,375,349	1,094,510	280,839
2014년	1,398,565	1,134,229	264,336
2015년	1,410,393	1,085,386	325,007
2016년	1,510,951	1,222,957	287,994

① B시의 예산액이 증가한 해에는 A시의 예산액도 증가하였다.

② 2012~2014년 동안 특별회계 예산액은 매년 B시가 A시의 $\frac{2}{3}$ 이하이다.

③ 2016년 A시의 특별회계 예산액은 전년 대비 감소하였다.

④ 2012년 A시의 특별회계 예산액은 B시의 특별회계 예산액의 2배 미만이다.

⑤ 2015년 B시의 전체 예산액에서 일반회계 예산액의 비중은 75 % 미만이다.

06

다음 [표]는 부서 간 통합에 대한 의견을 수렴한 결과이다. 이에 대한 설명으로 옳지 <u>않은</u> 것은?

[표] 부서 간 통합에 대한 부서별·성별 의견 수렴 결과

(단위: 명)

구분	A 부서		B 부서	
	여성	남성	여성	남성
찬성	270	234	150	196
반대	30	66	150	104
계	300	300	300	300

※ 응답자는 찬성과 반대 중 한 가지 의견을 반드시 선택하였다.

① 남성의 70 % 이상이 부서 간 통합에 찬성한다.

② 여성의 찬성 비율은 A 부서가 B 부서의 1.8배이다.

③ 부서 간 통합에 반대하는 인원수는 B 부서가 A 부서의 2배 이상이다.

④ A 부서와 B 부서의 전체 인원 중 부서 간 통합에 찬성하는 인원의 비중은 70 % 이상이다.

⑤ 성별 찬성 비율의 차이는 A 부서가 B 부서보다 크다.

다음 [표]는 SCS 회사의 '갑' 팀장이 여러분에게 전달한 도시별 특성에 대한 자료이다. 주어진 [상황]을 고려할 때, 여러분은 '갑' 팀장에게 어떻게 추천해야 하는가?

[표] 도시별 특성

도시 ＼ 항목	인구수 (천 명)	마트 수 (개)	인구 천 명당 자동차 대수(대)	도로연장 (km)
A	97	105	420	202
B	120	85	304	158
C	64	43	630	356
D	58	65	570	217

┤상황├

- SCS 회사는 자동차 튜닝 범퍼 판매점을 시범으로 운영하려고 한다.
- 자동차 튜닝 범퍼 판매점을 자동차가 가장 많은 도시에서 오픈하려고 한다.
- 자동차가 가장 많은 도시의 마트 수가 100개 이상인 경우, 마트 수가 100개 미만인 도시 중 자동차가 가장 많은 도시에 자동차 튜닝 범퍼 판매점을 오픈한다.

① 인구수가 많은 B 도시를 추천한다.
② C 도시보다 A 도시를 추천한다.
③ 모든 도시에서 마트 수가 각각 10개씩 감소한다면, A 도시를 추천한다.
④ 마트 수가 두 번째로 적은 D 도시를 추천한다.
⑤ 도로연장이 작은 A, B 도시를 모두 추천한다.

다음 [표]는 2015년 5~10월 지역별 아파트 실거래 가격지수에 대한 자료이다. 이에 대한 [보기]의 설명 중 옳은 것을 모두 고르면?

[표] 지역별 아파트 실거래 가격지수

구분		2015. 10.	2015. 9.	2015. 8.	2015. 7.	2015. 6.	2015. 5.
전국		161.8	162.1	161.3	160.2	159.1	157.6
서울		145.7	145.3	144.2	143.0	141.8	140.0
	도심권	147.1	145.0	143.3	142.7	141.8	139.6
	동북권	162.3	161.9	160.5	159.3	157.8	155.8
	동남권	129.3	128.5	127.3	126.5	125.8	124.1
	서북권	154.3	153.9	153.3	152.4	151.2	150.3
	서남권	149.7	149.9	148.9	147.2	145.8	143.6
부산		187.6	186.1	184.1	182.0	180.5	179.1
대구		171.2	176.1	175.4	173.6	171.3	168.3
인천		158.2	158.6	157.6	155.9	154.7	152.9
광주		181.9	182.6	181.0	179.1	177.9	176.7
대전		133.7	134.2	134.4	133.9	133.6	133.0
울산		220.1	220.4	218.8	215.6	212.7	209.4
세종		122.5	124.8	123.5	123.5	123.4	122.8
경기		146.2	146.4	145.7	144.8	143.8	142.4
강원		150.7	149.6	149.4	147.6	146.5	144.7
충북		167.1	167.8	168.1	168.1	168.4	167.1
충남		147.0	147.7	147.5	147.0	147.2	146.1
전북		174.1	176.6	176.3	175.4	174.2	173.7
전남		186.3	185.9	184.5	183.7	181.6	181.0
경북		172.7	173.6	174.3	174.6	174.1	172.7
경남		181.1	181.2	180.6	179.9	179.0	178.2
제주		233.7	231.9	218.3	216.2	207.6	206.0

1) 아파트 실거래 가격지수는 각 지역별 기준시점(2006년 1월)의 가격을 100으로 하여, 실제 거래가 이루어진 아파트의 상대가격을 표시한 지수임.
2) 서울의 생활권역은 도심권, 동북권, 동남권, 서북권, 서남권임.

┤보기├

ㄱ. 서울의 아파트 실거래 가격은 서남권을 제외한 모든 생활권역에서 조사기간 동안 매달 상승하였다.

ㄴ. 조사기간 동안 서울 동남권의 아파트 실거래 가격은 세종보다 높다.

ㄷ. 2015년 10월 현재, 기준시점 대비 실거래 가격의 상승률이 가장 큰 지역은 울산이다.

ㄹ. 2015년 5월 대비 10월 제주의 아파트 실거래 가격은 15 % 이상 상승하였다.

① ㄱ   ② ㄷ   ③ ㄱ, ㄴ   ④ ㄴ, ㄹ   ⑤ ㄷ, ㄹ

다음 [표]는 '갑'국의 4대 범죄 발생건수 및 검거건수에 대한 자료이다. 이에 대한 설명으로 옳지 <u>않은</u> 것은?

[표 1] 2009~2013년 4대 범죄 발생건수 및 검거건수 (단위: 건, 천 명)

연도 \ 구분	발생건수	검거건수	총인구	인구 10만 명당 발생건수
2009년	15,693	14,492	49,194	31.9
2010년	18,258	16,125	49,346	( )
2011년	19,498	16,404	49,740	39.2
2012년	19,670	16,630	50,051	39.3
2013년	22,310	19,774	50,248	44.4

[표 2] 2013년 4대 범죄 유형별 발생건수 및 검거건수 (단위: 건)

범죄 유형 \ 구분	발생건수	검거건수
강도	5,753	5,481
살인	132	122
절도	14,778	12,525
방화	1,647	1,646
계	22,310	19,774

① 인구 10만 명당 4대 범죄 발생건수는 매년 증가한다.

② 2010년 이후, 전년 대비 4대 범죄 발생건수 증가율이 가장 낮은 연도와 전년 대비 4대 범죄 검거건수 증가율이 가장 낮은 연도는 동일하다.

③ 2013년 발생건수 대비 검거건수 비율이 가장 낮은 범죄 유형의 발생건수는 해당 연도 4대 범죄 발생건수의 60 % 이상이다.

④ 4대 범죄 발생건수 대비 검거건수 비율은 매년 80 % 이상이다.

⑤ 2013년 강도와 살인 발생건수의 합이 4대 범죄 발생건수에서 차지하는 비율은 2013년 강도와 살인 검거건수의 합이 4대 범죄 검거건수에서 차지하는 비율보다 높다.

10

[그래프 1]과 [그래프 2]는 어떤 나라의 연도별 전년 대비 GDP 증가율과 인구추이를 나타낸 자료이다. 전년 대비 GDP 증가율은 [그래프 1]에서 보는 바와 같이 5 %로 일정하고, 인구는 [그래프 2]에서 보는 바와 같이 매년 20만 명씩 증가했다. 이때, [보기]의 설명 중 옳은 것을 모두 고르면?

[그래프 1] 연도별 전년 대비 GDP 증가율

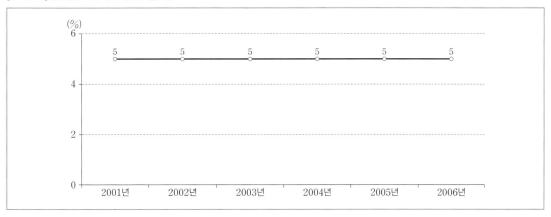

[그래프 2] 연도별 인구추이

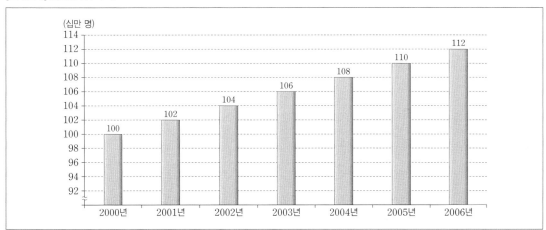

※ (t년도 1인당 GDP 증가율)$(\%) = \left(\dfrac{GDP_t / (인구)_t}{GDP_{t-1} / (인구)_{t-1}} - 1 \right) \times 100$

┤보기├

ㄱ. 이 나라의 2006년 GDP는 2000년에 비해 30 % 증가했다.

ㄴ. 2001년부터 2006년까지 이 나라의 전년 대비 인구 증가율은 매년 감소했다.

ㄷ. 2001년부터 2006년까지 이 나라의 1인당 GDP는 매년 증가했다.

ㄹ. 2001년부터 2006년까지 이 나라의 1인당 GDP 증가율은 매년 감소했다.

① ㄱ   ② ㄴ   ③ ㄱ, ㄹ

④ ㄴ, ㄷ   ⑤ ㄴ, ㄷ, ㄹ

11

다음 [표]는 임진왜란 전기·후기 전투 횟수에 관한 자료이다. 이에 대한 설명으로 옳지 <u>않은</u> 것은?

[표] 임진왜란 전기·후기 전투 횟수 (단위: 회)

구분	시기	전기		후기		합계
		1592년	1593년	1597년	1598년	
전체 전투		70	17	10	8	105
공격 주체	조선측 공격	43	15	2	8	68
	일본측 공격	27	2	8	0	37
전투 결과	조선측 승리	40	14	5	6	65
	일본측 승리	30	3	5	2	40
조선의 전투 인력 구성	관군 단독전	19	8	5	6	38
	의병 단독전	9	1	0	0	10
	관군·의병 연합전	42	8	5	2	57

① 전체 전투 대비 일본측 공격 비율은 임진왜란 전기에 비해 임진왜란 후기가 낮다.

② 조선측 공격이 일본측 공격보다 많았던 해에는 항상 조선측 승리가 일본측 승리보다 많았다.

③ 전체 전투 대비 관군 단독전 비율은 1598년이 1592년의 2배 이상이다.

④ 1592년 조선이 관군·의병 연합전으로 거둔 승리는 그 해 조선측 승리의 30 % 이상이다.

⑤ 1598년에는 관군 단독전 중 조선측 승리인 경우가 있다.

다음 [표]는 A시와 B시의 민원접수 및 처리현황에 대한 자료이다. 이에 대한 설명으로 옳은 것은?

[표] A, B시의 민원접수 및 처리 현황 (단위: 건)

구분	민원접수	처리 상황		완료된 민원의 결과	
		미완료	완료	수용	기각
A시	19,699	( )	18,135	( )	3,773
B시	40,830	( )	32,049	23,637	( )

1) 접수된 민원의 처리 상황은 '미완료'와 '완료'로만 구분되며, 완료된 민원의 결과는 '수용'과 '기각'으로만 구분됨.

2) (수용비율)(%)=$\dfrac{(\text{수용건수})}{(\text{완료건수})}\times100$

① A시는 B시에 비해 '민원접수' 건수가 적고, 시민 1인당 '민원접수' 건수도 B시에 비해 적다.

② '수용' 건수는 B시가 A시에 비해 많고, 수용비율도 B시가 A시에 비해 높다.

③ '미완료' 건수는 B시가 A시의 5배를 넘지 않는다.

④ B시의 '민원접수' 건수 대비 '수용' 건수의 비율은 50 % 미만이다.

⑤ A시와 B시 각각의 '민원접수' 건수 대비 '미완료' 건수의 비율은 10 %p 이상 차이가 난다.

13

다음 [그래프]는 1986년, 1993년, 2000년, 2007년에 전 세계에 설치된 컴퓨팅기기의 연도별 정보처리능력용량을 나타낸 것이며, [표]는 각 조사연도의 컴퓨팅기기별 정보처리능력용량의 비율을 나타낸 것이다. 이에 대한 설명으로 옳은 것을 [보기]에서 모두 고르면?

[그래프] 컴퓨팅기기의 연도별 정보처리능력용량

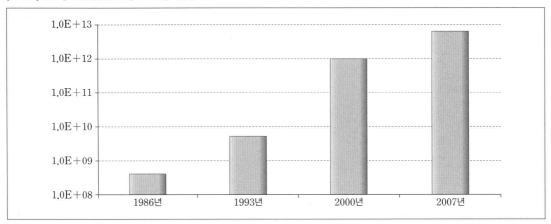

주) 1.0E+n은 1.0×10^n을 나타냄

[표] 컴퓨팅기기별 정보처리능력용량 비율 (단위: %)

종류 \ 연도	1986년	1993년	2000년	2007년
포켓계산기	41	6	0	0
슈퍼컴퓨터	0	0	0	0
서버/메인프레임	17	23	6	3
모바일폰/PDA	0	0	3	6
비디오게임기	9	6	5	25
PC	33	65	86	66
합계	100	100	100	100

┤보기├

ㄱ. 1993년과 2000년의 컴퓨팅기기 정보처리능력용량의 합은 2007년보다 크다.

ㄴ. 컴퓨팅기기의 2000년 정보처리능력용량은 1993년의 100배 이상이다.

ㄷ. 2000년 서버/메인프레임의 정보처리능력용량은 1993년에 비해 감소하였다.

ㄹ. 비디오게임기의 정보처리능력용량은 각 조사연도마다 지속적으로 증가하고 있다.

① ㄱ, ㄴ ② ㄱ, ㄷ ③ ㄱ, ㄹ

④ ㄴ, ㄷ ⑤ ㄴ, ㄹ

14

다음 [표]는 2013~2017년 중앙환경분쟁조정위원회에 신청한 환경분쟁사건에 관한 자료이다. 이에 대한 [보기]의 설명 중 옳은 것만을 모두 고르면?

[표 1] 환경분쟁신청 사건 및 처리결과 　(단위: 건)

항목 \ 연도		2017년	2016년	2015년	2014년	2013년
접수현황	계	( )	( )	( )	( )	259
	당년접수	315	285	254	224	167
	전년이월	( )	( )	( )	56	92
처리완료	계	160	162	201	237	191
	재정	139	127	190	186	164
	조정	3	8	7	11	5
	중재합의	18	27	4	40	22
알선종료		1	2	3	4	5
자진철회		28	23	3	29	7
처리 중(이월)		281	155	57	10	56

1) (당해 연도 총 접수건수)=(당년접수 건수)+(전년이월 건수)
　　　　　　　　　　　=(처리완료)+(알선종료)+(자진철회)+(처리 중(이월))

2) $(처리율)(\%)=\dfrac{(처리완료)}{(처리완료)+(처리 중)}\times100$

[표 2] 환경분쟁신청 처리완료 사건의 피해원인 현황 　(단위: 건)

구분	소음 및 진동		대기 오염	수질 오염	일조	기타
	공사장	교통 등				
2017년	100	31	3	7	9	10
2016년	115	10	8	4	23	2
2015년	141	23	3	2	20	12
2014년	168	43	5	1	18	2
2013년	130	20	8	7	24	2

―――| 보기 |―――

ㄱ. 환경분쟁신청 사건의 '당년접수' 건수는 매년 감소하고, '알선종료' 건수는 매년 증가한다.

ㄴ. 피해원인이 '일조'인 환경분쟁신청 처리완료 건수가 네 번째로 많은 해는 처리율도 가장 높다.

ㄷ. 2018년 환경분쟁신청 사건의 '당년접수' 건수가 전년과 동일하다면, 2018년 총 접수건수는 2015년에 비해 400건 이상 많다.

ㄹ. 2013~2016년 동안 피해원인이 '공사장의 소음 및 진동' 이외인 처리완료 사건 수는 매년 피해원인이 '공사장의 소음 및 진동'인 처리완료사건 수의 50 % 이하이다.

① ㄱ, ㄷ　　　　　　　② ㄱ, ㄹ　　　　　　　③ ㄴ, ㄷ
④ ㄴ, ㄹ　　　　　　　⑤ ㄴ, ㄷ, ㄹ

15

다음은 연령별 저축률에 대한 자료이다. 모든 연령대에서 2018년 저축률의 2016년 대비 증가율이 2016년 저축률의 2014년 대비 증가율과 동일하다면, 40대의 2018년 저축률로 올바른 것은?

[표] 연령별 저축률 현황

연령대	2012년		2014년		2016년	
	저축인원(명)	저축률(%)	저축인원(명)	저축률(%)	저축인원(명)	저축률(%)
30대 이하	68	68.2	117	81.1	99	69.9
40대	277	61.4	184	70.3	210	65.4
50대	538	54.9	383	58.6	383	54.4
60대	538	53.5	536	41.0	542	39.9
70대 이상	562	37.0	768	24.7	754	21.9

① 60.1 % ② 60.5 % ③ 60.8 %

④ 63.7 % ⑤ 64.5 %

16

2008년 5급공채 PSAT 자료해석 정책형 20번

다음 [표]는 행정업무용 물품의 조달단가와 구매 효용성을 나타낸 것이다. 20억 원 이내에서 구매예산을 집행한다고 할 때, 정량적 기대효과 총합의 최댓값은?

[표] 물품별 조달단가와 구매 효용성

구분 \ 물품	A	B	C	D	E	F	G	H
조달단가(억 원)	3	4	5	6	7	8	10	16
구매 효용성	1	0.5	1.8	2.5	1	1.75	1.9	2

1) (구매 효용성) $= \dfrac{(\text{정량적 기대효과})}{(\text{조달단가})}$

2) 각 물품은 구매하지 않거나, 1개만 구매 가능함.

① 35 ② 36 ③ 37 ④ 38 ⑤ 39

17

다음 [표]는 피트니스 클럽의 입장료 및 사우나 유무에 대한 선호도 조사 결과이다. [표]와 [산식]을 이용하여 이용객 선호도를 구할 때, 입장료와 사우나 유무의 조합 중 이용객 선호도가 세 번째로 큰 조합은?

[표 1] 입장료 선호도 조사 결과

입장료	선호도
5,000원	4.0점
10,000원	3.0점
20,000원	0.5점

[표 2] 사우나 유무 선호도 조사 결과

사우나	선호도
유	3.3점
무	1.7점

── 산식 ──

(이용객 선호도)＝(입장료 선호도)＋(사우나 유무 선호도)

	입장료	사우나 유무
①	5,000원	유
②	5,000원	무
③	10,000원	유
④	10,000원	무
⑤	20,000원	유

18

다음의 도표는 Y기업의 영업팀 A~D의 분기별 매출액과 분기별 매출액에서 영업팀 A~D의 매출액이 차지하는 비중이다. A~D 중 연매출액이 가장 많은 영업팀과 가장 적은 영업팀을 순서대로 짝지은 것은?

[그래프] Y기업의 영업팀 A~D의 분기별 매출액 (단위: 억 원)

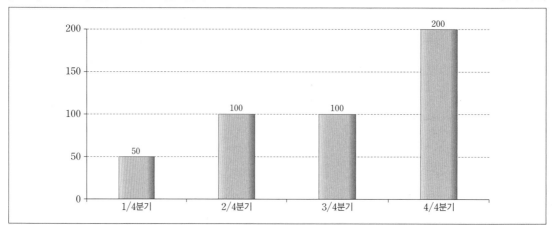

[표] 분기별 매출액의 영업팀별 비중 (단위: %)

영업팀	1/4분기	2/4분기	3/4분기	4/4분기
A	10	10	30	15
B	20	20	20	40
C	30	20	25	15
D	40	50	25	30
합계	100	100	100	100

① A, B 　　② D, C 　　③ B, D

④ D, A 　　⑤ B, C

19

2016년 민경채 PSAT 자료해석 5책형 6번

다음 [표]는 2013~2016년 '갑' 기업 사원 A~D의 연봉 및 성과평가등급별 연봉인상률에 대한 자료이다. 이에 대한 [보기]의 설명으로 옳은 것만을 모두 고르면?

[표 1] '갑' 기업 사원 A~D의 연봉

(단위: 천 원)

사원 \ 연도	2013년	2014년	2015년	2016년
A	24,000	28,800	34,560	38,016
B	25,000	25,000	26,250	28,875
C	24,000	25,200	27,720	33,264
D	25,000	27,500	27,500	30,250

[표 2] '갑' 기업의 성과평가등급별 연봉인상률

(단위: %)

성과평가등급	I	II	III	IV
연봉인상률	20	10	5	0

1) 성과평가는 해당연도 연말에 1회만 실시하며, 각 사원은 I, II, III, IV 중 하나의 성과평가등급을 받음.
2) 성과평가등급을 높은 것부터 순서대로 나열하면 I, II, III, IV의 순임.
3) (당해 연도 연봉)=(전년도 연봉)×(1+(전년도 성과평가등급에 따른 연봉인상률))

┤보기├

ㄱ. 2013년 성과평가등급이 높은 사원부터 순서대로 나열하면 D, A, C, B이다.

ㄴ. 2015년에 A와 B는 동일한 성과평가등급을 받았다.

ㄷ. 2013~2015년 동안 C는 성과평가에서 I등급을 받은 적이 있다.

ㄹ. 2013~2015년 동안 D는 성과평가에서 III등급을 받은 적이 있다.

① ㄱ, ㄴ   ② ㄱ, ㄷ   ③ ㄱ, ㄹ

④ ㄴ, ㄷ   ⑤ ㄴ, ㄹ

CH 02

자료해석 70제

PART 3 NCS 실전 100제 **365**

20

다음은 신재생에너지 공급량의 추이와 관련된 자료이다. 이 자료를 바탕으로 할 때, 바이오 분야 신재생에너지 공급량의 전년 대비 증가율이 가장 큰 해는 언제인가?

[표] 신재생에너지 공급량 (단위: 천 TOE)

구분	2007년	2008년	2009년	2010년	2011년	2012년	2013년	2014년	2015년
총 공급량	5,608.8	5,858.4	6,086.2	6,856.3	7,582.8	8,850.7	9,879.2	11,537.4	13,293.0
태양열	29.4	28.0	30.7	29.3	27.4	26.3	27.8	28.5	28.0
태양광	15.3	61.1	121.7	166.2	197.2	237.5	344.5	547.4	849.0
바이오	370.2	426.8	580.4	754.6	963.4	1,334.7	1,558.5	2,822.0	2,766.0
폐기물	4,319.3	4,568.6	4,558.1	4,862.3	5,121.5	5,998.5	6,502.4	6,904.7	8,436.0
수력	780.9	660.1	606.6	792.3	965.4	814.9	892.2	581.2	454.0
풍력	80.8	93.7	147.4	175.6	185.5	192.7	242.4	241.8	283.0
지열	11.1	15.7	22.1	33.4	47.8	65.3	87.0	108.5	135.0
수소·연료전지	1.8	4.4	19.2	42.3	63.3	82.5	122.4	199.4	230.0
해양	—	—	—	0.2	11.2	98.3	102.1	103.8	105.0

① 2009년   ② 2010년   ③ 2011년

④ 2012년   ⑤ 2014년

21

다음 [표]는 '갑'가게의 생선 구매실적에 대한 자료이고, [자료]는 1마리당 구입비용 및 생선을 세는 단위에 관한 자료이다. [표]와 [자료]를 근거로 할 때, 1마리당 구입비용이 가장 높은 생선과 가장 낮은 생선 종류는?

[표] '갑'가게의 생선 구매실적

생선 종류	구매량	운반비(원)	구매가격(원)
고등어	45손 10미	20,000	80,000
굴비	9갓 4손	10,000	100,000
오징어	6촉 8미	12,000	60,000
조기	11뭇 3손	10,000	90,000
북어	7쾌 1뭇 4손	15,000	110,000

┤조건├

- $(1마리당\ 구입비용) = \dfrac{(운반비) + (구매가격)}{(생선구매\ 마리\ 수)}$

- 단위별 의미

단위	유래 및 적용 생선종류	의미
미	생선의 꼬리를 의미, 생선	1마리
손	한 손에 잡을만한 분량, 생선	2마리
갓	굴비	10마리
뭇	생선	10마리
두름	생선	20마리
촉	오징어	20마리
쾌	북어	20마리

	가장 높은 생선	가장 낮은 생선
①	고등어	굴비
②	고등어	오징어
③	굴비	오징어
④	굴비	조기
⑤	굴비	북어

22

다음 [표]는 11월 둘째 주 A 부대의 부식 지급내역 및 부식 품목별 단가이다. 부식 지급을 위해 A 부대가 지출한 금액이 큰 요일부터 순서대로 나열한 것은?

[표 1] 11월 둘째 주 A부대의 부식 지급내역   (단위: 명)

항목		요일	월	화	수	목	금
인원	병사	102명	○	○	○	×	×
	부사관	49명	○	×	×	○	○
	장교	26명	○	×	○	○	×
지급 품목			과일주스	수박	우유	초코바	송편

※ [표]의 ○ 표시는 해당 요일에 해당 인원들에게 부식을 각각 1개씩 지급하였음을 나타내며, × 표시는 부식을 지급하지 않았음을 나타냄.

[표 2] 부식 품목별 단가   (단위: 원)

품목	과일주스	수박	초코바	우유	송편
단가	330	650	1,000	600	1,100

① 화 – 목 – 수 – 금 – 월
② 수 – 목 – 월 – 화 – 금
③ 수 – 목 – 화 – 월 – 금
④ 목 – 수 – 금 – 월 – 화
⑤ 목 – 수 – 화 – 월 – 금

23

다음 [표]는 2013년과 2016년에 A~D 국가 전체 인구를 대상으로 통신 가입자 현황을 조사한 자료이다. 이에 대한 설명으로 옳은 것은?

[표] 국가별 2013년과 2016년 통신 가입자 현황

(단위: 만 명)

연도 구분 국가	2013년				2016년			
	유선 통신 가입자	무선 통신 가입자	유·무선 통신 동시 가입자	미가입자	유선 통신 가입자	무선 통신 가입자	유·무선 통신 동시 가입자	미가입자
A	( )	4,100	700	200	1,600	5,700	400	100
B	1,900	3,000	300	400	1,400	( )	100	200
C	3,200	7,700	( )	700	3,000	5,500	1,100	400
D	1,100	1,300	500	100	1,100	2,500	800	( )

※ 유·무선 통신 동시 가입자는 유선 통신 가입자와 무선 통신 가입자에도 포함됨.

① A국의 2013년 인구 100명당 유선 통신 가입자가 40명이라면, 유선 통신 가입자는 2,200만 명이다.

② B국의 2013년 대비 2016년 무선 통신 가입자 수의 비율이 1.5라면, 2016년 무선 통신 가입자는 5,000만 명이다.

③ C국의 2013년 인구 100명당 무선 통신 가입자가 77명이라면, 유·무선 통신 동시 가입자는 1,600만 명이다.

④ D국의 2013년 대비 2016년 인구 비율이 1.5라면, 2016년 미가입자는 100만 명이다.

⑤ 2013년 유선 통신만 가입한 인구는 B국이 D국의 3배 이상이다.

24

다음 [그림]과 [표]는 '갑'시에서 '을'시로의 이동에 대한 자료이다. 이 자료와 다음 [계산식]을 적용할 때, 이동방법 A, B, C 중 이동비용이 적은 것부터 순서대로 나열하면?

[그림] '갑' → '을' 이동방법 A, B, C의 경로

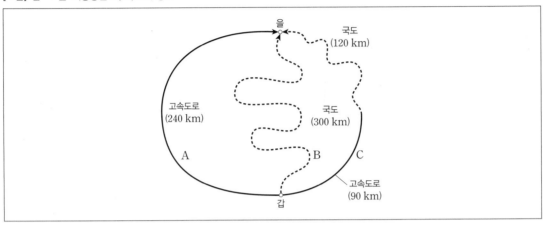

[표] '갑' → '을' 이동방법별 주행 관련 정보

구분 \ 이동방법 \ 이용도로	A 고속도로	B 국도	C 고속도로	C 국도
거리(km)	240	300	90	120
평균속력(km/시간)	120	60	90	60
주행시간(시간)	2.0	( )	1.0	( )
평균연비(km/L)	12	15	12	15
연료소비량(L)	( )	20.0	7.5	( )
휴식시간(시간)	1.0	1.5	0.5	0.5
통행료(원)	8,000	0	5,000	0

─── 계산식 ───

- (이동비용)=(시간가치)+(연료비)+(통행료)
- (시간가치)=(소요시간(시간))×1,500(원/시간)
- (소요시간)=(주행시간)+(휴식시간)
- (연료비)=(연료소비량(L))×1,500(원/L)

① A, B, C   ② B, A, C   ③ B, C, A

④ C, A, B   ⑤ C, B, A

25

다음 [표]는 '갑', '을' 기업의 부가가치세 결의서이다. 이에 대한 설명으로 옳지 <u>않은</u> 것은?

[표 1] '갑' 기업의 부가가치세 결의서

(단위: 천 원)

구분 \ 연도	2014년	2015년	전년 대비 증가액
과세표준	150,000	( )	20,000
매출세액(a)	15,000	( )	2,000
매입세액(b)	7,000	( )	0
납부예정세액(c) (=a−b)	8,000	( )	( )
경감·공제세액(d)	0	( )	0
기납부세액(e)	1,500	( )	2,000
확정세액(=c−d−e)	6,500	( )	( )

[표 2] '을' 기업의 부가가치세 결의서

(단위: 천 원)

구분 \ 연도	2014년	2015년	전년 대비 증가액
과세표준	190,000	130,000	−60,000
매출세액(a)	19,000	13,000	−6,000
매입세액(b)	14,000	16,000	2,000
납부예정세액(c) (=a−b)	5,000	( )	−8,000
경감·공제세액(d)	4,000	0	−4,000
기납부세액(e)	0	0	0
확정세액 (=c−d−e)	1,000	( )	−4,000

1) 확정세액이 음수이면 환급받고, 양수이면 납부함.
2) (매출세액)=(과세표준)×(매출세율)

① 2014년과 2015년 매출세율은 10 %이다.

② '갑' 기업의 확정세액은 2014년에 비해 2015년에 증가하였다.

③ 2015년 '을' 기업은 300만 원을 환급받는다.

④ '갑' 기업의 납부예정세액은 2014년에 비해 2015년에 20 % 이상 증가하였다.

⑤ 2015년 매출세율이 15 %라면, 2015년 '갑' 기업의 확정세액은 '을' 기업의 4배 이상이다.

[표 1] 설문지 회수 현황

기관 \ 항목	배포(부)	회수(부)	회수율(%)
갑	240	198	( )
을	195	( )	63.6
병	106	( )	67.9
정	130	100	( )
무	236	118	( )

[표 2] ㉠에서 회수된 설문지 응답자 현황

기관	구분		빈도(명)	비율(%)
㉠	부서	부서 A	24	19.4
		부서 B	ⓐ	36.3
		부서 C	( )	16.9
		부서 D	( )	27.4
	성별	남자	56	( )
		여자	( )	ⓑ
	연령	21세~30세	41	( )
		31세~40세	48	38.7
		41세~50세	27	( )
		51세 이상	ⓒ	ⓓ

26

다음 중 회수율이 가장 높은 기관의 설문지 미회수 수량은 몇 부인가? (단, 부수는 소수점 첫째 자리에서, 회수율은 소수점 둘째 자리에서 반올림한다.)

① 30부   ② 34부   ③ 42부   ④ 71부   ⑤ 118부

27

다음 중 ㉠에 해당하는 기관으로 적합한 것은?

① 갑   ② 을   ③ 병   ④ 정   ⑤ 무

28

다음 중 옳지 <u>않은</u> 것은? (단, 빈도는 소수점 셋째 자리에서, 비율은 소수점 둘째 자리에서 반올림한다.)

① $ⓐ+ⓒ<ⓑ+ⓓ$ ② $ⓐ+ⓒ+ⓓ=ⓑ+4.7$ ③ $ⓑ>ⓒ×ⓓ>ⓐ$

④ $ⓑ÷ⓒ>ⓓ$ ⑤ $68-ⓑ<(ⓒ-ⓓ)×7$

[29~30] 다음 [표]는 연도별 A 도시의 교통사고로 인한 사망자 및 부상자에 대한 자료이다. 이어지는 질문에 답하시오.

[표] A 도시의 교통사고로 인한 사망자 및 부상자 현황 (단위: 명)

구분	2013년	2014년	2015년	2016년	2017년
사망자 수	640	( )	590	( )	437
부상자 수	1,420	( )	1,544	( )	1,332
소계	2,060	( )	2,134	( )	1,769

※ (인명피해 수)=(사망자 수)+(부상자 수)

29

2014년 교통사고로 인한 사망자 수는 전년 대비 10 % 감소하고, 2014년 교통사고로 인한 부상자 수는 전년 대비 10 % 증가하였을 때, 다음 중 2014년 교통사고로 인한 인명피해 수는?

① 1,912명 ② 1,978명 ③ 2,018명
④ 2,138명 ⑤ 2,158명

30

2016년 교통사고로 인한 사망자 수는 전년 대비 10 % 감소하고, 2017년 교통사고로 인한 부상자 수는 전년 대비 20 % 증가하였을 때, 다음 중 2016년 교통사고로 인한 인명피해 수는?

① 1,581명 ② 1,641명 ③ 1,681명
④ 1,761명 ⑤ 1,899명

31

다음 도표는 전국과 서울 및 6대 광역시의 경제활동 참가율 및 고용률에 대한 자료이다. 6대 광역시 중 여성 고용률이 전국보다 높고 서울보다 낮은 도시를 바르게 나열한 것은?

[표] 전국·서울의 경제활동 참가율 및 고용률 현황 (단위: %)

지역	성별	경제활동 참가율	고용률
전국	남성	73.0	70.1
	여성	49.4	47.8
서울	남성	73.0	69.1
	여성	51.2	49.2

[그래프] 6대 광역시 경제활동 참가율 및 고용률 현황 (단위: %)

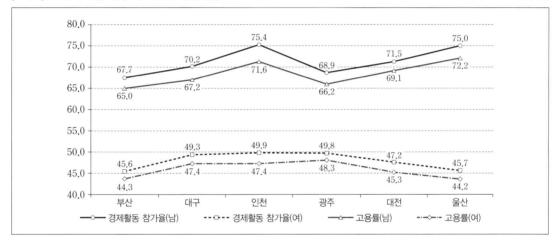

① 인천 　　② 광주 　　③ 인천, 광주

④ 부산, 울산 　　⑤ 대구, 대전

32

다음 [표]는 2015년 9개 국가의 실질세부담률에 관한 자료이다. [표]와 [조건]에 근거하여 A~D에 해당하는 국가를 바르게 나열한 것은?

[표] 2015년 국가별 실질세부담률

구분 국가	독신 가구 실질세부담률(%)			다자녀 가구 실질세부담률(%)	독신 가구와 다자녀 가구의 실질세부담률 차이(%p)
		2005년 대비 증감(%p)	전년 대비 증감(%p)		
A	55.3	−0.20	−0.28	40.5	14.8
일본	32.2	4.49	0.26	26.8	5.4
B	39.0	−2.00	−1.27	38.1	0.9
C	42.1	5.26	0.86	30.7	11.4
한국	21.9	4.59	0.19	19.6	2.3
D	31.6	−0.23	0.05	18.8	12.8
멕시코	19.7	4.98	0.20	19.7	0.0
E	39.6	0.59	−1.16	33.8	5.8
덴마크	36.4	−2.36	0.21	26.0	10.4

┤ 조건 ├

- 2015년 독신 가구와 다자녀 가구의 실질세부담률 차이가 덴마크보다 큰 국가는 캐나다, 벨기에, 포르투갈이다.
- 2015년 독신 가구 실질세부담률이 전년 대비 감소한 국가는 벨기에, 그리스, 스페인이다.
- 스페인의 2015년 독신 가구 실질세부담률은 그리스의 2015년 독신 가구 실질세부담률보다 높다.
- 2005년 대비 2015년 독신 가구 실질세부담률이 가장 큰 폭으로 증가한 국가는 포르투갈이다.

	A	B	C	D
①	벨기에	그리스	포르투갈	캐나다
②	벨기에	스페인	캐나다	포르투갈
③	벨기에	스페인	포르투갈	캐나다
④	캐나다	그리스	스페인	포르투갈
⑤	캐나다	스페인	포르투갈	벨기에

33

다음 [표]와 [정보]는 2014년 1월 전국 4개 도시에 각각 위치한 '갑' 회사의 공장(A~D)별 실제 가동시간과 가능 가동시간에 관한 자료이다. 이에 근거하여 공장 A와 D가 위치한 도시를 바르게 나열한 것은?

[표] 공장별 실제 가동시간 및 가능 가동시간

(단위: 시간)

구분 \ 공장	A	B	C	D
실제 가동시간	300	150	250	300
가능 가동시간	400	200	300	500

※ (실가동률)(%) $= \dfrac{(실제\ 가동시간)}{(가능\ 가동시간)} \times 100$

┤ 정보 ├

• 광주와 인천 공장의 가능 가동시간 합은 서울과 부산 공장의 가능 가동시간 합보다 크다.
• 부산과 광주 공장의 실제 가동시간 합은 서울과 인천 공장의 실제 가동시간 합보다 작다.
• 서울과 부산 공장의 실가동률은 같다.
• 인천 공장의 가능 가동시간이 가장 길다.

	A가 위치한 도시	D가 위치한 도시
①	서울	부산
②	서울	인천
③	부산	인천
④	부산	광주
⑤	광주	인천

34

다음 [표]는 2012년부터 2016년까지 산업별 경기전망지수에 대한 자료이다. 주어진 [조건]에 근거할 때, A~D를 바르게 짝지은 것은?

[표] 산업별 경기전망지수 (단위: 점)

산업	2012년	2013년	2014년	2015년	2016년
A	45.8	48.9	52.2	52.5	54.4
B	37.2	39.8	38.7	41.9	46.3
도소매업	38.7	41.4	38.3	41.7	46.2
C	36.1	40.6	44.0	37.1	39.7
D	39.3	41.1	40.2	44.9	48.7

┤조건├

- 2012년 대비 2016년 경기전망지수 증가폭 상위 2개 산업은 해운업과 보건업이다.
- 2013년 경기전망지수의 전년 대비 증가율은 해운업이 가장 낮다.
- 2014년 경기전망지수가 전년 대비 증가한 것은 제조업과 조선업이고, 전년 대비 감소한 것은 도소매업, 해운업, 보건업이다.
- 제조업의 경기전망지수는 매년 가장 높다.

	A	B	C	D
①	제조업	해운업	조선업	보건업
②	조선업	해운업	제조업	보건업
③	제조업	보건업	조선업	해운업
④	조선업	보건업	제조업	해운업
⑤	해운업	제조업	조선업	보건업

35

아래의 글은 신규 투자액 및 유지보수에 대한 보고서 내용의 일부이다. 이 내용을 바탕으로 할 때, 다음 중 옳은 것은?

2017년 기준 신규 투자액은 평균 4,458만 원으로 나타났으며, 유지보수 비용으로 평균 3,178만 원을 사용한 것으로 나타났다. 반면, 2018년 예상 투자액의 경우 신규 투자액은 1,234만 원 감소한 (A)원으로 예상하였으며, 유지보수 비용의 경우 23만 원 증가한 (B)원으로 예상하고 있다.

① 2018년 항목별 전년 대비 증가폭

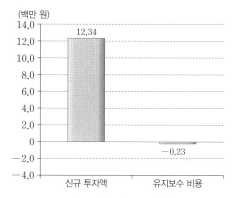

② 신규 투자액과 유지보수 평균 비용의 합

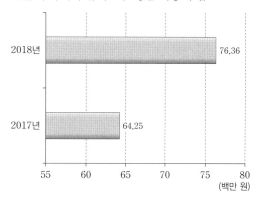

③ 2017~2018년 동안 신규 투자액 및 유지보수 비용의 총합

신규 투자액	유지보수 비용
7,682만 원	6,379만 원

④ 2018년 신규 투자액과 유지보수 비용 현황

신규 투자액	유지보수 비용
3,214만 원	3,201만 원

⑤ 2018년 항목별 전년 대비 증가율

신규 투자액	유지보수 비용
−27.7 %	+7.2 %

36

다음 [그래프]는 2013~2017년 '갑'기업의 '가', '나' 사업장의 연간 매출액에 대한 자료이고, [보고서]는 2018년 '갑'기업의 '가', '나' 사업장의 직원 증원에 대한 내부 검토 내용이다. 주어진 자료를 근거로 할 때, 2018년 '가', '나' 사업장의 증원인원별 연간 매출액을 추정한 결과로 옳은 것은?

[그래프] 2013~2017년 '갑'기업 사업장별 연간 매출액

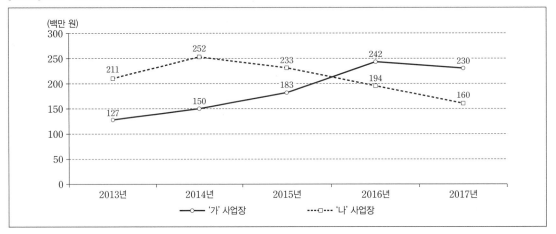

┤보고서├

• 2018년 '가', '나' 사업장은 각각 0~3명의 직원을 증원할 계획임.

• 추정 결과, 직원을 증원하지 않을 경우 '가', '나' 사업장의 2017년 대비 2018년 매출액 증감률은 각각 10 % 이하일 것으로 예상됨.

• 직원 증원이 없을 때와 직원 3명을 증원할 때의 2018년 매출액 차이는 '나' 사업장이 '가' 사업장보다 클 것으로 추정됨.

• '나' 사업장이 2013~2017년 중 최대 매출액을 기록했던 2014년보다 큰 매출액을 기록하기 위해서는 2018년에 최소 2명의 직원을 증원해야 함.

①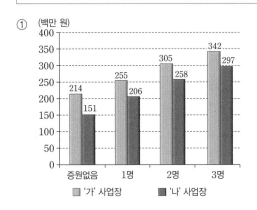

②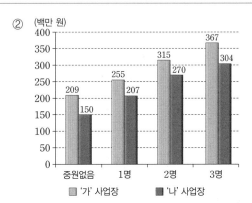

③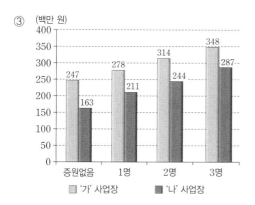

④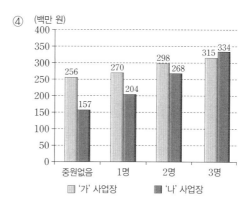

⑤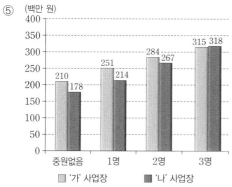

다음 [보고서]는 1995년과 2007년 도시근로자가구당 월평균 소비지출액 및 교통비지출액 현황에 대한 자료이다. 이 자료의 내용과 부합하지 않는 것은?

┤ 보고서 ├

- 도시근로자가구당 월평균 소비지출액은 1995년 1,231천 원에서 2007년 2,349천 원으로 증가하였다.
- 도시근로자가구당 월평균 교통비지출액은 1995년 120.3천 원에서 2007년 282.4천 원으로 증가하였다.
- 도시근로자가구당 월평균 교통비지출액 비중이 큰 세부항목부터 순서대로 나열하면, 1995년에는 자동차구입(29.9 %), 연료비(21.9 %), 버스(18.3 %), 보험료(7.9 %), 택시(7.1 %)의 순이었으나, 2007년에는 연료비(39.0 %), 자동차구입(23.3 %), 버스(12.0 %), 보험료(6.2 %), 정비 및 수리비(3.7 %)의 순으로 변동되었다.
- 사무직 도시근로자가구당 월평균 교통비지출액은 1995년 151.8천 원에서 2007년 341.4천 원으로 증가하였으며, 생산직 도시근로자가구당 월평균 교통비지출액은 1995년 96.3천 원에서 2007년 233.1천 원으로 증가하였다.
- 1995년과 2007년 도시근로자가구당 월평균 교통비지출액 비중의 차이는 소득 10분위가 소득 1분위보다 작다.

① 소득분위별 도시근로자가구당 월평균 교통비지출액 현황 (단위: 천 원, %)

소득 분위	소비지출액 (A)		교통비지출액 (B)		교통비지출액 비중($\frac{B}{A} \times 100$)	
	1995년	2007년	1995년	2007년	1995년	2007년
1분위	655.5	1,124.8	46.1	97.6	7.0	8.7
2분위	827.3	1,450.6	64.8	149.2	7.8	10.3
3분위	931.1	1,703.2	81.4	195.8	8.7	11.5
4분위	1,028.0	1,878.7	91.8	210.0	8.9	11.2
5분위	1,107.7	2,203.2	108.4	285.0	9.8	12.9
6분위	1,191.8	2,357.9	114.3	279.3	9.6	11.8
7분위	1,275.0	2,567.6	121.6	289.1	9.5	11.3
8분위	1,441.4	2,768.8	166.1	328.8	11.5	11.9
9분위	1,640.0	3,167.2	181.4	366.4	11.1	11.6
10분위	2,207.0	4,263.7	226.7	622.5	10.3	14.6

② 세부항목별 도시근로자가구당 월평균 교통비지출액 현황 (단위: 원, %)

세부 항목	1995년		2007년	
	지출액	비중	지출액	비중
버스	22,031	18.3	33,945	12.0
지하철 및 전철	3,101	2.6	9,859	3.5
택시	8,562	7.1	9,419	3.3
기차	2,195	1.8	2,989	1.1
자동차임차료	212	0.2	346	0.1
화물운송료	1,013	0.8	3,951	1.4
항공	1,410	1.2	4,212	1.5
기타공공교통	97	0.1	419	0.1
자동차구입	35,923	29.9	65,895	23.3
오토바이구입	581	0.5	569	0.2
자전거구입	431	0.4	697	0.3
부품 및 관련용품구입	1,033	0.9	4,417	1.6
연료비	26,338	21.9	110,150	39.0
정비 및 수리비	5,745	4.8	10,478	3.7
보험료	9,560	7.9	17,357	6.2
주차료	863	0.7	1,764	0.6
통행료	868	0.7	4,025	1.4
기타개인교통	310	0.2	1,902	0.7

③ 도시근로자가구당 월평균 교통비지출액 현황

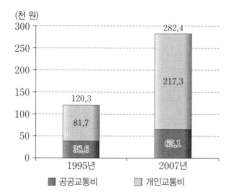

(천 원)

■ 공공교통비　□ 개인교통비

④ 직업형태별 도시근로자가구당 월평균 교통비
지출액 현황

(단위: 천 원)

직업 형태		1995년	2000년	2005년	2006년	2007년
사무직	공공	39.8	54.1	62.5	64.4	67.0
	개인	112.0	190.5	240.9	254.1	274.4
	소계	151.8	244.6	303.4	318.5	341.4
생산직	공공	37.7	52.3	61.5	61.7	63.6
	개인	58.6	98.6	124.1	147.2	169.5
	소계	96.3	150.9	185.6	208.9	233.1

⑤ 연도별 도시근로자가구당 월평균 소비지출액
현황

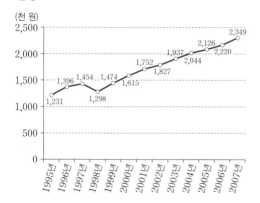

(천 원)

38

다음 [표]는 2022년 수도권 3개 지역 간 화물 유동량에 대한 자료이다. 이를 이용하여 작성한 그래프으로 옳지 <u>않은</u> 것은?

[표] 2022년 수도권 3개 지역 간 화물 유동량
(단위: 백만 톤)

출발 지역＼도착 지역	서울	인천	경기	합
서울	59.6	8.5	0.6	68.7
인천	30.3	55.3	0.7	86.3
경기	78.4	23.0	3.2	104.6
합계	168.3	86.8	4.5	-

※ 수도권 외부와의 화물 이동은 고려하지 않음.

① 수도권 출발 지역별 경기 도착 화물 유동량
(단위: 백만 톤)

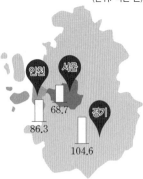

② 수도권 3개 지역별 도착 화물 유동량
(단위: 백만 톤)

③ 수도권 3개 지역의 상호 간 화물 유동량
(단위: 백만 톤)

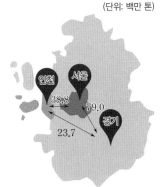

※ '상호 간 화물 유동량'은 두 지역 간 출발 화물 유동량과 도착 화물 유동량의 합임.

④ 수도권 3개 지역별 출발 화물 유동량
(단위: 백만 톤)

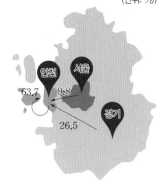

⑤ 인천 도착 화물 유동량의 수도권 출발 지역별 비중
(단위: %)

다음 [표]는 2013~2016년 기관별 R&D 과제 건수와 비율에 관한 자료이다. [표]를 이용하여 작성한 그래프로 옳지 <u>않은</u> 것은?

[표] 2013~2016년 기관별 R&D 과제 건수와 비율

(단위: 건, %)

기관 \ 연도 \ 구분	2013년		2014년		2015년		2016년	
	과제 건수	비율	과제 건수	비율	과제 건수	비율	과제 건수	비율
기업	31	13.5	80	9.4	93	7.6	91	8.5
대학	47	20.4	423	49.7	626	51.4	526	49.3
정부	141	61.3	330	38.8	486	39.9	419	39.2
기타	11	4.8	18	2.1	13	1.1	32	3.0
전체	230	100.0	851	100.0	1,218	100.0	1,068	100.0

① 연도별 기업 및 대학 R&D 과제 건수

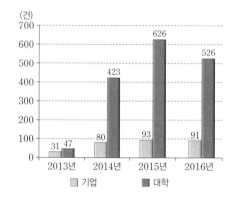

② 연도별 정부 및 전체 R&D 과제 건수

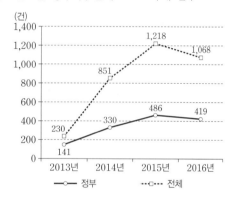

③ 2016년 기관별 R&D 과제 건수 구성비

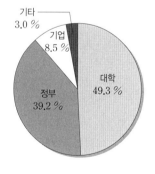

④ 전체 R&D 과제 건수의 전년 대비 증가율

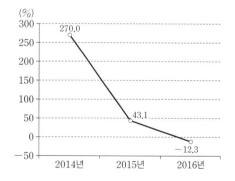

⑤ 연도별 기업 및 정부 R&D 과제 건수의 전년 대비 증가율

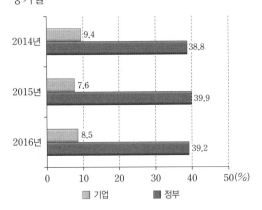

40

아래의 [보고서]는 2016년 모바일 결제 서비스 이용행태를 조사한 자료이다. 다음 중 [보고서]의 내용과 부합하지 <u>않는</u> 것은?

───┤ 보고서 ├───

　전체 응답자 중 2016년 모바일 결제 서비스 이용자는 660명, 모바일 결제 서비스 비이용자는 1,840명이었다. 각 응답자는 모든 문항에 응답하였다. 모바일 결제 서비스 이용자의 연령대별 비율을 살펴본 결과, 가장 높은 비율을 차지하는 연령대의 비율과 가장 낮은 비율을 차지하는 연령대의 비율 차이는 27.6 %p이다. 그리고 모바일 결제 서비스 비이용자 중 50대 이상의 비율이 49.1 %이다.

　2016년 모바일 결제 서비스 이용자의 최초 이용시점을 살펴본 결과, 이용자 중 최근 6개월 이내에 최초로 서비스를 이용한 사람은 160명 이상이다. 한편 이용자 중 최초 이용 시점이 2년을 초과하는 사람의 비율이 22.7 %로, 전년 대비 8.3 %p 증가하여 서비스가 점진적으로 정착되고 있다는 것을 알 수 있다. 모바일 결제 서비스 이용자의 이용시작 계기를 응답 비율이 높은 것부터 순서대로 나열하면, '모바일폰 구입', '이용방법 습득', '프로모션 혜택', '기존 방식의 불편함', '단순 호기심', '가맹점 확산' 순이다. 특히 '모바일폰 구입'으로 응답한 사람의 수는 230명 이상이다.

　모바일 결제서비스 이용자의 직업별 서비스 이용 빈도를 조사한 결과, 학생을 제외한 모든 직업군에서 '월 1~3회' 이용한다는 응답 비율이 가장 높았으며, 특히 무직/기타 직업군에서는 '월 1~3회'가 절반 이상을 차지하였다.

　한편, 모바일 결제 비이용자의 모바일 결제 비이용 이유를 살펴본 결과, '안전장치 불신'을 선택한 사람은 500명 이상인 것으로 나타났다. 또한 '인터넷 사용미숙'과 '개인정보 유출' 모두를 선택한 비이용자의 비율은 69.5 %로 나타났다.

① 2016년 연령대별 모바일 결제 서비스 이용자와 비이용자 (단위: %)

연령대	비율	모바일 결제 서비스 이용자	모바일 결제 서비스 비이용자
20대	19.1	24.3	17.2
30대	19.8	31.4	15.7
40대	20.4	27.1	18.0
50대	20.5	13.4	23.0
60대 이상	20.2	3.8	26.1
합계	100.0	100.0	100.0

② 모바일 결제 서비스 이용자의 최초 이용 시점 구성비

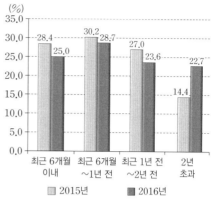

③ 모바일 결제 서비스 이용자의 이용시작 계기

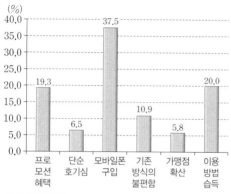

※ 복수응답 없음.

④ 모바일 결제 서비스 이용자의 직업별 서비스 이용 빈도 (단위: %)

이용 빈도 / 직업	주 5회 이상	주 3~4회	주 1~2회	월 1~3회	월 1회 미만
전문/관리직	11.5	9.7	18.9	40.3	19.6
사무직	5.0	12.6	24.1	36.2	22.1
서비스/생산직	5.6	13.7	21.3	42.2	17.2
학생	0.2	0.2	3.8	15.5	80.3
주부	8.5	10.3	24.2	36.7	20.3
무직/기타	1.7	1.7	40.1	56.3	0.2

⑤ 모바일 결제 비이용자의 비이용 이유

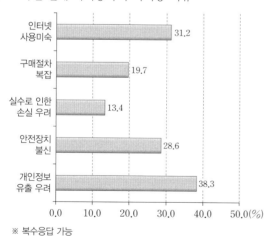

※ 복수응답 가능

41

다음 [표]는 ○○시험의 문제 배점과 문항 수 및 수험생 갑, 을, 병, 정, 무의 시험 성적에 대한 정보이다. 이에 대한 [보기]의 설명 중 옳은 것을 모두 고르면?

[표 1] ○○시험 문제 수 및 배점 기준 (단위: 개)

배점	2점	3점	7점	9점
문항 수	6	5	4	5
총점				100점

[표 2] 갑, 을, 병, 정, 무의 ○○시험 성적

문제 번호	배점	갑	을	병	정	무
01	2	○	○	○	○	○
02	2	○	○	○	○	○
03	2	○	○	○	○	○
04	2	○	○	○	○	○
05	2	×	×	×	×	○
06	2	×	○	×	×	○
07	3	×	×	×	○	○
08	3	○	○	○	○	○
09	3	○	○	○	○	○
10	3	×	○	×	×	○
11	3	×	○	×	×	○
12	7	×	○	×	○	○
13	7	○	○	○	○	○
14	7	○	○	○	○	○
15	7	○	×	×	×	○
16	9	○	○	○	×	○
17	9	○	×	○	○	○
18	9	○	○	○	○	○
19	9	○	○	○	○	○
20	9	×	×	○	×	○
총점(점)		( )	( )	( )	( )	( )

―― 보기 ――

ㄱ. 맞은 개수가 14개일 때 얻을 수 있는 가장 낮은 점수와 가장 높은 점수의 차이는 40점이다.

ㄴ. 갑, 을, 병, 정, 무의 ○○시험 총점의 합은 450점을 초과한다.

ㄷ. 갑과 을의 ○○시험 총점의 합은 병과 정 총점의 합보다 7점 이상 낮다.

ㄹ. 을의 ○○시험 총점은 정의 총점보다 5점 높다.

① ㄱ, ㄴ   ② ㄱ, ㄷ   ③ ㄱ, ㄹ   ④ ㄴ, ㄹ   ⑤ ㄷ, ㄹ

42

다음 [표]는 2019~2020년 '갑'~'무' 지역의 국적별 주민 수 현황에 관한 자료이다. 이에 대한 설명으로 옳지 <u>않은</u> 것은?

[표 1] 2019년 '갑'~'무' 지역의 국적별 주민 수 현황 (단위: 명)

지역	내국인	외국인							합계
		미국	중국	영국	독일	베트남	인도	기타	
갑	15,875	352	2,654	24	25	24	254	35	19,243
을	59,394	1,685	213	24	0	0	0	21	61,337
병	31,547	24	314	351	45	818	123	5	33,227
정	6,871	824	361	4	5	23	254	2	8,344
무	38,914	2,156	8,542	841	41	999	23	13	51,529

[표 2] 2020년 '갑'~'무' 지역의 국적별 주민 수 현황 (단위: 명)

지역	내국인	외국인							합계
		미국	중국	영국	독일	베트남	인도	기타	
갑	16,584	456	2,599	22	35	125	309	35	20,165
을	52,345	1,754	188	35	254	25	18	21	54,640
병	28,457	16	284	177	32	384	67	5	29,422
정	8,654	1,232	485	5	7	31	325	2	10,741
무	36,451	1,854	5,324	694	30	986	45	13	45,397

※ 1) 전 세계 국가 수는 매년 249개이다.
　　2) 해당 지역 주민 중 이중국적자, 무국적자는 매년 없음.

① 2019년 '갑' 지역 외국인 주민 중 '기타' 외국인의 국적이 모두 다르다면, '갑' 지역 국적 종류 수는 전 세계 국가 수의 15 % 이상이다.

② '병' 지역 주민 중 프랑스 국적과 호주 국적 외국인의 합이 매년 4명이라면, 2020년 '병' 지역 주민의 국적 종류는 2019년과 같다.

③ 2019년 지역 주민 중 외국 국적 주민의 비중은 '병' 지역이 '정' 지역보다 낮다.

④ 2019년 중국 국적 주민 수가 가장 많은 지역은 2020년 중국 국적 주민 수도 가장 많다.

⑤ '갑'~'무' 지역 주민 수의 합은 2019년이 2020년보다 많다.

43

다음 [표]는 시음 전·후 좋아하는 음료 선택에 대한 자료이다. 전체 인원 중 $\frac{1}{3}$이 시음 전·후 좋아하는 음료가 같다고 할 때, 이에 대한 [보기]의 설명 중 옳은 것만을 모두 고르면?

[표] 시음 전·후 좋아하는 음료 선택   (단위: 명)

전 \ 후	A	B	C	D	E	합계
A	58	( )	28	25	38	173
B	( )	43	17	21	18	124
C	28	24	57	29	45	( )
D	14	11	14	51	17	107
E	59	25	27	11	( )	( )
합계	( )	127	143	137	( )	750

┤보기├

ㄱ. 시음 전과 후 모두 음료 E를 좋아하는 인원은 40명 이하이다.

ㄴ. 시음 후 음료 A를 좋아하는 인원은 전체 인원의 $\frac{1}{4}$ 이하이다.

ㄷ. 시음 전 음료 A를 좋아하면서 시음 후 음료 B를 좋아하는 인원은 시음 전 음료 B를 좋아하면서 시음 후 음료 A를 좋아하는 인원과 같다.

ㄹ. 시음 전 음료 C 또는 E를 좋아하는 인원과 시음 후 음료 A 또는 E를 좋아하는 인원의 차이는 3명이다.

① ㄱ, ㄴ   ② ㄱ, ㄷ   ③ ㄱ, ㄹ

④ ㄴ, ㄷ   ⑤ ㄴ, ㄹ

44

다음 [그래프]는 A국 GDP의 전년 대비 증가율 및 인구의 전년 대비 증가폭에 대한 자료이다. 2013년 A국 인구가 1억 명일 때, 이에 대한 [보기]의 설명 중 옳은 것만을 모두 고르면?

[그래프] A국 GDP의 전년 대비 증가율 및 인구의 전년대비 증가폭

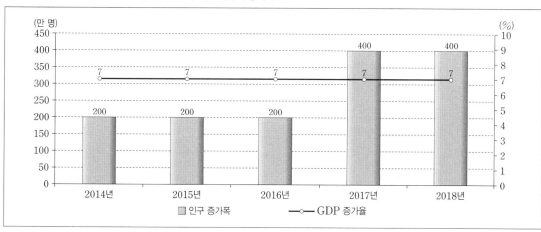

| 보기 |

ㄱ. 2013년 대비 2014년 A국 인구 1인당 GDP 증가율은 5 % 미만이다.

ㄴ. 2018년 A국 인구 1인당 GDP는 2013년에 비해 20 % 이상 증가하였다.

ㄷ. 2014~2018년 동안 A국 1인당 GDP의 전년 대비 증가율은 2017년을 제외하고 매년 전년에 비해 증가하였다.

ㄹ. 2018년 A국 인구의 2014년 대비 증가율은 12 %를 초과한다.

① ㄱ, ㄴ   ② ㄱ, ㄹ   ③ ㄴ, ㄷ

④ ㄴ, ㄹ   ⑤ ㄱ, ㄴ, ㄷ

45

다음 [그래프]는 2014년과 2019년 SCS몰 매출 현황이다. 이에 대한 설명으로 옳지 <u>않은</u> 것은?

[그래프] SCS몰 매출 현황

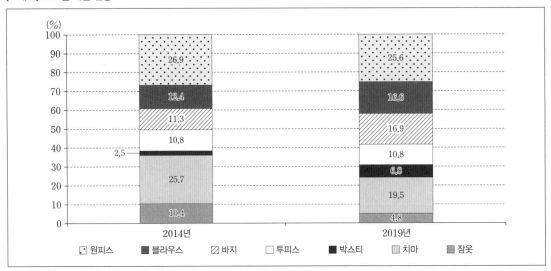

※ 1) SCS몰 총 매출액은 2014년에 1,850억 원, 2019년에 2,150억 원이다.
  2) SCS몰에서 판매하는 품목은 '원피스', '블라우스', '바지', '투피스', '박스티', '치마', '잠옷'뿐이다.

① 2019년 SCS몰 총 매출액은 2014년에 비해 15 % 이상 증가하였다.

② 2019년 SCS몰 원피스 매출액은 2014년에 비해 10 % 이상 증가하였다.

③ 2019년 '원피스'와 '블라우스'를 제외한 나머지 매출액의 합은 2014년에 비해 증가하였다.

④ 2014년 대비 2019년 매출액의 증가율이 SCS몰 총 매출액의 증가율보다 작은 품목은 '원피스'와 '잠옷'뿐이다.

⑤ 2019년 '투피스'의 매출액은 2014년에 비해 15 % 이상 증가하였다.

46

다음 [그림]은 SCS 마트와 HSA 마트 정보에 대한 자료이다. [그림]과 [정보]에 근거할 때, SCS 마트와 HSA 마트의 상권경계점이 HSA 마트로부터 떨어진 거리는? (단, 두 마트의 밑면은 모두 원형이다.)

[그림] SCS 마트와 HSA 마트 정보

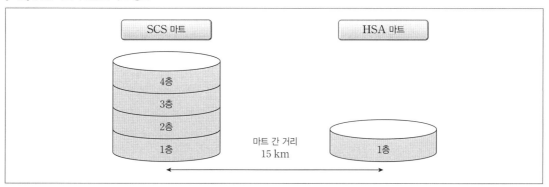

마트	SCS 마트	HSA 마트
마트의 지름(m)	300	200

┤ 정보 ├

- 마트 간 상권경계점: 마트의 구매영향력이 같아지는 지점
- (지점 j에서의 마트 i의 구매영향력)$= k \times \dfrac{(\text{마트 } i\text{의 총 면적})}{(\text{지점 } j\text{에서 마트 } i\text{까지 거리})^2}$ (단, k는 상수)
- (마트 i의 총 면적)$= \pi \times (\text{반지름})^2 \times (\text{마트 } i\text{의 총 층수})$

① 1.00 km ② 1.50 km ③ 3.75 km
④ 11.25 km ⑤ 14.50 km

47

다음 [그래프]는 '갑' 생산라인의 1인당 월 평균 생산량에 관한 자료이다. 이에 대한 설명으로 옳은 것은?

[그래프] '갑' 생산라인의 1인당 월 평균 생산량

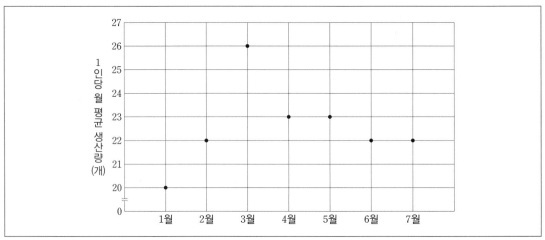

※ 1) '갑' 생산라인에는 1월 'A' 사원을 시작으로 'B', 'C', 'D', 'E', 'F', 'G' 사원이 매월 1명씩 증원됨.
　 2) 각 사원의 월 생산량은 일정함.

① 월 생산량이 가장 높은 사원은 C이고, 가장 낮은 사원은 A이다.

② '갑' 생산라인의 5월 총생산량은 4월과 동일하다.

③ '갑' 생산라인의 2월 총생산량은 1월의 1.1배이다.

④ '갑' 생산라인의 7월 총생산량 중 A, D, F, G 사원의 생산량의 합이 차지하는 비중은 $\dfrac{4}{7}$ 이하이다.

⑤ 2월 이후 '갑' 생산라인 총생산량의 전월대비 증가율은 3월이 가장 높고, 4월이 가장 낮다.

48

다음 [공식]은 하천의 한 곳에 오염원으로부터 오염물질이 유입되어 하류에서 '완전 혼합되었을 때 수질의 농도'를 구하는 방법이고, [표]는 가~바 지역의 하천수와 폐수에 대한 정보이다. 이 [공식]에 따를 때, '혼합되었을 때 대상 오염물질 농도(C_m)'가 [표]의 지역 중 가장 높은 곳(A)과 낮은 곳(B)은 어디인가?

---| 공식 |---

$$C_m \times (Q_1 + Q_2) = C_1 \times Q_1 + C_2 \times Q_2$$

C_m: 혼합되었을 때 대상 오염물질 농도 (mg/L)

C_1: 하천수의 대상 오염물질 농도 (mg/L)

C_2: 폐수의 대상 오염물질 농도(mg/L)

Q_1: 하천수량 (m³/day)

Q_2: 폐수 배출량 (m³/day)

[표] 가~바 지역의 하천수와 폐수에 대한 정보

(단위: mg/L, m³/day)

지역	하천수의 대상 오염물질 농도(C_1)	폐수의 대상 오염물질 농도(C_2)	하천수량 (Q_1)	폐수 배출량 (Q_2)
가	5	115	40,000	15,000
나	6	116	13,500	4,500
다	20	40	87,000	13,000
라	1	10	9,900	100
마	1	20	19,800	200
바	1	30	29,700	300

	A	B
①	가	라
②	가	바
③	나	라
④	다	라
⑤	다	바

다음 [표]는 고등학교 3학년 학생들의 진로 상담 자료 및 실제 입학 결과 현황에 대한 자료이다. [표]와 [조건]을 바탕으로 [질문]에 대한 답을 바르게 나타낸 것은?

[표] 고등학교 3학년 학생들의 진로 상담 자료 및 실제 입학 결과 현황 (단위: %)

구분		실제 대학 입학 계열			
		상경계열	어문계열	인문계열	계
진로 상담 시 희망 계열	상경계열	70	10	20	100
	어문계열	10	80	10	100
	인문계열	20	10	70	100

| 조건 |

- 진로 상담 시 희망 계열 및 실제 대학 입학 계열은 '상경계열', '어문계열', '인문계열'뿐이다.
- 총 학생 수는 1,000명이고, 조사 기간 동안 학교를 그만두거나 새로 들어온 학생은 없다.
- 실제로 '어문계열'에 입학한 학생 수는 380명이다.
- 진로 상담 시 '상경계열' 희망자는 '어문계열' 희망자의 0.8배이다.

| 질문 |

ㄱ. 진로 상담 시 '인문계열' 희망자 수는?

ㄴ. 진로 상담 시 '어문계열' 희망자였으나 실제 '상경계열'에 입학한 학생 수는?

ㄷ. 진로 상담 시 희망 계열과 실제 대학 입학 계열이 동일하지 않은 학생이 전체 학생 수에서 차지하는 비중은?

	ㄱ	ㄴ	ㄷ
①	280명	32명	34 %
②	280명	40명	26 %
③	280명	40명	34 %
④	380명	32명	26 %
⑤	380명	40명	26 %

50

다음 [표]는 2022년 A~D 브랜드의 종류별 라면 판매 현황에 관한 자료이다. 이에 대한 [보기]의 설명 중 옳은 것만을 모두 고르면?

[표] A~D 브랜드의 종류별 라면 판매 현황 (단위: 원, %)

구분 브랜드	볶음라면		국물라면		전체 판매 비율
	판매가	판매비율	판매가	판매비율	
A	1,500	( )	1,000	( )	20
B	1,000	30	500	15	( )
C	2,000	30	1,000	( )	( )
D	1,500	( )	1,500	35	30
총합	—	100	—	100	100

※ 1) (각 브랜드의 총 판매량)=(볶음라면 판매량)+(국물라면 판매량)

2) (각 브랜드의 총 매출액)=(종류별 라면의 판매가)×(판매량)

3) (각 브랜드의 볶음라면 판매비율)(%)= $\dfrac{(각\ 브랜드\ 볶음라면\ 판매량)}{(볶음라면\ 총\ 판매량)} \times 100$

4) (각 브랜드의 국물라면 판매비율)(%)= $\dfrac{(각\ 브랜드\ 국물라면\ 판매량)}{(국물라면\ 총\ 판매량)} \times 100$

5) 2022년 볶음라면 총 판매량은 백만 개이고, 국물라면의 총 판매량은 2백만 개임.

―| 보기 |―

ㄱ. 전체 라면 판매량에서 B 브랜드의 라면 판매량 비율은 20 %이다.

ㄴ. 국물라면 전체의 평균 판매가는 1,100원이다.

ㄷ. C 브랜드의 국물라면 판매비율은 15 %이다.

ㄹ. 전체 볶음라면 판매액에서 A 브랜드의 매출액이 차지하는 비중은 20 %를 초과한다.

① ㄱ, ㄴ   ② ㄱ, ㄷ   ③ ㄴ, ㄷ

④ ㄴ, ㄹ   ⑤ ㄷ, ㄹ

51

다음 [그래프]는 어떤 국가의 스마트폰 운영체제 사용현황에 관한 자료이다. 이에 대한 [보기]의 설명 중 옳은 것을 모두 고르면?

[그래프 1] 전체 스마트폰 운영체제 사용현황 (단위: 만 명)

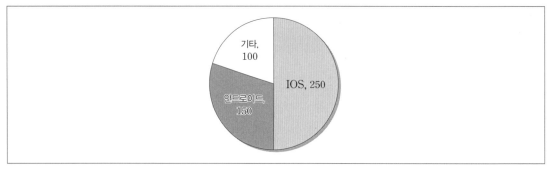

[그래프 2] 운영체제별 스마트폰의 보안상태

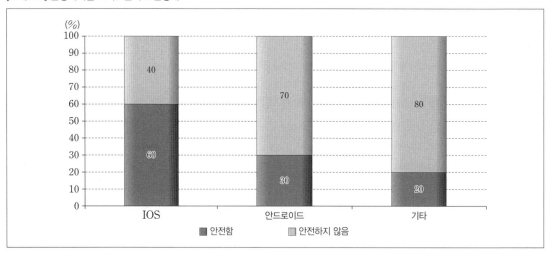

[그래프 3] 스마트폰 백신의 운영체제별 점유율

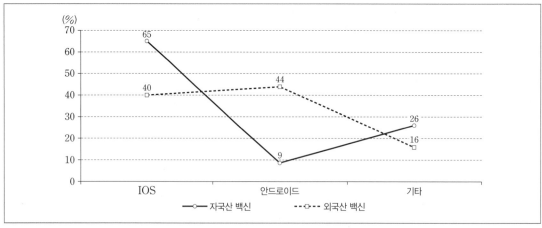

※ 모든 스마트폰에는 자국산 또는 외국산 백신 중 하나가 설치되어 있으며, 모든 스마트폰 사용자는 각각 한 대의 스마트폰만을 사용한다고 가정함.

---| 보기 |---

ㄱ. 전체 스마트폰 사용자 중 보안상태가 안전하지 않은 사용자는 300만 명 미만이다.

ㄴ. IOS 운영체제와 자국산 백신을 동시에 사용하는 사람의 수는 안드로이드 운영체제와 외국산 백신을 동시에 사용하는 사람의 수보다 많다.

ㄷ. IOS 또는 안드로이드 운영체제를 사용하는 사람의 스마트폰 중 최소한 절반 이상에는 외국산 백신이 설치되어 있다.

① ㄱ

② ㄴ

③ ㄱ, ㄴ

④ ㄱ, ㄷ

⑤ ㄱ, ㄴ, ㄷ

52

다음 도표는 사과 농장별 사과 수확 개수 및 수확한 사과의 등급별 분포에 대한 자료이다. 주어진 자료를 근거로 할 때, C농장에서 수확한 사과 중 '하' 등급에 해당하는 사과의 개수는?

[그래프 1] 사과 농장별 사과 수확 개수 (단위: 개)

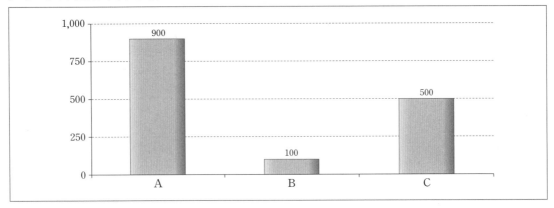

[그래프 2] 수확한 사과의 등급별 분포

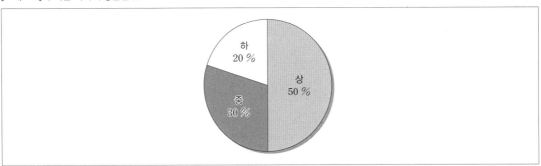

[표] 사과 농장별 수확한 사과의 등급별 분포 (단위: %)

등급 \ 사과 농장	A	B	C
상	( )	68.0	( )
중	( )	8.0	20.0
하	14.0	( )	( )
합계	100.0	100.0	100.0

① 0개   ② 30개   ③ 125개

④ 150개   ⑤ 175개

53

다음 [표]는 1,600명을 대상으로 의사소통능력과 수리능력이 전략과목인지 방어과목인지에 대해 설문조사한 결과이다. 의사소통능력과 수리능력이 모두 전략과목인 학생 수와 모두 방어과목인 학생 수의 합이 1,200명일 때, [보기]의 설명 중 옳은 것만을 모두 고르면?

[표] 설문조사 결과

(단위: 명)

의사소통능력＼수리능력	전략과목	방어과목	계
전략과목	A	B	1,002
방어과목	C	D	598
계	900	700	1,600

┤보기├

ㄱ. B와 C의 차이는 102이다.

ㄴ. A와 D의 차이는 302이다.

ㄷ. 의사소통능력이 전략과목이면서 수리능력이 방어과목인 학생 수는 251명이다.

① ㄱ

② ㄱ, ㄴ

③ ㄱ, ㄷ

④ ㄴ, ㄷ

⑤ ㄱ, ㄴ, ㄷ

54

다음 [그래프]는 2013년 국내 광고시장의 매체별 광고 지출 및 수입액을 나타낸 자료이다. 이에 대한 설명으로 옳은 것은?

[그래프] 2013년 국내 광고시장의 매체별 광고 지출·수입액 현황

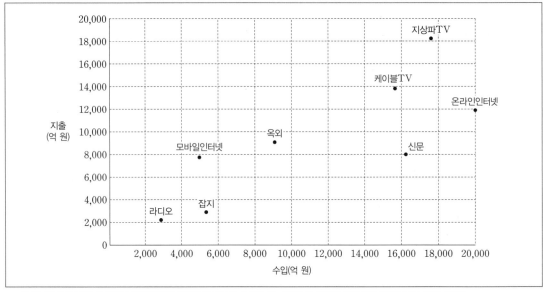

※ 1) 지출은 광고 제작 및 방영을 위해 지출한 비용을 의미하며, 수입은 광고 제작 및 방영을 통해 얻은 제품 판매수익을 의미함.
  2) '(지출)−(수입)<0' 인 경우 광고 수익 흑자로, '(지출)−(수입)>0' 인 경우 광고 수익 적자로 판단함.
  3) 광고 지출액 대비 수입액의 비율이 클수록 해당 매체의 광고효과가 큼을 의미하며, 지출액 대비 수입액의 비율과 광고효과는 비례함.
  4) 국내 광고시장의 매체는 라디오, 잡지, 모바일인터넷, 옥외, 신문, 온라인인터넷, 지상파TV, 케이블TV로만 구성됨.

① 광고 수입액이 가장 작은 매체와 광고 지출액이 가장 작은 매체는 모두 잡지이다.

② 국내 광고시장 매체 중 지출액과 수입액의 합이 가장 작은 매체는 라디오이고, 세 번째로 큰 매체는 신문이다.

③ 온라인인터넷, 케이블TV, 라디오, 모바일인터넷은 각각 2013년에 광고 수익 흑자를 기록하였다.

④ 2013년에 라디오보다 광고효과가 큰 매체는 3개이다.

⑤ 매체 중 광고 수익 적자액이 가장 큰 것은 지상파TV이다.

55

다음 [그래프]와 [산식]은 건물 A~J의 층수 및 건축비용에 관한 자료이다. 이에 대한 [보기]의 설명 중 옳은 것만을 모두 고르면?

[그래프 1] 건물 A~J의 층수 및 실제비용

(단위: 층, 억 원)

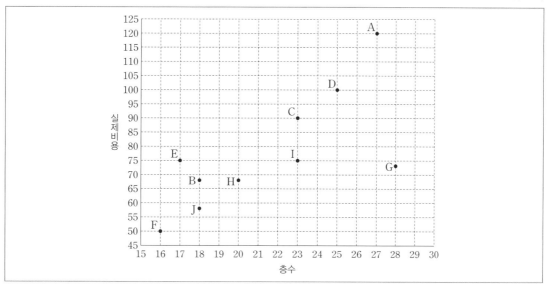

[그래프 2] 건물 A~J의 예상비용과 실제비용 간의 관계

(단위: 억 원)

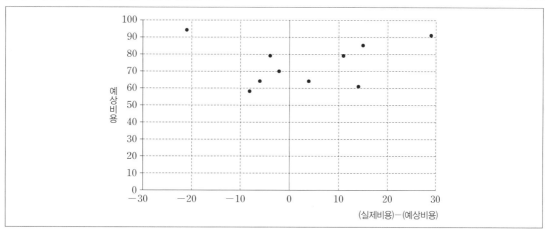

┤산식├

- (예상비용)(억 원)$=3\times$(층수)$+10$
- (비용 오차)$=|$(실제비용)$-$(예상비용)$|$
- (비용 오차율)$(\%)=\dfrac{\text{(비용 오차)}}{\text{(예상비용)}}\times100$

┤보기├

ㄱ. 실제비용이 예상비용보다 더 큰 건물은 5개이다.

ㄴ. 비용 오차율은 'C'가 'I'보다 크다.

ㄷ. 비용 오차율이 가장 큰 것은 'G'로 30 %를 넘지 않는다.

① ㄱ ② ㄷ ③ ㄱ, ㄴ ④ ㄴ, ㄷ ⑤ ㄱ, ㄴ, ㄷ

56

다음 도표는 ○○ 컴퓨터 학원의 강의 종류별 수강생 수 및 매출액 점유율에 관한 자료이다. 이에 대한 [보기]의 설명으로 옳지 <u>않은</u> 것을 모두 고르면?

[그래프] 2013년 ○○ 컴퓨터 학원의 강의 종류별 수강생 수 및 매출액 점유율 현황   (단위: %)

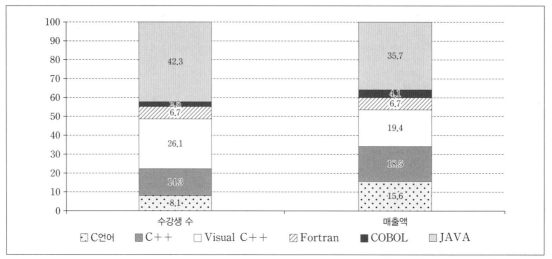

※ (강의 가격) = $\dfrac{(강의\ 매출액)}{(강의\ 수강생\ 수)}$

[표] ○○ 컴퓨터 학원 강의의 연도별 수강생 수 순위

연도 순위	2010년	2011년	2012년	2013년
1위	JAVA	JAVA	JAVA	JAVA
2위	Visual C++	C++	Visual C++	Visual C++
3위	C++	Visual C++	C++	C++
4위	Fortran	C언어	C언어	C언어
5위	C언어	Fortran	Fortran	Fortran

※ 2010~2013년 동안 ○○ 컴퓨터 학원의 강의 종류 중 새로 생기거나 없어진 것은 없다.

┤ 보기 ├

ㄱ. 2010~2013년 동안 수강생 수 순위가 일정한 강의는 1개이다.

ㄴ. 2013년 JAVA 강의 수강생 수는 C++ 강의 수강생 수의 3배 이상이다.

ㄷ. 2010~2013년 동안 ○○ 컴퓨터 학원의 강의별 가격이 변함없다면, JAVA 강의의 매출액은 매년 가장 크다.

ㄹ. 2013년 강의 가격이 총 수강생 수 대비 강의 총 매출액의 비율보다 더 큰 강의는 COBOL, C++, C언어이다.

ㅁ. 2010~2013년 동안 COBOL의 수강생 수 점유율은 매년 16.7 % 미만이다.

① ㄱ, ㄴ   ② ㄴ, ㄷ   ③ ㄹ, ㅁ

④ ㄱ, ㄴ, ㄷ   ⑤ ㄷ, ㄹ, ㅁ

57

다음 [표]와 [그래프]는 동일한 학과를 보유한 A대학교와 B대학교의 2019년 학과별 취업자 수와 취업률에 대한 자료이다. 이에 대한 [보고서]의 내용 중 옳은 것만을 모두 고르면?

[표] A대학교 학과별 취업자 수 순위

(단위: 명)

취업자 수 상위 5개			취업자 수 하위 5개		
순위	학과	취업자 수	순위	학과	취업자 수
1	의학	216	1	인문교육	60
2	치의학	197	2	무용	72
3	한의학	178	3	순수미술	( )
4	해양공학	( )	4	언어교육	80
5	유아교육학	161	5	천문기상학	96

※ 1) A대학교 모든 학과의 정원은 240명으로 일정함.

2) (학과별 취업률)(%)$=\dfrac{(\text{학과별 취업자 수})}{(\text{학과별 정원})}\times100$

[그래프] B대학교 학과별 취업률 순위

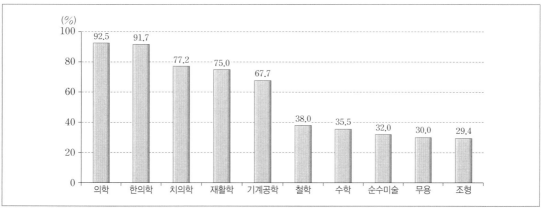

※ B대학교 내에서 의학은 취업률이 제일 높은 학과이며, 조형은 취업률이 가장 낮은 학과임.

┤ 보고서 ├

　A대학교와 B대학교의 전체 학과별 취업자 수 또는 취업률을 조사한 결과, ㉠ 의학과가 두 대학교에서 모두 취업률이 가장 높았으며 두 대학교 모두 상위 3개 학과의 취업률은 75 % 이상이었다. ㉡ B대학교 기계공학과 취업률은 A대학교 순수미술 취업률의 2배 이상이었다. ㉢ 수학과의 경우 B대학교에 비해 A대학교의 취업률이 더 높았다. 전국 대학 평가에서 우수대학 인증을 받은 ㉣ B대학교의 전체 학과별 취업률은 40 % 이상이었다.

① ㄱ, ㄴ
② ㄴ, ㄷ
③ ㄴ, ㄹ
④ ㄱ, ㄷ, ㄹ
⑤ ㄴ, ㄷ, ㄹ

58

다음 [표]는 2012~2014년 세계대학 순위에 관한 자료이다. 이에 대한 [보기]의 설명 중 옳지 <u>않은</u> 것만을 모두 고르면?

[표] 2014년 세계대학 순위 상위 30개 대학의 최근 순위 현황

연도			대학	국가
2012년	2013년	2014년		
1	1	1	MIT	미국
2	3	**2**	UNIVERSITY OF CAMBRIDGE	영국
6	5		IMPERIAL COLLEGE LONDON	영국
3	2	4	HARVARD UNIVERSITY	미국
5	6	**5**	UNIVERSITY OF OXFORD	영국
4	4		UCL	영국
15	7	7	STANFORD UNIVERSITY	미국
10	**10**	8	CALTECH	미국
9	**10**	9	PRINCETON UNIVERSITY	미국
7	8	10	YALE UNIVERSITY	미국
8	9	11	UNIVERSITY OF CHICAGO	미국
13	12	12	ETH ZURICH	스위스
12	13	13	UNIVERSITY OF PENNSYLVANIA	미국
11	14	**14**	COLUMBIA UNIVERSITY	미국
16	16		JOHNS HOPKINS UNIVERSITY	미국
26	**19**	16	KCL	영국
21	**17**	**17**	UNIVERSITY OF EDINBURGH	영국
29	**19**		EPFL	스위스
14	15	19	CORNELL UNIVERSITY	미국
19	**17**	20	UNIVERSITY OF TORONTO	캐나다
18	21	21	MCGILL UNIVERSITY	캐나다
25	24	22	NUS	싱가포르
17	22	23	UNIVERSITY OF MICHIGAN	미국
34	28	24	ENS PARIS	프랑스
24	27	**25**	ANU	호주
20	23		DUKE UNIVERSITY	미국
22	25	27	UCB	미국
23	26	28	HKU	홍콩
28	30	29	UNIVERSITY OF BRISTOL	영국
32	33	30	THE UNIVERSITY OF MANCHESTER	영국

※ 순위가 굵은 글씨와 밑줄로 표시되어 있는 경우 공동순위를 의미함.

ㄱ. 세계대학 중 2012~2014년 동안 2년 연속으로 순위가 일정한 대학은 10개이다.

ㄴ. 세계대학 중 2012년과 2014년 순위의 차이가 가장 큰 대학은 EPFL이다.

ㄷ. 2012~2014년 동안 세계대학 순위 상위 30위 이내에 매년 속한 대학은 28개이다.

ㄹ. 2014년 세계대학 순위 상위 30위 이내 대학 중 미국대학이 가장 많으며, 이들이 세계대학 순위 상위 30위 이내의 대학에서 차지하는 비중은 50 % 이하이다.

① ㄱ   ② ㄷ   ③ ㄱ, ㄴ

④ ㄷ, ㄹ   ⑤ ㄱ, ㄴ, ㄷ

59

다음 도표는 A국 국민의 성별·연령별 인구 구성에 대한 자료이다. 이를 근거로 할 때, A국 국민 20세 미만 인구 중 여성의 비율은?

[그래프] A국 국민의 성별 분포

(단위: %)

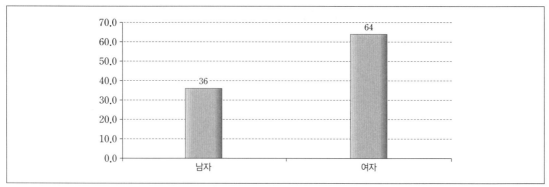

[표] 성별·연령대별 인구배율지수 현황

연령 \ 성별	남자	여자
60세 이상	3	$\dfrac{14}{11}$
20세 이상 60세 미만	2	$\dfrac{15}{11}$
20세 미만	1	1

※ (남성(여성) 인구배율지수)= $\dfrac{(\text{해당 연령대의 남성(여성) 인구수})}{(\text{20세 미만 남성(여성) 인구수})}$

① 약 46 % ② 약 51 % ③ 약 63 %
④ 약 67 % ⑤ 약 75 %

60

다음 [표]는 활쏘기 시합의 결과를 나타낸 것이다. 최초 0점에서 시작하여 화살이 목표에 명중했을 때에는 1점을 득점하고, 명중하지 못했을 때에는 1점을 감점하는 방식으로 진행한다. 선수 A~E가 쏜 화살의 수가 모두 다르다고 할 때, 선수별로 쏜 화살의 수가 올바르게 짝지어진 것은?

[표] 활쏘기 시합의 결과

(단위: 점)

선수	A	B	C	D	E
점수	4	5	4	3	6

[그래프] 각 선수의 명중률

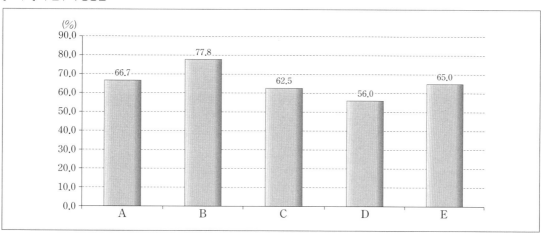

※ (명중률)(%)= $\dfrac{(명중한\ 화살의\ 수)}{(전체\ 화살의\ 수)} \times 100$

① A, 8개   ② B, 12개   ③ C, 20개

④ D, 25개   ⑤ E, 40개

61

다음 [표]는 정책 A~E에 대한 설문 조사 결과이다. [표]와 [정보]를 근거로 할 때, 다음 중 옳지 <u>않은</u> 것을 고르면?

[표] 정책 A~E에 대한 설문 조사 결과

(단위: 명)

정책 \ 의견	응답				무응답	합계
	찬성	반대	기권	소계		
A	89	41	( )	130	0	130
B	56	24	( )	108	( )	( )
C	50	50	( )	115	( )	( )
D	81	38	( )	122	( )	( )
E	84	22	( )	116	( )	( )

┤ 정보 ├

- 각 정책에 대해 130명씩 설문 조사를 실시하였다. 응답하지 않을 수 있지만, 복수 응답은 허용되지 않았다.

- $(응답률(U_i))(\%) = \dfrac{(정책\ i\ 응답자\ 수)}{(정책\ i\ 응답\ 대상자\ 수)} \times 100$

- $(찬성률(P_i))(\%) = \dfrac{(정책\ i\ 응답자\ 중\ 찬성수)}{(정책\ i\ 응답\ 수)} \times 100$

- $(정책\ i\ 오즈) = \dfrac{P_i}{1-P_i}$

- $(정책\ j에\ 대한\ 정책\ i\ 오즈비) = \dfrac{P_i\ /\ (1-P_i)}{P_j\ /\ (1-P_j)}$

① 응답하지 않은 비율이 가장 높은 정책과 가장 낮은 정책 간의 응답률 차이는 15 %p 이상이다.

② 오즈가 가장 높은 정책은 E이다.

③ 정책 E에 대한 정책 A 오즈비는 1보다 크다.

④ 정책 B의 무응답자 50 %가 찬성에, 나머지 50 %는 반대에 응답할 때, 정책 B의 찬성률은 감소한다.

⑤ 무응답자가 모두 기권에 응답할 때, 기권 응답자 수가 가장 많은 정책은 정책 B이다.

62

다음 [그래프]는 SCS 강사 평가 결과에 대한 자료이고, [산식]은 항목의 종합점수에 대한 자료이다. 주어진 자료에 근거할 때, 종합점수가 두 번째로 높은 항목은?

[그래프] SCS 강사 평가 결과

(단위 : %)

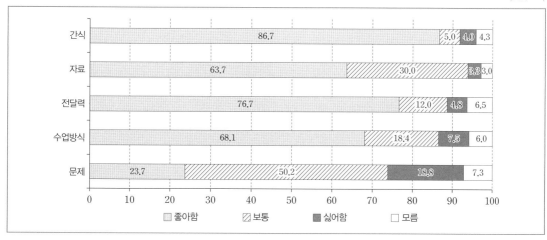

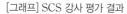

---| 산식 |---

- (항목의 종합점수)=2×('좋아함' 비율)+1×('보통' 비율)-2×{('싫어함' 비율)+('모름' 비율)}

  예 ('간식'의 종합점수)=2×0.867+1×0.05-2×(0.04+0.043)=1.618(점)

① 간식   ② 자료   ③ 전달력

④ 수업방식   ⑤ 문제

63

다음 [표]는 자동차별 지점 A, B, C 통과시각에 관한 자료이다. 이 자료와 [정보]를 근거로 할 때, 15만 원의 과속범칙금 부과대상에 해당하는 자동차는?

[표] 자동차별 지점 A, B, C 통과시각

구분	지점 A 통과시각	지점 B 통과시각	지점 C 통과시각
자동차 1	8 : 20	9 : 10	9 : 30
자동차 2	8 : 37	9 : 16	9 : 27
자동차 3	9 : 04	9 : 40	10 : 00
자동차 4	9 : 13	9 : 46	10 : 00

─| 정보 |─

- 지점 A, B, C를 통과한 자동차는 [표]에 주어진 자동차뿐이며, 지점 사이에서는 진입, 이탈이 불가능하다.
- 구간에 따른 도로종류 및 거리

구간	지점 A ~ 지점 B	지점 B ~ 지점 C
도로종류	자동차 전용도로	일반도로
거리	60 km	20 km
법정 최고속도	90 km/h	80 km/h
단속형태	구간 단속시스템	

- 구간 단속시스템에 의한 평균속도가 법정 최고속도를 초과할 때 과속범칙금이 부과된다.
- 법정 최고속도 초과에 따른 과속범칙금 부과액

법정 최고속도 초과분	자동차 전용도로	일반도로
0 km/h 초과 10 km/h 이하	60,000원	40,000원
10 km/h 초과 20 km/h 이하	80,000원	100,000원
20 km/h 초과	150,000원	150,000원

① 없음 ② 자동차 1 ③ 자동차 2
④ 자동차 3 ⑤ 자동차 4

64

다음 [표]는 A, B, C, D, E의 5개 도시 간 인구이동량과 거리를 나타낸 것이다. 이를 바탕으로 할 때, 인구가 많은 도시부터 적은 도시 순으로 바르게 나열한 것은?

[표] 도시 간 인구이동량과 거리   (단위: 천 명, km)

도시 간	인구이동량	거리
A ↔ B	40	3
B ↔ C	30	4.5
C ↔ D	25	8
D ↔ E	25	7
E ↔ A	60	3

※ (두 도시 간 인구이동량)$= k \times \dfrac{\text{(두 도시 인구의 합)}}{\text{(두 도시 간의 거리)}}$ (k는 양의 상수)

① A − C − D − B − E

② A − D − C − E − B

③ C − D − A − E − B

④ C − A − D − E − B

⑤ D − C − B − E − A

65

다음 [표]는 54가지 식품의 식품별 폐기율 현황에 대한 자료이다. 이에 대한 [보기]의 설명 중 옳지 <u>않은</u> 것만을 모두 고르면?

[표 1] 식품별 폐기율 현황

(단위: %)

식품명	폐기율	식품명	폐기율	식품명	폐기율
고구마	10	잣	28	포도	29
감자	6	은행	35	복숭아	17
토란	7	호두	57	배	24
풋고추	6	가자미	49	석굴	75
무	5	고등어	31	굴(깐것)	0
무청	8	꽁치	24	파인애플	50
배추	8	연어	28	닭고기	39
상추	5	게	68	돼지고기	0
아욱	10	조기	34	쇠꼬리	50
호박	8	미나리	26	동태	20
가지	10	파	14	대구	34
마늘	10	양파	15	도미	51
연근	11	살구	5	낙지	15
오이	8	사과	10	달걀	14
콩나물	10	참외	25	바지락	82
숙주나물	10	양배추	12	우유	0
단감	10	귤	25	흰콩	0
쇠고기	0	수박	42	된장	0

※ 1) (폐기율)+(가식부율)=100 %

2) (식품의 출고계수)=$\dfrac{100}{(가식부율)}$

예) (고구마의 출고계수)=$\dfrac{100}{90}$≒1.11

[표 2] 식품의 출고계수에 따른 식품 평가등급

출고계수	1 이상 1.2 미만	1.2 이상 1.5 미만	1.5 이상
식품 평가등급	A등급	B등급	C등급

┤보기├

ㄱ. 가식부율이 20 % 이하인 식품은 2개이다.

ㄴ. 가식부율이 50 % 이상인 식품은 27개 이상이다.

ㄷ. 바지락의 출고계수는 살구 출고계수의 16배 이상이다.

ㄹ. 식품 평가등급이 'B등급'인 식품은 8개이다.

① ㄱ, ㄴ   ② ㄱ, ㄷ   ③ ㄴ, ㄹ   ④ ㄷ, ㄹ   ⑤ ㄱ, ㄷ, ㄹ

66

다음 [표]는 2020년 10월 관광지별 관광객 방문 현황에 대한 자료이다. 이 자료와 [조건]에 근거하여 A~D에 해당하는 관광지를 바르게 나열한 것은?

[표] 2020년 10월 관광지별 관광객 방문 현황 (단위: 원, 명)

구분		A	B	C	D
1인당 입장료	어린이	1,000	800	1,200	0
	청소년	2,000	1,600	2,300	1,000
	성인	3,000	2,000	3,500	5,000
	노인	500	0	1,000	0
입장객 수	어린이	317	822	224	698
	청소년	358	253	252	833
	성인	1,511	823	1,752	652
	노인	324	542	224	386
	합계	2,510	2,440	2,452	2,569

※ 관광지별 입장료 수익은 입장료 합의 50 %임.

| 조건 |

- 입장객 수는 백살마을이 튼튼마을보다 많다.
- 성인 입장객 수가 어린이, 청소년, 노인 입장객 수 합의 2배 이상인 마을은 튼튼마을이다.
- 입장료 수익은 백살마을이 장수마을보다 크다.
- 입장료 수익이 200만 원 미만인 마을은 장수마을뿐이다.
- 어린이 3명, 청소년 2명, 성인 3명, 노인 5명의 웃자마을 입장료 합은 17,000원이다.

	A	B	C	D
①	웃자마을	백살마을	장수마을	튼튼마을
②	튼튼마을	백살마을	장수마을	웃자마을
③	백살마을	장수마을	튼튼마을	웃자마을
④	백살마을	웃자마을	튼튼마을	장수마을
⑤	튼튼마을	장수마을	백살마을	웃자마을

67

다음 [그래프]는 2020년 7~11월 '갑'국의 수도권 및 비수도권의 X질병 월별 확진자 수에 관한 자료이고, [보고서]는 2020년 12월 수도권 및 비수도권의 사회적 거리두기에 대한 내부 검토 내용이다. 주어진 내용을 바탕으로 할 때, 사회적 거리두기 단계별 2020년 12월 수도권 및 비수도권의 X질병 월별 확진자를 추정한 결과로 옳은 것은?

[그래프] 2020년 7~11월 '갑'국 X질병 월별 확진자 수

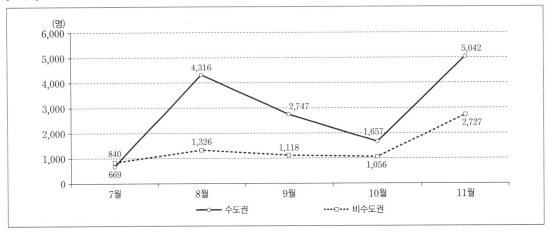

| 보고서 |

- 2020년 12월 '갑'국은 현행 유지 또는 2/2.5/3단계의 사회적 거리두기 중 하나를 실시할 계획임.
- 사회적 거리두기를 2.5단계로 격상할 경우, 수도권과 비수도권 각각 7~11월 중 두 번째로 많은 확진자가 나온 달보다 확진자가 감소할 것으로 추정됨.
- 추정 결과, 사회적 거리두기를 3단계로 격상할 경우 수도권 및 비수도권의 11월 대비 12월 확진자 수 감소율은 각각 30 % 이상일 것으로 예상됨.
- 현행 유지일 때와 2단계일 때의 12월 확진자 수 차이는 수도권이 비수도권보다 클 것으로 예상됨.

① (단위: 명)

구분	현행 유지	2단계	2.5단계	3단계
수도권	6,124	5,123	4,315	3,457
비수도권	2,918	1,918	1,325	1,856

② (단위: 명)

구분	현행 유지	2단계	2.5단계	3단계
수도권	6,215	4,759	4,317	3,518
비수도권	3,015	2,017	1,325	1,901

③ (단위: 명)

구분	현행 유지	2단계	2.5단계	3단계
수도권	6,317	5,312	4,125	3,601
비수도권	2,817	2,176	1,215	1,805

④ (단위: 명)

구분	현행 유지	2단계	2.5단계	3단계
수도권	5,780	5,179	4,311	3,159
비수도권	2,729	2,011	1,325	1,752

⑤ (단위: 명)

구분	현행 유지	2단계	2.5단계	3단계
수도권	5,948	5,481	4,295	3,327
비수도권	2,899	2,495	1,249	1,978

68

다음 [표]는 2019년 A~C 지역의 초·중·고등학교 학생 수에 관한 자료이다. 이에 대한 설명으로 옳지 않은 것은?

[표 1] A~C 지역의 초등학생 수 (단위: 명)

구분	1학년	2학년	3학년	4학년	5학년	6학년	합
A	95,184	97,816	99,152	99,521	101,234	103,224	596,131
B	4,850	4,951	5,012	5,005	5,189	5,345	30,352
C	45,121	47,145	47,512	48,152	49,150	50,121	287,201
계	145,155	149,912	151,676	152,678	155,573	158,690	—

[표 2] A~C 지역의 중·고등학생 수 (단위: 명)

구분	중등 1학년	중등 2학년	중등 3학년	고등 1학년	고등 2학년	고등 3학년	합
A	101,265	105,481	106,780	98,754	99,015	101,242	612,537
B	5,612	5,714	6,120	5,700	5,748	5,792	34,686
C	51,215	53,545	58,650	64,521	66,521	69,721	364,173
계	158,092	164,740	171,550	168,975	171,284	176,755	—

※ 1) 인구 이동 및 사망자, 월반, 유급은 없으며, 출생연도에 따라 정해진 학년을 다님. 예를 들어 2019년 '고등 3학년 학생'은 2001년 생이며, '초등 1학년 학생'은 2012년생이다.
2) 매년, 전년 초등 6학년 학생의 100 %가 당해연도 중등 1학년으로 진학하며, 전년 중등 3학년 학생의 90 %가 당해연도 고등 1학년으로 진학함.

① A~C 지역 중 2020년 '중·고등학생 수'가 가장 많은 지역은 각 학년에서 모두 A 지역이다.

② 2020년 B 지역 '고등학생 수'는 전년 대비 감소한다.

③ 2019년 A~C 지역 중 '초등 1학년 학생 수' 대비 '고등 1학년 학생 수'가 가장 작은 지역과 '초등 6학년 학생 수'가 가장 많은 지역은 동일하다.

④ 2019년 A~C 지역 전체 초·중·고등학교 학생 중 2007년생이 차지하는 비중은 2003년생이 차지하는 비중보다 낮다.

⑤ 2020년 A~C 지역 '중·고등학생 수'는 전년 대비 증가한다.

69

다음 [표]는 정보통신 소프트웨어(ITSW) 산업 사회보험 및 부가급부 적용비율에 관한 자료이다. 이에 대한 [보고서]의 내용을 근거로 판단할 때, A~E 중 '국민연금'에 해당하는 것은?

[표] 정보통신 소프트웨어 산업 사회보험 및 부가급부 적용비율

(단위: %)

구분			A	B	C	D	E	퇴직금
ITSW 산업			95.6	97.6	96.8	98.0	62.0	94.1
	정규직		97.4	99.8	99.0	99.3	64.4	96.8
	비정규직		82.7	80.8	78.2	92.4	37.8	69.5
		파견근로	96.4	96.5	96.3	95.3	57.2	90.7
		용역근로	85.7	95.6	75.9	95.6	44.5	85.9
		일일근로	47.9	11.8	11.8	74.0	1.0	0.9
		단시간근로	48.3	51.2	45.5	82.9	22.2	51.6
		기간제	92.8	92.8	92.5	97.6	41.0	78.1
		한시적근로	41.7	23.8	20.4	58.8	12.4	9.3

※ 소수점 아래 둘째 자리에서 반올림한 값임.

┤ 보고서 ├

　　정보통신 소프트웨어 산업 중 '국민연금'이 적용되는 비율은 90 %를 초과하여 거의 대부분의 직원들이 '국민연금'에 가입된 것으로 나타났다. 정규직과 비정규직의 적용비율을 비교하면 정규직의 적용비율이 15 %p 이상 더 크다. 비정규직 중에서는 '파견근로'에 적용되는 비율이 가장 높으며, 두 번째로 적용비율이 높은 '기간제'와의 적용비율 차이는 3.8 %p 이상이었다. '국민연금' 적용비율이 가장 낮은 비정규직의 유형은 '일일근로'였다.

① A
② B
③ C
④ D
⑤ E

70

다음 [표]는 2022년 지역별 국립공원에 대한 자료이다. 이에 대한 [보기]의 설명 중 옳은 것을 모두 고르면?

[표] 2022년 지역별 국립공원 면적 및 공원 수

지역 \ 항목	총 면적(km²)	육지공원 면적(km²)	해면공원 면적(km²)	국립공원 수(개소)
합계	6,726	3,973	2,753	34
서울	37	37	—	1
대전	57	57	—	1
경기	40	40	—	1
강원	952	952	—	4
충북	582	582	—	3
충남	433	80	353	2
전북	500	483	17	4
전남	2,513	510	2,003	6
경북	594	594	—	7
경남	865	485	380	4
제주	153	153	—	1

※ 1) (국립공원 수)=(육지공원 수)+(해면공원 수)
2) 육지공원은 육지로만, 해면공원은 해면으로만 구성됨.
3) (국립공원 해면 비율)(%)$=\dfrac{(해면공원 \; 면적)}{(국립공원 \; 총 \; 면적)} \times 100$
4) [표]에 주어진 지역에만 국립공원이 존재함.

┤ 보기 ├

ㄱ. 가장 넓은 국립 육지공원의 면적이 480 km²라면, 국립 육지공원은 25개소 이상이다.
ㄴ. 국립 육지공원과 국립 해면공원이 모두 존재하는 지역 중 국립공원 해면 비율이 가장 높은 지역은 '충남'이다.
ㄷ. '강원', '충북', '경남' 각각에서 면적이 가장 넓은 국립 육지공원 면적은 모두 제주의 국립 육지공원 면적보다 넓다.

① ㄱ
② ㄷ
③ ㄱ, ㄴ
④ ㄴ, ㄷ
⑤ ㄱ, ㄴ, ㄷ

꿈을 끝까지 추구할 용기가 있다면
우리의 꿈은 모두 실현될 수 있다.

– 월트 디즈니(Walt Disney)

에듀윌 공기업
석치수의 NCS 수리능력 기본서

정답 및 해설

응용수리 30제

P. 328

01	02	03	04	05	06	07	08	09	10
①	④	①	③	③	⑤	②	③	②	④
11	12	13	14	15	16	17	18	19	20
②	①	③	②	③	④	④	④	④	⑤
21	22	23	24	25	26	27	28	29	30
④	100g	200g	3,090명	⑤	③	①	②	③	④

01 ①

→ 피보나치수열의 짝수 번째 항을 대응되는 알파벳으로 표시한 것이다.

→ 피보나치수열은 1, 1, 2, 3, 5, 8, 13, 21, 34, …이므로 '?'에 들어갈 문자는 21번째 알파벳에 해당하는 u이다.

02 ④

7	25	61	121	?
2^3-1	3^3-2	4^3-3	5^3-4	6^3-5

03 ①

(일반 풀이)

열심히 나열하면 다음과 같다.

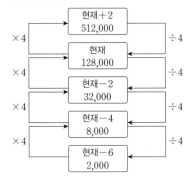

현재+2 512,000
현재 128,000
현재−2 32,000
현재−4 8,000
현재−6 2,000

(NCS 기본 풀이)

1) 2시간 후 → 4배 ⇔ 2시간 전 → $\frac{1}{4}$배

2) 2시간 후 미생물 수가 512,000마리이므로 현재는 2시간 전 이므로 $\frac{512,000}{4}=128,000$(마리)이다.

3) 6시간 전=2시간 전+2시간 전+2시간 전

→ $\frac{1}{4} \times \frac{1}{4} \times \frac{1}{4}=\frac{1}{64}$

4) $128,000 \times \left(\frac{1}{64}\right)=2,000$(마리)

(NCS 응용 풀이)

1) '현재로부터 2시간 후'와 '현재로부터 6시간 전'의 차이는

8시간이고 이는 $\left(\frac{1}{4}\right)^4=\frac{1}{2^8}$

2) $512=2^9$임을 알고 있으므로 바로 2,000마리임을 알 수 있다.

04 ③

(일반 풀이)

1) 오답 수가 x개라면, 정답 수는 $(20-x)$개이다.

2) 이를 바탕으로 식을 세우면 다음과 같다.

$3 \times (20-x)-2 \times x \geq 40$

→ $60-3x-2x \geq 40$

→ $20 \geq 5x$

→ $x \leq 4$

3) 그러므로 오답을 최대 4개까지 허용할 수 있다.

(NCS 기본 풀이)

1) 20문제를 모두 맞히는 경우 총점은 $20 \times 3=60$(점)이다.

2) 그런데 만약 1문제를 틀리면 얻을 수 있는 3점도 못 얻고, 추가로 2점이 감점되어 총 5점이 깎인다.

3) 즉, 1문제를 틀리면 $60-5=55$(점)이 된다.

4) 그런데 40점이 되기 위해서는 60점에서 20점이 깎인 것이다. 1문제당 5점씩 깎이므로 '20점=5점/개×4개'가 성립하여 오답은 최대 4개까지 허용된다.

05 ③

(일반 풀이)

조건을 정리하지 못하여 포기한다.

(NCS 기본 풀이)

1) 6시간 30분 동안 평균 40 km/h 속력으로 이동하였다면, 총 이동 거리는 $40 \times 6.5=260$(km)이다.

2) B 지점에서 C 지점으로 속력 100 km/h로 1시간 동안 이동하였으므로 이동 거리는 $100 \times 1=100$(km)이다.

3) 그러므로 A 지점에서 B 지점으로 이동 거리는 $260-100=160$(km)이다.

4) A 지점에서 B 지점으로 이동 시 소요시간은 $160 \div 80=2$(시간)이다.

5) A 지점에서 B 지점으로 이동 시 소요시간은 2시간이고, B 지점에서 C 지점으로 이동 시 소요시간은 1시간이므로 이동 시 총 소요시간은 $2+1=3$(시간)이다.

6) (휴식시간)$=6.5-3=3.5$(시간)

(NCS 실전 풀이)

1) 중간 정도의 값을 대입해 본다.

2) 만약 휴식시간이 3시간 30분이라면

• B → C 이동 시 1시간 이동하였으므로

• A → B 이동 시 2시간이다.

• A → B 이동 거리: $80 \times 2=160$(km)

• B → C 이동 거리: $100 \times 1=100$(km)

• 총 이동 거리: $160+100=260$(km)

- $40 \times 6.5 = 260(\text{km})$

3) 이 값이 일치하므로 모순이 없다.

06 ⑤

일반 풀이

엄청난 분수의 형태로 푼다.

NCS 기본 풀이

1) 6, 14, 21의 최소공배수를 구하면 42이다.

	A	B	C
2)	6	14	21
7)	3	7	21
3)	1	1	3
	1	1	1

$\rightarrow$ ∴ (최소공배수)$= 2 \times 7 \times 3 = 42$

2) 즉, 전체 일의 양을 42라고 가정하면
- A는 1일에 7만큼
- B는 1일에 3만큼
- C는 1일에 2만큼 일을 처리할 수 있다.

3) 그런데 'B'를 원래 계획보다 2일을 사용하지 못하였으므로 6만큼 일에 차질이 생겼다.

4) 이를 1일에 2만큼 일을 하는 C로 메꿔야 하므로 3일이 더 필요하다.

07 ②

일반 풀이

1) 이 가족이 나누어 가진 사과의 총 개수가 ☆개라면
- $A = \dfrac{1}{3}☆ - 10$

  $\rightarrow$ 남은 개수: $\dfrac{2}{3}☆ + 10$

- $B = \left(\dfrac{2}{3}☆ + 10\right) \times \dfrac{1}{4} + 10$

  $\rightarrow$ 남은 개수: $\left(\dfrac{2}{3}☆ + 10\right) \times \dfrac{3}{4} - 10$

- $C = \left\{\left(\dfrac{2}{3}☆ + 10\right) \times \dfrac{3}{4} - 10\right\} \times \dfrac{1}{2} + 5$

  $\rightarrow$ 남은 개수: $\left\{\left(\dfrac{2}{3}☆ + 10\right) \times \dfrac{3}{4} - 10\right\} \times \dfrac{1}{2} - 5$

- $C = 1.5D$
- $C - D = 10$

2) 방정식을 해결하면 ☆ = 105(개)이다.

NCS 기본 풀이

1) 적당한 값을 넣어 본다. 120개를 대입한다.
- $A = (120 \div 3) - 10 = 30(\text{개})$
- 남은 개수: $120 - 30 = 90(\text{개})$
- 90의 $\dfrac{1}{4}$보다 10 많은 수는 나누어떨어지지 않는다. 옳지 않다.
- 처음에 120보다 4개 더 많은 124로 시작해도 마찬가지일 것이 예상되므로 124도 아니다.

2) 105를 대입한다.

- $A = \dfrac{105}{3} - 10 = 25(\text{개})$
- 남은 개수: $105 - 25 = 80(\text{개})$
- $B = \dfrac{80}{4} + 10 = 30(\text{개})$
- 남은 개수: $80 - 30 = 50(\text{개})$
- $C = \dfrac{50}{2} + 5 = 30(\text{개})$
- $D = 50 - 30 = 20(\text{개})$
- 개수는 1.5배이고, 그 차이는 10개이므로 성립한다.

NCS 실전 풀이

1) 선택지 중 3으로 나누어떨어지지 않는 것을 소거한다.
④, ⑤ 소거

2) 선택지 중 3으로 나눈 후 2배를 한 후 10을 더한 값이 4로 나누어떨어지지 않는 것을 소거한다. ③ 소거
① 33 → 66 → 76
② 35 → 70 → 80
③ 40 → 80 → 90

3) 세 번째 조건과 네 번째 조건을 읽어보면 C와 D의 합이 50이 되어야 한다.

4) 현재 ① = 76, ② = 80에서 B에게 분배 후 남는 수가 50인 것은 ②번이다.

08 ③

일반 풀이

1) 수수료를 정리하면

취소·반환 시점	수수료
예매 후 구매 당일 취소	0 %
예매 다음 날~열차 출발 1일 이전	10 %
열차 출발 당일 출발시각 이전	20 %
열차 출발 이후	80 %

2) 특별 할인 이전 금액이 ☆원이라면

3) 특별 승차권 금액은 $(1 - 0.45) \times ☆ = 0.55☆(\text{원})$이다.

4) 열차 출발 당일 출발시각 이전 예매를 취소하였으므로 수수료는 20 %이다.
$\rightarrow$ (반환금)$= 0.55☆ - 0.55☆ \times 0.2$
$= 0.44☆ = 15{,}400(\text{원})$

5) ∴ ☆ = 35,000

NCS 기본 풀이

1) A 과장은 출장 당일 출발시각 이전에 취소하였으므로 수수료 20 % ⇔ 반환금 80 %

2) 할인율 45 % ⇔ 정가의 55 %

3) 그러므로 ☆ $\times 0.55 \times 0.80 = 15{,}400(\text{원})$

4) ∴ ☆ = 35,000

NCS 실전 풀이

1) 할인받고 수수료를 떼고 남은 금액이 15,400원인데 13,600원은 당연히 정답이 될 수 없다.

2) 반환금액에 대해서는 ☆ $\times 0.55 \times 0.8 = 15{,}400$이 성립함을 인지한다.

3) 식을 정리하면 ☆×0.44＝15,400
4) 중간 정도의 가격인 35,000원을 대입한다. 35,000원의 40 %는 14,000원이고 4 %는 1,400원이므로, 그 합은 14,000＋1,400＝15,400(원)이 성립한다. 따라서 정답이다.
5) 당연하지만 [☆×0.44＝15,400]의 구조에서는 25,000원은 절반이 12,500원이므로 성립하지 않고, 39,600원의 경우 일의 자리가 있어야 하는데 그렇지 않으므로 성립하지 않으며, 42,000원의 경우 그 값의 44 %는 확실하게 16,000보다 크다. 적절한 것은 35,000원뿐이다.

계산 TIP
☆×0.55×0.80＝15,400
→ ☆×0.44＝15,400
→ ☆×11×0.04＝11×1,400
→ ☆×0.04＝1,400
→ ∴ ☆＝35,000

09 ②

일반 풀이
1) 기계적으로 최소공배수를 떠올린다.

		A	B	C
2	)	14	18	12
3	)	7	9	6
		7	3	2

→ ∴ 최소공배수: $2×3×7×3×2＝252$

2) 출발시각 오전 9시＋252분－준비시간 22분
＝오전 9시＋230분
＝오전 9시＋3시간 50분
＝오후 12시 50분
＝오후 1시 10분 전

NCS 기본 풀이
1) 기계적으로 최소공배수를 떠올린다.

		A	B	C
2	)	14	18	12
3	)	7	9	6
		7	3	2

→ ∴ 최소공배수: $2×3×7×3×2＝252$

2) 252분＝60분×4＋12분＝4시간 12분
3) 출발시각 오전 9시＋4시간 12분－준비시간 22분
＝13시－10분＝오후 1시 10분 전

계산 TIP
⑴ 선택지가 1시를 기준으로 되어 있으므로 시간을 기준으로 생각한다.
⑵ 1시간＝60분

10 ④

일반 풀이
1) 층별 월 전기료를 계산하면 다음과 같다.

층수	에어컨 종류		월 전기료 (만 원)	버리는 스탠드형 대수(대)
	스탠드형 (4만 원)	4－way형 (2.5만 원)		
5층	9	6	51	1
4층	5	4	30	0
3층	15	8	80	8
2층	12	4	58	2
1층	13	6	67	5

2) 스탠드형 에어컨을 버린 후 상황 및 에어컨 1대당 직원 수를 계산하여 정리하면 다음과 같다.

층수	에어컨 종류			직원 수 (명)	(직원 수) / (에어컨 대수)
	스탠드형 (4만 원)	4－way형 (2.5만 원)	소계		
5층	8	6	14	720	51.4
4층	5	4	9	300	33.3
3층	7	8	15	760	50.7
2층	10	4	14	600	42.9
1층	8	6	14	750	53.6

3) 그러므로 5층, 3층, 1층에서 4－way형 에어컨을 각각 1대씩만 구매하면 된다. 총 3대이다.

NCS 기본 풀이
1) 4－way형 대수에 따라 월 전기료 50만 원을 기준으로 남은 금액을 정리하고 기준을 세우면 다음과 같다.
  • 4－way형 4대: 10만 원
    → 40만 원 남음 → 스탠드형 max 10대
    → 에어컨 총 14대 → 직원 수 max 700명
  • 4－way형 6대: 15만 원
    → 35만 원 남음 → 스탠드형 max 8대
    → 총 14대 → 직원 수 max 700명
  • 4－way형 8대: 20만 원
    → 30만 원 남음 → 스탠드형 max 7대
    → 총 15대 → 직원 수 max 750명
2) 기준과 전혀 다른 패턴은 4층이고, 4층의 직원 수는 $50×9＝450$(명)보다 적으므로 4－way형 에어컨을 새로 구매할 필요가 없다.
3) 4층을 제외한 층별 직원 수를 분석하면 다음과 같다.
  • 5층: 720명＝700명＋50명↓ → 4－way형 1대
  • 3층: 760명＝750명＋50명↓ → 4－way형 1대
  • 2층: 600명＝700명↓　　　 → 4－way형 0대
  • 1층: 750명＝700명＋50명 → 4－way형 1대

11 ②

일반 풀이

1) 전략별 사은품 세트 구성 가능 개수를 계산하여 정리하면 다음과 같다.

(단위: 개)

전략 \ 물품		볼펜	우산	모자	포인터
A	보유수	270	523	476	180
	구성	3	4	5	0
	세트수	90	130	95	—
B	보유수	270	523	476	180
	구성	0	6	4	2
	세트수	—	87	119	90

2) 그러므로 전략 A는 90개, 전략 B는 87개로 그 차이는 3개이다.

NCS 실전 풀이

1) [표 1]에서 제시된 수치가 상대적으로 쉬운 물품은 볼펜과 포인터이고,
2) [표 2]에서 전략 A는 포인터가 없고, 전략 B는 볼펜이 없다.
3) 전략 A는 볼펜을 기준으로 계산하면 90개이다. 이를 기준으로 계산하면
   - 우산 개수는 '$90 \times 4 = 360 < 523$'이 성립하므로 90보다 큰 수이고,
   - 모자 개수는 '$90 \times 5 = 450 < 476$'이 성립하므로 90보다 큰 수이므로
   - 전략 A에서 만들 수 있는 사은품 세트의 최댓값은 90개이다.
4) 전략 B는 포인터를 기준으로 계산하면 90개이다. 이를 기준으로 계산하면
   - 우산은 '$90 \times 6 = 540 > 523$'이 성립한다.
     → $523 = 540 - 17 = 540 - 6 \times 3\downarrow$이 성립하므로 87개이고,
   - 모자 개수는 '$40 \times 9 = 360 < 476$'이 성립하므로 90보다 큰 수이다.
   - 즉, 전략 B에서 만들 수 있는 사은품 세트의 최댓값은 87개이다.
5) 그러므로 그 차이는 $90 - 87 = 3$(개)이다.

계산 TIP

계산을 많이 하고 싶지 않다면 기준을 가지고 접근한다.

12 ①

일반 풀이

1) 강의별 이윤 증가폭을 계산하면 다음과 같다.
   - OPIC 대비 주말반
     $12 \times 50 \times (1 - 0.1) - 12 \times 36 = 108$(만 원)
   - TOEFL Writing
     $15 \times 30 \times (1 - 0.1) - 15 \times 18 = 135$(만 원)
   - TOEIC L/C
     $30 \times 100 \times (1 - 0.2) - 30 \times 48 = 960$(만 원)
   - TOEIC R/C
     $30 \times 100 \times (1 - 0.2) - 30 \times 62 = 540$(만 원)
   - TEPS 600
     $24 \times 20 \times (1 - 0.1) - 24 \times 12 = 144$(만 원)
2) ∴ A＝TOEIC L/C, B＝OPIC 대비 주말반

NCS 실전 풀이

1) A의 경우 TOEIC L/C 또는 TOEIC R/C 중 1개인데
   - 수강료가 동일하고, 정원도 동일하기 때문에 11월 수강료 총액은 동일하다.
   - 즉, 10월 수강생이 더 적은 경우 이윤이 더 많이 증가하였을 것이다.
   - 그러므로 TOEIC L/C이다.
2) B의 경우 할인율을 정원으로 옮겨서 생각하면 수강생 수 차이는 강의별로 다음과 같다.
   - OPIC 대비 주말반: $50 \times 0.9 - 36 = 9$(명)
   - TOEFL Writing: $30 \times 0.9 - 18 = 9$(명)
   - TEPS 600: $20 \times 0.9 - 12 = 6$(명)
3) OPIC 대비 주말반과 TOEFL Writing은 수강생 수 증가폭이 동일하므로 수강료가 더 낮은 OPIC 대비 주말반의 이윤 증가폭이 더 작고
4) OPIC 대비 주말반과 TEPS 600과 비교하면 수강료는 2배, 수강생 수는 1.5배이므로 OPIC 대비 주말반이 더 작다.

계산 TIP

계산을 단순화하기 위해서는 공통점과 차이점을 생각한다.

13 ③

NCS 기본 풀이

1) 오른쪽으로 이동하는 것을 a, 위쪽으로 이동하는 것을 b라고 하면
2) A 지점에서 B 지점으로 이동하는 것은 aaaaabbbb를 나열하는 경우의 수에 해당한다.
3) 이는 중복조합에 해당하므로 계산하면 $\dfrac{9!}{5! \times 4!} = 126$(가지)이다.
4) 만약 위의 원리를 이해하지 못하면 다음과 같이 그림에서 덧셈을 시작한다.

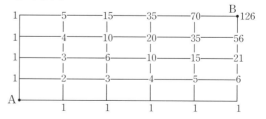

14 ②

일반 풀이

[표 2]의 괄호를 채우면 다음과 같다.

지표＼대학	E	F	G
다	10	9	10
라	10	8 or 10	7
마	10	10 or 9	8
대학평판도 총점	410	365	375

ㄱ. (○) E 대학은 지표 '다', '라', '마'의 지표점수는 10점으로 동일하다.

ㄴ. (○) 지표 '라'의 지표점수는 F 대학이 8 또는 10이고, G 대학의 7보다 크다. 확정지을 수 없지만 대소비교는 할 수 있다.

ㄷ. (×) H 대학은 지표 '나'의 지표환산점수는 $5 \times 8 = 40$(점)이고, '마'의 지표환산점수는 $6 \times 10 = 60$(점)이다. 전자가 후자보다 작다.

NCS 실전 풀이

1) '가'~'사'의 가중치를 단순화한다.

지표	가	나	다	라	마	바	사
가중치	10	5	10	5	10	5	5
단순화	2	1	2	1	2	1	1

2) 대학 평판도 총점 또한 단순화하면 $410 \to 82$, $365 \to 73$, $375 \to 75$이다.

ㄱ. (○) E 대학의 드러난 지표에 대해서 계산하면
- $6 \times 2 + 7 \times 1 + 6 \times 1 + 7 \times 1 = 32$(점)이므로 남은 것은 $82 - 32 = 50$(점)이다.
- 가중치 2, 1, 2의 조합으로 가능한 지표점수는 10점뿐이다.

ㄴ. (○) F 대학보다 G 대학을 먼저 계산하면 '라' 지표는 7점이 된다.

ㄷ. (×) 가중치는 '마'가 '나'의 2배이므로 '마'의 점수가 5점을 초과하면 '마'의 지표환산점수가 당연히 더 크다. 그런데 '마'의 점수는 5점을 초과한 6점이므로 더 크다.

계산 TIP

단순화하는 것이 어렵다면 그냥 계산한다.

15 ③

일반 풀이

수형도 등의 그림을 그리면서 풀려고 시도한다.

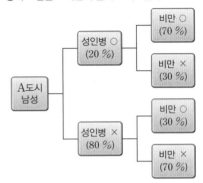

NCS 기본 풀이

1) 다음과 같이 [표]를 그린다.

구분	비만 ○	비만 ×	합계
성인병 ○	14	6	20
성인병 ×	24	56	80
합계	38	62	100

2) 비만인 남성 가운데 성인병이 있는 남성의 비율은
$$\frac{14}{38} \times 100 = 37(\%)$$

계산 TIP

$$\frac{14}{38} = \frac{7}{19} > \frac{7}{20} = 35\%$$

16 ④

일반 풀이

다음과 같이 [표]를 만든다.

구분	상반기(건)	하반기(건)	계(건)
일반상담가	48	72	120
전문상담가	6	54	60
계	54	126	180

NCS 실전 풀이

1) 가중평균 원리를 이해하였다면
- (일반상담가) : (전문상담가) $= 2 : 1$이므로
  (거리비는 일반상담가) : (전문상담가) $= 1 : 2$
- 일반상담가의 하반기 비중이 60 %이고, 전체 가족상담의 하반기 비중이 70 %이므로 전문상담가의 하반기 비중은 90 %이다.

2) 그러므로 $60 \times 0.9 = 54$(건)이다.

3) 그림으로 나타내면 다음과 같다.

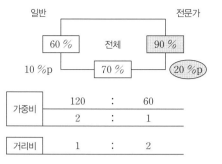

일반   전문가

	60 %	전체	90 %
10 %p		70 %	20 %p

가중비	120	:	60
	2	:	1

거리비	1	:	2

발상 TIP

가중평균에 대해서 공부한 후에 다시 돌아와서 생각해보자.

17 ④

일반 풀이

1) O형: 159+3+115+5=282(명)
2) {O형}∩{Rh+}∩{여자}: 115명
3) $\frac{115}{282}$ ≒0.41

NCS 기본 풀이

1) O형: 159+3+115+5=282(명)
2) {O형}∩{Rh+}∩{여자}: 115명
3) $\frac{115}{282}$ 는 일단 $\frac{1}{3}$ 보다는 크고, 0.5보다는 작으며, 0.4보다는 크다.

18 ④

일반 풀이

[표]의 빈칸을 채워서 정리하면 다음과 같다.

점수(점)	등급	인원(명)	상대백분율	누적백분율
95 이상	A+	5	12.5 %	12.5 %
90 이상 95 미만	A	6	15.0 %	27.5 %
85 이상 90 미만	B+	11	27.5 %	55.0 %
80 이상 85 미만	B	5	12.5 %	67.5 %
75 이상 80 미만	C+	6	15.0 %	82.5 %
70 이상 75 미만	C	4	10.0 %	92.5 %
65 이상 70 미만	D+	2	5.0 %	97.5 %
60 이상 65 미만	D	1/0	2.5 % / 0 %	100 % / 97.5 %
60 미만	F	0/1	0 % / 2.5 %	100.0 %

• 95점 이상 계급에서 인원이 5명인데 상대백분율이 12.5 %이

므로 1명이 2.5 %이다. 그러므로 전체 수강생은 40명이다.

• 95점 이상의 누적백분율은 누적백분율의 처음이므로 상대백분율과 같은 12.5 %이다.
• 90점 이상 95점 미만의 누적백분율이 27.5 %이므로 상대백분율은 27.5−12.5=15.0(%)이다.
• 같은 원리로 85점 이상 90점 미만 계급부터 65점 이상 70점 미만의 상대백분율 또는 누적백분율을 채울 수 있다.
• 다만, 60점 이상 65점 미만과 60점 미만에 대해서는 인원에 대해 확정 지을 수 없어 상대백분율과 누적백분율도 확정 지을 수 없다.

ㄱ. (×) (B+ 학생 수)
  =(B+ 이상 학생 수)−(A 이상 학생 수)
  =(55.0 %−27.5 %)÷2.5 %=11(명)

ㄴ. (○) C 등급의 누적백분율이 92.5 %이므로 D+ 이하의 백분율은 100−92.5=7.5(%)이다. 7.5 %는 3명이다.

ㄷ. (×) (C 이상 B+ 이하인 학생 수)
  =(C 이상 학생 수)−(A 이상 학생 수)
  =(92.5 %−27.5 %)÷2.5 %=26(명)

ㄹ. (○) 행정학개론의 등급이 B+인 학생 1명의 등급을 A로 수정하여도 누적백분율이 27.5+2.5=30.0(%)이므로 30 % 이내에 어긋나지 않는다.

NCS 실전 풀이

1) 인원, 상대백분율, 누적백분율이 주어져 있는데 95점 이상에서 5명이 12.5 %이므로 1명이 2.5 %가 되어 기계적으로 전체 수강생은 40명임을 인지한다.

2) 각주에서 A 이상은 30 % 이내, B 이상은 70 % 이내라고 하였으므로 이를 기준으로 누적백분율을 활용해야겠다고 생각한다.

ㄱ. (×) B+인 학생의 수가 10명이라면 상대백분율로 25 %인데 27.5+25.0≠55.0(%)

ㄴ. (○) D+ 이하인 학생의 수가 3명이라면, 3명의 상대백분율은 7.5 %이므로 D+를 초과하는 학생이 100−7.5=92.5(%)라는 것과 동일하다. 즉, C의 누적백분율은 92.5 %이다.

ㄷ. (×) C 이상 B+ 이하인 학생의 수가 27명이라면, 바로 전의 선택지에서 D+ 이하인 학생의 수가 3명이었으므로 A 이상인 학생의 수가 10명인 것과 같은 의미이다. A 이상인 학생의 수는 11명이다.

ㄹ. (○) 읽지 않는다.

다음의 3가지 것들이 결합할 때의 결론은 선택지 ㄷ을 '행정학개론의 등급이 A 이상인 학생의 수가 10명이다.'가 된다. 아래의 그림을 참고한다.

전체 학생 수가 40명
+
ㄴ: D+ 이하인 학생의 수가 3명
+
ㄷ: C 이상 B+ 이하인 학생의 수가 27명

등급	A+	A	B+	B	C+	C	D+	D	F	합계
인원수	10명		27명					3명		40명

19 ④

일반 풀이

[표]의 괄호를 모두 채우면 다음과 같다.

응답자의 종교 / 후보	불교	개신교	가톨릭	기타	합
A	130	130	60	300	620
B	260	100	30	350	740
C	195	130	45	300	670
D	65	40	15	50	170
계	650	400	150	1,000	2,200

• 불교이면서 'C 후보'를 지지하는 인원수는 195명
• 'B 후보'를 지지하는 인원수가 740명이므로 개신교이면서 'B 후보'를 지지하는 인원수는 100명이다.
• (가)와 (나)가 동일하므로 개신교 인원수 합을 이용하여 계산하면 (가)=(나)=130명이다.
• 기타 빈칸과 합계 빈칸을 쉽게 채울 수 있다.

ㄱ. (×) 'A 후보' 지지 인원수는 620명, 'C 후보' 지지 인원수는 670명이므로 'A 후보' 지지율이 더 낮다.
ㄴ. (○) 'C 후보' 지지 인원수와 'D 후보' 지지 인원수의 합은 670+170=840(명)으로 B 후보 지지 인원수 740명보다 많다.
ㄷ. (×) 'A 후보' 지지자 중 개신교 신자와 불교 신자는 각각 130명으로 동일하다.
ㄹ. (○) 계산하면 다음과 같다.

개신교 중 'A 후보' 지지율: $\frac{130}{400}=0.325=32.5\,\%$

가톨릭 중 'C 후보' 지지율: $\frac{45}{150}=0.300=30.0\,\%$

NCS 실전 풀이

ㄱ. (×) 'A vs C'를 해결해야 한다. 차이값으로 접근한다. A 후보 지지율이 C후보 지지율보다 낮다.

구분	불교	개신교	가톨릭	기타
			+15	

A	130	(가)	60	300
C	195	(나)	45	300
			+65	

ㄴ. (○) 선택지 ㄱ에서 A와 C는 큰 차이가 나지 않고 'D 후보' 지지 인원수도 작지 않은데, 'B 후보' 지지 인원수는 거의 전체 $\frac{1}{3}$이므로 C+D>B가 성립한다.
ㄷ. (×) (가)=130이라고 가정하면, (나)=130이고, 'B 후보'를 지지하는 개신교 신자는 100명이고, 이때 'B 후보'를 지지하는 인원수는 260+100+30+350=740(명)으로 아무런 모순이 없다.
ㄹ. (○) 읽지 않는다.

(1) 불교 신자의 합은 650명이다.
(2) 130명은 65명의 2배, 260명은 65명의 4배이다.
(3) 즉, 650명은 65가 10개 있는 것인데 A는 65가 2개, B는 4개, D는 1개로 A, B, D는 65가 7개이므로 3개가 더 있어야 한다.
(4) 그러므로 C는 65가 3개이므로 당연히 195명이다.

20 ⑤

일반 풀이

[표]에 '합'을 계산하여 다시 구성하면 다음과 같다.

(단위: 가구)

사고 전 / 사고 후	수돗물	정수	약수	생수	합
수돗물	40	30	20	30	120
정수	10	50	10	30	100
약수	20	10	10	40	80
생수	10	10	10	40	70
합	80	100	50	140	370

① (×) 사고 전에 식수 조달원으로 수돗물을 이용하는 가구 수가 가장 많다. 옳지 않다.
② (×) 사고 전에 비해 사고 후에 이용 가구 수가 감소한 식수 조달원은 수돗물, 약수로 2개이다.
③ (×) 사고 전후 식수 조달원을 변경한 가구수가 전체 가구 수에서 차지하는 비중은 계산하면 다음과 같다. $(30+20+30+10+10+30+20+10+40+10+10+10) \div 370 \times 100 = 62.16\,(\%) > 60\,\%$
④ (×) 사고 전에 식수 조달원으로 정수를 이용하던 100가구 중 10명은 수돗물, 10명은 약수, 30명은 생수로 변경하였다. 가구 수가 같을 것일 뿐 그 가구가 계속 이용하는 것은 아니다.
⑤ (○) 수돗물, 정수, 약수, 생수의 사고 전후에 이용 가구 수의 차이는 각각 40, 0, 30, 70으로 생수가 가장 크다.

NCS 실전 풀이

각각의 계가 없지만 일일이 채우기에는 너무 많다.
① (×) 정수를 기준으로 차이값으로 확인한다. 수돗물이 더 많

다. 옳지 않다.

사고 후\사고 전	수돗물	정수	약수	생수
	+30		+10	
수돗물	~~10~~	~~30~~	~~20~~	~~30~~
정수	~~10~~	~~50~~	~~10~~	~~30~~
				+20

② (×) 수돗물의 경우 가구 수가 감소하였고, 정수는 가구 수가 동일하다. 그러므로 사고 전에 비해 사고 후에 가구 수가 감소한 식수 조달원은 3개가 될 수 없다. 옳지 않다.

③ (×) 이 선택지가 옳다면
  • 변경한 가구: 60 % ↓
  • 변경하지 않은 가구: 40 % ↑
  → ∴ (변경하지 않은 가구)×1.5≥(변경한 가구)
  → 적당히 계산하면 옳지 않다는 것을 판단할 수 있다.

④ (×) 사고 전에 식수 조달원으로 정수를 이용하던 가구는 모두 사고 후에도 정수를 이용하는 것은 아니다. 사고 전에 식수 조달원으로 정수를 이용하던 100가구 중 10가구는 수돗물로, 10가구는 약수로, 30가구는 생수로 식수 조달원으로 변경하였다.

⑤ (○) 읽지 않는다. 다만, 큰 수치가 사고 후 생수 조달원에 몰려 있다.

발상 TIP

만약 원자력 발전소에 사고가 발생한다면 여러분은 어떤 식수 조달원을 이용할 것인가?

21 ④

일반 풀이

1) 설문조사 대상자와 응답자를 구분하지 못하거나
2) 응답거부와 복수응답 불가를 잘 이해하지 못해 [표]를 잘못 해석한다.

  ㄱ. (○) 계산하면 다음과 같다. 배포된 설문지 중 제출된 설문지 비율은
  $$\frac{130}{150}\times100 ≒ 86.67(\%) > 85\,\%$$

  ㄴ. (×) 전체 설문조사 대상자는 150명이다. 학력에 대해 응답한 수는 $6+100+18=124$(명)으로, $150-124=26$(명)은 응답하지 않았다. 만약 응답하지 않은 26명이 모두 고졸 이하라면 실제 고졸 이하에 해당하는 응답자 수는 $8+26=34$(명)이 되어 비율이 가장 낮을 수 없다.

  ㄷ. (○) '직무유형'과 '소속기관'의 제출된 설문지의 문항별 응답률을 계산하면 다음과 같다. '직무유형＞소속기관'이 성립한다.
    • 직무유형: $(34+28+27+14+8+5+8)÷150×100$
    $$=\frac{124}{150}\times100 ≒ 82.7(\%)$$
    • 소속기관: $(71+3+41)÷150×100$
    $$=\frac{115}{150}\times100 ≒ 76.7(\%)$$

  ㄹ. (○) 계산하면 다음과 같다. '직급' 문항 응답자 중 '8~9급' 비율은
  $$\frac{44}{4+28+44}\times100 ≒ 57.89(\%)$$
  '근무기간' 문항 응답자 중 5년 이상 비율은
  $$\frac{21+23}{19+24+21+23}\times100=\frac{44}{87}\times100 ≒ 50.57(\%)$$

NCS 실전 풀이

이 설문조사는 150명을 대상으로 실시하였고, 130부가 수거되었으며, 응답거부는 허용되었으나 복수응답은 허용되지 않았다는 것에 주의한다.

  ㄱ. (○) 150부의 15 %는 22.5부이다. 130부에 22.5부를 더하면 150부를 초과하므로 130부는 150부의 85 % 이상이다.

  ㄴ. (×) 학력에 응답한 인원은 $6+100+18=124$(명)이고, 전체 대상자 중 $150-124=26$(명)의 학력을 알 수 없다. 만약, 알 수 없는 26명의 학력이 모두 고졸 이하라면 '고졸 이하'의 비율이 가장 낮다고 할 수 없다.

  ㄷ. (○) 제출된 설문지의 문항별 응답률이므로 제출된 설문지 130부는 같다. '직무유형'과 '소속기관'에 대한 응답 수의 합을 계산하면 다음과 같다.
    • 소속기관: $71+3+41=115$(명)
    • 직무유형: $34+28+27+14+8+5+8$
    $$=60↑+40↑+10↑+8=118↑(\text{명})$$

  ㄹ. (○) 읽지 않는다. 분수로 나타내면 다음과 같다.
    • '직급' 문항 응답자 중 '8~9급' 비율은
    $$\frac{44}{4+28+44}=\frac{44}{76}$$
    • '근무기간' 문항 응답자 중 5년 이상 응답 비율은
    $$\frac{21+23}{4+28+44}=\frac{44}{87}$$
    • 숫자 구성상 당연히 전자가 더 크다. 조금 더 단순하게 접근할 수 있다면 좋을 것이다.

계산 TIP

계산은 애매한 경우에 정확하게 하고, 처음에는 대충한다.

22 100 g

NCS 실전 풀이

1) 소금물의 일부를 덜어낸 5 %와 12 %를 섞어서 8 %가 되었다.
2) 거리비가 3 : 4이므로 가중비는 4 : 3이다.
3) 총 700 g이므로 이를 4 : 3으로 분배하면
  • 5 % → 400 g＝500 g−100 g
  • 12 % → 300 g
4) 그러므로 덜어낸 소금물의 양은 100 g이다.

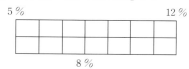

정답 및 해설 **429**

23 200 g

NCS 실전 풀이

1) 6 %와 15 %를 섞은 후 물을 더 넣어서 8 %가 되었다.
2) 하지만 이는 순서를 다르게 해도 결과는 같다.
3) 그렇다면 물(=소금물 농도 0 %)과 6 %를 1 : 3으로 섞었으므로 거리비는 3 : 1이 되어 결과는 4.5 %가 된다.
4) 4.5 %랑 15 %를 섞어서 8 %가 되었으므로
5) 거리비는 3.5 : 7이므로 가중비는 7 : 3.5=2 : 1이다.
6) 8 % 600 g을 2 : 1로 배분하면 4.5 %는 400 g, 15 %는 200 g이다.

24 3,090명

NCS 실전 풀이

1) 이 문제에서 가중치는 지난달의 여자, 남자 회원 수이다.
   - 여자 회원 수 증가율은 −2 %
   - 남자 회원 수 증가율은 +3 %
   - 전체 회원 수 증가율은 +1 % (5,000명 → 5,050명)
2) −2 %와 +3 %가 섞여서 +1 %가 되었으므로
   - 거리비는 3 : 2이므로
   - 가중비는 2 : 3이다.
   → 지난 달 회원 수 (여자, 남자)=(2,000명, 3,000명)
3) ∴ (이번 달 남자 회원 수)=3,000+3,000×3 %=3,090(명)

25 ⑤

일반 풀이

[표]의 빈칸 및 일별 주가와 5일 이동 평균을 계산하여 정리하면 다음과 같다.

거래일	일별 주가	5일 이동 평균	차이
1	7,550	−	
2	7,590	−	
3	7,620	−	
4	7,720	−	
5	7,780	7,652	128
6	7,820	7,706	114
7	7,830	7,754	76
8	7,800	7,790	10

NCS 실전 풀이

ㄱ. (×) 거래 8일차 주가를 계산해야 한다. 거래 8일차의 5일 이동 평균을 가평균으로 생각하면 간단하다.

거래일	일별 주가	차이	가평균
4	7,720	−70	
5	7,780	−10	
6	7,820	+30	7,790
7	7,830	+40	
8	7,800	+10	
합		0	

ㄴ. (○) 시각적으로 보여주면 다음과 같다.

거래일	일별 주가	5일 이동 평균			
		5	6	7	8
1	7,550	○			
2	7,590	○	○		
3	7,620	○	○	○	
4	7,720	○	○	○	○
5	7,780	○	○	○	○
6	7,820		○	○	○
7	7,830			○	○
8	7,800				○

- 거래 5일차와 6일차의 5일 이동 평균은 [표]에 주어져 있으므로 증가하였다는 것을 쉽게 확인할 수 있다.
- 거래 7일차의 5일 이동 평균은 거래 6일차의 5일 이동 평균에 비해 거래 2일차 주가가 빠지고 거래 7일차 주가가 추가되었으므로 5일 이동 평균은 당연히 증가한다.
- 거래 7일차의 5일 이동 평균과 거래 8일차의 5일 이동 평균은 역시 같은 원리로 당연히 증가한다.

ㄷ. (○) 읽지 않는다.
ㄹ. (○) 거래 5~7일 동안 일별 주가의 증가폭보다 5일 이동 평균의 증가폭이 더 크므로 일별 주가와 5일 이동 평균 간의 차이는 감소하였다. 거래 8일차의 경우 일별 주가가 감소하였으나 5일 이동 평균은 증가하였으므로 일별 주가와 5일 이동 평균 간의 차이는 감소하였다.

계산 TIP

증가폭이 가장 큰 것이 주어져 있다면 그 값을 기준으로 나머지를 비교한다.

26 ③

일반 풀이

1) 조건 2: A=9점
2) 조건 3: 9+B+C+D+9+9=8.5×6=51(점)
   → B+C+D=24(점)
3) 조건 4: B, C, D 중 1개가 10점이고, 9점은 없다.
4) 조건 5: D=C+4이므로 C=6점, D=10점, B=8점

NCS 실전 풀이

1) 조건 2: A=9점
   → ①, ② 소거
2) 조건 3: 9+B+C+D+9+9=8.5×6=51(점)
   → B+C+D=24(점)
   → 이에 맞춰 남은 선택지를 재구성하면 다음과 같다.

구분	A	B	C	D
③	9	8	6	10
④	9	10	5	9
⑤	9	10	6	8

→ 그런데 D=9이면 조건 2에 모순이다.

→ ④ 소거

3) 남은 선택지는 다음과 같다.

구분	A	B	C	D
③	9	8	6	10
⑤	9	10	6	8

조건 4는 모두 만족하고, 조건 5를 만족하는 것은 ③번이다.

계산 TIP

⑴ 평균이 등장 시 항상 가평균을 생각한다.

⑵ 다만, 평균으로 접근할 것인지 총합으로 접근할 것인지는 때에 따라 다르다.

27 ①

일반 풀이

1) 평균: $(6+3+7+10+4+6) \div 6 = 6$(억 원)

2) 분산: $\{(6-6)^2+(3-6)^2+(7-6)^2+(10-6)^2$
$+(4-6)^2+(6-6)^2\} \div 6 = 5$

NCS 기본 풀이

1) 그냥 더해서 평균을 구할 수도 있지만, 5나 6을 가평균으로 놓고 계산한다. 만약 어렵다면 그냥 [일반 풀이]처럼 계산해도 된다.

2) 6을 가평균으로 놓고 계산하면 다음과 같다.

구분	2019년 상반기							합
	1월	2월	3월	4월	5월	6월		
영업 매출액 (억 원)	6	3	7	10	4	6		
평균과 차이	0	−3	+1	+4	−2	0	→	0
(평균과 차이)²	0	9	1	16	4	0	→	30

3) 분산을 구체적으로 계산할 수도 있지만, 주어진 선택지의 분산에 6을 곱한 값으로 생각하는 것이 더 간단하다.

28 ②

일반 풀이

1) [정보]에서 제빵사 A, B, C의 1일 빵 생산량에 대해서 계산한다.
- A: 5,000개
- B: $5,000 \times 1.1 = 5,500$(개)
- C: $5,500 + 1,500 = 7,000$(개)
- 총합: $5,000 + 5,500 + 7,000 = 17,500$(개)

2) 불량품 개수를 계산한다.
- A: $5,000 \times 0.008 = 40$(개)
- B: $5,500 \times 0.01 = 55$(개)
- C: $7,000 \times 0.005 = 35$(개)
- 총합: $40 + 55 + 35 = 130$(개)

3) 따라서 불량률은 $\dfrac{130}{17,500} \times 100 ≒ 0.74(\%)$

NCS 기본 풀이

1) 전체 생산량: $5,000 + 5,500 + 7,000 = 17,500$(개)

2) 불량품 개수: $40 + 55 + 35 = 130$(개)

3) [어림산 계산 1]

$$\frac{130}{17,500} \times 100 = \frac{130}{175} = \frac{130 \times 2}{175 \times 2} = \frac{260}{350}$$

$$= \frac{260 \times 3}{350 \times 3} = \frac{780}{1,050} ≒ \frac{780-39}{1,000} = 0.74(\%)$$

4) [어림산 계산 2]

$$\frac{130}{17,500} \times 100 = \frac{130}{175} = 1 - \frac{45}{175}$$

$$= 1 - \frac{1}{4}↑ = 0.75↑ ≒ 0.74(\%)$$

NCS 응용 풀이

1) 가중평균으로 해결한다.

2) 5,000개의 0.8 %와 5,500개의 1.0 %를 섞으면 10,500개의 0.9 %보다 약간 높다.

3) 7,000개 0.5 %와 10,500개 0.9 %↑를 섞으면 17,500개의 0.74 % 약간 넘는 정도이다. 반올림을 고려하면 0.74 %이다.

4) 가중평균을 그림으로 표현하면 다음과 같다.
- 5,000개와 5,500개

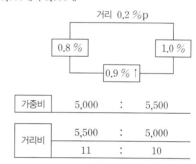

- 7,000개와 10,500개

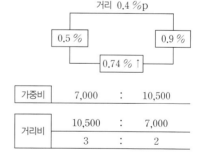

NCS 실전 풀이

1) 선택지에 주어진 불량률이 0.7 %대이므로 0.7 %를 기준으로 생각한다.

2) 불량률의 분자만 생각하면

$5,000 \times 0.8\% + 5,500 \times 1.0\% + 7,000 \times 0.5\%$
$= 5,000 \times (0.7\% + 0.1\%) + 5,500 \times (0.7\% + 0.3\%)$
$+ 7,000 \times (0.7\% - 0.2\%)$
$= (5,000 + 5,500 + 7,000) \times 0.7\%$
$+ (5,000 \times 0.1\% + 5,500 \times 0.3\% - 7,000 \times 0.2\%)$

$$=17{,}500 \times 0.7\,\% + (5 + 16.5 - 14)$$
$$=17{,}500 \times 0.7\,\% + (7.5)$$

3) 7.5는 17,500의 약 0.04 %이므로 정답은 0.74 %이다.

29 ③

일반 풀이

ㄱ. (○) 면접관 B와 C의 범위를 계산하면 다음과 같다.
　　• B: $10-4=6$　　• C: $9-5=4$
　　그러므로 범위가 가장 큰 면접관은 B이다.

ㄴ. (×) 응시자 '갑', '을', '정'의 중앙값을 구하면 각각 6점,
　　8점, 7점이다. 중앙값이 가장 작은 응시자는 '갑'이다.

ㄷ. (○) '갑'과 '병'의 교정점수를 계산하면 다음과 같다.
　　• 갑: $(7+5+6) \div 3 = 6$(점)
　　• 병: $(8+8+8) \div 3 = 8$(점)
　　'병'이 '갑'보다 크다.

NCS 실전 풀이

ㄱ. (○) 면접관 B의 범위를 계산하면 $10-4=6$이고, 이는 면
　　접관 A, D, E의 범위보다 크다. 이 값을 기준으로 C를 확인
　　하면 $5+6=11$(점)이기 때문에, 범위는 면접관 B가 가장 크
　　다는 것을 확인할 수 있다.

ㄴ. (×) 가장 먼저 '정'의 중앙값을 확인하면 7점이다. 그런데
　　'갑'의 중앙값이 7점보다 낮은 6점이다.

ㄷ. (○) '병'의 교정점수는 8점임을 매우 쉽게 확인할 수 있다.
　　그런데 '갑'의 경우 최댓값과 최솟값을 제외한 나머지 점수
　　들이 7점, 5점, 6점이므로 교정점수는 8점보다 작을 수밖에
　　없다.

발상 TIP

⑴ 묻는 것만 답한다.
⑵ 괄호를 반드시 모두 채울 필요는 없다.

30 ④

일반 풀이

엄청난 계산을 통해 각 가게별 '전체 평균 판매가격'을 구체적으
로 계산하려다가 포기한다.

NCS 실전 풀이

1) 가중치는 각 가게의 메뉴별 판매비중이다.
2) 주어진 [표]를 가격에 따라 표시하면 다음과 같다.

메뉴 \ 가게	A	B	C	D	E
돌솥비빔밥	5,000원	5,000원	5,000원	5,000원	5,000원
참치볶음밥	5,000원	5,000원	5,000원	5,000원	5,000원
돈까스	5,000원	5,000원	5,000원	5,000원	5,000원
갈비탕	5,000원	6,000원	6,000원	6,000원	5,000원
치즈돈까스	6,000원	6,000원	6,000원	6,000원	5,000원
뚝배기불고기	6,000원	6,000원	6,000원	6,000원	5,000원
제육덮밥	6,000원	6,000원	6,000원	6,000원	6,000원

3) 위의 가격에 따라 [그래프]에 표시하면 다음과 같다.

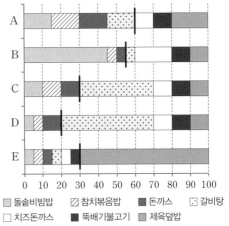

☐ 돌솥비빔밥　　☒ 참치볶음밥　　■ 돈까스　　⊡ 갈비탕
☐ 치즈돈까스　　■ 뚝배기불고기　　▨ 제육덮밥

4) 그러므로 5,000원짜리의 비중이 가장 작은 D가 전체 평균
　판매가격이 가장 클 것이다. 이처럼 [그래프]를 충분히 활용
　하여 순서를 결정하면 [D>E=C>B>A]이다.

01	02	03	04	05	06	07	08	09	10
②	④	⑤	②	⑤	⑤	③	①	⑤	④

11	12	13	14	15	16	17	18	19	20
①	⑤	⑤	④	③	④	②	④	④	⑤

21	22	23	24	25	26	27	28	29	30
③	③	③	⑤	②	③	②	⑤	④	②

31	32	33	34	35	36	37	38	39	40
②	①	②	③	③	①	①	①	⑤	⑤

41	42	43	44	45	46	47	48	49	50
②	②	⑤	⑤	④	③	④	①	②	①

51	52	53	54	55	56	57	58	59	60
④	④	⑤	③	④	②	③	⑤	⑤	④

61	62	63	64	65	66	67	68	69	70
③	②	④	④	⑤	③	①	⑤	③	⑤

01 ②

일반 풀이

① (○) 계산하면 다음과 같다.

(연평균 증가율)$=\left(\dfrac{1,604.5}{1,334.6}\right)^{\frac{1}{4}} ≒1.047 < 1.05$

② (×) 사용된 실험동물의 개체수를 구하면 다음과 같다.

2015년: $1,630.0+260.3+46.2+2.8+0.8+33.2+3.9$
$+2.0+1.2+24.1=2,004.5$(천 마리)

→ 200.45만 마리 > 195만 마리

③ (○) '기타'를 제외할 때, 국내 실험의 동물 사용량이 가장 적은 종류는 '저빌'이다.

④ (○) 2013년 실험동물 중 기니피그의 비율은 4.0 % 미만이다.

$\dfrac{53.6}{1,334.6+281.5+53.6+3.3+0.8+36.6+3.0+1.8+1.4+32.6}×100$

$=\dfrac{53.6}{1,749.2}×100≒3.06(\%)<4.0\%$

⑤ (○) 국내 실험의 전체 동물 사용량 중 '개'의 비율은 매년 '원숭이' 비율의 2배 이상이다.

• 2013년

$\dfrac{3.0}{1,749.2}×100≒0.17(\%)>2×0.08\%$

$≒2×\dfrac{1.4}{1,749.2}×100$

• 2014년

$\dfrac{3.9}{2,063.2}×100≒0.19(\%)>2×0.06\%$

$≒2×\dfrac{3.1}{2,063.2}×100$

• 2015년

$\dfrac{3.9}{2,004.5}×100≒0.19(\%)>2×0.06\%$

$≒2×\dfrac{1.2}{2,004.5}×100$

• 2016년

$\dfrac{4.0}{2,306.8}×100≒0.17(\%)>2×0.07\%$

$≒2×\dfrac{1.7}{2,306.8}×100$

• 2017년

$\dfrac{2.9}{1,924.4}×100≒0.15(\%)>2×0.05\%$

$≒2×\dfrac{0.9}{1,924.4}×100$

NCS 실전 풀이

① (○) 다음과 같이 생각한다.

• 만약 연평균 증가율이 5 %라면 2017년 '생쥐' 사용량의 2013년 대비 증가율은 당연히 20 %보다 크다.

• 조금 더 세밀하게 생각하면
→ $1.05^4=(1.05^2)^2=(1.10↑)^2=1.21↑$

• 그런데 2013년 1,334.6 대비 2017년 1,604.5의 증가율은 21 %를 넘지 않는다.

② (×) 195만 마리＝1,950천 마리

• 계산은 큰 것부터!

• 1,630＋260＋40＋30은 이미 1,960이다.
더 이상 읽지 않는다.

③ (○) '저빌'을 먼저 찾고 이보다 작은 것이 있는지 확인한다.

④ (○) 꼭 총합을 계산할 필요가 없다. '기니피그'는 이미 생쥐와 쥐의 합의 4 %보다 작다.

⑤ (○) 매년 '개'의 사용량이 '원숭이'의 2배 이상인지 확인한다.

02 ④

일반 풀이

① (○) 전체 인구의 평균 필수시간을 직접 계산한다.
1999년은 10 : 18, 2004년은 10 : 34, 2009년은 10 : 53, 2014년은 11 : 14로 매 조사 기간마다 증가한다.

② (○) 2004년 행위자의 게임 평균시간은 2시간 24분인데 '분'으로 환산하면, 2×60＋24＝144(분)이다. 144분을 12분으로 나눈 결과는 12이다.

③ (○) 2014년 전체 인구와 행위자의 평균 시간 차이를 직접 계산하면 수면, 식사는 0분, 건강관리는 56분, 개인유지는 1분, 근로는 3시간 24분, 가정관리는 44분, 학습은 5시간 2분, 게임은 1시간 55분, 여가활동은 3분 차이이므로 가장 차이가 많이 나는 행동은 학습이다.

④ (×) 선택지의 내용을 이해하지 못하여 포기한다.

⑤ (○) 매 조사기간마다 전체 인구의 여가활동 평균 시간의 증감방향은 (4 : 39 → 4 : 48 → 4 : 31 → 4 : 28)으로 증가, 감소, 감소이고, 행위자의 여가활동 평균 시간의 증감방향은 (4 : 43 → 4 : 50 → 4 : 33 → 4 : 31)으로 증가, 감소, 감소로 양자의 증감방향이 동일하다. 이를 확인하고 정답을 ④로 선택한다.

NCS 실전 풀이

[표]의 형태로 보아 연도별로 비교하거나 전체 인구/행위자의 행동별 평균 시간의 비교를 물어볼 것이다.

① (○) 수면과 식사, 건강관리, 개인유지를 모두 더하여 비교하는 것이 아니라 각각을 이전의 조사 기간과 비교해야 한다. 예를 들어 1999년에서 2004년의 경우, 수면은 2분 증가, 식사는 4분 증가, 건강관리는 1분 감소, 개인유지는 11분 증가하였는데, 나머지의 증가로 건강관리 1분 감소를 메울 수 있으므로 1999년 대비 2004년 전체 인구의 평균 필수시간은 증가하였다.

② (○) 2004년 행위자의 게임 평균 시간은 144분이고, 전체 인구의 게임 평균 시간은 12분이다. $12 \times 12 = 144$이므로 옳다.

③ (○) 2014년 학습은 전체 인구와 행위자의 평균 시간 차이가 5시간 2분이고, 가능성이 있는 행동은 행동별 평균 시간이 한 쪽이라도 5시간 2분을 넘는 수면, 근로가 있다. 그러나 둘 다 차이가 5시간 2분보다는 작다.

④ (×) 가중평균의 개념을 이용하면, 거리의 비는 (근로 10분 미만) : (근로 10분 이상)$= 185 \sim 195$분 : 200분이므로 가중비는 200 : $185 \sim 190$이다. 따라서 근로를 10분 이상 한 사람의 수는 10분 미만으로 한 사람보다 적다.

⑤ (○) 매 조사 기간마다 전체 인구의 여가활동 평균 시간의 증감방향은 +, -, -이고, 행위자의 여가활동 평균 시간의 증감방향도 +, -, -이다.

계산 TIP

11~19의 제곱수는 기본적으로 암기하도록 한다.

03 ⑤

일반 풀이

ㄱ. (○) 2008~2017년 동안 한국 자동차 생산량의 평균을 직접 계산한다.

$(3,827 + 3,513 + 4,272 + 4,657 + 4,562 + 4,521 + 4,524$
$+ 4,556 + 4,229 + 4,115) \div 10$
$= 42,776 \div 10$
$= 4,277.6$(천 대)$> 4,190$천 대

ㄴ. (○) 2008년과 2009년 한국 자동차 산업의 무역수지를 직접 계산한다.

- 2008년: $429 - 76 = 353$(억 달러)
- 2009년: $371 - 59 = 312$(억 달러)
  무역수지의 차이는 $312 - 353 = -41$(억 달러)이므로 2009년 한국 자동차 산업의 무역수지는 전년 대비 41억 달러 감소하였다.

ㄷ. (○) 2017년 세계 자동차 총 생산량에서 독일이 차지하는 비중을 직접 계산한다.

$\dfrac{6,051}{98,909} \times 100 \fallingdotseq 6.12(\%) > 6.1\%$

NCS 실전 풀이

1) 연도별 자료가 주어져 있으므로 연도별로 비교하는 문제가 나올 것이다.

2) 꺾은선그래프가 등장하면 경향을 확인한다.

ㄱ. (○) 평균을 묻고 있으므로 가평균을 이용한다. 4,200을

가평균으로 잡으면 남은 것이 +이므로 평균은 4,200천 대를 넘는다.

ㄴ. (○) 차이값을 이용한다. 2008년 대비 2009년 한국 자동차 수출액은 58억 달러가 감소하였고, 수입액은 17억 달러가 감소하였으므로 무역수지는 $58 - 17 = 41$(억 달러) 감소하였다.

ㄷ. (○) 2017년 독일의 자동차 생산량과 세계 자동차 생산량을 각각 1 %씩 증가시키면 독일의 자동차 생산량은 6,100천 대를 넘고, 세계 자동차 생산량은 100,000천 대 미만이다. 따라서 비중은 6.1 %보다 크다.

계산 TIP

(1) 12의 배수는 외워두는 것이 좋다.
  → 12, 24, 36, 48, 60, 72, 84, 96, 108
(2) 1 %는 소수점을 두 개 당기면 된다.

04 ②

일반 풀이

① (×) 2014년 결혼이민자 수의 전년 대비 증가율을 직접 계산하면 증가율은 5 %를 넘는다.

$\left(\dfrac{137,452}{130,774} - 1\right) \times 100 \fallingdotseq 5.11(\%) > 5\%$

② (○) $25,000 \div 16 = 1,562.5$이므로 기타 국적 중 결혼이민자 수가 1,562.5명 이상인 국적이 1개 이상 존재한다. 따라서 1,500명 이상인 국적이 1개 이상 존재한다.

③ (×) 2011년과 2012년 결혼이민자 수의 전년 대비 증가폭을 정확하게 계산한다.

- 2011년: $118,740 - 115,027 = 3,713$(명)
- 2012년: $125,468 - 118,740 = 6,728$(명)

$\rightarrow \dfrac{6,728}{3,713} \fallingdotseq 1.81$

④ (×) 2017년 베트남 국적의 결혼이민자 수가 전체 결혼이민자 수에서 차지하는 비중을 정확하게 계산한다.

$\dfrac{39,600}{160,653} \times 100 \fallingdotseq 24.65(\%) < 25\%$

⑤ (×) 2011~2016년 동안 결혼이민자 수의 전년 대비 증가폭을 정확하게 계산한다.

- 2011년: $118,740 - 115,027 = 3,713$(명)
- 2012년: $125,468 - 118,740 = 6,728$(명)
- 2013년: $130,774 - 125,468 = 5,306$(명)
- 2014년: $137,452 - 130,774 = 6,678$(명)
- 2015년: $144,912 - 137,452 = 7,460$(명)
- 2016년: $159,501 - 144,912 = 14,589$(명)

NCS 실전 풀이

연도별 값이 주어졌으므로 전년 대비 증가율을 물어볼 수 있고, 국적별 값이 주어졌으므로 비중을 물어볼 수 있다.

① (×) 2014년 전년 대비 결혼이민자 수의 증가폭은 6,600명 이상이다. 그런데 원래의 값이 132,000명 미만이므로, 증가율은 5 %를 초과한다.

② (○) 1,500과 16을 곱하면 24,000이고, 이는 25,000보다 작

으로 기타 국적 결혼이민자 수는 평균 1,500명보다 크다. 따라서 기타 국적 중 결혼이민자 수가 1,500명 이상인 국적이 1개 이상 존재한다.

③ (×) 2011년 결혼이민자의 전년 대비 증가폭은 3,700명이 넘는데, 2012년 결혼이민자의 전년 대비 증가폭은 7,000명이 안 되므로 2배 미만이다.

④ (×) 2017년 베트남 국적의 결혼이민자 수는 4만 명 미만인데, 전체는 16만 명이 넘으므로 25 % 미만이다.

⑤ (×) 그래프의 시각적 효과를 활용할 수 있다. 증가폭이 증가한다면 그래프의 끝을 이은 기울기는 가팔라진다. 가장 의심이 되는 연도는 2013년이다. 2013년 결혼이민자 수의 전년 대비 증가폭은 6천 명 미만인데, 2012년 결혼이민자 수의 전년 대비 증가폭은 6천 명이 넘으므로 매년 증가하는 것은 아니다.

05 ⑤

일반 풀이

① (○) 쉽게 확인할 수 있다.

② (○) 계산하면 다음과 같다.

연도	특별회계		$\dfrac{B}{A}$	vs	$\dfrac{2}{3}$
	A시	B시			
2012년	427,965	265,220	0.620	<	$\dfrac{2}{3}$
2013년	485,801	280,839	0.578	<	$\dfrac{2}{3}$
2014년	486,577	264,336	0.543	<	$\dfrac{2}{3}$

③ (○) 2016년 A시의 특별회계 예산액은
$2,486,125 - 2,187,790 = 298,335$(백만 원)이고
2015년 A시의 특별회계 예산액은 481,090백만 원이므로
2016년 A시의 특별회계 예산액은 전년 대비 감소하였다.

④ (○) 계산하면 다음과 같다.
2012년 A시의 특별회계 예산액: 427,965백만 원
2012년 B시의 특별회계 예산액: 265,220백만 원
→ $427,965 < 265,220 \times 2$

⑤ (×) 계산하면 다음과 같다.
2015년 B시의 전체 예산액에서 일반회계 예산액의 비중은
$\dfrac{1,085,386}{1,410,393} \times 100 ≒ 77.0$(%) > 75 %

NCS 기본 풀이

① (○) 쉽게 확인할 수 있다.

② (○) 다음과 같이 생각한다.
2012~2014년 동안 특별회계 예산액은 B시가 A시의 $\dfrac{2}{3}$

이하이다.
=2012~2014년 동안 특별회계 예산액은 A시가 B시의 1.5배 이상이다.
→ $A \geq B \times 1.5 = B + B \times 0.5$
· 2012년: $427,965 \geq 265,220 \times 1.5$
· 2013년: $485,801 \geq 280,839 \times 1.5$
· 2014년: $486,577 \geq 264,336 \times 1.5$

③ (○) 수치를 조금 단순화하면 다음과 같다.
'합계=일반회계+특별회계'가 성립하므로
'△합계=△일반회계+△특별회계'도 성립

구분	합계	일반회계	특별회계
2015년	2,355	1,874	481
	+131	+314	∴ −
2016년	2,486	2,188	( )

그러므로 2016년 특별회계는 당연히 전년 대비 감소한다.

④ (○) 2012년 A시의 특별회계 예산액은 427,965백만 원
2012년 B시의 특별회계 예산액은 265,220백만 원
→ 단순화하면: $427 < 265 \times 2$

⑤ (×) 읽지 않는다.

06 ⑤

일반 풀이

① (○) 계산하면 다음과 같다.
(남성의 찬성률)$= \dfrac{234+196}{300+300} \times 100 = \dfrac{430}{600} \times 100$
$≒ 71.7$(%) > 70 %

② (○) 계산하면 다음과 같다.
(A 부서 여성의 찬성 비율)$= \dfrac{270}{300} \times 100 = 90$(%)
(B 부서 여성의 찬성 비율)$= \dfrac{150}{300} \times 100 = 50$(%)
→ '90=50×1.8'이 성립한다.

③ (○) 계산하면 다음과 같다.
A 부서에서 반대하는 인원수: 30+66=96(명)

B 부서에서 반대하는 인원수: 150＋104＝254(명)

→ 254＞96×2＝192

④ (○) 계산하면 다음과 같다.

A 부서와 B 부서의 전체 인원 중 부서 간 통합 찬성비율은

$$\frac{270＋234＋150＋196}{300＋300＋300＋300}×100$$

$$=\frac{850}{1,200}×100≒70.8(\%)＞70\,\%$$

⑤ (×) 계산하면 다음과 같다.

A 부서의 성별 찬성 비율의 차이는

$$\frac{270－234}{300}×100＝12(\%p)$$

B 부서의 성별 찬성 비율의 차이는

$$\frac{196－150}{300}×100≒15.3(\%p)$$

NCS 기본 풀이

① (○) 남성의 70 %이므로 각 부서별 남성 인원이 300명이므로 300명의 70 %인 210명이 기준이 된다.

A 부서의 경우 '234명＝210명＋24명'을 만족하므로 24명을 떼서 B 부서의 196명에 붙인다. '196＋24＞210'을 만족하므로 70 % 이상이다.

② (○) 90 %＝50 %×1.8

③ (○) 다음과 같이 생각한다.

• (A 부서 반대 인원수)＝30＋66＜100

• (B 부서 반대 인원수)＝150＋104＞200

④ (○) 다음과 같이 생각한다. A 부서와 B 부서의 전체 인원 중 부서 간 통합에 찬성하는 인원의 비중은 70 % 이상이다.

＝A 부서와 B 부서의 전체 인원 중 부서 간 통합에 반대하는 인원의 비중은 30 % 이하이다.

→ 300의 30 %는 90이고 90이 4개 있어야 한다. B 부서의 여성은 150＝90＋60이므로 이 60을 A 부서 여성으로 옮긴다. 30＋60＝90. B 부서의 남성은 104＝90＋14이므로 14를 A 부서 남성으로 옮긴다. 66＋14＜90이므로 30 % 이하가 된다.

⑤ (×) 읽지 않는다.

NCS 응용 풀이

1) ⑤ (×) 분모가 같으므로 비율을 실제로 정확하게 계산할 필요가 없음은 당연하다.

2) 부서별 성별의 총 인원이 각각 300명이므로 (성별 찬성 비율의 차이)＝(성별 반대 비율의 차이)가 성립한다.

3) 찬성의 차이를 계산해도 괜찮고, 반대의 차이를 계산해도 괜찮다.

07 ③

일반 풀이

1) (자동차 대수)＝(인구 천 명당 자동차 대수)×(인구수)

2) 이를 계산하여 정리하면 다음과 같다.

항목 \ 도시	인구수 (천 명)	마트 수 (개)	인구 천 명당 자동차 대수(대)	자동차 대수 (대)
A	97	105	420	40,740
B	120	85	304	36,480
C	64	43	630	40,320
D	58	65	570	33,060

3) 자동차 대수는 A 도시가 가장 많다.

4) 하지만 마트 수가 105개로 100개 이상이므로 마트 수가 100개 미만인 도시 B, C, D 중 자동차가 가장 많은 도시인 C 도시를 추천해야 한다.

NCS 실전 풀이

1) 일단 마트 수가 100개 이상인 A 도시는 소거한다.

2) (자동차 대수)＝(인구 천 명당 자동차 대수)×(인구수)

3) B와 C의 자동차 대수를 비교하면,

• 인구수는 B가 C의 2배 미만인데

• 인구 천 명당 자동차 대수는 C가 B의 2배 이상이므로

• C 도시가 더 많다.

4) C와 D의 자동차 대수를 비교하면,

• 인구수는 C가 D보다 많고

• 인구 천 명당 자동차 대수도 C가 D보다 많으므로

• C 도시가 더 많다.

계산 TIP

곱셈을 구체적으로 계산하는 것이 아니라 곱셈비교를 해야 한다.

08 ①

일반 풀이

ㄱ. (○) 이 선택지를 옳지 않다고 판단하겠지만, 이 선택지는 분명히 옳다.

ㄴ. (×) 비교할 수 없다.

ㄷ. (×) 모든 지역에 대해 기준시점 대비 2015년 10월 실거래 가격의 상승률을 구체적으로 계산한다.

• 계산의 예: 울산의 경우 실거래 가격지수가 220.1이므로 기준시점 대비 2015년 10월 실거래 가격의 상승률은 220.1－100＝120.1(%)이다.

ㄹ. (×) 계산하면 다음과 같다.

$$(증가율)＝\left(\frac{233.7}{206.0}－1\right)×100＝13.4(\%)＜15\,\%$$

NCS 실전 풀이

ㄱ. (○) 시각적 함정에 주의한다. [표]는 가장 최신이 왼쪽에 있다. 시계열이 역순으로 되어 있으니 주의한다.

ㄴ. (×) [표]에 주어진 것은 실거래 가격'지수'이다.

• 지역별 기준시점(2006년 1월)이 기준이므로

• 동일한 지역에서의 시점 간 실거래 가격의 대소비교는 가능하지만

• 동일한 시점에서 지역 간 실거래 가격의 대소비교는 불가능하다.

ㄷ. (×) 읽지 않는다. 2015년 10월 현재
- 기준시점 대비 실거래 가격의 상승률이 가장 큰 지역
  =실거래 가격지수가 가장 큰 지역
- '울산'을 먼저 확인하면 220.1인데, 제주가 233.7로 더 크다.

ㄹ. (×) 읽지 않는다.
- 2015년 5월 제주의 실거래 가격지수: 206.0
- 2015년 10월 제주의 실거래 가격지수: 233.7
- 2015년 5월 제주의 실거래 가격지수가 15 % 증가하면
  206.0+20.6+10.3=236.9로
- 2015년 10월 제주의 실거래 가격지수 233.7보다 크므로
  15 % 미만으로 상승하였다.

계산 TIP

(1) 증가율 max = 배율 max = 지수 max

(2) 15 %=10 %+5 %

09 ⑤

(일반 풀이)

① (○) 2010년 인구 10만 명당 4대 범죄 발생건수를 계산하면 다음과 같다. 그리고 인구 10만 명당 4대 범죄 발생건수는 매년 증가한다.

2010년: $\dfrac{18,258}{49,346}\times\dfrac{1}{1,000}\times100,000≒37.0$(건)

② (○) 2010~2013년 동안 전년 대비 4대 범죄 발생건수 증가율과 전년 대비 4대 범죄 검거건수 증가율을 계산하면 다음과 같다.

구분 연도	발생건수 (건)	전년 대비 증가율	검거건수 (건)	전년 대비 증가율
2009년	15,693		14,492	
2010년	18,258	16.34 %	16,125	11.27 %
2011년	19,498	6.79 %	16,404	1.73 %
2012년	19,670	0.88 %	16,630	1.38 %
2013년	22,310	13.42 %	19,774	18.91 %

③ (○) 2013년 발생건수 대비 검거건수 비율을 계산하면 다음과 같다. 발생건수 대비 검거건수 비율이 가장 낮은 4대 범죄는 '절도'다.

- 강도: $\dfrac{5,481}{5,753}≒0.9527$
- 살인: $\dfrac{122}{132}≒0.9242$
- 절도: $\dfrac{12,525}{14,778}≒0.8475$
- 방화: $\dfrac{1,646}{1,647}≒0.9994$

→ $\dfrac{14,778}{22,310}\times100≒66.24(\%)>60\%$

④ (○) 4대 범죄 발생건수 대비 검거건수 비율을 계산하면 다음과 같다. 매년 80 % 이상이다.

- 2009년: $\dfrac{14,492}{15,693}≒0.923>0.8$
- 2010년: $\dfrac{16,125}{18,258}≒0.883>0.8$
- 2011년: $\dfrac{16,404}{19,498}≒0.841>0.8$
- 2012년: $\dfrac{16,630}{19,670}≒0.845>0.8$
- 2013년: $\dfrac{19,774}{22,310}≒0.886>0.8$

⑤ (×) 계산하면 다음과 같다.

- 발생건수: $\dfrac{5,753+132}{22,310}=\dfrac{5,885}{22,310}≒0.264$
- 검거건수: $\dfrac{5,481+122}{19,774}=\dfrac{5,603}{19,774}≒0.283$

(NCS 실전 풀이)

① (○) 2010년이 문제이다.

1) 2009년 대비 2010년 발생건수의 증가율은 10 %를 초과하고 2) 2009년 대비 2010년 총인구의 증가율은 1 % 미만이므로 3) 2010년 인구 10만 명당 발생건수는 전년 대비 증가한다. 4) 2010년 대비 2011년 발생건수의 증가율은 5 %를 초과하고 5) 2010년 대비 2011년 총인구의 증가율은 1 % 미만이므로 6) 2011년 인구 10만 명당 발생건수는 전년 대비 증가한다.

② (○) 다음과 같이 생각한다.

- 전년 대비 4대 범죄 발생건수 증가율이 가장 낮은 연도를 찾기 위해서 일단 발생건수의 전년 대비 증가폭을 대략적으로 확인하면 2012년이 가장 작고, 다른 연도는 그에 비하면 매우 큰 편이다.
- 그러므로 전년 대비 4대 범죄 발생건수 증가율이 가장 낮은 연도는 2012년이다.
- 2012년을 기준으로 검거건수의 전년 대비 증가폭을 확인하면 검거건수의 전년 대비 증가폭은 2012년이 가장 낮다.
- 그러므로 검거건수의 전년 대비 증가율도 2012년이 가장 낮다.

③ (○) 'A → B'가 어려우면 'B → A'

- 4대 범죄 발생건수의 60 % 이상이라는 것은 발생건수가 가장 많다는 것이므로 해당 범죄 유형은 '절도'이다.
- '절도'가 60 % 이상인지도 쉽게 확인할 수 있다.
- '절도'를 기준으로 발생건수 대비 검거건수 비율을 확인한다.
- 발생건수 대비 검거건수 비율이 가장 낮은=검거건수 대비 발생건수 비율이 가장 높은
- '절도'는 1.1보다 크고, 나머지 유형은 1.1보다 작다.

④ (○) 발생건수 대비 검거건수 비율을 계산하지 않고,

- 매년 '검거건수+발생건수의 20 %≥발생건수'가 성립하는지 확인한다.
- 쉽게 확인할 수 있다.

⑤ (×) 읽지 않는다.

- 2013년 발생건수는 검거건수보다 10 % 이상 큰데,
- '강도'와 '살인' 각각의 발생건수는 검거건수보다 10 % 이하로 크기 때문에
- '강도'와 '살인'의 합이 차지하는 비중은 발생건수의 경우가 검거건수의 경우보다 더 작다.

계산 TIP

'60 % 이상'='과반수'='가장 크다'

10 ④

일반 풀이

어림산과 실제 값을 구분하지 못해

- $5 \times 6 = 30$이라고 생각하거나
- 매년 인구 증가율을 구체적으로 계산하거나
- 매년 1인당 GDP 증가율을 구체적으로 계산한다.

NCS 실전 풀이

주어진 정보를 정리하면

- GDP 증가율은 5 %로 일정
- 인구 증가폭은 20만 명으로 일정
  → 처음 인구 증가율이 2 %이고 매년 감소한다.
- (1인당 GDP)=GDP÷(인구)이므로
  → (1인당 GDP 증가율)≒(GDP 증가율)−(인구 증가율)
  $$≒5\,\% - 2\,\%\downarrow$$

ㄱ. (×) 30 %를 초과한다.

ㄴ. (○) 인구 증가폭이 일정하므로 인구 증가율은 매년 감소한다.

ㄷ. (○) 1인당 GDP 증가율은 매년 증가하고, 양수이므로 1인 당 GDP는 매년 증가한다.

ㄹ. (×) (1인당 GDP 증가율)=(GDP 증가율)−(인구 증가율)이 성립하는데 GDP 증가율은 일정하고, 인구 증가율은 매년 감소하므로 1인당 GDP 증가율은 매년 증가한다.

계산 TIP

(1) $A = \dfrac{B}{C}$ 형태인 경우 다음의 어림산이 성립한다.

→ (A 증가율)≒(B 증가율)−(C 증가율)

→ 이 계산은 정확한 값이 아니고 어림산이다.

(2) 어림산 공식을 기억하자. 이는 정확한 값이 아니고 어림 산이라는 것을 꼭 기억해야 한다.

- $(1+x)(1+y)≒1+x+y$
- $(1+x)^n≒1+nx$
- $\dfrac{1}{1+y}≒1-y$
- $\dfrac{1+x}{1+y}≒1+x-y$

11 ①

일반 풀이

① (×) 임진왜란 전기와 후기 각각의 전체 전투 대비 일본측 공격비율을 계산하면 다음과 같다.

- 전기: $\dfrac{27+2}{70+17} \times 100 = \dfrac{29}{87} \times 100 ≒ 33.3(\%)$
- 후기: $\dfrac{8+0}{10+8} \times 100 = \dfrac{8}{18} \times 100 ≒ 44.4(\%)$

② (○) 조선측 공격이 많았던 해는 1592년, 1593년, 1598년이다. 그 해에는 조선측 승리가 일본측 승리보다 많았다.

③ (○) 전체 전투 대비 관군 단독전 비율을 계산하면 다음과 같다.

- 1598년: $\dfrac{6}{8} \times 100 = 75(\%)$

- 1592년: $\dfrac{19}{70} \times 100 ≒ 27.1(\%)$
  → $75\,\% > 27.1\,\% \times 2$

④ (○) 계산하면 다음과 같다.

1592년 관군·의병 연합전: 42회

1592년 조선측 승리: 40회

→ 1592년 {관군·의병 연합전} ∩ {조선측 승리}

→ $42+40-70=12$(회)

→ 비중: $\dfrac{12\uparrow}{40} \times 100 = 30(\%)\uparrow$

⑤ (○) 계산하면 다음과 같다.

1598년 관군 단독전: 6회

1598년 조선측 승리: 6회

→ 1598년 {관군 단독전} ∩ {조선측 승리}

→ $6+6-8=4>0$

NCS 실전 풀이

① (×) 정리하면 다음과 같다.

- 전기: $\dfrac{27+2}{70+17} = \dfrac{29}{87}$
- 후기: $\dfrac{8+0}{10+8} = \dfrac{8}{18}$
- 전기 $\dfrac{29}{87} = \dfrac{1}{3}$ 은 후기 $\dfrac{8}{18} = \dfrac{1}{3}\downarrow$ 보다 작다.
- 더 이상 읽지 않는다.

② (○) 조선측 공격이 많았던 해는 1592년, 1593년, 1598년이다. 그 해에는 조선측 승리가 일본측 승리보다 많았다.

③ (○) 다음의 분수 비교를 한다.

④ (○) 다음과 같이 생각한다.

- 1592년 조선이 관군·의병 연합전으로 거둔 조선측 승리
  =관군·의병 연합전 42회+조선측 승리 40회
  −1592년 전체 전투 70회=적어도 12회
- 조선측 승리: 40회
- 그러므로 1592년 조선이 관군·의병 연합전으로 거둔 승리 는 적어도 12회로, 그 해 조선측 승리 40회의 30 % 이상 이다.

⑤ (○) 1598년에는 관군 단독전 중 조선측 승리인 경우가 있다.

→ '적어도' 테마이다.

→ 관군 단독전 6회+조선측 승리 6회
  −1598년 전체 전투 8회=4회>0회

계산 TIP

분수 비교는 여러 가지 방법이 있다.

- 기준을 가지고 접근
- 분모분자 증가율 비교법
- 분모분자 차이법
- 비슷한 수로 만들기

12 ⑤

일반 풀이

주어진 [표]의 괄호를 완성하고, 수용비율을 계산하면 다음과 같다.

구분	민원접수	처리 상황		완료된 민원의 결과	
		미완료	완료	수용	기각
A시	19,699	1,564	18,135	14,362	3,773
B시	40,830	8,781	32,049	23,637	8,412

- A시 수용비율: $\dfrac{14,362}{18,135} \times 100 = 79.19(\%)$

- B시 수용비율: $\dfrac{23,637}{32,049} \times 100 = 73.75(\%)$

① (×) A시는 B시에 비해 민원접수 건수가 적으나, 시민 1인당 민원접수 건수는 시민 수가 주어지지 않아 알 수 없다.

② (×) 수용 건수는 B시가 A시에 비해 많으나, 수용비율은 A시가 B시보다 높다.

③ (×) 미완료 건수는 B시가 8,781건으로 A시 1,564건의 5배인 7,820건을 초과한다.

④ (×) B시의 민원접수 건수 대비 수용 건수의 비율은

$\dfrac{23,637}{40,830} \times 100 ≒ 57.89(\%)$이므로 50 %를 초과한다.

⑤ (○) A시의 민원접수 건수 대비 미완료 건수 비율은

$\dfrac{1,564}{19,699} \times 100 ≒ 7.94(\%)$

B시의 민원접수 건수 대비 미완료 건수 비율은

$\dfrac{8,781}{40,830} \times 100 ≒ 21.51(\%)$이므로 13.57 %p 차이가 난다.

NCS 실전 풀이

① (×) '시민 수'에 대한 정보는 주어지지 않아 알 수 없다.

② (×) 다음과 같이 생각한다.
- 수용건수는 당연히 B시가 A시보다 많다.
- [수용비율이 A<B]=[기각비율이 A>B]
- A시의 기각비율은 20 %를 약간 넘는데 B시의 기각비율은 30 %에 가깝다.

③ (×) 다음과 같이 생각한다.
- A시의 미완료 건수는 1,600건보다 작다.
- B시의 미완료 건수는 8,000건보다 크다.
- 8,000↑>1,600↓ ×5이다.

④ (×) B시의 수용건수는 23,637건으로 그 2배는 민원접수 40,830건보다 크므로 50 %를 초과한다.

⑤ (○) 읽지 않는다.
- (민원접수)=(미완료)+(완료)
- △(미완료/민원접수)=10 %p↑
  =△(완료/민원접수)=10 %p↑
- 민원접수 대비 완료 비율은 A: $\dfrac{18,135}{19,699}=0.9↑$이고,

  B: $\dfrac{32,049}{40,830}=0.8↓$이 성립하므로 그 차이는 10 %p 이상이다.

계산 TIP

반대해석을 자유자재로 활용할 수 있어야 한다.

13 ⑤

일반 풀이

ㄱ. (×) 1993년 막대그래프를 2000년 막대그래프 위에 얹어서 판단하면서 시각적 함정에 당하지 않는다.

ㄴ. (○) [그래프]에서 1993년과 2000년의 컴퓨팅기기의 정보처리능력용량을 대략적으로 읽어 해결하면 다음과 같다.

$\dfrac{2000년}{1993년} : \dfrac{1.0E+12}{1.0E+10↓}=1.0E+2↑>100$

ㄷ. (×) 계산하면 다음과 같다.

1993년 서버/메인프레임 정보처리능력용량은

$(1.0E+10↓) \times 0.23=0.23E+10↓=2.3E+9↓$

2000년 서버/메인프레임 정보처리능력용량은

$(1.0E+12) \times 0.06=0.06E+12=6.0E+10$

∴ 1993년<2000년

ㄹ. (○) 비디오게임기의 정보처리능력용량을 계산하면 다음과 같다.
- 1986년: $(1.0E+09↓) \times 0.09=9.0E+07↓$
- 1993년: $(1.0E+09↑) \times 0.06=6.0E+07↑$ (증가)
- 2000년: $(1.0E+12) \times 0.05=5.0E+10$ (증가)
- 2007년: $(1.0E+12↑) \times 0.25=2.5E+11↑$ (증가)

NCS 기본 풀이

ㄱ. (×) 당연히 옳지 않다.

ㄴ. (○) [그래프]에서 1993년과 2000년의 y값의 차이는 2칸 이상이다.

ㄷ. (×) 다음의 관계가 성립한다.

(서버/메인프레임의 정보처리능력용량)=(정보처리능력용량)×(서버/메인프레임 비중)

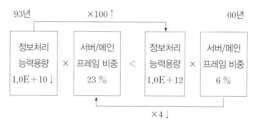

정보처리능력용량은 2000년이 1993년의 100배를 초과하고, 서버/메인프레임은 비중은 1993년이 2000년의 4배 미만이다. 그러므로 서버/메인프레임의 정보처리능력용량은 2000년이 1993년보다 크다.

ㄹ. (○) 읽지 않는다.

NCS 실전 풀이

ㄱ. (×) 당연히 옳지 않다.

ㄴ. (○) 100배는 y값으로 2칸이다. 2칸 넘게 차이난다.

ㄷ. (×) 정보처리능력용량의 차이는 100배를 초과하는데, 비중은 그에 한참 못 미치므로 2000년이 더 크다.

ㄹ. (○) 읽지 않는다.

14 ④

일반 풀이

[표 1]의 빈칸을 굳이 채우면 다음과 같다.

항목	연도	2017년	2016년	2015년	2014년	2013년
접수현황	계	470	342	264	280	259
	당년접수	315	285	254	224	167
	전년이월	155	57	10	56	92
처리완료	계	160	162	201	237	191
	재정	139	127	190	186	164
	조정	3	8	7	11	5
	중재합의	18	27	4	40	22
알선종료		1	2	3	4	5
자진철회		28	23	3	29	7
처리 중 (이월)		281	155	57	10	56

ㄱ. (×) 환경분쟁신청 사건의 '당년접수' 건수는 매년 증가하고, '알선종료' 건수는 매년 감소한다.

ㄴ. (○) 피해원인이 '일조'인 환경분쟁신청 처리완료 건수가 네 번째로 많은 해는 2014년이다. 연도별 처리율을 계산하면 다음과 같다. 처리율이 가장 높은 해는 2014년이다.

- 2013년: $\dfrac{191}{191+56} \times 100 ≒ 77.3(\%)$

- 2014년: $\dfrac{237}{237+10} \times 100 ≒ 96.0(\%)$

- 2015년: $\dfrac{201}{201+57} \times 100 ≒ 77.9(\%)$

- 2016년: $\dfrac{162}{162+155} \times 100 ≒ 51.1(\%)$

- 2017년: $\dfrac{160}{160+281} \times 100 ≒ 36.3(\%)$

ㄷ. (×) 2018년 환경분쟁신청 사건의 '당년접수' 건수가 전년과 동일하다면, 2018년 총 접수건수는 $315+281=596$(건)이고, 2015년 총 접수건수는 $254+10=264$(건)이다. 2018년과 2015년의 차이는 $596-264=332$(건)으로 400건 미만이다.

ㄹ. (○) [표 2]를 바탕으로 피해원인이 '공사장의 소음 및 진동'과 그 외의 처리완료건수를 계산하여 정리하면 다음과 같다.

구분 연도	공사장의 소음 및 진동	50 %	vs	그 외
2016년	115	57.5	>	47
2015년	141	70.5	>	60
2014년	168	84.0	>	69
2013년	130	65.0	>	61

NCS 실전 풀이

ㄱ. (×) 시각적 함정에 속지 않도록 한다. [표 1]의 시계열이 역순으로 주어져 있다. '당년접수' 건수는 매년 증가하고, '알선종료' 건수는 매년 감소한다.

ㄴ. (○) 읽지 않는다.

- $\dfrac{A}{A+B}$의 대소비교는 $\dfrac{A}{B}$와 같다.

- (처리율) $\max = \dfrac{(처리완료)}{(처리중)} \max$

- 2014년을 기준으로 확인한다.

ㄷ. (×) 다음과 같이 생각한다.

- 해당연도의 '전년이월'과 그 전년도의 '처리중(이월)'은 동일한 값이다.

- 2018년 총 접수건수: $315+281=596$(건)이고,

- 2015년의 총 접수건수: $254+10=264$(건)이다.

- $264+400 > 596$

∴ 총 접수건수의 차이는 400건 이하이다.

ㄹ. (○) 선택지를 의역한다.

2013~2016년 동안 피해원인이 '공사장의 소음 및 진동' 이외인 처리완료사건 수는 매년 피해원인이 '공사장의 소음 및 진동'인 처리완료사건 수의 50 % 이하이다.

→ 의역: 2013~2016년 동안 피해원인이 '공사장의 소음 및 진동'의 1.5배는 전체 처리완료사건 수 이상이다.

구분 연도	공사장의 소음 및 진동	+0.5	×1.5	vs	전체
2016년	115	+57.5	172.5	>	162
2015년	141	+70.5	211.5	>	201
2014년	168	+84.0	252.0	>	237
2013년	130	+65.0	195.0	>	191

계산 TIP

다음 4가지 문장은 모두 같은 의미이다.

- A는 U의 $\dfrac{2}{3}$ 이상이다.

- A^c는 U의 $\dfrac{1}{3}$ 이하이다.

- A는 A^c의 2배 이상이다.

- A^c는 A의 50 % 이하이다.

15 ③

일반 풀이

2014년 대비 2016년 비율과 2016년 대비 2018년 비율이 동일하므로 40대의 경우 다음과 같이 비례식을 세울 수 있다.

→ $70.3 : 65.4 = 65.4 : x$

→ ∴ $x = 65.4 \times \dfrac{65.4}{70.3} ≒ 60.8$

NCS 기본 풀이

1) 40대 저축률은 2014년 70.3 %에서 2016년 65.4 %로 4.9 %p 감소하였다.

2) 저축률의 2014년 대비 2016년 증가율과 2016년 대비 2018년 증가율이 동일하고, 2016년 저축률은 65.4 %로 2014년 저축률 70.3 %보다 작으므로 2016년 대비 2018년 40대 저

축률의 증가폭은 4.9 %p보다 작다.

3) 그러므로 $65.4 - 4.9 \downarrow = 60.5$ (%) ↑

4) 약간 클 것이기 때문에 정답은 당연히 ③이다.

계산 TIP

(1) 감소하는 경우에 증가율이 동일하다면 감소폭은 전보다 작다.

→ 100이 80으로 변하는 경우 감소율 20 %이다.

→ 80이 20 % 감소하면 감소폭은 $80 \times 0.20 = 16$이고

→ 최종 결과는 $80 - 16 = 64 > 80 - 20 = 60$

(2) 증가하는 경우에 증가율이 동일하다면 증가폭은 전보다 크다.

→ 100이 120으로 변하는 경우 증가율 20 %이다.

→ 120이 20 % 증가하면 증가폭은 $120 \times 0.20 = 24$이고

→ 최종 결과는 $120 + 24 = 144 > 120 + 20 = 140$

16 ④

일반 풀이

1) [표]에서 정량적 기대효과를 계산하면 다음과 같다.

구분 \ 물품	A	B	C	D	E	F	G	H
조달단가 (억 원)	3	4	5	6	7	8	10	16
구매 효용성	1	0.5	1.8	2.5	1	1.75	1.9	2
정량적 기대효과	3	2	9	15	7	14	19	32

2) 아무 생각 없이 경우의 수를 나열하려고 한다.

NCS 실전 풀이

1) 20억 원 이내에서 구매예산을 집행하면서 정량적 기대효과 총합의 최댓값을 묻고 있다.

2) 제한된 예산 내에서 정량적 기대효과가 가장 크기 위해서는 당연히 구매 효용성이 큰 것을 위주로 구매해야 한다.

3) 그러므로 D는 필수이다.

4) G나 H의 경우 조달단가가 너무 크므로, 이를 구매하면 다른 것들을 구매할 수 없기에 배제한다.

5) 그러므로 구매 효용성이 높은 것을 위주로 C, D, F로 구매 하면 정량적 기대효과는 다음과 같다.

→ $9 + 15 + 14 = 38$

6) 만약 G를 머리에서 지우지 못했다면 한 번 해본다.

• D, G를 구매하면 조달단가는 $6 + 10 = 16$(억 원)

• 정량적 기대효과는 $15 + 19 = 34$

• 4억 원의 예산이 남은 상태에서 정량적 기대효과가 가장 크기 위해서는 A를 구매해야 한다. 이때 정량적 기대효과 는 $34 + 3 = 37$이고, 이는 38보다 작다.

17 ②

일반 풀이

1) 경우의 수를 모두 나열하면 다음과 같다.

입장료	사우나	선호도				순위
		입장료	+	사우나	= 합	
5,000원	유	4.0	+	3.3	= 7.3	1
5,000원	무	4.0	+	1.7	= 5.7	3
10,000원	유	3.0	+	3.3	= 6.3	2
10,000원	무	3.0	+	1.7	= 4.7	4
20,000원	유	0.5	+	3.3	= 3.8	5
20,000원	무	0.5	+	1.7	= 2.2	6

2) 설문의 의미는 전체 조합 중에서 세 번째로 큰 것이지, 주어 진 선택지 ①~⑤의 조합 중 세 번째로 큰 것을 고르는 것이 아니다.

NCS 실전 풀이

1) [표]를 정리하면 다음과 같다.

[표 1] 입장료 선호도 조사 결과			[표 2] 사우나 유무 선호도 조사 결과		
입장료	선호도	[차이]	사우나	선호도	[차이]
5,000원	4.0점	−1.0점	유	3.3점	−1.6점
10,000원	3.0점		무	1.7점	
20,000원	0.5점				

2) 입장료에서 한 단계 떨어지면 1.0점 차이이고, 사우나에서 한 단계 떨어지면 1.6점 차이이므로 세 번째로 큰 조합은 선 호도가 가장 큰 입장료 5,000원과 사우나 '유'를 기준으로 입 장료는 5,000원을 유지하면서 사우나가 '무'로 바뀌는 경우 이다.

18 ④

일반 풀이

1) [그래프]와 [표]를 합쳐서 매출액으로 전환하여 연매출액을 정리하면 다음과 같다.

(단위: 억 원)

영업팀	1/4분기	2/4분기	3/4분기	4/4분기	연매출액
A	5	10	30	30	75
B	10	20	20	80	130
C	15	20	25	30	90
D	20	50	25	60	155
합계	50	100	100	200	450

2) 그러므로 연매출액이 가장 큰 영업팀은 D이고, 가장 적은 영 업팀은 A이다.

NCS 기본 풀이

1) 연매출액이 가장 큰 영업팀은 B와 D 중 1개일 것이다.

2) B와 D를 차이값으로 접근하면 B가 더 크다는 것을 쉽게 확 인할 수 있다.

구분	1/4분기	2/4분기	3/4분기	4/4분기
				+10
B	20	20	20	40
D	40	50	25	30
	+20	+30	+5	

3) 위 [표]를 분기별 매출액을 고려하여 100억 원을 기준으로 단순화하면 다음과 같다. 그러므로 D가 가장 크다.

구분	1/4분기	2/4분기	3/4분기	4/4분기
B				±10×2
D	+20×0.5	±30	+5	
		+10		

4) 선택지의 구성상 연매출액이 가장 작은 것은 A, C 두 개 중 하나이다. 같은 방식으로 생각하면 A가 더 작다는 것을 쉽게 판단할 수 있다.

구분	1/4분기	2/4분기	3/4분기	4/4분기
				+5
A	10	10	30	15
C	30	20	25	15
	+20	+10		

표 읽기 TIP

매출액이 가장 큰 분기가 4/4이기 때문에 연매출액 분기별 영업팀 간의 비중의 차이가 너무 크지 않다면 연매출액에 가장 큰 영향을 끼치는 분기는 4/4분기이다.

19 ④

일반 풀이

ㄱ. (×) 2013년 대비 2014년 연봉의 증가율을 계산하여 정리하면 다음과 같다. 그러므로 2013년 성과평가등급을 높은 사원부터 순서대로 나열하면 A, D, C, B이다.

(단위: 천 원)

구분	2013년	2014년	증가폭 (2014년−2013년)	증가율
A	24,000	28,800	4,800	20 %
B	25,000	25,000	0	0 %
C	24,000	25,200	1,200	5 %
D	25,000	27,500	2,500	10 %

ㄴ. (○) 2015년 대비 2016년 연봉의 증가율을 계산하여 정리하면 다음과 같다. A와 B의 성과평가등급은 모두 Ⅱ이다.

(단위: 천 원)

구분	2015년	2016년	증가폭 (2016년−2015년)	증가율
A	34,560	38,016	3,456	10 %
B	26,250	28,875	2,625	10 %

| C | 27,720 | 33,264 | 5,544 | 20 % |
| D | 27,500 | 30,250 | 2,750 | 10 % |

ㄷ. (○) C의 경우 연봉의 증가율을 계산하여 정리하면 다음과 같다.

(단위: 천 원)

2013년	2014년	2015년	2016년
24,000	25,200	27,720	33,264

+1,200 → 5 % → Ⅲ
+2,520 → 10 % → Ⅱ
+5,544 → 20 % → Ⅰ

ㄹ. (×) D의 경우 연봉의 증가율을 계산하여 정리하면 다음과 같다.

(단위: 천 원)

2013년	2014년	2015년	2016년
25,000	27,500	27,500	30,250

+2,500 → 10 % → Ⅱ
0 → 0 % → Ⅳ
+2,750 → 10 % → Ⅱ

NCS 실전 풀이

1) 2013년의 수치가 단순하다.

2) 2013년 성과평가등급에 따라 2014년 연봉이 2013년에 비해 20 %, 10 %, 5 % 증가한 경우 2014년 연봉은 백의 자리가 생긴다.

ㄱ. (×) D의 2014년 연봉에서 백의 자리가 5이므로, D의 연봉인상률은 10 %이다. 그런데 A의 2014년 연봉에서 백의 자리가 8이므로 A의 연봉인상률은 20 %이다. 따라서 D보다 A가 더 크므로 옳지 않다.

ㄷ. (○) 2016년 C 연봉은 33,264천 원으로 2013년 24,000천 원 대비 약 40 % 증가하였다. 연봉인상률은 0 %, 5 %, 10 %, 20 %들의 조합인데 C의 2013년 대비 2014년 연봉인상률이 5 %이므로 나머지 2번으로 35 % 정도를 메꿔야 하므로 당연히 20 %를 한 번 받아야 한다.

NCS 응용 풀이

ㄴ. (○) 2015년의 성과평가등급으로 인한 연봉 인상률은 2016년에 반영된다. 즉, 2015년 대비 2016년 연봉 증가율에 대해 판단한다.
- A: 2015년 → 2016년: 34,560 → 38,016
- B: 2015년 → 2016년: 26,250 → 28,875
- 일의 자리만 보면 동일하므로 모두 증가율이 10 %이다.

ㄹ. (×) 2016년 D 연봉의 2013년 대비 증가율은 약 20 %이다.
- 2013년 대비 2014년 연봉증가율이 10 %인데
- 2014년 대비 2015년 연봉증가율이 0 %이므로
- 2015년 대비 2016년 연봉증가율은 5 %가 될 수 없다.

20 ⑤

일반 풀이

주어진 연도별 증가율을 계산하면 다음과 같다.

- 2009년: $\left(\dfrac{580.4}{426.8}-1\right)\times 100 \fallingdotseq 36.0(\%)$

- 2010년: $\left(\dfrac{754.6}{580.4}-1\right)\times 100 \fallingdotseq 30.0(\%)$

- 2011년: $\left(\dfrac{963.4}{754.6}-1\right)\times 100 \fallingdotseq 27.7(\%)$

- 2012년: $\left(\dfrac{1,334.7}{963.4}-1\right)\times 100 \fallingdotseq 38.5(\%)$

- 2014년: $\left(\dfrac{2,822.0}{1,558.5}-1\right)\times 100 \fallingdotseq 81.1(\%)$

그러므로 가장 큰 해는 2014년이다.

(NCS 기본 풀이)

1) [표]에서 바이오 분야의 경우 급격하게 성장하고 있다.

2) 수치가 커지고 있다. 2배씩 커지지는 않지만, 2배에 매우 가까운 해는 2014년임을 쉽게 확인할 수 있다. 그러므로 증가율이 가장 큰 해는 2014년이다.

계산 TIP

⑴ 2배를 기준으로 할 때 얼마나 가까운지에 대한 센스가 없다면, 1.5배를 기준으로 가져가도 괜찮다.

⑵ 2014년을 제외하고 1.5배를 넘는 해는 없다.

⑶ 증가율이 가장 큰 것을 찾아야 할 때는
- 증가폭이 큰 것
- 기준이 작은 것
위주로 살펴보면서 적당한 기준을 가지고 접근한다.

⑷ 수치가 애매하다고 생각할 때에 [50 %, 10 %, 5 %, 1 % 친구들]과 함께 한다.

21 ③

(일반 풀이)

1) [자료]를 적용하여 [표]를 정리하면 다음과 같다.

생선 종류	구매량	운반비＋구매가격 (원)	1마리당 구입비용(원)
고등어	100마리	100,000	1,000
굴비	98마리	110,000	약 1,122
오징어	128마리	72,000	562.5
조기	116마리	100,000	약 862
북어	158마리	125,000	약 791

2) 그러므로 1마리당 구입비용이 가장 높은 생선 종류는 굴비이고, 가장 낮은 생선 종류는 오징어이다.

(NCS 실전 풀이)

1) [자료]에 주어진 단위별 의미를 통해 [표]의 구매량을 '마리'로 빨리 변환하고, (운반비)＋(구매가격)을 계산한다.

2) 선택지를 활용하면 가장 높은 것은 [고등어 vs 굴비]이므로
- 분자는 굴비가 고등어보다 10 % 더 큰데
- 분모가 굴비가 고등어보다 더 작으므로
- 굴비가 고등어보다 더 크다고 판단할 수 있다.
→ ①, ② 소거

3) 오징어, 조기, 북어를 비교한다.

- 오징어 vs 조기 → 분자는 조기가 오징어보다 더 큰데, 분모는 조기가 오징어보다 작으므로 조기가 오징어보다 더 크다고 판단할 수 있다. → ④ 소거

- 오징어 vs 북어 → 분자가 북어는 오징어의 1.5배 이상인데 분모는 북어가 오징어의 1.5배 미만이므로 북어가 오징어보다 더 크다고 판단할 수 있다. → ⑤ 소거

4) 그러므로 정답은 ③이다.

22 ③

(일반 풀이)

1) 요일별 지급인원, 지출금액을 계산하여 정리하면 다음과 같다.

요일	지급인원(명)	단가(원)	지출 금액(원)
월	177	330	58,410
화	102	650	66,300
수	128	600	76,800
목	75	1,000	75,000
금	49	1,100	53,900

2) 지출금액이 큰 순서대로 나열하면 '수－목－화－월－금' 순이다.

(NCS 실전 풀이)

1) 가장 처음 비교해야 하는 것은 [수 vs 목]

→ 128×600 vs $75\times 1,000$

→ 128×3 vs 75×5 [약분]

→ $(125+3)\times 3 > 3\times 25\times 5 = 125\times 3$

→ ①, ④, ⑤ 소거한다.

2) [월 vs 화]

→ 177×330 vs 102×650

3) 그러므로 정답은 ③이다.

(NCS 응용 풀이)

다음과 같이 계산을 단순화할 수 있다.

구분	실제값(명)	단순화
병사	102	4
부사관	49	2
장교	26	1

품목	과일주스	수박	초코바	우유	송편
단가(원)	330	650	1,000	600	1,100
단순화	1	2↓	3↑	2↓ = 1.8↑	3↑ = 3.3↑

	월	화	수	목	금
→	7×1 $= 7$	4×2↓ $= 8$↓	5×2↓ $= 10$↓	3×3↑ $= 9$↑	2×3.3↑ $= 6.6$↑

→ ∴ 월, 화, 금은 '화-월-금' 순서를 만족한다.
• 이와 어긋나는 ①, ②, ④를 소거할 수 있다.
• 그러므로 이제 ③과 ⑤만 남았다.
• 수 vs 목
  → 128×600 vs $75 \times 1,000$
  → $128 \times 600 > 150 \times 500$

23 ③

일반 풀이

①(×) 2013년 A국의 유선 통신 가입자 수를 ☆만 명이라 하면, 다음과 같은 식이 성립한다.

$$\frac{☆}{☆+4,100-700+200} \times 100 = 40$$

위 방정식을 해결하면 ☆=2,400(만 명)이다.

②(×) B국의 2013년 무선 통신 가입자 수가 3,000만 명이고, 2013년 대비 2016년 무선 통신 가입자 수의 비율이 1.5이므로 2016년 무선통신 가입자는 $3,000 \times 1.5 = 4,500$(만 명)이다.

③(○) 2013년 C국의 유·무선통신 가입자 수를 ○만 명이라 하면, 다음과 같은 식이 성립한다.

$$\frac{7,700}{3,200+7,700-○+700} \times 100 = 77$$

위 방정식을 해결하면 ○=1,600(만 명)이다.

④(×) 2016년 D국의 미가입자 수를 ◇만 명이라 하면, 다음과 같은 식이 성립한다.

$$\frac{1,100+2,500-800+◇}{1,100+1,300-500+100} = 1.5$$

위 방정식을 해결하면 ◇=200(만 명)이다.

⑤(×) 2013년 유선 통신만 가입한 인구는 B국이 $1,900-300=1,600$(만 명)이고, D국이 $1,100-500=600$(만 명)이다. $600 \times 3 > 1,600$이다.

NCS 실전 풀이

유선 통신 가입자, 무선 통신 가입자, 유·무선 통신 동시 가입자, 미가입자의 관계를 정확하게 이해한다.

→ (전체 인구)=(유선 통신 가입자)+(무선 통신 가입자)-(유·무선 통신 동시 가입자)+(미가입자)

①(×) 인구 100명당 유선 통신 가입자가 40명이므로 유선 통신 가입자가 인구의 40%에 해당한다는 의미이다. 선택지에서 결론이 유선 통신 가입자가 2,200만 명이라고 하였으므로 이를 대입한다.
• 전체 인구: $2,200+4,100-700+200=5,800$(만 명)
• 전체 인구 5,800만 명의 40%는
  $5,800 \times 0.4 = 2,320$(만 명)$\neq$2,200만 명

②(×) 3,000만 명의 1.5배는 5,000만 명이 아니다.

③(○) 인구 100명당 무선 통신 가입자가 77명이므로 무선 통신 가입자가 인구의 77%에 해당한다는 의미이다. 선택지에서 결론이 유·무선 통신 동시 가입자는 1,600만 명이라고 하였으므로 이를 대입한다.
• 그런데 [표]에서 무선 통신 가입자가 7,700만 명으로 너무 노골적인 수치가 주어졌으므로 전체 인구가 10,000만 명이 나와야 한다.
• 전체 인구: $3,200+7,700-1,600+700=10,000$(만 명)
더 이상 읽지 않는다.

NCS 추가 풀이

④(×) 계산하면 다음과 같다.
• 2013년 D국 전체 인구는
  $1,100+1,300-500+100=2,000$(만 명)
• 2016년 미가입자 100만 명을 대입할 때,
• 2016년 D국 전체 인구는
  $1,100+2,500-800+100=2,900$(만 명)
  $\neq 2,000 \times 1.5$

⑤(×) 계산하면 다음과 같다.
2013년 유선 통신만 가입한 인구는
• B: $1,900-300=1,600$(만 명)
• D: $1,100-500=600$(만 명)
→ $1,600 \neq 600 \times 3$

24 ⑤

일반 풀이

1) [표]의 빈칸을 채운다.

구분 \ 이동방법	A	B	C	
이용도로	고속도로	국도	고속도로	국도
거리(km)	240	300	90	120
평균속력(km/시간)	120	60	90	60
주행시간(시간)	2.0	5.0	1.0	2.0
평균연비(km/L)	12	15	12	15
연료소비량(L)	20.0	20.0	7.5	8.0
휴식시간(시간)	1.0	1.5	0.5	0.5
통행료(원)	8,000	0	5,000	0

2) 이동방법별 이동비용을 정확하게 계산하면 다음과 같다.
• A: $(2.0+1.0) \times 1,500+(20.0) \times 1,500+(8,000)$
  $=42,500$(원)
• B: $(5.0+1.5) \times 1,500+(20.0) \times 1,500+(0)$
  $=39,750$(원)
• C: $(1.0+2.0+0.5+0.5) \times 1,500+(7.5+8.0) \times 1,500+(5,000)=34,250$(원)

3) 그러므로 비용이 적은 것부터 순서대로 나열하면 C, B, A 순이다.

NCS 실전 풀이

1) (이동비용)=(시간가치)+(연료비)+(통행료)
  =(주행시간)+(휴식시간)×1,500+(연료소비량)×1,500+(통행료)

2) 반복되는 수는 1,500이다. 그러므로 이를 바탕으로 계산을 단순화한다. 통행료의 경우
• $8,000=1,500 \times (5 \sim 6)$
• $5,000=1,500 \times (3 \sim 4)$와 같이 단순화하면

3) (이동비용)
   $= \{(주행시간)+(휴식시간)+(통행료\ 단순화\ 숫자)\} \times 1{,}500$
   과 같이 식이 변하므로 단순한 덧셈비교의 형태가 된다. 차이값으로 접근한다.
   - B vs C
   → $5.0+20.0+1.5$
       vs
     $(1.0+2.0)+(7.5+8.0)+(0.5+0.5)+(3\sim4)$
   → B>C → ①, ②, ③ 소거
   - A vs B
   → $2.0+20.0+1.0+(5\sim6)$
       vs
     $5.0+20.0+1.5$
   → A>B → 정답 ⑤

(1) 돈이 가장 많이 드는 것은 보통 고속도로이고,
(2) 합리적으로 접근하면 고속도로와 국도를 섞는 것이 맞다.

25 ②

일반 풀이

[표 1]과 [표 2]의 괄호를 채우면 다음과 같다.

(단위: 천 원)

기업 연도 구분	'갑' 2014년	'갑' 2015년	'갑' 전년 대비 증가액	'을' 2014년	'을' 2015년	'을' 전년 대비 증가액
과세표준	150,000	170,000	20,000	190,000	130,000	−60,000
매출세액(a)	15,000	17,000	2,000	19,000	13,000	−6,000
매입세액(b)	7,000	7,000	0	14,000	16,000	2,000
납부예정세액(c) (=a−b)	8,000	10,000	2,000	5,000	−3,000	−8,000
경감·공제세액(d)	0	0	0	4,000	0	−4,000
기납부세액(e)	1,500	3,500	2,000	0	0	0
확정세액 (=c−d−e)	6,500	6,500	0	1,000	−3,000	−4,000

NCS 실전 풀이

1) [표]의 구조를 파악하면 다음과 같다.
   $c=a-b$
   (확정세액)$=c-d-e$
   $\qquad\qquad =(a-b)-d-e=a-b-d-e$
   → ∴ $\triangle(확정세액)=\triangle a-\triangle b-\triangle d-\triangle e$

2) 2015년 확정세액이 2014년에 비해 얼마나 변하였는지가 최종 도출 가능 정보 및 주제이다.

3) ① (○) [표 2]에서 2014년의 경우 190,000천 원의 10 %는 19,000천 원, 130,000천 원의 10 %는 13,000천 원이므로 매출세율은 10 %이다.

4) ② (×) '갑' 기업의 a는 2,000천 원 증가하고, e도 2,000천 원 증가하였으므로
   $\triangle(확정세액)=\triangle a-\triangle b-\triangle d-\triangle e$
   $\qquad\qquad\quad =+2{,}000-0-0-2{,}000=0$
   즉, 2015년 확정세액은 2014년과 같다.

5) 더 이상 읽지 않는다.

NCS 응용 풀이

③ (○) [표 2]에서 2015년 확정세액은 2014년 확정세액 1,000천 원에 비해 4,000천 원 감소한 −3,000천 원이다. 음수이므로 환급받고 3,000천 원은 300만 원이다.

④ (○) '갑' 기업의 납부예정세액의 증가폭은 c=a−b가 성립하므로 $\triangle c=\triangle a-\triangle b=2{,}000-0=2{,}000$(천 원)이다. 2014년 8,000천 원에 비해 20 % 이상 증가하였다.
   → $8{,}000 \times 0.2=1{,}600<2{,}000$

⑤ (○) 다음과 같이 간단하게 생각한다.
   - 매출세율이 15 %라면 기존에 비해 5 %p 증가하였다.
   - '갑'의 경우 [표 1]의 상태에서 a만 $170{,}000 \times 0.05=8{,}500$(천 원) 증가하였으므로 표의 구조상 확정세액이 2014년에 비해 (0+8,500)천 원 증가하게 되어 확정세액은 $6{,}500+8{,}500=15{,}000$(천 원)임을 알 수 있다.
   - '을'의 경우 [표 2]의 상태에서 a만 $130{,}000 \times 0.05=6{,}500$(천 원) 증가하였으므로 표의 구조상 확정세액이 2014년에 비해 $(-4{,}000+6{,}500)=2{,}500$(천 원) 증가하게 되어 확정세액은 $1{,}000+2{,}500=3{,}500$(천 원)임을 알 수 있다.
   - $15{,}000>3{,}500 \times 4=14{,}000$

26 ③   27 ②   28 ⑤

일반 풀이

1) 빈칸을 모두 채우면 다음과 같다.
   [설문지 회수 현황]

항목 기관	배포(부)	회수(부)	회수율(%)
갑	240	198	82.5
을	195	124	63.6
병	106	72	67.9
정	130	100	76.9
무	236	118	50.0

기관	구분		빈도(명)	비율(%)
㉠	부서	부서 A	24	19.4
		부서 B	ⓐ=45	36.3
		부서 C	21	16.9
		부서 D	34	27.4
	성별	남자	56	45.2
		여자	68	ⓑ=54.8
	연령	21세~30세	41	33.1
		31세~40세	48	38.7
		41세~50세	27	21.8
		51세 이상	ⓒ=8	ⓓ=6.5

2) 회수율이 가장 높은 기관은 '갑'이므로 '갑'의 설문지 미회수 수량은 240−198=42(부)이다.

3) ㉠에서 회수된 설문지 부수는 24÷0.194=124(부)이므로 ㉠에 들어갈 기관은 '을'이다.

4) 선택지 ⑤를 계산하면 다음과 같다.
→ 68−ⓑ=68−54.8=13.2
→ (ⓒ−ⓓ)×7=(8−6.5)×7=10.5
→ 68−ⓑ>(ⓒ−ⓓ)×7

5) 그러므로 정답을 순서대로 정리하면 ③, ②, ⑤이다.

NCS 기본 풀이

1) 회수율을 정확하게 계산하는 것이 아니라, 가장 높은 것을 찾는 것이다.
   • '갑'의 미회수 부수는 240−198=42(부)인데 42부는 240부의 20 % 미만이다.
   • '정'의 미회수 부수는 130−100=30(부)인데 30부는 130부의 20 % 초과이다.
   • '무'의 미회수 부수는 236−118=118(부)인데 118부는 236부의 50 %이다.
   • 그러므로 회수율이 가장 높은 기관은 '갑'이고, '갑'의 미회수 부수는 240−198=42(부)이다.

2) 두 번째 표에서 부서 A의 경우 빈도 24명이 차지하는 비율이 19.4 %이므로 이 값의 5배를 하면 24×5=120(명)은 19.4×5=97(%)이므로 두 번째 표의 회수된 설문지 부수는 120을 약간 넘는 정도이다. 그러므로 정확하게 계산하지 않아도 이를 만족하는 것은 기관 '을'이다.

3) 등식 관련 문제의 경우 정확하게 판단해야만 풀 수 있는 문제이고, 계산이 딱 떨어지는 느낌이 없기에 풀지 않는다.

계산 TIP

세 번째 문제의 선택지 ⑤에 대해서 생각해보자.
68−ⓑ<(ⓒ−ⓓ)×7
• 68과 ⓒ는 모두 빈도에 해당하고,
• ⓑ와 ⓓ는 68과 ⓒ의 비율에 해당한다.
• 비율은 빈도에 비례하는 것은 당연하고,
• ⓒ=8이 성립하는데
• 68=8×8↑이 성립하기 때문에
• 68−ⓑ>(ⓒ−ⓓ)×7이 성립해야 한다.

29 ④

일반 풀이

설문의 조건에 따라 계산하면 다음과 같다.
• 2014년 사망자 수: 640×(1−0.1)=576(명)
• 2014년 부상자 수: 1,420×(1+0.1)=1,562(명)
→ 2014년 인명피해 수: 576+1,562=2,138(명)

NCS 실전 풀이

1) 사망자 수 감소폭: 640×0.1=64(명)
   부상자 수 증가폭: 1,420×0.1=142(명)
2) 인명피해 수의 증가폭: −64+142=+78(명)
3) ∴ 2014년 인명피해 수: 2,060+78=2,138(명)

30 ②

일반 풀이

1) 2016년 사망자 수: 590×(1−0.1)=531(명)
2) 2016년 부상자 수: 1,332÷(1+0.2)=1,110(명)

NCS 실전 풀이

1) 2016년 사망자 수: 590×(1−0.1)=531(명)
2) ③에 531명을 대입하면 2016년 부상자 수가 1,681−531=1,150(명)이다.
3) 이 값이 20 % 증가하면 1,150×1.2=1,380(명)인데
4) 실제 [표]에서는 1,332명으로 48명 더 많다.
5) 그러므로 실제 값은 ③보다 48÷1.2=40(명) 더 적어야 한다. 그러므로 정답은 ②이다.

31 ②

일반 풀이

1) 전국 여성 고용률: 47.8 %
   서울 여성 고용률: 49.2 %
2) 여성 고용률이 47.8 %보다 크고 49.2 %보다 작은 6대 광역시는 광주뿐이다.

NCS 기본 풀이

1) 문제에서 묻는 것이 무엇인지 정확하게 인지한다.
   → 여성 고용률: 47.8~49.2 %
2) 첫 번째 선택지에 인천이 주어져 있으므로 인천을 확인했더니 47.4 %로 범위에 들어있지 않으므로 ①을 소거한다.
3) ③에도 인천이 있으므로 소거한다.
4) 두 번째 선택지가 광주이므로 광주를 확인한다. 그 외의 선택지에 광주가 없으므로 정답을 ②로 확정한다.

(1) 좋은 차트는 시각적 효과가 도드라진다.

(2) 그냥 만드는 것이 아니라, 잘 읽히도록 구성한다. 그렇지 않다면 좋은 차트가 아니다.

(3) 예를 들어 문제에 주어진 차트의 경우 남성은 흰색, 여성은 검은색이며, 경제활동 참가율은 동그라미 모양, 고용률은 세모 모양이다.

(4) 여러 가지 항목이 섞인 차트를 제한된 시간에 잘 구분할 수 있는 것은 기본으로 갖춰야 하는 능력이다.

32 ①

일반 풀이

1) 첫 번째 조건: 2015년 독신 가구와 다자녀 가구의 실질세부담률 차이는 덴마크가 10.4 %p이고, 이보다 큰 국가는 A, C, D이다.
   → [A or C or D]=[캐나다 or 벨기에 or 포르투갈]

2) 두 번째 조건: 2015년 독신 가구 실질세부담률이 전년 대비 감소한 국가는 A, B, E이다.
   → [A or B or E]=[벨기에 or 그리스 or 스페인]
   → ∴ A=벨기에
   → ④, ⑤ 소거
   → [C or D]=[캐나다 or 포르투갈]
   → [B or E]=[그리스 or 스페인]

3) 세 번째 조건: 스페인이 그리스보다 높다.
   → E=스페인, B=그리스
   → ∴ 정답 ①

4) 확신을 갖지 못해 계속 확인한다거나, 이 문제를 풀 때 처음부터 확정적인 정보를 해결하려고 하는 것은 멈출 수 없으므로 좋은 풀이가 아니다. 확정적인 정보부터 찾는 풀이는 생략한다.

NCS 실전 풀이

1) 첫 번째 조건: 캐나다, 벨기에, 포르투갈에 대해서 언급하고 있는데 선택지를 보니 A, C, D에 주로 분포하고 있다. 그러므로 ④를 소거한다.

2) 두 번째 조건: 다시 벨기에가 등장하였는데 A는 (−)이고, D는 (+)이므로 ⑤를 소거한다.

3) 세 번째 조건: 그리스, 스페인은 B 또는 E인데 더 큰 것은 E이다. 그러므로 B는 스페인이 될 수 없다. ②, ③ 소거하고 정답은 ①이 된다.

(1) [표]의 항목을 정확하게 인지하면 계산하지 않고 결과만을 가지고 확인할 수 있다.

독신 가구 실질세부담률(%)		다자녀 가구 실질세부담률 (%)	독신 가구와 다자녀 가구의 실질세부담률 차이(%p)
2005년 대비 증감 (%p)	전년 대비 증감 (%p)		

(2) 이 [표]의 주제는 일반적으로 '독신 가구와 다자녀 가구의 실질세부담률 차이'일 것이다.

(3) 시계열 분석을 하고 싶다면 '2005년 대비 증감'이나 '전년 대비 증감'을 확인하면 된다.

(4) 문제가 더럽게 나오려면 2014년 또는 2005년 독신 가구 실질세부담률의 수치에 대한 것이 등장할 수 있다.

33 ②

일반 풀이

1) 정보 1: 가능 가동시간
   → 광주+인천＞서울+부산(광주 or 인천) vs (서울 or 부산)
   • (A or D) vs (B or C)
   • (A or C) vs (B or D)

2) 정보 2: 실제 가동시간
   → 부산+광주＜서울+인천
   (부산 or 광주) vs (서울 or 인천)
   • (B or C) vs (A or D)
   • (B or D) vs (A or C)
   • (A or B) vs (C or D)

3) 정보 3
   → 공장별 실가동률을 계산하여 정리하면 다음과 같다.

공장	A	B	C	D
실가동률	75.0 %	75.0 %	83.3 %	60.0 %

4) 정보 4
   → D=인천
   → ∴ C=광주
   → ∩ 정보 2: B=부산, A=서울
   → ∴ 정답 ②

NCS 실전 풀이

1) 정보 1: 가능 가동시간
   → 광주+인천＞서울+부산
   → 광주와 인천이 동시에 B, C가 될 수는 없다.
   → 즉, 서울과 부산이 동시에 A, D는 될 수 없다.
   → 소거되는 것은 없다.

2) 정보 2: 실제 가동시간
   → 부산+광주＜서울+인천
   → 부산, 광주가 동시에 A, D가 될 수 없다.
   → ④ 소거

3) 정보 3: 실가동률
  → A or B는 서울 or 부산
  → ⑤ 소거
4) 정보 4:
  → D=인천
  → ① 소거
5) 정보 2 :
  → A=서울, B=부산
  → 정답 ②

매칭 TIP

정확하게 매칭하겠다는 강박관념을 버리자.

34 ③

일반 풀이

1) 가장 확정적인 조건을 찾는다.
2) 두 번째 조건: 2013년 경기전망지수의 전년 대비 증가율을 계산하면 다음과 같다.

 • A: $\left(\dfrac{48.9-45.8}{45.8}\right)\times 100=\left(\dfrac{3.1}{45.8}\right)\times 100 ≒ 6.77(\%)$

 • B: $\left(\dfrac{39.8-37.2}{37.2}\right)\times 100=\left(\dfrac{2.6}{37.2}\right)\times 100 ≒ 6.99(\%)$

 • C: $\left(\dfrac{40.6-36.1}{36.1}\right)\times 100=\left(\dfrac{4.5}{36.1}\right)\times 100 ≒ 12.47(\%)$

 • D: $\left(\dfrac{41.1-39.3}{39.3}\right)\times 100=\left(\dfrac{1.8}{39.3}\right)\times 100 ≒ 4.58(\%)$

 → ∴ D=해운업
3) 네 번째 조건: 경기전망지수가 매년 높은 산업은 A이다.
  → ∴ A=제조업
4) 첫 번째 조건: 2012년 대비 2016년 경기전망지수의 증가폭을 계산하여 정리하면 다음과 같다.

산업	A	B	C	D
증가폭	8.6	9.1	3.6	9.4

  → ∴ B=보건업
5) 세 번째 조건:
  → ∴ C=조선업
6) ∴ 정답 ③

NCS 기본 풀이

1) 첫 번째 조건을 읽고 해운업과 보건업이 선택지의 어디에 있는지 확인한다.
2) 해운업과 보건업이 B와 D에 주로 위치하므로 B, D를 먼저 확인하고 2012년 대비 2016년 경기전망지수 증가폭을 9를 기준으로 확인한다. ⑤를 소거한다.
3) 두 번째 조건을 읽고, B와 D의 증가율을 비교하면 D가 B보다 작으므로 D가 해운업이다. ①, ②를 소거한다.
4) 세 번째 조건은 소거되는 것이 없다.
5) 2012년'만' 확인할 때, 경기전망지수가 가장 높은 것이 A이므로 A가 제조업이다. 정답은 ③번이다.

계산 TIP

(1) 산업별 2012년 대비 2016년 경기전망지수 증가폭 계산
  A: $54.4-45.8=54.4-50.0+4.2=4.4+4.2=8.6$
  B: $46.3-37.2=46.3-40.0+2.8=6.3+2.8=9.1$
  C: $39.7-36.1=3.6$
  D: $48.7-39.3=48.7-40.0+0.7=8.7+0.7=9.4$
(2) 증가율의 대소비교의 경우 분모가 비슷하다면, 분자의 차이가 영향이 크다.

35 ③

일반 풀이

1) 모든 것을 그냥 계산하거나
2) 시각적 함정에 당해서 선택지 ②번을 옳다고 판단한다.
3) 보고서 내용을 정리하여 [표]로 나타내면 다음과 같다.

(단위: 백만 원)

구분	2017년	2018년	합계
신규 투자액	44.58	32.24	76.82
유지보수 비용	31.78	32.01	63.79
전체	76.36	64.25	140.61

4) 선택지별 내용은 다음과 같다.
  ① (×) 신규 투자액은 감소하였고, 유지보수비용은 증가하였다.
  ② (×) 2017년과 2018년의 값이 뒤바뀌었다.
  ③ (○)
  ④ (×) 신규 투자액이 3,214만 원이 아니라 3,224만 원이다.
  ⑤ (×) 유지보수 비용의 전년 대비 증가율은 7.2 %가 아닌 0.72 %이다.

NCS 실전 풀이

1) 보고서의 앞 내용을 보면, 신규 투자액과 유지보수 비용이 있음을 알 수 있다.
2) 신규 투자액은 감소하였고, 유지보수 비용은 증가하였으며, 변화폭을 충분히 활용하겠다는 생각을 한다.
  ① (×) 신규 투자액이 감소하였다고 하였는데 증가하였으므로 옳지 않다.
  ② (×) 2018년 신규 투자액의 감소폭이 유지보수 비용 증가폭보다 크므로 2018년 신규 투자액과 유지보수 평균 비용의 합은 구체적인 값은 차치하더라도 전년에 비해 감소한다.
  ③ (○) 2017~2018년 신규 투자액과 유지보수 각각의 총합은 다음과 같이 생각한다. 뺄셈보다 덧셈을 이용하여 접근한다.
    → $7,682+1,234=8,916=9,000-84$
          vs
      $4,458\times 2=(4,500-42)\times 2$
    → $6,379-23=6,356=6,400-44$
          vs
      $3,178\times 2=(3,200-22)\times 2$

3) 더 이상 읽지 않는다.

36 ①

일반 풀이

1) 엄청난 계산을 하거나,
2) 정확한 매출액을 구해야 한다는 편견을 갖는다.

NCS 실전 풀이

1) 첫 번째: 직원을 0~3명 증원할 계획이므로 x축의 항목을 '증원없음', '1명', '2명', '3명'으로 설정한다.
2) 두 번째: 직원을 증원하지 않을 경우 2017년 대비 2018년 매출액 증감률이 10 % 이하일 것으로 예상되므로, '증원없음'의 예상 매출액은
   - '가' 사업장의 경우 230±23 → 207~253
   - '나' 사업장의 경우 160±16 → 144~176
   - 그러므로 ④, ⑤를 소거한다.
3) 세 번째: 직원 증원이 없을 때와 직원 3명을 증원할 때의 2018년 매출액의 차이는 '나' 사업장이 '가' 사업장보다 클 것으로 추정된다는 것은 '가' 사업장과 '나' 사업장의 차이가 '3명'인 경우가 '증원없음'의 경우보다 작다는 것이다. ②를 소거한다.
4) 네 번째: '나' 사업장의 '2명'의 예상 매출액이 252백만 원보다 커야 한다. ③을 소거한다.

37 ①

일반 풀이

1) 무작정 [보고서]를 읽느라 시간을 허비하거나
2) 시간이 오래 걸리는 것을 붙잡는다.

NCS 실전 풀이

1) 선택지에 주어진 제목을 전체적으로 읽어본다.
   소득분위별, 도시근로자가구당, 세부항목별, 직업형태별, 연도별로 나누어 있고, ④, ⑤만 주어진 연도가 다른 선택지보다 세부적이라는 것을 인지한다.
2) 첫 번째: ⑤에서 확인한다. (○)
3) 두 번째: ③에서 확인한다. (○)
4) 세 번째: ②에서 확인한다. 다만, 순서를 확인해야 하는 것이 많기에 넘어간다. (○)
5) 네 번째: ④에서 확인한다. (○)
6) 다섯 번째: ①에서 확인한다. 1995년과 2007년 도시근로자 가구당 월평균 교통비지출액 비중의 차이는 10분위가 $14.6-10.3=4.3(\%p)$이고, 1분위가 $8.7-7.0=1.7(\%p)$로 더 크다. (×)

38 ①

1) [표]가 매우 단순하지만, 표 읽기에 유의한다. 오른쪽 끝에 있는 합은 출발 지역의 화물 유동량의 합이고, 가장 아래 있는 합은 도착 지역의 화물 유동량의 합이다.
2) ①의 경우 수도권 출발 지역별 경기 도착 화물 유동량에 대한 것인데 표의 값을 잘못 읽었다. 옳지 않다.

3) 조금 귀찮은 선택지는 ③, ⑤번이다.

39 ⑤

1) [표]에 주어진 항목은 기관별 과제건수와 각 연도에서 차지하는 비율에 대한 것이다. 즉, 시계열 흐름에 따른 변화를 쉽게 파악할 수 있다.
2) ①~⑤의 제목을 확인한다. ①, ②, ③은 [표]에서 바로 읽어낼 수 있는 정보이고, ④, ⑤는 가공을 해야 한다.
   ④ (○) 전체 R&D 과제 건수의 전년 대비 증가율을 도출하는 것이 아니라, 주어진 전년 대비 증가율을 배율로 바꾸어 확인한다. 확인하면 다음과 같다.
   - $+270.0\ \%=3.7배 → 230 \times 3.7=851$
   - $+43.1\ \%=1.431배 → 851 \times 1.431 \fallingdotseq 1,218$
   - $-12.3\ \%=0.877배 → 1,218 \times 0.877 \fallingdotseq 1,068$
   ⑤ (×) 기업의 전년 대비 증가율이 9.4 %라고 하는데 이를 배율로 바꿔 접근하면 $31 \times 1.094 \fallingdotseq 80$이 성립해야 하지만 전혀 성립하지 않는다. 9.4 %는 [표]에서 2014년 R&D 과제 건수 중 기업이 차지하는 비중을 의미하는 것이다.

40 ⑤

[보고서]를 읽기 전 선택지의 제목을 읽어본다. 어떤 내용이 등장하는지 먼저 확인하고 그래프가 있는 경우 경향에 대해서 기억한다.

① (○) 모바일 결제 서비스 이용자의 가장 높은 비율을 차지하는 연령대는 30대로 31.4 %를 차지하고 있으며, 가장 낮은 비율을 차지하는 연령대는 60대 이상으로 3.8 %를 차지하고 있다. 따라서 양자의 격차는 $31.4-3.8=27.6(\%p)$이다. 또한 비이용자 중 50대 이상의 비율은 $23.0+26.1=49.1(\%p)$이다. 따라서 보고서의 내용에 부합한다.

② (○) 이용자 중 최근 6개월 이내에 최초로 서비스를 이용한 사람의 비율은 25 %이고 응답자 중 서비스 이용자는 660명이므로, 최근 6개월 이내에 최초로 서비스를 이용한 사람의 수는 $660 \times 25\ \%=165(명)$이다. 한편, 이용자 중 최초 이용 시점이 2년을 초과하는 사람의 비율은 22.7 %이고, 전년 대비 $22.7-14.4=8.3(\%p)$ 증가했으므로 보고서의 내용에 부합한다.

③ (○) 응답비율 순서는 보고서와 일치하며, 모바일폰 구입으로 응답한 사람의 수는 $(이용자\ 660명) \times 37.5\ \% \fallingdotseq 248(명)$이므로 230명 이상이다. 따라서 보고서의 내용에 부합한다.

④ (○) 학생의 경우에만 월 1회 미만의 비율이 가장 높고 나머지 직업군의 경우에는 월 1~3회의 비율이 가장 높다. 또한 무직/기타 직업군에서 '월 1~3회'의 비율이 56.3 %로 절반 이상을 차지하고 있어 보고서의 내용에 부합한다.

⑤ (×) 안전장치 불신을 선택한 사람은 $(비이용자\ 1,840명) \times 28.6\ \% \fallingdotseq 526(명)$이므로 500명 이상으로 보고서의 내용과 부합한다. 그러나 선택지의 인터넷 사용미숙과 개인정보 유출 모두를 선택한 비이용자의 비율은 복수응답이 가능한 설문이기 때문에 최대 31.2 %에 그친다. 따라서 보고서

의 내용에 부합하지 않는다.

41 ②

1) 갑, 을, 병, 정, 무의 ○○시험 성적을 계산하여 정리하면 다음과 같다.

갑	을	병	정	무	합계
71점	60점	73점	65점	100점	369점

2) 맞은 개수 14개일 때 점수의 최댓값, 최솟값을 계산하면 각각 88점, 48점이다. 그 차이는 88-48=40(점)이다.

해결 TIP

ㄱ. (○) 틀린 개수가 6개이므로 이 경우 모두 2점짜리를 틀렸다면 2×6=12(점) 감점이고, 9점짜리 5개와 7점짜리 1개를 틀리면 9×5+7×1=45+7=52(점) 감점이다. 그렇다면 이 점수간의 차이는 52-12=40(점)이다. 옳다.

ㄴ. (×) 정확하게 구하는 선택지가 아니다. 큰 배점부터 계산하면 감점되는 점수는 50점을 초과한다는 것을 쉽게 확인할 수 있다. 옳지 않다.

ㄷ. (○) 차이값을 이용하여 '갑 vs 병', '을 vs 정'으로 비교하면 병이 갑보다 2점 크고, 정이 을보다 5점 크기 때문에 '갑+을'보다 '병+정'이 2+5=7(점) 높다. 옳다.

ㄹ. (×) 을과 정의 총점을 일일이 구하는 것이 아니라, 차이값을 이용하여 구하면 된다. 차이가 나는 곳은 6, 7, 11, 12, 16, 17번이다. 옳지 않다.

42 ②

① (○) 2019년 '갑' 지역 외국인 주민 중 '기타' 외국인의 국적이 모두 다르다면 '기타'의 국적 종류 수는 35개이므로, '갑' 지역의 전체 국적 종류 수는 42가지이다. 계산하면 다음과 같다. 옳다.

(비중)$=\dfrac{42}{249}\times100≒16.87(\%)>15\%$

② (×) '병' 지역 주민 중 프랑스 국적과 호주 국적 외국인의 합이 매년 4명이라면, 2019년과 2020년 '기타' 국적 5명 중 1명의 국적은 알 수 없다. 국적 '종류'가 같을 수도 있고, 다를 수도 있다. 옳지 않다.

③ (○) 2019년 '병', '정' 지역의 외국 국적 주민 수와 비중을 계산하여 정리하면 다음과 같다.

- 병: 24+314+351+45+818+123+5=1,680(명)

  → (비중)$=\dfrac{1,680}{33,227}\times100≒5.06(\%)$

- 정: 824+361+4+5+23+254+2=1,473(명)

  → (비중)$=\dfrac{1,473}{8,344}\times100≒17.65(\%)$

④ (○) 2019년 중국 국적 주민 수가 가장 많은 지역은 '무'이고, 2020년도 '무'이다. 옳다.

⑤ (○) 계산하면 다음과 같다. 2019년이 2020년보다 많다. 옳다.

- 2019년: 19,243+61,337+33,227+8,344+51,529 =173,680(명)
- 2020년: 20,165+54,640+29,422+10,741+45,397 =160,365(명)

해결 TIP

① (○) [표]에 주어진 국적은 '기타'를 제외하면 한국(내국인), 미국, 중국~인도까지 7종류이다. 기타 35명이 모두 국적이 다르면 '기타'의 국적 종류 수는 35종류이다. '갑' 지역 국적 종류 수: 7+35=42(종류)
249개의 15%≒250개의 15%=25+12.5=37.5 ≒38<42

② (×) '병' 지역의 '기타' 외국 국적 주민 수는 5명이다. 선택지에 주어진 '프랑스'와 '호주'는 [표]에 주어진 국적이 아니고 '기타'에 해당한다. 2019년과 2020년 모두 5명인데, 선택지의 조건에서 프랑스 국적과 호주 국적의 합이 4명이므로 1명은 다른 국적이다. 선택지에서 묻는 것은 선택지 ①과 같은 국적 종류 '수'가 아니라 국적 종류이다. 그러므로 국적 종류가 일치하는지는 알 수 없다.

③ (○) 의역하면 다음과 같다. '2019년 지역 주민 중 내국인 주민의 비중은 '병' 지역이 '정' 지역보다 높다.'

④ (○) 쉽게 확인할 수 있다.

⑤ (○) 계산은 큰 것부터 해결하면 쉽게 확인할 수 있다.

43 ⑤

대각선의 합이 250이므로 이를 이용하여 표를 채우면 다음과 같다.

전\후	A	B	C	D	E	합계
A	58	24	28	25	38	173
B	25	43	17	21	18	124
C	28	24	57	29	45	183
D	14	11	14	51	17	107
E	59	25	27	11	41	163
합계	184	127	143	137	159	750

ㄱ. (×) 시음 전과 후 모두 음료 E를 좋아하는 인원은 41명이다. 옳지 않다.

ㄴ. (○) 시음 후 음료 A를 좋아하는 인원은 184명으로 전체 인원 750명의 $\dfrac{1}{4}$ 이하이다. 옳다.

ㄷ. (×) 시음 전 음료 A를 좋아하면서 시음 후 음료 B를 좋아하는 인원은 24명이고, 시음 전 음료 B를 좋아하면서 시음 후 음료 A를 좋아하는 인원은 25명이다. 옳지 않다.

ㄹ. (○) 시음 전 음료 C 또는 E를 좋아하는 인원은 183+163=346(명)이고, 시음 후 음료 A 또는 E를 좋아하는 인원은 184+159=343(명)으로 차이는 3명이다. 옳다.

44 ⑤

ㄱ. (○) 계산하면 다음과 같다. 옳다.

$$(증가율)=\left(\frac{107}{102}-1\right)\times100≒4.90(\%)<5\,\%$$

ㄴ. (○) 계산하면 다음과 같다. 옳다.

$$(증가율)=\left(\frac{100\times1.07^5}{114}-1\right)\times100≒23.0(\%)>20\,\%$$

ㄷ. (○) 계산하여 정리하면 다음과 같다. 옳다.

2014년	2015년	2016년	2017년	2018년
4.90	4.94	4.98	3.11	3.25

ㄹ. (×) 계산하면 다음과 같다. 옳지 않다.

$$(증가율)=\left(\frac{114}{102}-1\right)\times100≒11.76(\%)<12\,\%$$

45 ④

① (○) SCS몰 총 매출액은 1,850억 원에서 2,150억 원으로 300억 원 증가하였고, 증가율은 약 16.2 %이다. 옳다.

② (○) 계산하면 다음과 같다.
- 2014년: $1,850\times26.9\,\%=497.65$(억 원)
- 2019년: $2,150\times25.6\,\%=550.4$(억 원)
- → 증가율 약 10.60 %

③ (○) 계산하면 다음과 같다.
- 2014년: $1,850\times60.7\,\%=1,122.95$(억 원)
- 2019년: $2,150\times57.8\,\%=1,242.7$(억 원) … (증가)

④ (×) '원피스', '치마', '잠옷'이다. 옳지 않다.

⑤ (○) '투피스'의 비중이 2014년과 2015년이 동일하다. 그러므로 '투피스' 매출액의 증가율은 약 16.2 %이다. 옳다.

46 ③

1) HSA 마트로부터 상권경계점까지의 거리를 $x\,\mathrm{km}$라 하면, 다음과 같은 식을 세울 수 있다.

SCS 마트   HSA 마트

$$k\times\frac{\pi\times(300÷2)^2\times4}{(15-x)^2}=k\times\frac{\pi\times(200÷2)^2\times1}{x^2}$$

2) 위 식을 정리하면

→ $150^2\times4\times x^2=100^2\times(15-x)^2$

3) 조금 더 정리하면 → $3^2\times4\times x^2=2^2\times(15-x)^2$

→ $9x^2=(x^2-30x+225)$

→ $8x^2+30x-225=0$

→ $(2x+15)(4x-15)=0$ ∴ $x=3.75(\mathrm{km})$

정답은 ③번이다.

47 ④

① (×) 사원별 월 생산량을 계산하면 다음과 같다.

A: 20, B: $20+2\times2=24$,

C: $22+4\times3=34$, D: $26-3\times4=14$,

E: 23, F: $23-1\times6=17$, G: 22

② (×) '갑' 생산라인의 총생산량을 계산하면 4월은 $23\times4=92$(개), 5월은 $23\times5=115$(개)로 동일하지 않다. 옳지 않다.

③ (×) '갑' 생산라인의 총생산량을 계산하면 1월은 20개, 2월은 $22\times2=44$(개)로 '갑' 생산라인의 2월 총생산량은 1월의 2.2배이다. 옳지 않다.

④ (○) '갑' 생산라인의 7월 총생산량은 $22\times7=154$(개)이고, A, D, F, G 사원의 생산량의 합은 $20+14+17+22=73$(개)이다. 분수비교를 하면 다음과 같다. 옳다.

$$\frac{73}{154}<\frac{4\times22=88}{7\times22=154}$$

⑤ (×) 1~7월 동안 월별 총생산량 및 전월 대비 증가율을 계산하여 정리하면 다음과 같다. 총생산량의 전월 대비 증가율은 2월이 가장 높고, 6월이 가장 낮다. 옳지 않다.

1월	2월	3월	4월	5월	6월	7월
20	44	78	92	115	132	154
	120.0 %	77.3 %	17.9 %	25.0 %	14.8 %	16.7 %

48 ①

1) $C_m = \dfrac{C_1 \times Q_1 + C_2 \times Q_2}{Q_1 + Q_2}$ 이므로

2) 계산하여 정리하면 다음과 같다.

(단위: mg/L)

가	나	다	라	마	바
35.0	33.5	22.6	1.09	1.19	1.29

49 ②

[조건]에 따라 [표]를 학생 수로 변환하면 다음과 같다.

구분		실제 대학 입학 계열(명)			
		상경계열	어문계열	인문계열	계
진로 상담 시 희망 계열	상경계열	224	32	64	320
	어문계열	40	320	40	400
	인문계열	56	28	196	280
	계	320	380	300	1,000

ㄱ. 진로 상담 시 '인문계열' 희망자 수는 280명이다.
ㄴ. 진로 상담 시 '어문계열' 희망자였으나 실제 '상경계열'에 입학한 학생 수는 40명이다.
ㄷ. 진로 상담 시 희망 계열과 실제 대학 입학 계열이 동일하지 않은 학생 수는 $32+64+40+40+56+28=260$(명)이므로 전체에서 차지하는 비중은 $\dfrac{260}{1,000} \times 100 = 26(\%)$이다.

50 ①

괄호를 채우면 다음과 같다.

구분 브랜드	볶음라면		국물라면		전체 판매 비율
	판매가	판매비율	판매가	판매비율	
A	1,500	20	1,000	20	20
B	1,000	30	500	15	20
C	2,000	30	1,000	30	30
D	1,500	20	1,500	35	30
총합	–	100	–	100	100

ㄱ. (○) B 브랜드가 차지하는 총 판매량 비율을 계산하면 다음과 같다. 20 %이므로 옳다.

$$\frac{1,000,000 \times 30\% + 2,000,000 \times 15\%}{1,000,000 + 2,000,000} \times 100 = 20(\%)$$

ㄴ. (○) 계산하면 다음과 같다.

$1,000 \times 20\% + 500 \times 15\% + 1,000 \times 30\% + 1,500 \times 35\%$
$= 1,100$(원)

ㄷ. (×) B 브랜드의 전체 판매량 비율이 20 %이므로 C 브랜드의 전체 판매량 비율은 30 %이다. 그런데 C 브랜드 볶음라면의 판매비율이 30 %이므로 국물라면 판매비율도 30 %이어야 한다.

ㄹ. (×) 전체 볶음라면 판매액에서 A 브랜드의 매출액이 차지하는 비중을 계산하면 다음과 같다. 20 %이므로 옳지 않다.

$$\frac{1,500 \times 20\%}{1,500 \times 20\% + 1,000 \times 30\% + 2,000 \times 30\% + 1,500 \times 20\%} \times 100$$
$= 20(\%)$

51 ④

ㄱ. (○) [그래프 1]과 [그래프 2]를 결합하면 알 수 있다. 보안 상태가 안전하지 않은 사용자는 IOS 100만 명, 안드로이드 105만 명, 기타 80만 명으로 총 285만 명이다.

ㄴ. (×) [그래프 1]과 [그래프 3]을 결합하면 다음과 같이 알 수 있다.

(단위: 만 명)

구분	IOS	안드로이드	기타	계
자국	130	18	52	200
외국	120	132	48	300

따라서 안드로이드+외국산 백신을 사용하는 사람이 좀 더 많다.

ㄷ. (○) 외국산 백신을 사용하는 사람은 모두 300만 명인데, 기타 운영체제를 사용하는 사람이 전원 외국산 백신을 사용한다고 하더라도 최소 200만 명은 IOS 또는 안드로이드 운영체제 사용자일 수밖에 없다.

52 ④

[그래프 1], [그래프 2], [표]를 정리하면 다음과 같다.

항목 \ 농장		A	B	C	전체
수확 개수(개)		900	100	500	1,500
등급	상	48 %	68 %	50 %	50 %
	중	38 %	8 %	20 %	30 %
	하	14 %	24 %	30 %	20 %
합계		100 %	100 %	100 %	100 %

→

항목 \ 농장		A(개)	B(개)	C(개)	전체
수확 개수		900	100	500	1,500
등급	상	432	68	250	750
	중	342	8	100	450
	하	126	24	150	300

→ C농장에서 수확한 사과 중 '하' 등급의 사과 개수는 150개이다.

53 ⑤

여러 개의 방정식을 써서 해결하였을 때, 그 결과는 다음과 같다.

$(A, B, C, D) = (751, 251, 149, 449)$

ㄱ. (○) B와 C의 차이는 $|251 - 149| = 102$(명)이다.

ㄴ. (○) A와 D의 차이는 $|751 - 449| = 302$(명)이다.

ㄷ. (○) 의사소통능력이 전략과목이면서 수리능력이 방어과목인 학생 수는 [표]에서 B를 의미한다. 251명이다.

54 ④

[그래프]에 직선 $y = x$를 그으면 다음과 같다.

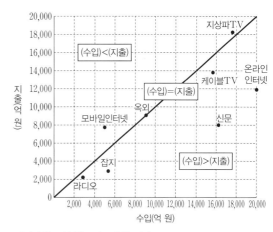

1) (지출)>(수입): 광고 수익 적자

2) (지출)=(수입): 수익 0

3) (지출)<(수입): 광고 수익 흑자

4) $\dfrac{(수입)}{(지출)} = \dfrac{1}{\dfrac{(지출)}{(수입)}} = \dfrac{1}{(기울기)}$ 이므로

→ 기울기 클수록 광고효과 작음

→ 기울기 작을수록 광고효과 큼

5) (수입)+(지출)=$x+y=k$

① (×) 라디오의 광고 수입액 및 지출액은 각각 잡지의 광고 수입액 및 지출액보다 작다. 옳지 않다.

② (×) 지출액과 수입액의 합이 세 번째로 큰 매체는 케이블TV이다. 옳지 않다.

③ (×) 모바일인터넷은 광고 수익 적자다. 옳지 않다.

④ (○) 라디오보다 기울기가 작은 매체는 온라인인터넷, 잡지, 신문이다. 옳다.

⑤ (×) 광고 수익 적자액 또는 흑자액은 (수입)=(지출) 선에서 지출액 또는 수입액까지의 거리를 의미한다. (수입)=(지출) 선에서 지출액까지의 거리가 가장 큰 것은 모바일인터넷이다. 옳지 않다.

55 ③

[그래프 1]을 근거로 건물 A~J의 층수, 예상비용, 실제비용, 비용 오차, 비용 오차율을 계산하여 정리하면 다음과 같다.

(단위: 층, 억 원, %)

건물	층수	예상비용	실제비용	비용 오차	비용 오차율
A	27	91	120	$|29| = 29$	31.87
B	18	64	68	$|4| = 4$	6.25
C	23	79	90	$|11| = 11$	13.92
D	25	85	100	$|15| = 15$	17.65
E	17	61	75	$|14| = 14$	22.95
F	16	58	50	$|-8| = 8$	13.79
G	28	94	73	$|-21| = 21$	22.34

H	20	70	68	$	-2	=2$	2.86
I	23	79	75	$	-4	=4$	5.06
J	18	64	58	$	-6	=6$	9.38

ㄱ. (○) 실제비용이 예상비용보다 더 큰 건물은 A, B, C, D, E로 5개이다. 옳다.

ㄴ. (○) 비용 오차율은 'C'가 13.92 %로 'I'의 5.06 %보다 크다. 옳다.

ㄷ. (×) 비용 오차율이 가장 큰 것은 'A'이고, 30 %를 넘는다. 옳지 않다.

> **해결 TIP**
> (1) [그래프 2]의 건물 A~J를 필요할 때 잘 매칭해야 한다.
> (2) 예상비용, 실제비용 모두 비용이다.
> (3) 비용 오차율을 기울기와 연결시켜 판단할 수 있어야 한다.

56 ④

ㄱ. (×) JAVA와 COBOL로 2개이다. 옳지 않다.

ㄴ. (×) 실제 숫자가 주어지지 않더라도 점유율이 주어져 있으므로 비교할 수 있다. [JAVA 42.3＜14.3×3=42.9 C++]이 성립한다. 옳지 않다.

ㄷ. (×) JAVA 강의는 매년 수강생 수가 1위이지만, 강의 가격이 평균 이하이다. 그러므로 1~6위의 수강생 수가 별로 차이나지 않는다면 C++이나 C언어의 매출액이 더 클 수 있다. 옳지 않다.

ㄹ. (○) [그래프]에서 매출액의 점유율이 수강생 수의 점유율보다 큰 강의를 찾으면 된다. COBOL, C++, C언어이다. 옳다.

ㅁ. (○) 16.7 %는 $\frac{1}{6}$이라는 것을 기억하길 바란다.

2010~2013년 COBOL의 수강생 수 순위는 매년 6위이기 때문에 평균 점유율보다 작을 수밖에 없다. 그러므로 16.7 % 미만이다. 옳다.

> **해결 TIP**
> (1) 순위가 등장하는 경우 숨겨진 정보를 떠올린다.
> (2) 알 수 있는 정보와 알 수 없는 정보를 구분한다.

57 ②

ㄱ. (×) A대학교는 모든 학과의 정원이 동일하므로 취업생 순 순위가 곧 취업률 순위라고 할 수 있다. A대학교의 취업률 3순위인 한의학의 취업률은 다음과 같다. 75 % 미만이다. 옳지 않다.

→ $\frac{178}{240}×100≒74.1(\%)＜75 \%$

ㄴ. (○) [표] 구조상 A대학교 순수미술학과 취업생 수는 72명 이상 80명 이하라고 알 수 있다. 이를 다시 취업률로 환산하면 A대학교 무용과 취업률은 30 %, 언어교육학과 취업률은 33.3 %임을 알 수 있다. 순수미술학과 취업률은 30 % 초과 33.3 % 미만일 것이다. 그러므로 B대학교 기계공학과

취업률 67.7 %는 A대학교 순수미술학과 취업률의 2배 이상이다. 옳다.

ㄷ. (○) B대학교 수학과 취업률은 35.5 %이다. A대학교 취업생 수를 보여주는 [표]에는 수학과에 대한 정보는 없으나, A대학교 수학과가 취업생 수 하위 5개에 포함되지 않는다고 유추할 수 있다. A대학교 수학과는 취업생 수가 천문기상학과의 취업생 수인 96명을 초과할 것이다. 따라서 40 %를 초과하므로 A대학교 수학과 취업률이 높다. 옳다.

ㄹ. (×) 알 수 없다. [그래프]에 언급되지 않은 B대학교의 나머지 학과가 몇 개인지 알 수 없으므로 B대학교 전체의 취업률은 알 수 없다. 옳지 않다.

> **해결 TIP**
> (1) 조건을 잊지 않는다.
> (2) 순위가 등장하는 경우 숨겨진 정보를 떠올린다.

58 ③

ㄱ. (×) [표]에 주어진 대학은 '2014년 세계대학 순위 상위 30개 대학'이지 모든 '세계대학'에 대한 정보가 아니다. 알 수 없다. 옳지 않다.

ㄴ. (×) [표]에 주어진 대학 중 2012년과 2014년 순위의 차이가 가장 큰 대학은 EPFL이지만, 세계대학 중에서 2012년과 2014년 순위의 차이가 가장 큰 대학은 알 수 없다. 옳지 않다.

ㄷ. (○) 'ENS PARIS'와 'THE UNIVERSITY OF MANCHESTER'를 제외한 28개의 대학이 2012~2014년 동안 세계대학 순위 상위 30위 내에 매년 속하였다. 옳다.

ㄹ. (○) 대충 보아도 미국대학이 가장 많다는 것을 알 수 있다. 국가별 개수를 세보면 (미국, 영국, 스위스, 캐나다, 기타)=(14, 8, 2, 2, 4)와 같다. 2014년 세계대학 순위 상위 30위 이내 대학 중 미국대학이 차지하는 비중은

$\frac{14}{30}×100≒46.7(\%)＜50.0 \%$이다. 옳다.

> **해결 TIP**
> (1) 상위 30개 표현을 읽고 숨겨진 정보, 알 수 없는 정보를 떠올린다.
> (2) 개수 세기는 적당히 한다.

59 ⑤

1) [그래프]와 [표]를 하나의 [표]로 다시 정리하면 다음과 같다.

(단위: %)

구분	남자	여자	계
60세 이상	18.0	22.4	40.4
20세 이상 60세 미만	12.0	24.0	36.0
20세 미만	6.0	17.6	23.6
계	36.0	64.0	100.0

2) 예를 들어 20세 미만 남자의 경우 다음과 같이 계산한다.

→ 남자의 연령대별 비율이

[20↓ : 20~60 : 60↑ = 1 : 2 : 3]을 만족하므로 남자 전체를 6개로 본다면, 20세 미만은 6개 중 1개이므로 36 %의 $\frac{1}{6}$에 해당하므로 6 %이다.

3) 다시 정리한 [표]를 바탕으로 20세 미만 인구 중 여성의 비율을 계산하면 다음을 만족한다.

→ $\frac{17.6}{6.0+17.6} \times 100 ≒ 74.6(\%)$

해결 TIP

(1) 계산을 단순화할 수 있어야 한다.
(2) 주어진 [표]를 최대한 활용한다.

60 ④

1) [표]와 [그래프]를 통해 A~E의 전체 화살기록을 구하면 다음과 같다.

(단위: 개)

구분	전체 화살	명중	명중 못함
A	12	8	4
B	9	7	2
C	16	10	6
D	25	14	11
E	20	13	7

2) 예를 들어 A의 경우 명중률이 66.7 %이므로 3번 중 2번 맞는 것이고, 이때 점수는 +2−1=+1(점)이며, [표]의 점수는 4점이므로 전체 화살 수는 3×4=12(개)이다.

해결 TIP

암기분수를 충분히 활용한다.

61 ③

[표]의 괄호를 채우면 다음과 같다.

의견\정책	찬성	반대	기권	소계	무응답	합계
A	89	41	0	130	0	130
B	56	24	28	108	22	130
C	50	50	15	115	15	130
D	81	38	3	122	8	130
E	84	22	10	116	14	130

정책별 찬성률 및 오즈비를 계산하여 정리하면 다음과 같다.

구분	A	B	C	D	E
응답률	100.0	83.1	88.5	93.8	89.2
찬성률	68.5	51.9	43.5	66.4	72.4
오즈	2.171	1.077	0.769	1.976	2.623

① (○) 응답하지 않은 비율이 가장 높은 정책과 가장 낮은 정책 간의 응답률 차이는 |16.9−0|=16.9(%p)>15 %p이다. 옳다.

② (○) 오즈가 가장 높은 정책은 E이다. 옳다.

③ (×) 정책 E에 대한 정책 A 오즈비를 계산하면 다음과 같다. 1보다 작으므로 옳지 않다.

(오즈비)=$\frac{2.171}{2.625} ≒ 0.827 < 1$

④ (○) 정책 B의 무응답자 50 %는 22×0.5=11(명)이다. 찬성률을 계산하면 다음과 같다. 옳다.

(찬성률)=$\frac{56+11}{108+22} \times 100 ≒ 51.5(\%) < 51.9 \%$

⑤ (○) 무응답자가 모두 기권에 응답할 때, 정책별 기권 응답자 수를 계산하면 다음과 같다. 정책 B의 기권 응답자 수가 가장 많다. 옳다.

- A: 0+0=0(명)
- B: 28+22=50(명)
- C: 15+15=30(명)
- D: 3+8=11(명)
- E: 10+14=24(명)

해결 TIP

(1) 선택지 간의 관계를 활용하면 정답을 추려낼 수 있다.
(2) 분수비교는 틀리지 않는다.
(3) 가정과 결론이 등장하는 경우 결론에 신경 쓴다.

62 ②

1) 항목별 종합점수를 계산하여 정리하면 다음과 같다.

(단위: 점)

간식	자료	전달력	수업방식	문제
1.618	1.448	1.428	1.276	0.454

2) 두 번째로 높은 것은 자료이다.

해결 TIP

종합점수가 두 번째로 높은 항목은 '자료'와 '전달력' 중 하나일 것이다.

63 ③

1) 자동차별로 구간별 이동시간, 평균속도, 과속범칙금 부과대상 여부를 계산하여 정리하면 다음과 같다.

자동차	A~B			B~C		
	이동시간(분)	평균속도(km/h)	과속범칙금 부과대상 여부	이동시간(분)	평균속도(km/h)	과속범칙금 부과대상 여부
자동차 1	50	72.0	×	×	20	60.0	×	×
자동차 2	39	92.3	○	6만 원	11	109.0	○	15만 원
자동차 3	36	100.0	○	6만 원	20	60.0	×	×
자동차 4	33	109.1	○	8만 원	14	85.7	○	4만 원

2) 그러므로 15만 원의 과속범칙금 부과대상에 해당하는 자동차는 '자동차 2'이다.

해결 TIP
자동차의 평균속도를 계산하지 않고 해결한다.

64 ④

1) k=1이라고 가정한다.
2) (두 도시 인구의 합)
   =(두 도시 간 인구이동량)×(두 도시 간의 거리)
   - A+B=120
   - B+C=135
   - C+D=200
   - D+E=175
   - E+A=180
3) 5개의 식을 모두 더하면
   2(A+B+C+D+E)=810
   ∴ A+B+C+D+E=405
4) 이를 통하여 각각을 도출할 수 있다.
   A=95, B=25, C=110, D=90, E=85

해결 TIP
(A, B, C, D, E)=(95, 25, 110, 90, 85)를 구하지 않아도 문제를 해결할 수 있다.

65 ⑤

식품별 출고계수를 모두 계산하면 다음과 같다.

식품명	출고계수	식품명	출고계수	식품명	출고계수
고구마	1.111	잣	1.389	포도	1.408
감자	1.064	은행	1.538	복숭아	1.205
토란	1.075	호두	2.326	배	1.316
풋고추	1.064	가자미	1.961	석굴	4.000
무	1.053	고등어	1.449	굴(깐것)	1.000
무청	1.087	꽁치	1.316	파인애플	2.000
배추	1.087	연어	1.389	닭고기	1.639
상추	1.053	게	3.125	돼지고기	1.000
아욱	1.111	조기	1.515	쇠꼬리	2.000
호박	1.087	미나리	1.351	동태	1.250
가지	1.111	파	1.163	대구	1.515
마늘	1.111	양파	1.176	도미	2.041
연근	1.124	살구	1.053	낙지	1.176
오이	1.087	사과	1.111	달걀	1.163
콩나물	1.111	참외	1.333	바지락	5.556
숙주나물	1.111	양배추	1.136	우유	1.000
단감	1.111	귤	1.333	흰콩	1.000
쇠고기	1.000	수박	1.724	된장	1.000

ㄱ. (×) 가식부율이 20 % 이하인 식품은 바지락뿐이다. 1개이다. 옳지 않다.

ㄴ. (○) 호두, 게, 석굴, 도미, 바지락을 제외한 49개 식품은 가식부율이 50 % 이상이다. 옳다.

ㄷ. (×) 살구와 바지락의 가식부율과 출고계수를 계산하면 다음과 같다. 옳지 않다.

살구: (가식부율)=95 % → (출고계수)=$\frac{1}{0.95}$≒1.0526

바지락: (가식부율)=18 % → (출고계수)=$\frac{1}{0.18}$≒5.5556

→ $\frac{(바지락)}{(살구)}=\frac{5.5556}{1.0526}$≒5.278<16

ㄹ. (×) 식품 평가등급이 'B등급'인 식품은 잣, 고등어, 꽁치, 연어, 미나리, 참외, 귤, 포도, 복숭아, 배, 동태로 11개이다. 옳지 않다.

해결 TIP
(1) 식을 보고 기계적으로 반대해석을 떠올린다.
(2) 출고계수를 일일이 계산할 필요가 없다.

66 ③

조건을 적용하여 해결하면 다음과 같다.
1) 조건 1: 입장객 수는 D>A>C>B
   → 백살마을≠B, 튼튼마을≠D
   → ①, ② 소거
2) 조건 2: 계산하여 정리하면 다음과 같다.

구분	A	B	C	D
성인	1,511	823	1,752	652
어린이+청소년+노인	999	1,617	700	1,917
2배	1,998	3,234	1,400	3,834
성≥(어+청+노)×2	×	×	○	×

   → 튼튼마을=C
   → ⑤ 소거
   → A=백살마을
3) 조건 3: 입장료 수익을 계산하여 정리하면 다음과 같다.

구분	백살	B	튼튼	D
입장료 수익 (천 원)	2,864	1,354.2	3,602.2	2,046.5

   → 소거되는 것 없음.
4) 조건 4: 입장료 수익이 200만 원 미만인 마을은 B뿐이다.
   → B=장수마을
   → 정답 ③
5) 조건 5: 어린이 3명, 청소년 2명, 성인 3명, 노인 5명의 입장료 합을 마을별로 정리하면 다음과 같다.

구분	A	B	C	D
입장료 합	18,500원	11,600원	23,700원	17,000원

   → D=웃자마을

67 ①

68 ⑤

① (○) [표]는 2019년 기준이므로 초등 6학년~고등 2학년 각각에서 A 지역의 학생 수가 가장 많은지 확인한다. 2020년 중·고등학생 수가 가장 많은 지역은 각 학년에서 모두 A지역이다. 옳다.

② (○) B 지역 고등학생 수는 2019년에는 17,240명이며 2020년에는 16,956명이다. 옳다.
- 2019년: 5,700+5,748+5,792=17,240(명)
- 2020년: (6,120×0.9)+5,700+5,748=16,956(명)

③ (○) 계산하면 다음과 같다. 2019년 '초등 1학년 학생 수' 대비 '고등 1학년 학생 수'가 가장 작은 지역은 A 지역이며, '초등 6학년 학생 수'가 가장 많은 지역도 A 지역이다. 옳다.

'초등 1학년 학생 수' 대비 '고등 1학년 학생 수'		
A	B	C
$\frac{98,754}{95,184}=104$	$\frac{5,700}{4,850}=1.13$	$\frac{64,521}{45,121}=1.43$

④ (○) 2007년생은 초등 6학년, 2003년생은 고등 1학년이다. 비중을 계산하면 다음과 같다.
- 2007년생: $\frac{158,690}{1,925,080}\times100≒8.24(\%)$
- 2003년생: $\frac{168,975}{1,925,080}\times100≒8.78(\%)$

⑤ (×) A~C지역 중·고등학생 수를 계산하면 2019년 1,011,396명이며, 2020년 976,176명이다. 옳지 않다.

해결 TIP

(1) 연도에 주의한다.
(2) 알 수 있는 정보와 알 수 없는 정보를 구분한다.
(3) 조건을 놓치지 않는다.

69 ③

70 ⑤

ㄱ. (○) 전국에서 가장 넓은 육지공원의 면적이 480 km^{2}라면 각 지역별 국립 육지공원의 최소 개수는 다음과 같다. 옳다.

서울	대전	경기	강원	충북	충남
1	1	1	4	3	1
전북	전남	경북	경남	제주	합
2	2	7	2	1	25

ㄴ. (○) 계산하면 다음과 같다. 옳다.
- 충남: $\frac{353}{433}\times100≒81.4(\%)$ max
- 전북: $\frac{17}{500}\times100≒3.4(\%)$
- 전남: $\frac{2,003}{2,513}\times100≒79.7(\%)$
- 경남: $\frac{380}{865}\times100≒44.0(\%)$

ㄷ. (○) '강원', '충북', '경남' 각각에서 가장 넓은 국립 육지공원으로 가능한 면적의 최솟값이 제주 국립육지공원 면적보다 큰 지 확인한다. '강원', '충북'의 경우 국립해면공원이 없으므로 가장 면적이 넓은 국립육지공원 면적의 최솟값은 각 지역의 평균이다. '경남'의 경우 국립 육지공원이 3개이고 그 평균일 때 최소가 된다. 이를 이용하여 평균 면적의 최솟값을 계산하면 다음과 같다.
- 강원: $\frac{952}{4}=238$
- 충북: $\frac{582}{3}=194$
- 경남: $\frac{485}{3}≒161.7$

'강원', '충북', '경남' 각각에서 면적이 가장 넓은 국립 육지공원 면적은 적어도 238 km^2 이상, 194 km^2 이상, 161.7 km^2 이상이므로 제주의 국립 육지공원 153 km^{2}보다 넓다. 옳다.

해결 TIP

(1) '강원'의 육지공원 수는 확실히 4개이다.
(2) 평균은 가장 큰 것보다 작고, 가장 작은 것보다 크다.

MEMO

MEMO

여러분의 작은 소리
에듀윌은 크게 듣겠습니다.

본 교재에 대한 여러분의 목소리를 들려주세요.
공부하시면서 어려웠던 점, 궁금한 점,
칭찬하고 싶은 점, 개선할 점, 어떤 것이라도 좋습니다.
에듀윌은 여러분께서 나누어 주신 의견을
통해 끊임없이 발전하고 있습니다.

에듀윌 도서몰 book.eduwill.net
• 부가학습자료 및 정오표: 에듀윌 도서몰 → 도서자료실
• 교재 문의: 에듀윌 도서몰 → 문의하기 → 교재(내용, 출간) / 주문 및 배송

최신판 석치수 기본서 NCS 수리능력

발 행 일	2023년 4월 11일 초판
편 저 자	석치수
펴 낸 이	김재환
펴 낸 곳	(주)에듀윌
등록번호	제25100-2002-000052호
주　　소	08378 서울특별시 구로구 디지털로34길 55
	코오롱싸이언스밸리 2차 3층

* 이 책의 무단 인용 · 전재 · 복제를 금합니다.

www.eduwill.net
대표전화 1600-6700

IT자격증 초단기 합격패스!
에듀윌 EXIT 시리즈

컴퓨터활용능력

- **필기 초단기끝장(1/2급)**
  문제은행 최적화, 이론은 가볍게 기출은 무한반복!

- **필기 기본서(1/2급)**
  기초부터 제대로, 한권으로 한번에 합격!

- **실기 기본서(1/2급)**
  출제패턴 집중훈련으로 한번에 확실한 합격!

워드프로세서

- **필기 초단기끝장**
  문제은행 최적화, 이론은 가볍게 기출은 무한반복!

- **실기 초단기끝장**
  출제패턴 반복훈련으로 초단기 합격!

ITQ / GTQ

- **ITQ 엑셀/파워포인트/한글 ver.2016**
  독학러도 초단기 A등급 보장!

- **ITQ OA Master ver.2016**
  한번에 확실하게 OA Master 합격!

- **GTQ 포토샵 1급 ver.CC**
  노베이스 포토샵 합격 A to Z

정보처리기사

- **필기 / 실기 기본서**
  비전공자 눈높이로 기초부터 합격까지 4주완성!

- **실기 기출동형 총정리 모의고사**
  싱크로율 100% 모의고사로 실력진단+개념총정리!

꿈을 현실로 만드는
에듀윌

DREAM

공무원 교육
- 선호도 1위, 신뢰도 1위!
  브랜드만족도 1위!
- 합격자 수 2,100% 폭등시킨
  독한 커리큘럼

자격증 교육
- 7년간 아무도 깨지 못한 기록
  합격자 수 1위
- 가장 많은 합격자를 배출한
  최고의 합격 시스템

직영학원
- 직영학원 수 1위, 수강생 규모 1위!
- 표준화된 커리큘럼과 호텔급 시설
  자랑하는 전국 58개 학원

종합출판
- 4대 온라인서점 베스트셀러 1위!
- 출제위원급 전문 교수진이
  직접 집필한 합격 교재

어학 교육
- 토익 베스트셀러 1위
- 토익 동영상 강의 무료 제공
- 업계 최초 '토익 공식' 추천 AI 앱 서비스

콘텐츠 제휴 · B2B 교육
- 고객 맞춤형 위탁 교육 서비스 제공
- 기업, 기관, 대학 등 각 단체에 최적화된
  고객 맞춤형 교육 및 제휴 서비스

부동산 아카데미
- 부동산 실무 교육 1위!
- 상위 1% 고소득 창업/취업 비법
- 부동산 실전 재테크 성공 비법

공기업 · 대기업 취업 교육
- 취업 교육 1위!
- 공기업 NCS, 대기업 직무적성,
  자소서, 면접

학점은행제
- 99%의 과목이수율
- 15년 연속 교육부 평가 인정 기관 선정

대학 편입
- 편입 교육 1위!
- 업계 유일 500% 환급 상품 서비스

국비무료 교육
- '5년우수훈련기관' 선정
- K-디지털, 4차 산업 등 특화 훈련과정

에듀윌 교육서비스 **공무원 교육** 9급공무원/7급공무원/경찰공무원/소방공무원/계리직공무원/기술직공무원/군무원 **자격증 교육** 공인중개사/주택관리사/전기기사/경비지도사/검정고시/소방설비기사/소방시설관리사/사회복지사1급/건축기사/토목기사/직업상담사/전기기능사/산업안전기사/위험물산업기사/위험물기능사/도로교통사고감정사/유통관리사/물류관리사/행정사/한국사능력검정/한경TESAT/매경TEST/KBS한국어능력시험·실용글쓰기/IT자격증/국제무역사/무역영어 **어학 교육** 토익 교재/토익 동영상 강의/인공지능 토익 앱 **세무/회계** 회계사/세무사/전산세무회계/ERP정보관리사/재경관리사 **대학 편입** 편입 교재/편입 영어·수학/경찰대/의치대/편입 컨설팅·면접 **공기업·대기업 취업 교육** 공기업 NCS·전공·상식/대기업 직무적성/자소서·면접 **직영학원** 공무원학원/기술직공무원 학원/군무원학원/경찰학원/소방학원/공무원 면접학원/군간부학원/공인중개사 학원/주택관리사 학원/전기기사학원/세무사·회계사 학원/편입학원/취업아카데미 **종합출판** 공무원·자격증 수험교재 및 단행본/월간지(시사상식) **학점은행제** 교육부 평가인정기관 원격평생교육원(사회복지사2급/경영학/CPA)/교육부 평가인정기관 원격 사회교육원(사회복지사2급/심리학) **콘텐츠 제휴·B2B 교육** 교육 콘텐츠 제휴/기업 맞춤 자격증 교육/대학 취업역량 강화 교육 **부동산 아카데미** 부동산 창업CEO과정/실전 경매과정/디벨로퍼과정 **국비무료 교육(국비교육원)** 전기기능사/전기(산업)기사/소방설비(산업)기사/IT(빅데이터/자바프로그램/파이썬)/게임그래픽/3D프린터/실내건축디자인/웹퍼블리셔/그래픽디자인/영상편집(유튜브)디자인/온라인 쇼핑몰광고 및 제작(쿠팡, 스마트스토어)/전산세무회계/컴퓨터활용능력/ITQ/GTQ/직업상담사

교육
문의 **1600-6700** www.eduwill.net

eduwill